### 월 20달러로 고용하는
# 데이터 분석가
### with 챗GPT

**누구나 프로처럼, 생활 AI**
**월 20달러로 고용하는 데이터 분석가 with 챗GPT**
코드 한 줄 없이 기초 통계부터 분석, 예측까지

**초판 1쇄 발행** 2024년 10월 29일

**지은이** 테리엇, Bob Lee / **펴낸이** 전태호
**펴낸곳** 한빛미디어(주) / **주소** 서울시 서대문구 연희로2길 62 한빛미디어(주) IT출판2부
**전화** 02-325-5544 / **팩스** 02-336-7124
**등록** 1999년 6월 24일 제25100-2017-000058호 / **ISBN** 979-11-6921-297-7 93000

**총괄** 송경석 / **책임편집** 홍성신 / **기획 · 편집** 이희영 / **교정** 임수정
**디자인** 표지 윤혜원 내지 최연희 / **전산편집** 다인
**영업** 김형진, 장경환, 조유미 / **마케팅** 박상용, 한종진, 이행은, 김선아, 고광일, 성화정, 김한솔 / **제작** 박성우, 김정우

이 책에 대한 의견이나 오탈자 및 잘못된 내용은 출판사 홈페이지나 아래 이메일로 알려주십시오.
파본은 구매처에서 교환하실 수 있습니다. 책값은 뒤표지에 표시되어 있습니다.

**한빛미디어 홈페이지** www.hanbit.co.kr / **이메일** ask@hanbit.co.kr

Published by Hanbit Media, Inc. Printed in Korea
Copyright © 2024 김진형, 이대복 & Hanbit Media, Inc.

이 책의 저작권은 김진형, 이대복과 한빛미디어(주)에 있습니다.
저작권법에 의해 보호를 받는 저작물이므로 무단 전재와 무단 복제를 금합니다.

**지금 하지 않으면 할 수 없는 일이 있습니다.**
책으로 펴내고 싶은 아이디어나 원고를 메일(writer@hanbit.co.kr)로 보내주세요.
한빛미디어(주)는 여러분의 소중한 경험과 지식을 기다리고 있습니다.

# 월 20달러로 고용하는
# 데이터 분석가
## with 챗GPT

테리엇, Bob Lee 지음

# 들어가며

**AI가 없는 데이터 분석은 이제 없다**

데이터 문해력이 화두가 된 시기가 있었습니다. 이제 데이터를 이해하고 분석하는 능력은 직군을 불문하고 중요한 역량으로 자리잡았습니다. 그러면서 자연스럽게 데이터 분석을 위한 도구도 발전하기 시작했습니다. 그리고 AI는 지금까지 등장한 수많은 데이터 분석 도구 중에서도 단연 뛰어난 성능을 가지고 있습니다.

사용자의 질문에 답변하고, 코드를 작성하고, 실행하고, 해석은 물론 시각화까지 단번에 끝낼 수 있습니다. 마치 나만의 데이터 분석가를 고용한 것처럼요. AI가 혁신을 가져올 분야는 데이터 분석뿐만이 아닙니다. 앞으로 일상생활에도 엄청난 혁신이 일어날 것입니다.

서울에서 부산까지 걸어가는 사람은 없습니다. 이제 데이터 분석에 AI를 사용하는 것은 당연한 일이 될 것입니다. 이 책이 그 여정을 시작하는 여러분에게 좋은 길잡이가 되기 바랍니다.

— 테리엇

"AI가 데이터 분석의 난이도를 너무 낮춰버렸어요.
이젠 도메인을 가진 기획자가 살아남지 않을까요?"

최근에 데이터 분석가 후배가 프로덕트 매니저 직군으로 이직을 결정하면서 한 말입니다. AI가 기술의 문턱을 낮추자 데이터 분석 분야의 최전선은 이미 큰 영향을 받고 있습니다. 데이터 분석뿐만이 아닙니다. 사무직, 회계직, 변호사 보조, 작가 등 많은 직업이 AI의 영향으로 지각이 바뀌고 있습니다.

이제 AI를 활용할 줄 아는 사람과 그렇지 않은 사람의 차이는 명확해집니다. 많은 회사가 AI를 도입하고 전문가들이 활용하는 이유는 그만큼 가치가 있기 때문이죠. 이제는 누구든 데이터 분석 베이스의 마케터, 법률 지식을 활용하는 기획자가 되어야 합니다. 그러기 위해선 데이터 분석의 기초 지식과 AI를 활용하는 능력 2가지를 모두 갖추어야 하죠. 이 책의 목적이 바로 그것입니다. 이 책을 읽는 당신이 AI 시대의 주인공이 되길 응원합니다!

– Bob Lee

# 이 책에 대하여

### 이 책의 구성

이 책은 데이터 분석을 경험해 본 적이 없는 사람 또는 데이터 분석에 AI Artificial Intelligence를 적용하려는 사람을 위해 AI를 활용한 데이터 분석의 전 과정을 쉽게 익힐 수 있도록 구성했습니다. 단순히 데이터 분석 과정을 훑는 것이 아니라 실무에서 데이터 분석 프로젝트가 어떻게 시작되고 마무리되는지 체감할 수 있도록 데이터 분석을 시작하는 '김대리'와 '박차장'이라는 인물을 활용했습니다. 이제 막 데이터 분석을 시작해 데이터의 개념과 챗GPT 사용법을 익히고, 고급 데이터 분석과 시각화까지 한 단계씩 나아가는 김대리를 통해 실무에서 흔히 마주치는 데이터 분석 문제를 살펴볼 수 있습니다. 이 과정에서 여러분은 실무에 바로 적용 가능한 지식과 기술을 습득할 수 있는 것은 물론이고 실제 분석 과정에서 자주 부딪치는 문제를 해결하는 방법도 알 수 있습니다.

이 책은 AI를 활용해 데이터 분석의 기초부터 고급 기법까지 수행하는 방법을 체계적으로 배울 수 있도록 다음과 같이 4개의 부와 21개의 장 그리고 부록으로 구성했습니다.

**1부 데이터 분석을 위한 도구, 챗GPT & 데이터 애널리스트**

먼저 데이터 분석에 AI가 등장한 배경과 역할과 영향력에 대해 살펴봅니다. 그런 다음 이 책에서 다루는 모든 데이터 분석 예제에 사용할 도구인 챗GPT와 데이터 애널리스트의 인터페이스를 살펴보고, 간단하게 사용하면서 손에 익히도록 구성했습니다.

## 2부 데이터 분석의 기초 쌓기

회사에서 데이터 분석 프로젝트가 시작되는 상황을 가정하고, 분석 업무를 수행하기 위한 준비 과정을 다룹니다. 데이터의 소재를 파악하고 필요한 데이터를 선별하는 방법, 가용한 데이터를 바탕으로 주제를 선정하는 방법 등을 소개합니다. 또, 주제에 따라 달라지는 분석 방법을 결정하기 위한 배경지식, 실제 분석을 시작하기 전 과제를 간단히 파악하는 방법을 다룹니다.

이 과정에서 여러분은 분석을 실제로 시작하기 전에 필요한 개념과 지식을 습득할 수 있습니다. 특히 데이터의 유형과 데이터베이스, 분석 주제 선정 방법과 샘플링, 플랫폼과 같은 개념들은 이후 모든 데이터 분석 과정의 기반이 됩니다.

## 3부 챗GPT로 데이터 분석 쉽게 하기

분석 주제 질의부터 데이터 확인 및 검증, 결측값 처리, 분포 파악 통계 검정과 데이터 변환까지 초보자에겐 학습 곡선이 높았던 영역, 실무자에겐 단순 반복 업무 또는 자칫 실수가 발생하기 쉬운 영역에 데이터 애널리스트를 활용하는 방법을 살펴봅니다. 또, 실용적인 예제와 사례 연구로 구성하여 기초 데이터 분석 기술을 실습하고 익힐 수 있습니다.

## 4부 챗GPT와 고급 데이터 분석 도전하기

4부에서는 장마다 하나의 프로젝트를 해결하도록 구성했습니다. 이 해결 과정에 고급 데이터 분석 기술을 사용하여 유의미한 결과를 도출합니다. 먼저 지도 학습 방법으로 회귀, 분류 분석 방법을 알아봅니다. 데이터 학습 및 결과를 해석하는 방법을 다루고, 더 나은 결과를 얻기 위한 기법들을 소개합니다. 다음 비지도 학습 방법으로 군집 분석을 수행하고 결과를 해석합니다. 마지막으로 챗GPT API를 이용해서 비정형 데이터를 다루는 방법을 알아봅니다. 이 과정을 통해 비즈니스 및 연구에서는 어떻게 데이터를 활용하고 분석하는지 인사이트를 얻고 문제를 해결하는 능력을 개발할 수 있습니다.

## 부록 데이터 분석에 필요한 최소한의 파이썬

챗GPT, 데이터 애널리스트와 같은 AI 도구를 활용하면 직접 코드를 작성하거나 복잡한 프로그래밍 언어를 학습하지 않아도 데이터 분석 작업을 효율적으로 수행할 수 있습니다. 특히 초보자나 비전공자도 쉽게 데이터 분석 과정을 자동화하고 시각화할 수 있어 데이터 분석의 문턱을 낮추는 데 큰 도움을 줍니다. 하지만 데이터 분석을 보다 깊이 이해하고 AI 도구의 한계를 넘어서는 분석을 해야 할 경우도 있습니다. 이를 위해 기본적인 프로그래밍 지식을 익혀두면 매우 유용합니다. 그중에서도 파이썬은 데이터 분석과 머신러닝 분야에서 널리 사용하는 강력한 언어로, 데이터 전문가들이 가장 선호하는 도구입니다. 파이썬의 기초 개념 중에서도 변수, 연산, 함수는 데이터 분석을 위한 필수적인 요소로, 이 3가지를 중점적으로 살펴봅니다.

## 실습용 데이터 파일

이 책에서 제공하는 데이터 파일은 다음 링크에서 다운로드받을 수 있습니다.

- 실습 파일: bit.ly/3A4p18j

# 목차

들어가며     4

이 책에 대하여     6

## 1부   데이터 분석을 위한 도구, 챗GPT & 데이터 애널리스트

### 01장   데이터 분석 도구로서 생성 AI

- 챗GPT의 탄생     20
- 데이터 분석 GPT, 데이터 애널리스트     24
- 회사 데이터 분석도 가능할까?     28

### 02장   챗GPT 사용 가이드

- 챗GPT 시작하기     34
- 사용자 맞춤 설정하기     44
- 더 나은 대화를 위한 프롬프트 엔지니어링     50
- 다양한 GPT 살펴보기     53
- API를 활용한 나만의 GPT 만들기     56
- 챗GPT와 음성 대화하는 방법     80

## 03장 데이터 애널리스트 사용 가이드

- 데이터 애널리스트 시작하기 … 86
- PDF 파일로 PPT 보고서 만들기 … 90
- 코드 파일로 코드 리뷰하기 … 94
- CSV 파일로 데이터 분석하기 … 98
- 데이터 애널리스트의 한계 … 109

# 2부 데이터 분석의 기초 쌓기

## 04장 데이터는 어디에 있죠? - 데이터와 데이터베이스

- 데이터 & 데이터베이스 … 116
- DBMS와 SQL … 120
- 원시 데이터 … 123

## 05장 무엇을 분석하나요? - 분석 주제 선정 방법

- 데이터로 할 수 있는 일 … 128
- 분석 과제 도출 방법 … 132
- 하향식 접근 방법 … 134
- 상향식 접근 방법 … 142
- 원활한 인터뷰를 위한 4단계 … 146

## 06장 어떻게 분석할까요? - 데이터 유형에 따른 분석 방법

- 정형 데이터와 비정형 데이터   150
- 범주형 데이터와 수치형 데이터   153

## 07장 데이터가 크면 어떡하죠? - 다양한 데이터 분석 환경의 이해

- 데이터 샘플링   166
- 데이터 분석 플랫폼   168

## 3부 챗GPT로 데이터 분석 쉽게 하기

## 08장 분석 주제 질의하기

- 데이터 파악을 위한 메타 데이터와 ERD   174
- 분석 주제 탐색 및 확장   178
- 단계별 접근 및 문제 해결 기법 적용   182
- 주제를 평가하는 새로운 관점   192
- 보고서 초안 작성   196

## 09장 데이터 확인 및 검증하기

- 데이터 애널리스트를 활용한 데이터 확인   202
- 분석 창을 활용한 코드 확인   206
- 중복 데이터   212

## 10장 결측값 처리하기

- 결측값과 EDA — 216
- 결측값 처리 방법 — 218
- 결측값 대체하기 — 220
- 결측값 삭제하기 — 226

## 11장 데이터 분포 파악

- 수치형 데이터 특성 파악하기 — 236
- 데이터 시각화하기 — 243
- 데이터 샘플링하기 — 251

## 12장 이상치 처리 방법

- 이상치 찾기 — 256
- 이상치 처리하기 — 266

## 13장 범주형 데이터 분석

- 범주형 데이터 분석하기 — 274
- 범주형 데이터와 수치형 데이터 결합하기 — 280
- 데이터 시각화 패키지 — 284

## 14장 데이터 재범주화

- 데이터 재범주화란? … 292
- 데이터 재범주화하기 … 294

## 15장 통계 검정

- 통계 검정이란? … 314
- 데이터 분포 시각화하기 … 317
- 통계 검정하기 … 322

## 16장 데이터 변환

- 데이터 변환이란? … 326
- 범주형 데이터 변환하기 ① … 329
- 범주형 데이터 변환하기 ② … 338
- 데이터 취합하기 … 342

# 4부 챗GPT와 고급 데이터 분석 도전하기

## 17장 고액 연봉 개발자 예측하기

- 고급 데이터 분석과 머신러닝 알고리즘 … 348
- 상관관계 분석이란? … 350
- 예측을 위한 통계 기법, 회귀 분석 … 354
- 회귀 분석으로 모델링하기 … 358

- 스케일링하기 366
- 트리 모형으로 모델링하기 371

## 18장 멤버십 회원 확대 방안 분석
- 의사결정나무란? 378
- 데이터 처리하기 381
- 알고리즘 학습시키기 384
- 트리 구조 시각화하기 388
- 트리 구조 텍스트화하기 392
- 결과 정리하기 399

## 19장 이탈 회원 분석
- 군집 분석과 LDA 알고리즘 406
- 데이터 처리하기 410
- 알고리즘 학습시키기 413
- 의사결정나무로 시각화하기 421

## 20장 타기팅 분석
- 분류 분석과 회귀 분석 428
- 타기팅 모델링하기 431
- 리프트 게인 차트로 모델 평가하기 436

- 앙상블과 부스팅 모델     441
- LightGBM으로 모델링하기     445

## 21장 선호하는 채널 분석

- 챗GPT API란?     456
- 오픈AI 플랫폼 둘러보기     461
- 챗GPT API 사용하기     468
- 배치 사용하기     472
- 분석하기     483

## 부록 데이터 분석에 필요한 최소한의 파이썬

- 변수     492
- 연산     495
- 함수     499

마치며     504

찾아보기     505

# 1부

# 데이터 분석을 위한 도구,
# 챗GPT & 데이터 애널리스트

01장

# 데이터 분석 도구로서 생성 AI

휴가를 마치고 사무실로 복귀한 첫날, 갑작스러운 팀장님의 호출에 회의실로 빠르게 발을 옮겼다. 회의실 문을 열고 들어가자 팀장님이 웃음 띤 얼굴로 말을 건넸다.

"김대리, 최근에 파이썬 데이터 분석 관련 교육을 받았다고 들었어요. 우리 팀도 본격적으로 데이터 분석을 시작해 보려는데, 김대리가 도맡아서 해줄 수 있을까요?"

"네, 팀장님! 그렇잖아도 교육으로만 그치는 게 아쉬워서 업무에 데이터 분석을 적용해 보고 싶었는데, 이런 기회를 주셔서 감사합니다."

드디어 공부한 걸 제대로 써먹을 기회가 왔다는 기대감에 흔쾌히 대답은 했지만 문득 걱정이 들었다. 이제 막 공부를 시작했는데 실무에 적용할 수 있을까? 어떻게 시작해야 할지 감도 오지 않는데… 아무래도 도움이 필요하다. 데이터 분석 교육 과정 강사였던 박차장님에게 도움을 청하기로 했다. 회의실을 나서자마자 얼른 전화를 걸었다.

"안녕하세요, 차장님. 저 김대리예요. 잘 지내셨죠? 갑자기 팀장님이 데이터 분석을 해보자고 하시는데, 이게 어떻게 시작해야 될지 감이 잘 안 와서요. 파이썬 데이터 분석 과정은 수료했는데, 실제 데이터를 업무에 어떻게 써먹어야 할지 막막해요. 아직 코딩도 서툴고요."

"걱정하지 마세요, 대리님. 최근엔 AI가 발달한 덕분에 누구나 데이터 분석을 쉽게 할 수 있는 환경이 됐거든요."

"정말로요? 그럼 저 같은 비전공자도 할 수 있을까요? 심지어 전 AI도 잘 모르는데…"

"그럼 데이터 분석에 앞서 AI부터 천천히 알아가 볼까요?"

 챗GPT의 탄생

박차장   우선 AI에 대해 간략히 알아볼까요? 대리님은 AI에 대해 얼마나 알고 계시나요?

김대리   사실 AI라는 단어를 여기저기서 많이 듣긴 했지만 정확히 AI가 제 생활이나 업무에 어떤 영향을 미치고 있는지 잘 모르겠어요.

박차장   그럼 혹시 챗GPT ChatGPT라고 들어본 적 있으세요?

김대리   네. 제대로 써본 적은 없지만 많이 들어 봤어요. 사실 제가 어디에, 어떻게 써먹을 수 있을지 잘 모르기도 하고요.

박차장   챗GPT가 바로 AI 중 하나예요. 더 정확히 말하면 생성 AI Generative Artificial Intelligence라고 할 수 있어요.

김대리   왜 '생성'이라고 부르는 거죠?

박차장   사용자가 값을 입력하면 그에 대응하는 데이터를 생성하는 데 초점이 맞춰져 있기 때문이에요. 사용자가 입력하는 값을 프롬프트 Prompt라고 불러요. 이 프롬프트에 대응해 텍스트, 이미지, 영상, 음성 등을 생성하는 인공지능 시스템이라는 뜻에서 생성 AI라고 합니다. 사용자가 입력한 값에 가장 높을 확률로 나올 데이터를 응답으로 제시하는데, 정확도와 문맥을 이해하는 능력이 굉장히 탁월하죠. 생성 AI가 등장하기 이전의 AI와는 용도나 예시, 출력 결과 등 여러 면에서 차이를 보여요.

| 구분 | 기존 AI | 생성 AI |
|---|---|---|
| 용도 | 특정 문제 해결에 초점 | 광범위한 문제 해결<br>(자연스러운 응답 생성) |
| 예시 | 스팸 필터링, 얼굴 인식, 추천 시스템 등 | 이미지, 음성, 영상, 텍스트, 코드 생성 |
| 출력 결과 | 입력 데이터에 따라 사전 정의된 응답 선택 | 새로운 데이터 생성 |
| 장점 | • 높은 정확도, 빠른 처리 속도<br>• 사전에 정의된 규칙 및 알고리즘 기반으로 예측 가능 | • 창의성: 새로운 아이디어와 데이터 생성 가능<br>• 유연성: 다양한 문제와 환경에 적용 가능<br>• 응용성: 다양한 분야에 응용 가능 |
| 단점 | • 제한된 적용 범위<br>• 입력 데이터 품질과 양에 의존 | • 높은 계산 비용: 복잡한 모델 훈련 및 실행에 많은 자원 소모<br>• 불확실성: 생성 결과가 항상 정확하거나 신뢰할 수 있지는 않음<br>• 생성된 콘텐츠의 저작권 및 책임과 같은 윤리적 문제 |

김대리    아하, 생성 AI는 이전에 흔히 말하던 AI와는 또 다른 거군요. 그런데 제가 알기론 생성 AI에도 여러 종류가 있다는데 어떻게 분류되는 건가요?

박차장    생성 AI는 주로 다음과 같은 4가지 주요 유형으로 분류될 수 있어요.

- **텍스트 생성 AI**: 자연어 처리를 사용하여 텍스트를 생성하는 AI. 예로 사용자의 질문에 대한 응답을 생성하거나 새로운 텍스트를 작성하는 챗GPT가 있습니다.
- **이미지 생성 AI**: GAN Generative Adversarial Networks 또는 VAE Variational Auto-Encoder 같은 기술을 사용하여 실제와 유사한 이미지를 생성합니다. 예로는 DALL · E가 있습니다.
- **음악 생성 AI**: 패턴 인식과 학습을 통해 새로운 음악을 생성합니다.
- **비디오 생성 AI**: 비디오 클립을 자동으로 생성하거나 편집하는 AI입니다.

생성 AI의 대표적인 예로 챗GPT의 모델인 GPT가 있죠. 그 외 DALL·E, StyleGAN 등이 있어요. 이들은 텍스트와 이미지 생성에 특화되어 있죠. 앞으로 우리가 데이터 분석에 사용할 생성 AI가 바로 텍스트 생성에 특화된 챗GPT예요. 챗GPT는 오픈AI(OpenAI)에서 만든 AI로, 성능이 뛰어나고 업데이트도 활발해요. 챗GPT에 익숙해지면 다른 AI도 쉽게 사용할 수 있을 거예요. 대부분 AI가 사용자가 질문을 하면 답을 제공하는 형태니까요.

**김대리** 아~ 이제 왜 생성 AI인지 확실히 알겠어요. 그럼 무언가를 만드는 데 특화된 것 아닌가요? 생성 AI가 데이터 분석에도 도움이 될까요?

**박차장** 확실히 도움이 돼요. AI는 자연어를 이해하고 추론하는 데 특화되어 있어서 데이터 분석의 모든 과정에 큰 도움을 받을 수 있어요. 스스로 코드를 생성하고 오류도 수정하기 때문에 코딩 경험이 거의 없는 사람도 쉽게 데이터 분석을 할 수 있어요.

**김대리** 딱 저한테 필요한 도구네요! 왠지 자신감이 붙는 것 같아요. 그런데 AI는 어떻게 그 모든 게 가능한가요?

**박차장** 생성 AI는 대용량 데이터세트를 훈련해 자연어를 이해하고 생성하는 LLM 모델(Large Language Model)을 활용하기 때문이에요. 이 모델은 수십억 개의 매개변수를 포함해 다양한 언어 작업을 처리할 수 있습니다. 그래서 텍스트 요약, 번역, 질문 응답 및 자연 언어 생성 등 다양한 애플리케이션에서 활용하죠. 대표적으로 챗GPT도 LLM을 활용해 만들었어요. LLM을 활용한 주요 모델 몇 가지를 꼽자면 다음과 같아요.

- **챗GPT**: 대화형 AI로, 일상 대화뿐만 아니라 복잡한 주제에 대한 설명도 제공할 수 있습니다. 다양한 맥락을 이해하고 연속적인 대화를 지속할 수 있습니다.
- **Claude**: 앤트로픽Anthropic에서 개발한 LLM입니다. 어떤 면에서는 챗GPT보다 더 뛰어납니다. 코딩, 글쓰기 능력이 더 우수하다고 합니다.
- **LLaMA**: 메타Meta에서 오픈소스로 개발한 LLM입니다. 오픈소스여서 개발자들이 모델을 자유롭게 다운로드하고 수정할 수 있습니다.
- **Gemini**: 구글 딥마인드가 개발한 LLM으로, 챗GPT처럼 대화가 가능합니다. 구글 워크스페이스에 적용돼 지메일, 구글 문서 도구 등에서도 활용할 수 있습니다.

이외에도 하이퍼클로바X, 미스트랄, 솔라 등 다양한 모델이 연구 및 상업적 용도로 개발돼 있습니다. LLM은 AI 분야에서 중요한 진보를 나타내면서 갈수록 정교화되고 다양화되고 있어요. 이 모델들은 인간과의 상호 작용, 정보 검색, 교육 등 다양한 분야에서 활용될 가능성이 커요. 그리고 앞으로도 계속해서 발전하겠죠.

김대리    LLM이 생성 AI에서 아주 중요한 키워드군요. 어서 빨리 해보고 싶어요!

# 데이터 분석 GPT, 데이터 애널리스트

**박차장** 앞서 말했듯이 챗GPT는 자연어를 이해하고 추론하는 데 특화되어 있어서 데이터 분석에 뛰어난 성능을 발휘해요. 그래서 챗GPT를 그대로 사용해서 데이터 분석을 해도 되지만, 우리는 데이터 애널리스트$_{Data\ Analyst}$라는 GPT를 사용할 거예요.

**김대리** 데이터 애널리스트가 뭐죠?

**박차장** 데이터 애널리스트는 GPT 중의 하나예요. GPT란 쉽게 말하면 챗GPT의 애플리케이션이라고 보면 돼요. 스마트폰의 앱스토어처럼 GPT 스토어에서 사용자가 원하는 특정 기능에 특화된 앱을 선택해서 사용할 수 있죠. GPT를 이용하면 챗GPT에선 제공하지 않는 데이터나 기능을 사용할 수 있어요. 또는 특정 기능에 특화되어 있어 일반 챗GPT에서는 여러 번 입력해야 했던 프롬프트 횟수를 줄이고 품질 높은 답을 얻을 수 있죠.

GPTs(chatgpt.com/gpts)

김대리 　챗GPT를 기반으로 개발된 다양한 프로그램이라고 이해할 수 있겠네요.

박차장 　맞아요. 오픈AI가 2023년에 GPTs를 공개한 이후 무척 다양한 GPT가 개발됐어요. GPT는 일반 사용자도 누구나 만들 수 있기 때문이죠. 코딩, 정보 검색, 여행 계획 및 예약, 쇼핑, 교육 등 다양한 분야에 여러 가지 GPT가 있어요. 데이터 애널리스트도 그중 하나예요. 다른 점이 있다면 챗GPT를 만든 오픈AI에서 직접 개발한 GPT라는 거죠. GPT 검색창이나 특정 GPT를 클릭하면 나오는 상세페이지에서 GPT를 만든 작성자를 확인할 수 있어요. GPT를 다루는 방법은 조금만 더 있다가 자세히 살펴볼게요. 우선 이런 구조라는 것만 눈으로 간단하게 확인해 보세요.

GPT 검색 화면

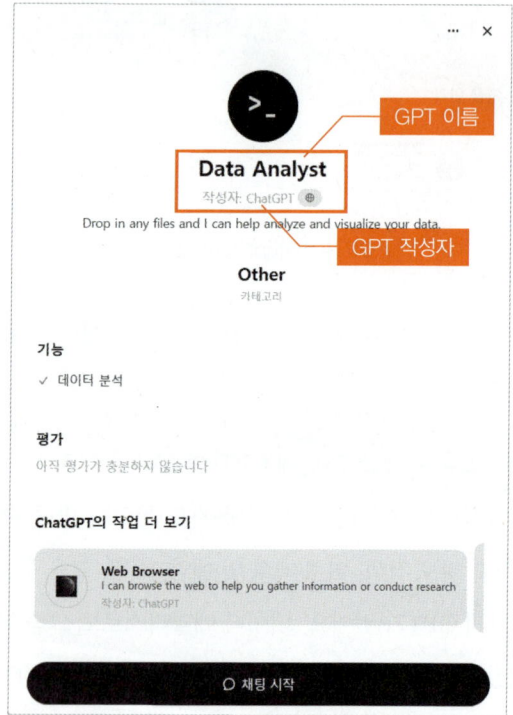

GPT 상세 화면

김대리    아하~ 이게 바로 GPT군요. 그런데 챗GPT가 데이터 분석 기능이 뛰어나다면 굳이 데이터 애널리스트를 사용해야 하는 이유가 있나요?

박차장   챗GPT는 데이터 분석에 필요한 과정이나 코드를 작성해 줄 수는 있지만, 직접 데이터를 가공해서 분석해 줄 수는 없어요. 하지만 데이터 애널리스트에선 csv, xlsx 등 데이터 파일을 업로드하고 데이터 분석을 요청할 수 있어요. 직접 파이썬 코드를 실행하고 결과를 알려 주죠. 에러가 발생하면 스스로 수정하기도 하고요.

김대리   데이터를 직접 읽고 분석도 해주는 거군요.

박차장   그럼요. 챗GPT가 일반적인 상황과 지식을 다루는 인공지능이라면, 데이터 애널리스트는 데이터 분석에 특화된 인공지능이에요. 통계적 방법, 데이터 조작 및 분석 도구, 고급 통계 모델링이나 심층적인 데이터 마이닝 기법 등 복잡한 데이터 문제를 처리할 수 있게 조율돼 있어요.

김대리   코드를 직접 입력하고 실행할 필요가 없다는 게 저 같은 비개발자나 비전공자에겐 끌리는 장점이네요. 당장 사용해 보고 싶어요!

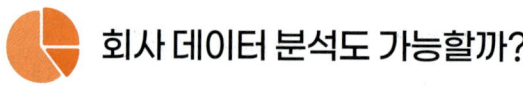# 회사 데이터 분석도 가능할까?

박차장   챗GPT와 데이터 애널리스트를 본격적으로 사용하기 전에 알아 두어야 할 주의 사항이 있어요.

김대리   어떤 건가요?

박차장   바로 데이터 보안이에요. 데이터 보안은 AI가 각광을 받으면서 함께 떠오른 분야인 만큼 밀접한 관계가 있어요. AI가 잘 기능하려면 데이터는 많으면 많을수록 좋습니다. 사용자가 입력한 데이터도 학습하죠. 그런데 기업 입장에서는 민감한 데이터를 AI가 학습했다가 다른 사용자에게 노출시킬 수 있다는 위험이 있어요. 물론 데이터 종류마다 다르고, 회사 정책과도 연관돼 있기 때문에 회사마다 차이는 있을 수 있어요. 하지만 대부분 회사의 데이터에는 개인 정보가 있고, 공개하지 않는 데이터도 있기 때문에 주의가 필요하겠죠. 이와 관련된 자세한 내용은 오픈AI 사이트에서도 안내하고 있으니 확인해 보는 게 좋아요.

🔗 오픈AI의 데이터 사용 방법: help.openai.com/en/articles/5722486-how-your-data-is-used-to-improve-model-performance

    게다가 아직 이에 대한 규정과 절차가 완벽하게 정립되지 않았어요. 일례로 이탈리아에서는 2023년 3월에 챗GPT를 대상으로 GDPR<sub>General Data Protection Regulation, 일반정보보호규정</sub> 위반 조사에 착수하고 일시적으로 차단 조치를 한 적이 있어요. 한 달 만에 조건부로 서비스를 재개했지만요.

김대리   그럼 개인 정보를 입력할 땐 주의가 필요하겠어요.

박차장   그래서 일부 회사에서는 챗GPT 사용을 금지하거나 제한한 곳도 있죠. 회사의 중요한 실험 데이터나 내부 정보가 유출될 가능성이 있다고 보기 때문이에요. 이 문제는 기술 보완이나 사회적 합의 등을 통해서 점차 해결될 거예요.

김대리   그럼 회사 데이터 분석을 할 때 데이터 애널리스트를 사용할 수 없나요?

박차장   공개된 데이터는 문제가 없어요. 앞으로 이 한계를 극복하고 보안이 향상된다면 누구나 회사에서도 AI를 사용하게 될 거예요. 그러니 미리 사용해 보면 좋겠죠. 회사에서도 데이터 애널리스트와 같은 GPT를 활용해 데이터를 분석하는 시대가 올 거예요.

김대리   당장은 데이터 분석을 하는 데 필요한 코드를 정리해 달라고 요청하는 방법도 있겠네요.

박차장   네, 맞아요. 그것만으로도 큰 도움이 되죠. 하지만 주의해야 할 게 또 한 가지 있어요. 바로 할루시네이션_Hallucination_ 문제예요.

김대리   할루시네이션이요?

박차장   챗GPT는 앞서 설명했듯이 생성 AI예요. 즉, 챗GPT는 다음에 올 가장 적합한 말을 찾아 생성하는 AI이기 때문에 그 대답이 사실이 아닐 수 있어요. 천연덕스럽게 대답을 하지만, 정확하지 않을 수 있고 논리적으로 보여도 잘못된 정보거나 무의미한 내용일 수 있어요. 하지만 정확도가 계속 올라가고 있어요. 지금도 믿고 사용할 수 있는 수준이지만, 앞으로는 더 좋아지겠죠. 그러나 이런 위험성을 미리 알고 사용해야 해요. 예를 들어, 이미지 생성 AI는 다음 그림과 같이 허황된 것을 사실처럼 만들 수 있어요. 그러니 텍스트에서도 비슷한 문제가 발생할 수 있겠죠?

진실이 아닌 이미지를 사실처럼 생성하는 AI

김대리  창작이 필요한 영역에선 큰 장점일 텐데 논리나 분석이 필요한 영역에선 단점이 될 수 있겠네요.

박차장  맞아요. 지금은 해결됐지만 2020년 출시된 GPT-3 버전에서 '세종대왕이 맥북 프로를 던진 사건'이 이슈가 된 적 있죠. 실제로 없는 이 사건을 챗GPT에게 물어보면 천연덕스럽게 응답을 해줬거든요. 지금은 GPT도 버전이 거듭 업데이트되면서 실제 존재하지 않는 사건이라고 정확하게 응답합니다.

**가상의 사례를 요청했을 때(GPT-3 버전에서)**

 『조선왕조실록』에 기록된 세종대왕 맥북 프로 던짐 사건에 대해 알려 주세요.

세종대왕의 맥북 프로 던짐 사건은 역사 서적인 조선왕조실록에 기록된 일화로, 15세기 조선시대 세종대왕이 새로 개발한 훈민정음(한글)의 초고를 작성하던 중, 문서 작성 중단에 대해 분노하여 맥북 프로와 함께 담당자를 방으로 던진 사건입니다.

세종대왕은 훈민정음 개발을 위해 열심히 노력하던 중, 한글 문자를 이해하지 못하는 당시의 관료들이 문서 작성을 돕기 위해 임명한 기획진 중 한 명인 최환(崔煥)에게 작성 중단 사실을 듣게 되었습니다. 세종대왕은 이에 분노하여 최환을 부르고, 맥북 프로를 함께 들고 그를 방으로 불러들이며 화를 내었습니다. 이후, 세종대왕은 훈민정음의 초고 작성을 다른 담당자에게 넘겨 주게 되었습니다.

이 사건은 조선시대의 통치자로서 세종대왕이 어떻게 민족 문화를 발전시키기 위해 노력했는지를 보여 주는 일화로 유명합니다. 또한, 세종대왕의 열정과 업무 처리에 대한 철저한 태도를 보여 주는 사례로도 언급되고 있습니다.

## 가상의 사례를 요청했을 때(최근 GPT 버전)

『조선왕조실록』에 기록된 세종대왕 맥북프로 던짐 사건에 대해 알려 주세요.

세종대왕이 맥북 프로를 던진 사건은 실제로 존재하지 않습니다. 조선왕조실록은 조선 시대의 왕들과 그들의 정치, 문화, 사회에 관한 다양한 사건들을 기록한 역사 서적입니다. 세종대왕은 훌륭한 리더십과 학문적 업적으로 유명하며, 한글을 창제한 것으로 가장 잘 알려져 있습니다.

혹시 이 질문이 세종대왕에 대한 역사적 사실 또는 조선왕조실록에 관한 진지한 질문이 아니라, 재미를 위한 상상의 시나리오에 대한 것이라면, 그에 맞는 창의적인 대답도 할 수 있습니다! 그렇지 않다면, 세종대왕의 업적이나 조선왕조실록에 대해 더 알고 싶은 것이 있다면 언제든지 물어봐 주세요.

김대리    와. 엄청나게 발전했네요. 가상과 실제를 구분하는 수준이 된 거군요. 잘 사용하면 앞으로 할 수 있는 일이 많아지겠어요.

박차장    네, 맞아요. 앞으로 생성 AI는 더 활발히 활용될 거예요. 그리고 이를 비판적으로 잘 사용하는 역량이 더 중요해지겠죠.

# 02장

# 챗GPT 사용 가이드

"대리님. 이제 챗GPT를 직접 사용해 볼 준비가 되셨나요?"

"네! 그런데 대화하는 방식이라면 평소에 사람들과 대화하듯이 말하면 되는 거 아닌가요? 굳이 사용 방법을 익혀야 하나요?"

"그럼요. 사람과 대화를 나눌 때도 상대를 파악하고 내가 어떤 사람인지 알려 주면 좀 더 원활하게 대화를 나눌 수 있는 것처럼 챗GPT도 사용 방법을 익히면 더 잘 활용할 수 있어요. 사용자 맞춤 설정을 통해 나에게 더 적합한 대화 환경을 만들고, 대화 요령을 익히면 더 나은 응답을 받을 수 있죠."

"듣고 보니 그렇네요. 챗GPT와 대화에도 기술이 필요하겠군요."

"이번에는 챗GPT 사용 가이드를 살펴보고 GPT 스토어도 같이 둘러볼 거예요. GPT 스토어에는 데이터 애널리스트와 같이 유용한 GPT가 많이 있어요. 하지만 우리 입맛에 딱 맞는 GPT가 없다면 직접 만들 수도 있죠. 우리는 한국 박스 오피스 정보를 제공하는 GPT를 만들어 볼게요."

"벌써 기대되네요. 이제 본격적으로 챗GPT를 시작해 보죠."

## 챗GPT 시작하기

**박차장**    자, 이제 챗GPT를 시작해 볼까요? 엣지Edge나 크롬Chrome과 같은 웹브라우저를 실행하고 챗GPT 웹 사이트로 이동할게요. 검색 엔진에서 "챗GPT"를 검색하거나 주소창에 **chatgpt.com**을 입력하고 이동해 보세요.

**김대리**    접속했어요, 차장님. 이런 화면이 나오네요.

**박차장**    챗GPT는 가입을 하지 않아도 채팅을 주고받을 수 있어요. 하지만 데이터 애널리스트와 같은 GPT를 사용하거나 대화 기록을 저장하려면 회원 가입을 해야 합니다. 오른쪽 상단의 [로그인] 버튼을 클릭해서 회원 가입을 해보세요. 이메일 주소로 가입해도 되고, 구글이나 마이크로소프트 계정으로 가입할 수도 있어요.

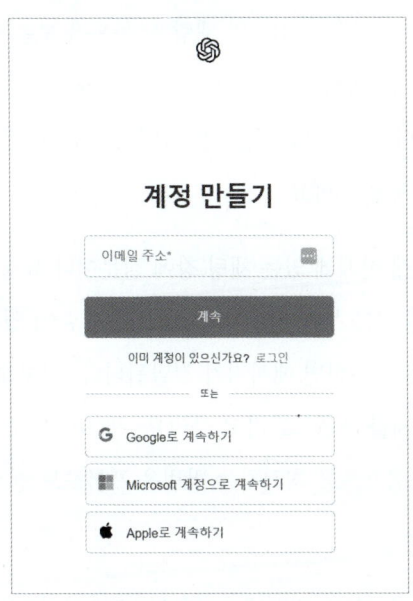

김대리   회원 가입 과정이 간단하네요. 금세 회원 가입하고 로그인도 했어요. 로그인하기 전 화면이랑 뭔가 다르네요.

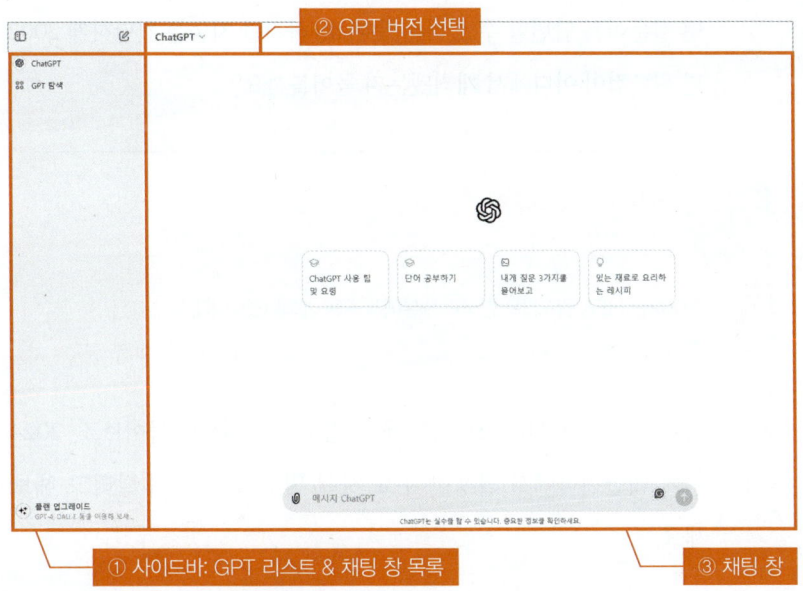

02장 챗GPT 사용 가이드   35

박차장  맞아요. 우선 왼쪽에 GPT와 채팅 창 목록을 보는 사이드바가 생겼고 대화창 왼쪽 상단엔 챗GPT 버전을 선택하는 버튼이 보이네요. 그리고 가운데에 챗GPT와 채팅하는 영역이 있죠. 우린 이 영역을 가장 자주 사용하게 될 거예요.

화면 가운데 아래에 있는 채팅 창에 질문이나 요청 사항을 입력한 다음 [Enter] 키를 누르거나 채팅 창 오른쪽 끝에 있는 메시지 전송 아이콘(●)을 클릭하면 메시지가 전달됩니다. 이렇게 챗GPT에게 전달하는 메시지를 프롬프트라고 불러요. 챗GPT에게 더 좋은 대답을 얻기 위해 프롬프트를 최적하는 방법을 프롬프트 엔지니어링이라고 합니다.

김대리  저의 첫 프롬프트가 되겠네요. 뭐라고 입력할까요?

박차장  챗GPT는 기술 지원 및 문제 해결, 콘텐츠 제작, 학습, 창의성 발휘, 재편집, 분석, 의사결정 지원 등 다양한 문제에 답을 줄 수 있어요. 어떤 질문이든 답변할 수 있다는 뜻이죠. 하지만 지금은 간단하게 2002년 월드컵이 어디에서 개최됐는지 물어볼까요?

 2002년 월드컵이 어디에서 개최됐나요?

 2002년 FIFA 월드컵은 한국과 일본에서 공동 개최되었습니다.

박차장  정확히 응답했어요. 그렇다면 최근 정보에 대해서도 물어보죠. 2024년에 대한민국에서 발생한 주요 사건 및 사고를 알려 달라고 해보세요.

2024년에 대한민국에서 발생한 주요 사건 및 사고를 알려 주세요.

 저는 실시간 정보에 접근할 수 없으므로 2024년에 발생한 사건에 대한 정보를 제공할 수 없습니다. 현재로부터 몇 년 전의 사건에 대한 정보를 원하신다면 온라인 뉴스 웹 사이트나 신문을 확인하시는 것이 좋습니다.

김대리 엇, 실시간 정보에 접근할 수 없다고 해요.

박차장 맞아요. 챗GPT는 방대한 과거 데이터를 학습해서 만든 언어 모델이에요. 즉, 그 이후에 발생한 일에 대해서는 답을 할 수 없죠. 하지만 챗GPT의 웹 브라우징 기능을 활용하면 가능해요. 웹을 검색해 최신 데이터를 기반으로 응답을 할 수 있죠. 웹 브라우징 기능은 유료 플랜으로 전환해야 해요.

김대리 최신 데이터가 필요하다면 유료 플랜을 활용해야겠네요.

박차장 맞아요. 이후 우리가 다룰 주요 도구인 데이터 애널리스트를 사용할 때도 일부 기능은 무료 버전에서 사용할 수 있지만 필요한 기능을 제대로 활용하고, 분량 제한을 덜 받으려면 Plus 구독을 추천해요. 챗GPT 메인 화면의 왼쪽 하단에 [플랜 업그레이드]를 클릭하면 플랜 요금제를 확인할 수 있어요. 개인이 사용한다면 Plus 플랜, 팀이 사용한다면 Team 플랜으로 업그레이드합니다.

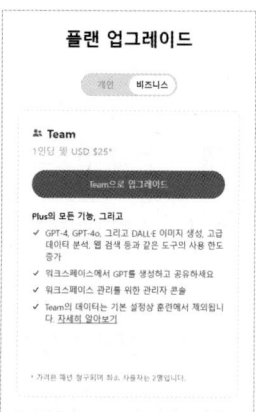

플랜 업그레이드(openai.com/chatgpt/pricing)

김대리    Plus로 업그레이드를 하면 다양한 기능을 사용할 수 있네요. DALL·E는 어떤 기능이에요?

박차장    DALL·E는 오픈AI에서 만든 이미지 생성 AI예요. 독립적인 AI지만, 챗GPT와 연동해서 사용 가능합니다. 원하는 이미지를 프롬프트로 요청하면 바로 이미지가 생성돼요. 플랜 업그레이드 후에 간단하게 사용해 볼게요.

김대리    바로 업그레이드했어요! 메인 화면 왼쪽 상단의 버전이 바뀌었어요.

박차장   좋아요. 이제 채팅 창에 그리고 싶은 그림을 묘사해 보세요. 아름다운 가을 풍경을 그려 볼까요?

 아름다운 가을 풍경을 그려 주세요.

김대리   와, 순식간에 그림이 그려졌어요.

박차장   이게 바로 챗GPT와 연동된 DALL·E의 기능입니다. 그림을 저장하고, 편집도 할 수 있어요. 웹 브라우징 기능도 잘 동작하는지 확인해 보죠. 2024년에 발생한 사고에 대해 다시 질문해 볼까요?

 2024년에 대한민국에서 발생한 주요 사건 및 사고를 알려 주세요.

   사이트 3개 검색함
"2024 major accidents in South Korea"
bing.com

02장 챗GPT 사용 가이드   39

The Korea Herald — At least 9 dead in central Seoul car accident: reports
koreaherald.com

Al Arabiya — South Korea battery plant fire kills 22, most of them Chinese nationals
english.alarabiya.net

2024년에 대한민국에서 발생한 주요 사고 중 몇 가지는 다음과 같습니다.

1. 의료 대란: 2024년 2월부터 전국의 의대 전공의들이 의대 증원에 반대하며 사직하고, 일부는 휴학을 선언하는 등의 조치로 큰 의료 대란이 발생했습니다. 이로 인해 전국 병원에서 수천 명의 의료 인력이 업무를 중단하였으며, 정부는 의사들의 업무 복귀를 요구하고 강제 업무 명령을 내리는 등의 대응을 하였습니다.

2. NH농협은행 금융 사고: 2024년 3월 6일, NH농협은행에서 업무상 배임 등으로 인해 약 109억 원 규모의 금융 사고가 발생했습니다. 이 사건은 대규모 금액이 연루된 점에서 주목을 받았습니다.

3. 부산 동물원 탈출 사건: 2024년, 부산의 한 동물원에서 호랑이와 사자가 탈출하는 사건이 발생하였습니다. 이 사건으로 인해 지역 사회에 큰 충격과 공포를 주었으며, 결국 다행히 무사히 포획되어 사태가 종결되었습니다.

이외에도 여러 사건이 있었지만 위의 세 가지 사건은 특히 주목할 만한 사건으로 기록됩니다. 각 사건은 대한민국 사회에 큰 영향을 미쳤으며, 이에 대한 정부와 사회의 대응도 중요한 이슈가 되었습니다.

김대리   아까와 다른 응답이 나왔어요. 데이터를 어디서 수집했는지, 사건이 발생한 일자와 위치까지 상세하네요.

박차장 Plus 플랜에서 사용하는 웹 브라우징 기능 덕분이에요. 사전 학습된 데이터는 물론이고 웹에서 실시간으로 데이터를 수집해서 응답을 하죠. 이렇게 주고받은 채팅 창에서 사용자가 추가로 어떤 작업을 더 할 수 있는지 알아볼게요.

① **메시지 편집**: 작성한 프롬프트 위에 마우스 포인터를 올리면 말풍선 왼쪽에 [메시지 편집] 아이콘(✎)이 나타나요. 프롬프트를 수정하고 [보내기] 버튼을 클릭하면 새로운 응답이 생성됩니다.

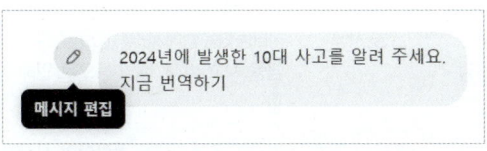

이렇게 프롬프트를 수정하면 하단에 수정한 만큼 프롬프트 개수가 표시돼요. 이동 아이콘을 클릭해서 수정한 프롬프트에 대한 응답과 이전 응답을 확인할 수 있어요.

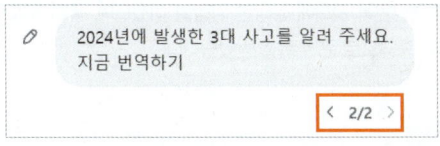

② **추가 프롬프트 작성**: 챗GPT는 사용자와 나눈 대화를 기록합니다. 따라서 채팅 창에 이어서 프롬프트를 입력하면 사람과 대화하듯이 이어서 대화를 주고받을 수 있죠. 받은 응답 수정이나 보완을 요청할 수도 있고 새로운 내용을 요청할 수도 있어요.

③ **응답 형태 변경**: 응답한 내용을 표, 리스트 등 원하는 형태로 변경할 수 있습니다. 예를 들어, 챗GPT가 응답한 내용을 표로 요청하면 다음과 같이 앞서 응답을 참조해서 표로 작성해 주죠.

표로 작성해 주세요.

 여기 2024년 대한민국에서 발생한 주요 사고들에 대한 표입니다.

| 날짜 | 사고 유형 | 설명 | 출처 |
|---|---|---|---|
| 2024년 2월 | 의료 대란 | 전국의 의대 전공의들이 의대 증원 계획에 반대하여 사직하고 휴학을 선언함. 이로 인해 전국적인 의료 대란 발생. | 출처6 |
| 2024년 3월 6일 | 금융 사고 | NH농협은행에서 약 109억 원 규모의 금융 사고 발생. 배임 등으로 인해 발생함. | 출처7 |
| 2024년 | 동물원 탈출 사건 | 부산의 동물원에서 호랑이와 사자가 탈출함. 지역 사회에 큰 충격과 공포를 주었으며, 무사히 포획됨. | 출처6 |

각 사건은 대한민국 사회에 상당한 영향을 미쳤으며, 특히 의료 대란은 많은 의료 인력의 업무 중단으로 큰 주목을 받았습니다.

④ **Read Aloud(응답 읽기)**: 응답을 음성으로 읽어 주는 기능입니다. 챗GPT 모바일 앱을 이용하면 음성으로 대화를 주고받을 수 있습니다.

⑤ **복사**: 마음에 드는 응답을 다른 곳에 공유하는 기능입니다. 아이콘을 클릭하면 체크 표시( ✓ )로 바뀌고 응답이 클립보드에 복사됩니다.

⑥ **응답 다시 생성하기**: 동일한 프롬프트에 다른 응답을 생성하는 기능입니다.

⑦ **별로인 응답**: 사용자의 피드백을 받아 응답의 품질을 개선하기 위한 기능입니다. 피드백은 학습에 반영돼 더 똑똑한 AI를 만드는 데 사용됩니다. 응답이 부정확하거나 도움이 되지 않는 경우 아이콘을 클릭해 보세요.

⑧ **모델 변경**: 다른 버전의 챗GPT 모델을 선택해서 응답을 생성합니다.

김대리 챗GPT와 대화한 내용을 활용할 수 있게 다양한 기능을 제공하네요. 음성으로 대화하는 기능이 특히 마음에 들어요.

박차장 음성 응답이 자연스러워 깜짝 놀라실 거예요. 챗GPT는 모바일 버전으로도 서비스를 제공하고 있어요. 안드로이드와 iOS 모두 지원하니 꼭 애플리케이션까지 설치해서 사용해 보세요.

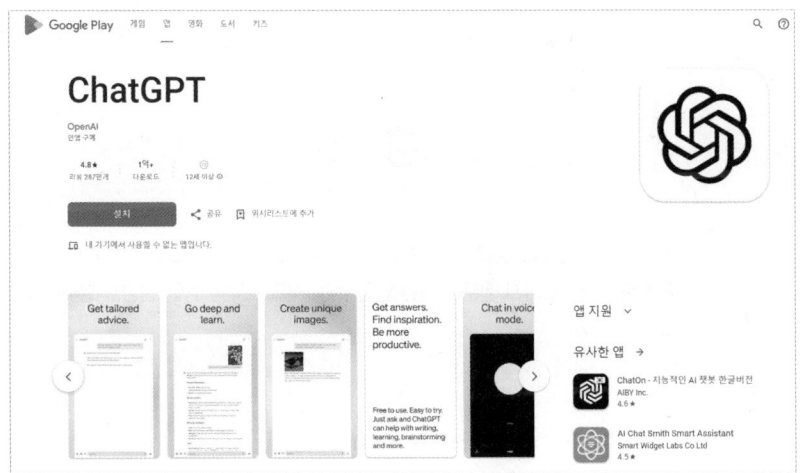

구글 플레이스토어의 챗GPT

02장 챗GPT 사용 가이드 43

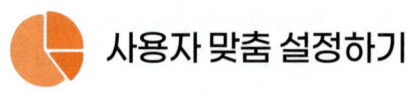 **사용자 맞춤 설정하기**

박차장  챗GPT는 사용자의 목적과 선호에 따라 세세한 기능을 설정할 수 있어요. 챗GPT 메인 화면 오른쪽 상단의 사용자 아이콘을 선택하면 내 정보를 확인하고 필요한 설정을 할 수 있습니다. 각 메뉴를 하나씩 살펴볼게요.

① **챗GPT 맞춤 설정**: 챗GPT가 사용자 맞춤 응답을 하는 데 필요한 정보를 입력하는 곳이에요. 다음 2가지 질문에 대한 답을 하는 것으로 맞춤 응답 설정을 할 수 있어요.

맞춤형 지침의 첫 번째 질문 "챗GPT가 더 나은 응답을 제공해 드리기 위해 사용자님에 대해 알아두어야 할 것이 있다면 무엇인가요?"에는 목적과 관심사, 전문 분야, 취미, 직업 등을 입력합니다. 더 관련성 높고 목적에 부합하는 정보를 얻을 수 있어요.

두 번째 질문 "챗GPT가 어떻게 응답했으면 하시나요?"는 응답의 톤, 구조, 길이 등을 입력합니다. 톤은 분석적, 전문적으로 할지 또는 친근하고 창의적으로 할지를 설정할 수 있어요. 구조는 목록, 표, 리스트, 단락 등을, 길이는 간결하게 할지 길고 구체적으로 할지를 설정할 수 있어요.

이처럼 설정해 둔 맞춤형 지침은 챗GPT와 새로운 채팅을 시작할 때마다 적용돼요. 반복해서 프롬프트를 입력하는 수고를 덜고 원하는 수준의 응답을 쉽게 받을 수 있어요.

② **설정**: [설정]을 선택하면 다음과 같은 설정창이 열립니다. 각 기능을 알아볼게요.

**일반**

- 주제: 챗GPT의 테마를 선택할 수 있어요. 시스템, 다크 모드, 라이트 모드가 있습니다. 기본값으로 '시스템'이 설정되어 있어요.

- 데이터 분석가를 사용할 때 항상 코드 표시: 데이터 애널리스트를 사용할 때 항상 실행한 코드를 표시할지 설정할 수 있어요.

- 언어: 사용자의 언어를 설정해요.

- 아카이브에 보관된 채팅: 채팅 내역을 아카이브에 보관하여 나중에 다시 보거나 이어서 대화할 수 있어요.

- 모든 채팅을 아카이브에 보관하기: 챗GPT와 나눈 모든 대화를 아카이브에 보관합니다.

- 모든 채팅 삭제하기: 챗GPT와 나눈 모든 대화를 한 번에 삭제합니다.

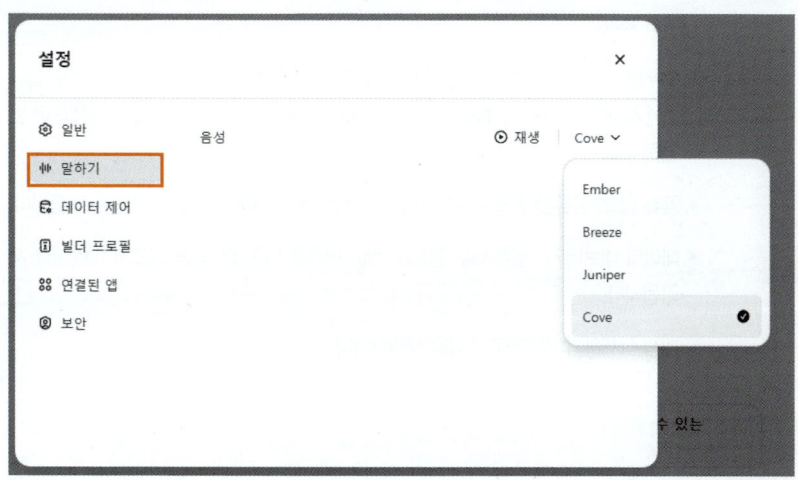

**말하기**

- 음성: [Read Aload]와 같이 챗GPT 음성 기능에서 사용하는 보이스를 설정합니다. 각 보이스에는 이름이 설정돼 있어요. [재생]을 클릭해 보이스를 듣고, 마음에 드는 보이스로 선택하세요.

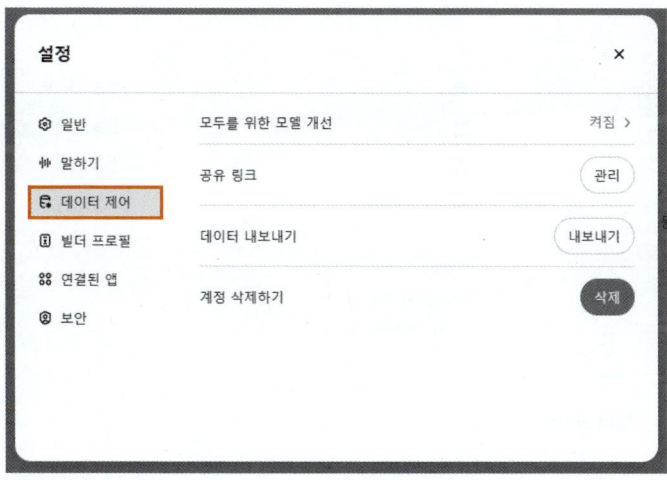

데이터 제어

- **모두를 위한 모델 개선**: 사용자가 챗GPT를 사용한 이력을 모델 훈련에 사용합니다. [켜짐]은 동의한 상태예요. 민감한 정보가 유출되는 게 꺼려진다면 [꺼짐]으로 변경하세요.

- **공유 링크**: 공유한 링크 목록을 확인하고 내용을 보거나 링크를 삭제할 수 있습니다.

- **데이터 내보내기**: 계정 세부 정보와 채팅 내용을 다운로드받는 링크가 이메일로 제공됩니다.

- **계정 삭제하기**: 챗GPT 계정을 삭제합니다.

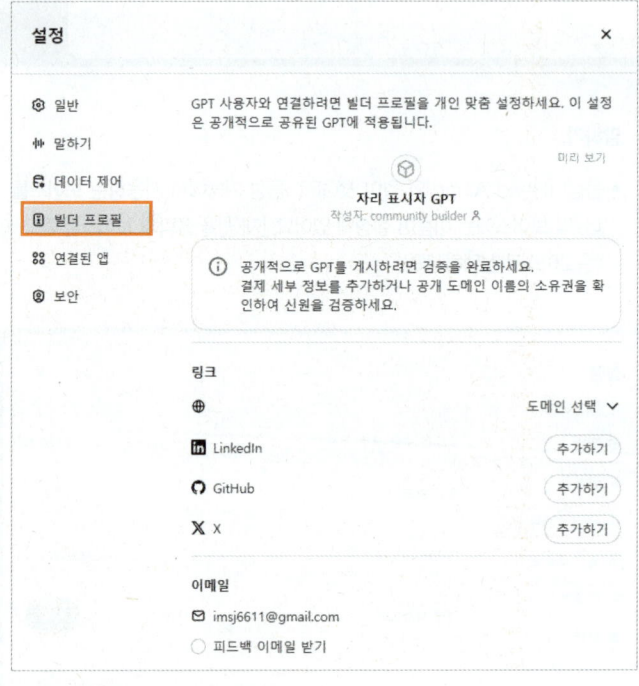

빌더 프로필

- GPT를 공개할 때 다른 사용자에게 보일 프로필을 설정합니다. 이름, 링크(사이트, LinkedIn, GitHub, X), 이메일을 입력할 수 있어요.

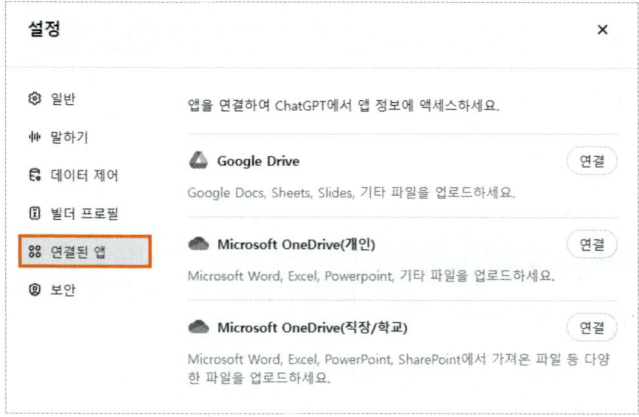

**연결된 앱**

- 챗GPT 채팅 창에서 구글 드라이브, 마이크로소프트 원드라이브 등 클라우드 서비스와 연결해서 파일을 첨부하는 기능을 설정합니다. 파일을 간단하게 첨부해 요약이나 분석 작업을 할 수 있어요.

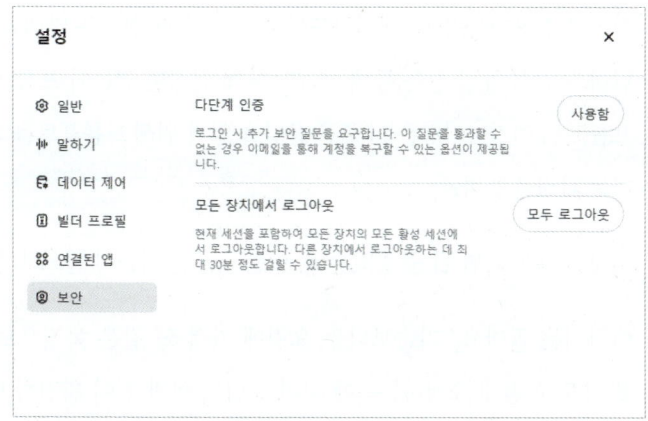

**보안**

- 다단계 인증: 계정 보안을 위해 다단계 인증을 설정합니다.
- 모든 장치에서 로그아웃: 로그인한 현재 계정과 연결된 모든 기기에서 로그아웃합니다.

#  더 나은 대화를 위한 프롬프트 엔지니어링

김대리    맞춤 설정에 기능까지 하나씩 설정했어요. 챗GPT를 저한테 딱 맞는 도구로 만든 느낌이에요.

박차장    그럼 이제 챗GPT와 대화를 나누기 전에 알아 둬야 할 한 가지가 남았군요. 챗GPT가 부상하면서 같이 주목받게 된 프롬프트 엔지니어링 Prompt Engineering 이에요.

김대리    아, 프롬프트를 다루는 기술 말이죠?

박차장    맞아요. 프롬프트 엔지니어링이란 인공지능 모델이 사용자 요청에 정확하고 유용한 응답을 제공하도록 하는 기술과 전략을 말해요. 쉽게 말하면 앞서 채팅 창을 통해 챗GPT에게 던졌던 질문이 프롬프트고, 프롬프트 엔지니어링은 더 좋은 응답을 얻기 위해 프롬프트를 최적화하는 과정을 뜻하죠.

김대리    그냥 질문을 하면 될 줄 알았는데, 이를 다루는 기술이 필요하네요.

박차장    어렵지는 않아요. 기술보다는 요령에 가깝죠. 같은 목적으로 질문을 해도 어떻게 요청하는지에 따라 응답의 양과 질이 완전히 달라지죠. 2023년에 공개된 〈Principled Instructions Are All You Need for Questioning LLaMA-1/2, GPT-3.5/4〉(출처: arxiv.org/abs/2312.16171)라는 논문을 참고해 프롬프트를 잘 쓰는 방법을 다음과 같이 정리했어요.

## 프롬프트 제대로 작성하는 6가지 방법

### ① 질문 명확성

- **명확하고 구체적으로 질문하기**: 명확하고 구체적으로 질문하기
- **본론만 말하기**: 복잡한 수식어나 불필요한 표현 없이 간단명료하게 질문하기
- **단계적으로 질문하기**: 복잡한 주제는 단계적으로 질문하여 응답 얻기

### ② 정보 제공 및 설정

- **필요한 배경 정보 제공하기**: 질문에 필요한 배경 정보를 제공하기
- **청중 설정하기**: 대상 청중을 설정하여 질문하기 (예. "12살 어린이를 위한 '미시 경제'에 대해 설명해 주세요.")
- **임무 설정하기**: 명확한 임무를 주고 반드시 수행하도록 지시하기
- **역할 부여하기**: 특정 역할을 부여하여 응답을 요청하기
- **필요한 모든 정보 추가하기**: 프롬프트에 '필요한 모든 정보를 추가하여' 작성하라고 요청하기

### ③ 작업 세분화 및 구조화

- **작업 세분화하기**: 복잡한 작업은 단계별로 쪼개서 요청하기
- **단계별로 생각 요청하기**: 프롬프트에 '단계별 생각'하라고 작성하여 요청하기
- **구분하여 작성하기**: 지시, 예시, 질문을 단락을 나눠서 명확히 구분하여 요청하기
- **CoT Chain-of-Thought 작성하기**: 요청하는 작업을 단계별로 어떻게 처리해야 하는지 설명하기

### ④ 예시 활용

- **예시를 통해 질문 명확히 하기**: 사용자 의도를 더 잘 이해할 수 있도록 예시 제공하기
- **출력 문구 지정하기**: 마지막 출력 문구를 지정(예. 설명, 코드 등)하여 명확하게 지시하기
- **텍스트 개선**: 응답 텍스트를 개선해 달라고 요청하기

⑤ 표현 방식

- **긍정 지시문 사용하기**: 부정문 대신 긍정문으로 요청하기
- **구분 기호 사용하기**: 중요한 부분을 따옴표 등으로 강조하기
- **반복하기**: 중요한 단어를 반복하여 사용하기
- **제시어 기반 글쓰기**: 특정 단어, 구, 문장을 제공하여 해당 텍스트에 이어서 작성하라고 요청하기
- **키워드 제시하기**: 특정 키워드를 포함하여 텍스트 작성하기
- **동일 언어 사용하기**: 텍스트를 제공하고, 동일한 언어를 사용하라고 요청하기
- **편견 제거하기**: 편견이 없고, 고정 관념에 의존하는 것을 피해서 응답하도록 요청하기
- **다양한 형태의 응답 요청하기**: 리스트, 테이블, 그림 등 다양한 형태의 응답을 요청하기

⑥ 피드백 및 기타 팁

- **피드백 제공하기**: AI의 응답이 만족스럽지 않으면, 피드백을 제공하고 질문을 수정하여 다시 물어보기
- **질문시키기**: 충분한 정보가 확보될 때까지 질문하도록 요청하기
- **문제 추가하기**: 지식 설명을 요청할 때 마지막에 문제를 추가해서 응답하도록 요청하기
- **인간적인 응답 요청하기**: 자연스럽고 인간적으로 응답하라고 요청하기

김대리    사용자 맞춤과는 또 다른 응답의 질을 높이는 방법이군요.

박차장    맞아요. 챗GPT는 누가 어떻게 쓰느냐에 따라 결과물이 완전히 달라질 수 있어요. 챗GPT가 어떤 응답을 하느냐는 사용자의 프롬프트에 달려 있어요. 그렇기 때문에 프롬프트를 내 목적에 맞게 잘 작성하는 방법을 알아야 해요.

# 다양한 GPT 살펴보기

김대리   GPT가 궁금해서 찾아봤는데 종류가 엄청나더라고요. 뭐부터 해야 할지 잘 모를 정도예요. 추천하는 GPT가 있을까요?

박차장   데이터 애널리스트 외에도 글쓰기, 코드 작성, 자료 조사, 언어 학습, 와인 추천 등 다양한 목적의 GPT가 있어요. 간단하게 업무나 일상에서 쓸 만한 GPT를 소개할게요.

 **Logo Creator**

사업이나 개인 브랜딩을 위한 로고를 만들어 줍니다. 정보를 입력하면 몇 가지 질문을 한 후 그에 맞는 로고를 생성해요. 예를 들어, 도넛 가게 로고 등을 만들 수 있어요.

 **SciSpace**

자료 조사를 도와줍니다. 287만 개 이상의 논문을 분석해서 정확한 인용과 함께 초안을 작성해 줘요.

 **SQL Expert**

SQL 쿼리 작성과 최적화를 도와줍니다. SQL 에러 메시지를 설명하고, 더 빠르게 실행되는 쿼리를 제시해요. 필요한 업무를 설명하면 그에 맞는 데이터베이스 구조도 제안합니다.

**Video Summarizer**

긴 유튜브 영상을 요약해 줍니다. 영상을 다 보지 않아도 내용을 파악할 수 있어요. 영상 내용을 요약하고 추가로 어떤 질문을 할지 안내해요. 텍스트로 된 요약 스크립트나 핵심 키워드를 추출할 때 유용합니다.

 **PDF AI**

PDF 문서를 요약해서 빠르게 내용을 파악할 수 있도록 도와줍니다. 긴 문서에서 핵심 내용을 요약해서 읽고, 주요 키워드를 추출할 때 유용합니다.

 **Sous Chef**

상황에 맞는 요리 메뉴나 레시피를 추천해 줍니다. 다이어트 식단이나 가족과의 식사 등 특정 상황에 맞는 음식을 추천해 줘요. 냉장고 사진을 올리면 안에 재료로 만들 수 있는 메뉴와 레시피도 제안합니다.

**GPT Finder**

원하는 주제나 업무를 입력하면 그에 맞는 GPT를 추천해 줍니다.

김대리   지금 딱 필요한 GPT예요. 그렇잖아도 어디서 어떻게 찾아야 할지 막막하던 참이었어요.

박차장   여러 GPT를 찾아보고 직접 써보세요. 업무나 일상에서 생성 AI를 활용해 효율을 높이거나 품질을 개선하는 방안이 있을지 둘러보세요. GPT마다 제공하는 기능이 달라서 유용하게 사용할 수 있을 거예요.

마음에 드는 GPT를 찾았다면 언제든 다시 대화를 나눌 수 있도록 사이드바에 고정할 수 있어요. GPT와 채팅을 시작하면 챗GPT 왼쪽 사이드바에 대화를 나눈 GPT가 뜹니다. 이때 GPT 이름 오른쪽에 있는 더보기 아이콘(⋯)을 클릭한 다음 [사이드바에 유지]를 선택하세요.

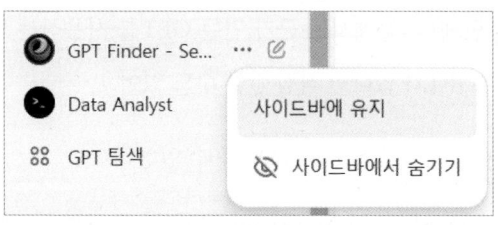

김대리 이렇게 고정하면 다른 작업을 하더라도 쉽게 다시 찾을 수 있겠어요.

#  API를 활용한 나만의 GPT 만들기

**박차장**    [GPT 탐색] 기능에서 누군가 만든 GPT를 사용하는 방법도 있지만, 원하는 GPT가 없다면 직접 만들 수도 있어요.

**김대리**    그럼 저한테 딱 맞는 GPT를 만들 수 있겠네요.

**박차장**    맞아요. 반복 업무나 자동화, 최적화가 필요한 작업에 GPT를 활용할 수 있어요. GPT는 수행하는 역할에 따라 다음과 같이 2가지 유형으로 나눌 수 있어요.

- **질문과 응답 유형**: 정보 제공, 지식 공유, 학습 지원 등이 목적입니다. 학습된 데이터를 바탕으로 사용자가 입력한 질문에 적절한 응답을 제공하는 것이 주요 기능입니다.
- **행동을 수행하는 유형**: 복잡한 작업을 자동화하는 데 초점을 맞춥니다. 사용자가 정의한 특정 작업을 수행하기 위해 API와 연결하고, 외부 데이터를 가져와 처리하는 기능도 추가할 수 있어요.

**김대리**    API가 뭐예요?

**박차장**    API<sub>Application Program Interface</sub>는 서로 다른 소프트웨어 또는 서비스 간에 통신을 하고, 정보 교환을 가능하게 해주는 도구예요. API로 복잡한 기능을 가진 서비스를 쉽게 사용할 수 있어요. 다른 서비스의 특정 기능을 구현하기 위한 일종의 규칙이라고 볼 수 있죠.

**김대리**    그러면 API가 없다면 어떻게 되나요?

박차장　API가 없다면 각 소프트웨어나 서비스가 서로 '대화'를 할 수 없게 돼요. 그래서 필요한 기능을 모두 구현해야 하죠. 예를 들어, 캘린더 앱에 날씨를 알려 주는 기능을 넣고 싶을 때 이 정보를 제공하는 API를 이용하면 손쉽게 기능을 활용할 수 있지만 API가 없다면 날씨 정보를 제공하는 기능을 직접 구현해야 해요. 시간과 비용이 크게 증가하겠죠.

김대리　API는 복잡한 기능을 간단하게 가져다 쓸 수 있게 해주는 거군요.

박차장　맞아요. 직접 개발하지 않고도 날씨 정보, 지도 데이터, 온라인 결제 시스템 등을 손쉽게 사용할 수 있죠.

김대리　API를 이용하면 GPT가 할 수 있는 일이 많이 늘어나겠어요.

박차장　맞아요. GPT를 만들 때도 API를 사용할 수 있어요. 예시로 한국 박스 오피스 GPT를 만들어 볼까요? 이 GPT는 API로 한국 박스 오피스 순위를 가져와 제공하는 기능을 해요.

먼저 챗GPT 메인 화면에서 [GPT 탐색]을 클릭하세요.

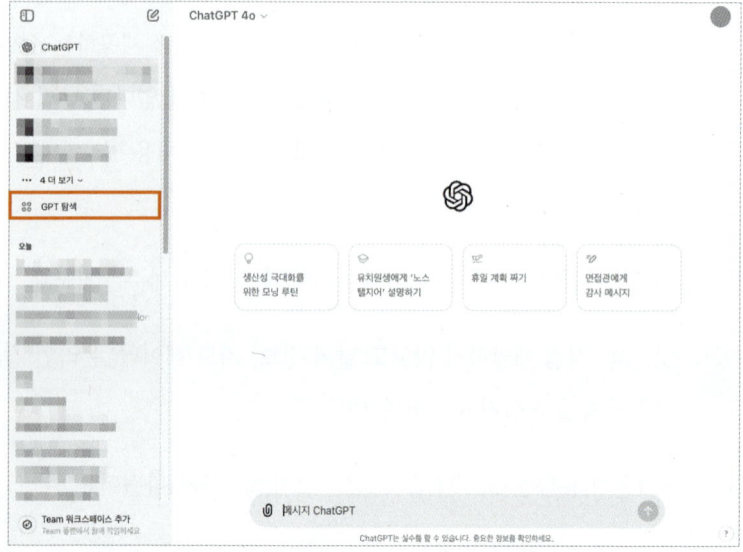

오른쪽 상단에 있는 [+ 만들기] 버튼을 누르세요.

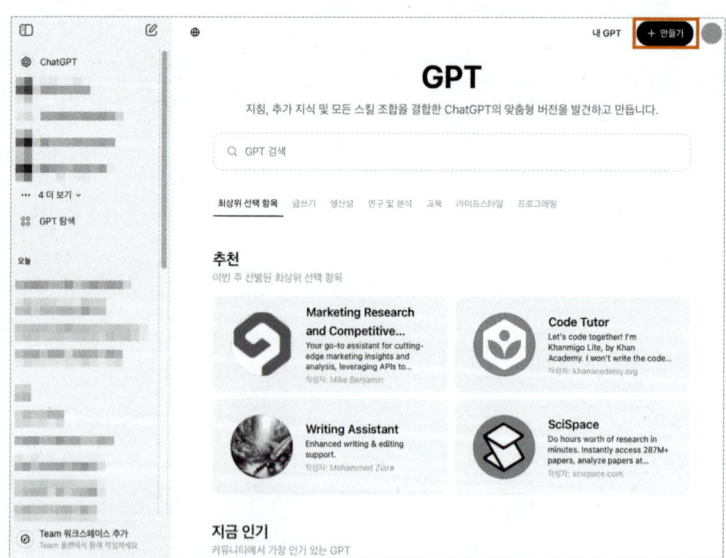

GPT를 만드는 화면으로 이동하면 화면이 '만들기'와 '미리 보기'로 나뉜 것을 볼 수 있어요. 왼쪽에서는 어떤 GPT를 만들지 작성하고, 오른쪽에서는 만든 GPT를 실행해 봅니다.

GPT를 만드는 방법은 2가지가 있어요. 왼쪽 창을 보면 [만들기]와 [구성] 2가지 탭이 있죠. [만들기] 탭에서는 GPT 빌더Builder와 대화를 통해 GPT를 만들 수 있어요. 챗GPT와 대화하는 것처럼 대화를 통해 원하는 GPT의 기능, 특성 등을 입력하면서 만들어 가는 거예요.

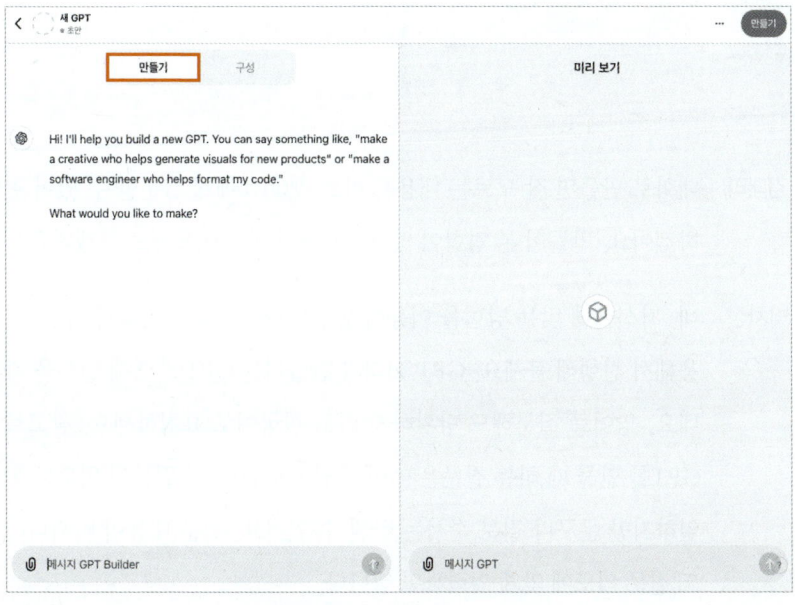

[구성] 탭에서는 원하는 내용을 창에 입력해 설정하는 방식으로 GPT를 만들 수 있어요. 입력하는 방식의 차이일 뿐이지 기능은 [만들기]와 같다고 보시면 돼요.

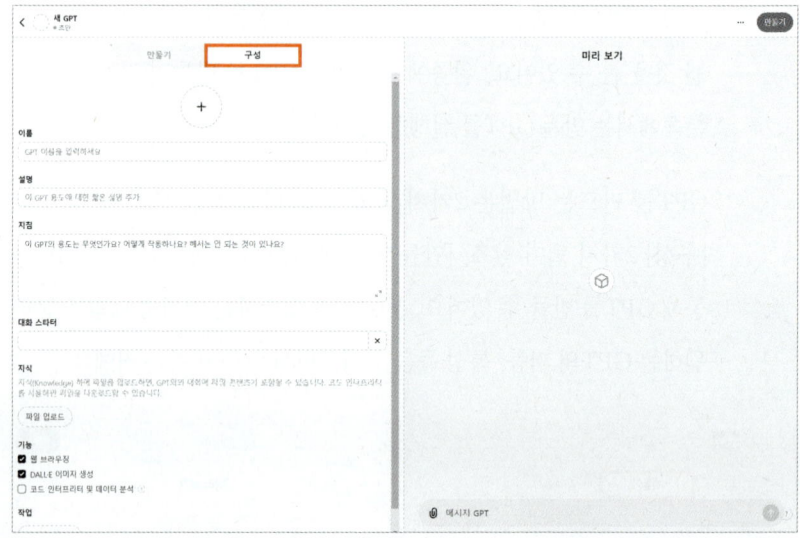

김대리    대화로 만들면 잘 모르는 내용을 바로 챗GPT에게 질문할 수 있어 편하겠어요. 만들어 본 경험이 있다면 [구성] 탭을 이용해도 좋겠네요.

박차장    네. 자신에게 맞는 방법을 이용하면 됩니다. 우리는 [만들기] 탭을 이용해서 진행해 볼게요. GPT 빌더가 만들려는 GPT에 대해 질문을 하네요. 영어로 질문해도 당황하지 말고 한국어로 요청하세요. 참고로 GPT를 만들 때 하는 질문은 매번 동일하지 않아요. 질문의 의도는 동일하지만 문구나 질문 순서는 바뀔 수 있어요. 질문 내용이 바뀌더라도 질문 의도에 맞게 입력하면 됩니다.

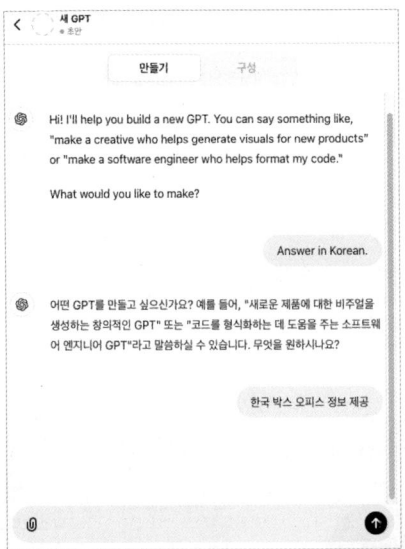

다음으로 GPT 이름을 요청했어요. GPT 빌더는 '박스 오피스 마스터'라는 이름을 제안했네요. 이름이 마음에 들지 않으면 다른 이름을 요청할 수 있어요. 여기서는 "Yes"를 입력해 이름을 확정할게요.

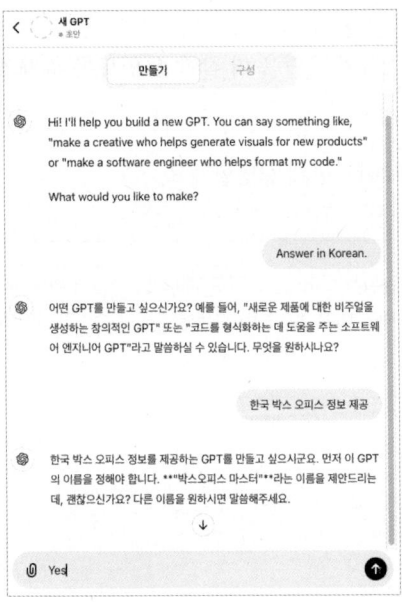

이번에는 GPT 빌더가 대표 이미지를 생성했어요. 마음에 들지 않으면 수정을 요청하세요. 저는 이미지가 마음에 들어요. "Yes"라고 입력할게요. 바로 '미리 보기'에 GPT 이름과 대표 이미지가 반영됐어요.

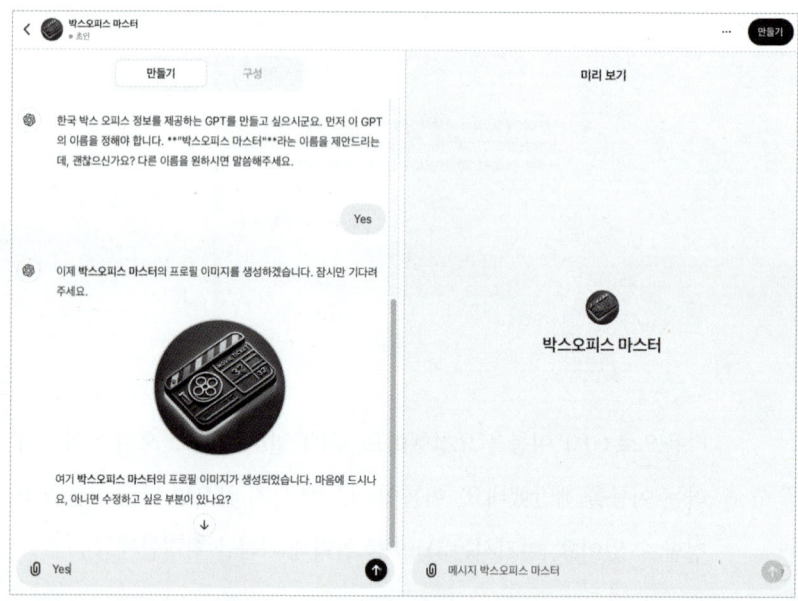

이번에는 GPT가 응답을 더 잘할 수 있도록 추가 질문을 합니다. 만들고자 하는 GPT에 따라 질문은 다를 수 있어요. GPT가 어떤 기능을 해야 하는지 간단하게 설명할게요.

 박스 오피스 순위를 물어보면 API로 데이터를 수집해 제공합니다.
특정 영화의 내에 대해 물어보면 검색해서 영화 줄거리, 출연진, 상영일, 평점을 제공해 주세요.

필요한 사항이 없으면 추가 답변하지 않고 넘어가도 됩니다. 여기까지 완료하면 '미리 보기' 창이 활성화돼요.

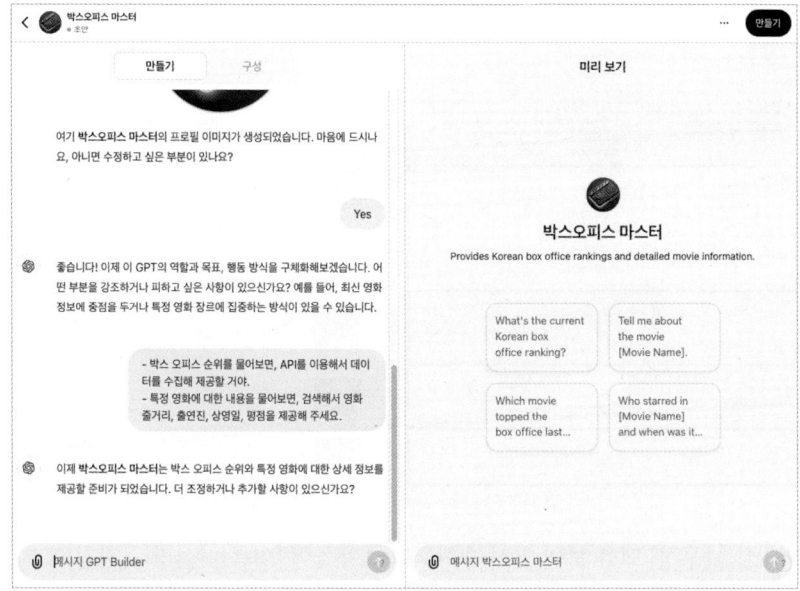

김대리  엇, 완성된 건가요?

박차장  1차로는요. 여기까지 한 다음 '미리 보기' 창에서 대화를 통해 테스트하면서 아쉬운 부분은 다시 수정을 요청하면 됩니다. 수정은 [구성] 탭에서 진행해 볼게요.

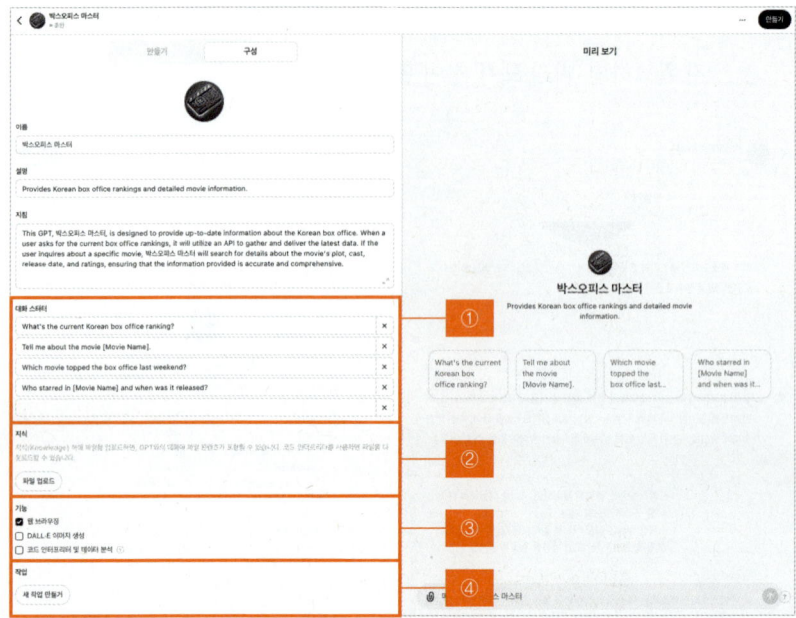

**박차장** [구성] 탭을 보면 앞서 대화했던 내용들이 [이름], [설명], [지침]에 자동으로 정리되어 입력됐어요. 그 아래부터 각 항목을 하나씩 알아볼게요.

- ① **대화 스타터**: 예시 대화 Conversations Starters를 설정해요. GPT를 사용하면 프롬프트 입력창 위에 예시 대화가 올라옵니다. 이 GPT를 어떻게 사용하면 되는지 알려 주는 예제입니다. 우리가 만드는 GPT는 다음과 같은 예시 질문을 추가하면 좋겠죠.
  - "최근 박스 오피스 순위를 알려 주세요."
  - "〈혹성탈출 4〉 영화 정보를 알려 주세요."
  - "어제 박스 오피스 순위와 일주일 전 순위를 비교해 주세요."

- ② **지식**: 응답을 하기 위해 GPT가 알아야 하는 지식을 파일로 제공할 수 있어요. 프롬프트로 제공하는 양보다 더 많은 양을 넣을 수 있죠. pdf, txt, csv, docx 등 다양한 형식을 지원합니다. 만약 pdf 파일을 인식하지 못하면 폰트를 변경해 보세요. 여기서는 추가로 필요한 지식이 없으니 업로드하지 않았어요.

③ **기능**: GPT와 연동할 외부 기능들을 설정해요. 웹 브라우징, DALL · E 4 이미지 생성, 코드 인터프리터 및 데이터 분석 3가지가 있어요.

- 웹 브라우징: 인터넷을 검색해서 결과를 가져오는 기능
- DALL · E 4 이미지 생성: 이미지를 생성하는 기능
- 코드 인터프리터 및 데이터 분석: GPT가 직접 코드를 작성하고 실행해서 결과를 보여 주는 기능

우리가 만들 GPT는 영화를 검색해서 응답을 제공해야 해요. 웹 브라우징 기능만 활성화할게요.

④ **작업**: GPT가 외부 API를 사용하는 기능이에요. Endpoint, Parameter, 작동 방식에 대한 설명을 제공해야 해요. 이에 대한 자세한 내용은 영화 순위 정보를 가져오는 API를 추가하면서 알아볼게요.

이제 API를 추가할게요. 먼저 영화 순위를 가져올 API를 준비해야 해요. 한국 박스 오피스 순위는 kobis 영화관 입장권 통합 전산망에서 제공해요. API를 사용하기 위해 회원 가입을 하고 [키 발급/관리] 메뉴에서 API 키를 발급받으세요. 일별 박스 오피스 API 서비스는 [일별 박스 오피스] 링크에서 확인하세요.

🔗 kobis API 페이지: kobis.or.kr/kobisopenapi

김대리  API 키를 발급받았어요. 알 수 없는 영문과 숫자가 길게 나열되어 있네요.

박차장  이 API 키는 API를 이용하기 위해 인증할 때 사용해야 하니 우선 메모장에 입력해 두세요. 다음으로 우리가 사용하는 API에 대한 내용을 GPT에 입력해야 해요. GPT의 작업 기능에 API 정보를 입력할 때는 OAS 방식을 적용합니다.

김대리  OAS가 뭐죠?

박차장  OAS는 OpenAPI Specification의 약자로, 사람과 컴퓨터 모두 API를 쉽게 사용하도록 정의한 양식이에요. 자세한 내용은 공식 웹 페이지에서도 확인할 수 있습니다.

🔗 OAS 웹 페이지: swagger.io/specification

김대리   복잡해 보이는데요…

박차장   직접하기는 어려워요. 하지만 챗GPT의 도움을 받으면 쉽게 작성할 수 있어요. 일별 박스 오피스 API 내용 중 필요한 부분만 정리하고, 챗GPT에게 OAS 방식으로 작성하라고 요청하세요. 주의할 내용과 예시까지 작성해 주면 더 좋아요. 예시는 [구성] 탭에서 찾을 수 있어요. 맨 아래 [새 작업 만들기] 버튼을 클릭하세요.

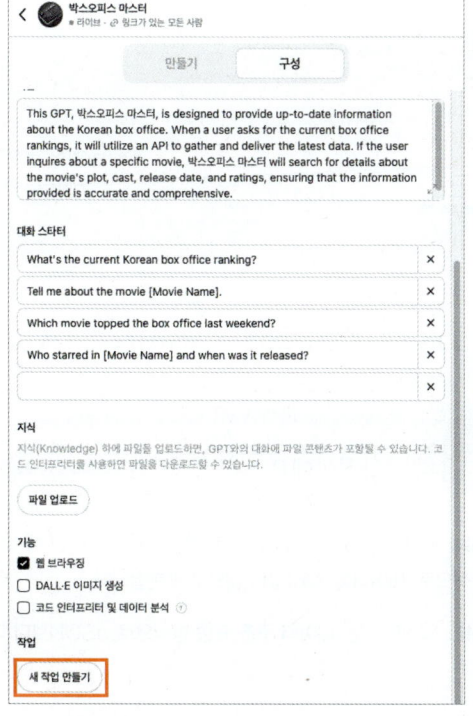

다음 '작업 추가' 창에서 [URL에서 가져오기] 오른쪽의 [예]를 클릭하면 예시를 선택할 수 있어요.

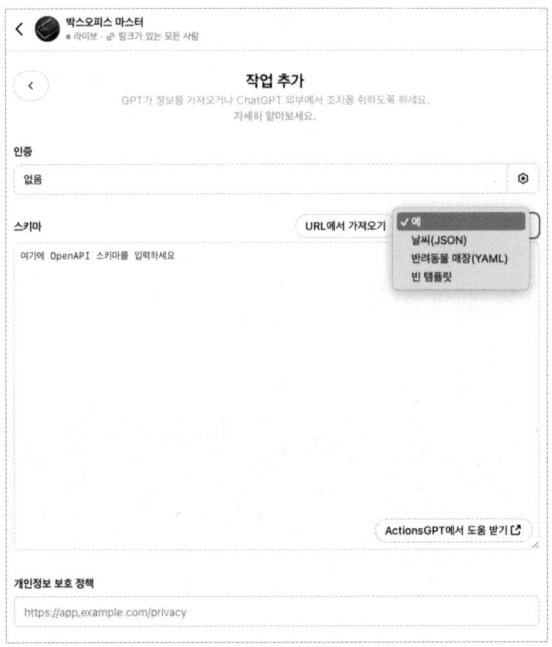

**김대리** [날씨(JSON)]와 [반려동물 매장(YAML)] 2가지 예시가 있네요.

**박차장** JSON JavaScript Object Notation 과 YAML YAML Ain't Markup Language 은 데이터를 전송할 때 사용하는 양식이에요.

- **JSON**: 자바스크립트 JavaScript 코딩 문법을 기반으로 한 텍스트 기반의 데이터 표현 방식으로, 데이터를 키와 값의 쌍으로 표현합니다.
- **YAML**: 텍스트 기반 데이터 구조 표현 방식으로, JSON보다 더 간결하고 읽기 쉽습니다.

우리는 더 작성하기 쉬운 YAML 양식을 이용할게요. 다음과 같이 프롬프트를 입력해서, 챗GPT에게 API 내용을 양식에 맞게 작성해 달라고 요청하세요.

'API 설명'을 보고 OAS 방식으로 작성해 주세요. 다음 '주의 사항'을 지켜서 작성해야 합니다.

**주의 사항**
- operationId를 작성해 주세요.
- url은 domain만 작성, 나머지는 path로 작성하세요.
- 응답값에는 설명을 달아 주세요.
- 설명은 한국어로 작성하고 기호는 생략해 주세요.
- http://는 https://로 수정합니다.
- API KEY는 enum으로 작성합니다.

**API 설명**
- 요청 url 예시: http://kobis.or.kr/kobisopenapi/webservice/rest/boxoffice/searchDailyBoxOfficeList.xml?key=f5eef3421c602c6cb7ea224104795888&targetDt=20120101

- 요청 인터페이스
- key: 발급받은 키 값을 입력합니다.
- targetDt: 조회하고자 하는 날짜를 yyyymmdd 형식으로 입력합니다.

- 응답 구조

| 응답 필드 | 값 | 설명 |
| --- | --- | --- |
| boxofficeType | 문자열 | 박스 오피스 종류를 출력합니다. |
| showRange | 문자열 | 박스 오피스 조회 일자를 출력합니다. |
| rnum | 문자열 | 순번을 출력합니다. |
| rank | 문자열 | 해당 일자의 박스 오피스 순위를 출력합니다. |
| rankInten | 문자열 | 전일 대비 순위의 증감분을 출력합니다. |
| rankOldAndNew | 문자열 | 랭킹에 신규 진입 여부를 출력합니다. |
| "OLD" : 기존 | "NEW" : 신규 | |
| movieCd | 문자열 | 영화의 대표 코드를 출력합니다. |
| movieNm | 문자열 | 영화명(국문)을 출력합니다. |
| openDt | 문자열 | 영화의 개봉일을 출력합니다. |
| salesAmt | 문자열 | 해당일의 매출액을 출력합니다. |

| | | |
|---|---|---|
| salesShare | 문자열 | 해당 일자 상영작의 매출총액 대비 해당 영화의 매출 비율을 출력합니다. |
| salesInten | 문자열 | 전일 대비 매출액 증감분을 출력합니다. |
| salesChange | 문자열 | 전일 대비 매출액 증감 비율을 출력합니다. |
| salesAcc | 문자열 | 누적 매출액을 출력합니다. |
| audiCnt | 문자열 | 해당일의 관객 수를 출력합니다. |
| audiInten | 문자열 | 전일 대비 관객 수 증감분을 출력합니다. |
| audiChange | 문자열 | 전일 대비 관객 수 증감 비율을 출력합니다. |
| audiAcc | 문자열 | 누적 관객 수를 출력합니다. |
| scrnCnt | 문자열 | 해당 일자에 상영한 스크린 수를 출력합니다. |
| showCnt | 문자열 | 해당 일자에 상영된 횟수를 출력합니다. |

```
openapi: 3.1.0
info:
  title: KOBIS Daily Box Office API
  description: KOBIS의 일별 박스 오피스 조회 API
  version: 1.0.0
servers:
  - url: https://kobis.or.kr
paths:
  /kobisopenapi/webservice/rest/boxoffice/searchDailyBoxOfficeList.xml:
    get:
      summary: 일별 박스 오피스 조회
      operationId: getDailyBoxOffice
      parameters:
        - name: key
          in: query
          required: true
          schema:
            type: string
            enum:
              - 0cf6eeba79ed403879f59f12f7a184b8
```

      description: 발급받은 키 값을 입력합니다.
    - name: targetDt
      in: query
      required: true
      schema:
        type: string
        pattern: ^\d{8}$
      description: 조회하고자 하는 날짜를 yyyymmdd 형식으로 입력합니다.
responses:
  "200":
    description: 성공적인 응답
    content:
      application/xml:
        schema:
          type: object
          properties:
            boxofficeType:
              type: string
              description: 박스 오피스 종류를 출력합니다.
            showRange:
              type: string
              description: 박스 오피스 조회 일자를 출력합니다.
            rnum:
              type: string
              description: 순번을 출력합니다.
            rank:
              type: string
              description: 해당 일자의 박스 오피스 순위를 출력합니다.
            rankInten:
              type: string
              description: 전일 대비 순위의 증감분을 출력합니다.

rankOldAndNew:
  type: string
  description: 랭킹에 신규 진입 여부를 출력합니다.
movieCd:
  type: string
  description: 영화의 대표 코드를 출력합니다.
movieNm:
  type: string
  description: 영화명(국문)을 출력합니다.
openDt:
  type: string
  description: 영화의 개봉일을 출력합니다.
salesAmt:
  type: string
  description: 해당일의 매출액을 출력합니다.
salesShare:
  type: string
  description: 해당 일자 상영작의 매출총액 대비 해당 영화의 매출 비율을 출력합니다.
salesInten:
  type: string
  description: 전일 대비 매출액 증감분을 출력합니다.
salesChange:
  type: string
  description: 전일 대비 매출액 증감 비율을 출력합니다.
salesAcc:
  type: string
  description: 누적 매출액을 출력합니다.
audiCnt:
  type: string
  description: 해당일의 관객 수를 출력합니다.
audiInten:
  type: string

```
              description: 전일 대비 관객 수 증감분을 출력합니다.
            audiChange:
              type: string
              description: 전일 대비 관객 수 증감 비율을 출력합니다.
            audiAcc:
              type: string
              description: 누적 관객 수를 출력합니다.
            scrnCnt:
              type: string
              description: 해당 일자에 상영한 스크린 수를 출력합니다.
            showCnt:
              type: string
              description: 해당 일자에 상영된 횟수를 출력합니다.
  "400":
    description: 잘못된 요청
  "401":
    description: 인증 실패
  "404":
    description: 요청한 자원을 찾을 수 없음
  "500":
    description: 서버 오류
```

박차장    이제 받은 응답을 복사해서 GPT 작업에 추가할게요. GPT 만들기 창이 없다면 다시 이동해야 해요. 챗GPT 메인 화면으로 돌아간 다음 [GPT 탐색 → 내 GPT]를 클릭하세요.

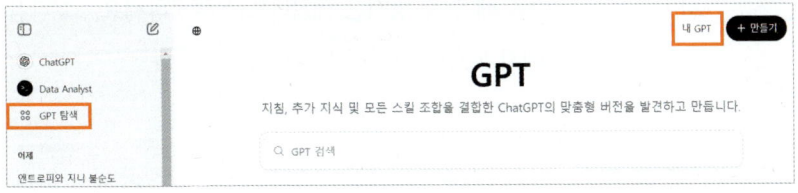

'내 GPT' 목록에서 이름 오른쪽에 있는 [GPT 편집]을 클릭하세요.

[구성] 탭을 클릭하고 맨 아래 [새 작업 만들기]를 선택하세요.

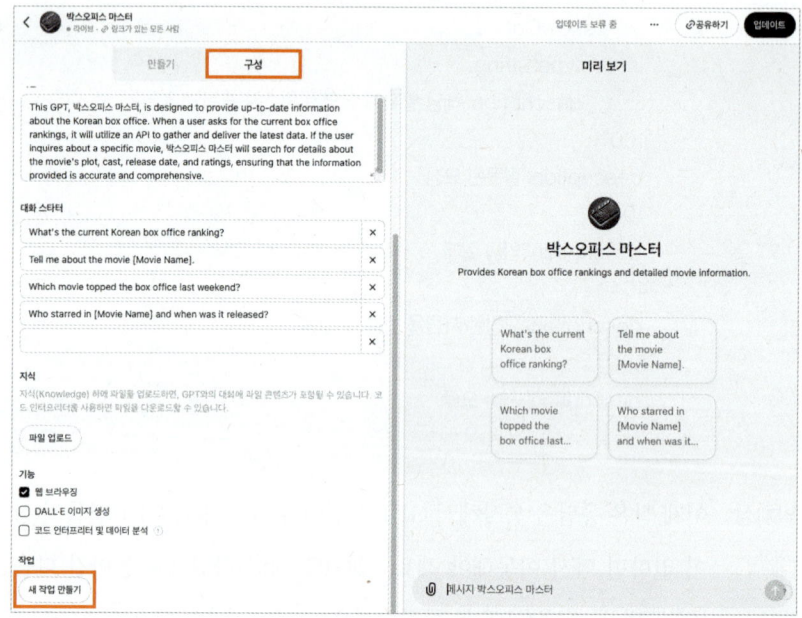

API 정보를 입력할 때 인증 방식은 [없음]으로 설정하세요. 그 다음 '스키마' 창에 앞에서 복사한 API 내용을 붙여 넣습니다.

복사한 내용 중 "API 키"라고 표시된 부분은 반드시 발급받은 자신의 API 키로 교체해야 해요. 만약 코드나 설명이 다르다면 name: key로 시작하는 부분을 찾아서 키 값을 입력하세요.

```
(생략)
- name: key
    in: query
    required: true
    schema:
      type: string
      enum:
        - API 키
    description: 발급받은 키 값을 입력합니다.
(생략)
```

02장 챗GPT 사용 가이드    75

김대리   스키마 창 아래에 경고 문구가 떴어요. 오류가 발생했나봐요.

박차장   이 오류도 챗GPT에 수정을 요청하면 간단하게 해결할 수 있어요. 왜 오류가 발생했고, 어떻게 해결해야 하는지 알려 줍니다. 또는 제가 드린 02_박스오피스_GPT_API_입력.txt 파일에서 스키마를 복사해서 사용해도 돼요. 단, API 키 부분은 발급받은 키로 꼭 수정하세요.

API 정보가 잘 입력되면 '가능한 작업' 목록이 생깁니다. 잘 동작하는지 API를 테스트해 볼까요? 목록 오른쪽에 있는 [테스트]를 클릭해 보세요.

김대리   오류 내용을 잘 몰라도 챗GPT로 해결할 수 있네요. '미리 보기' 창에서 테스트 내용이 나와요. API를 제공하는 사이트 접속을 허용할지 물어보네요.

박차장   사이트에 접속해야 API를 사용할 수 있어요. 매번 누르기 귀찮으니 [항상 허용하기]를 선택하죠.

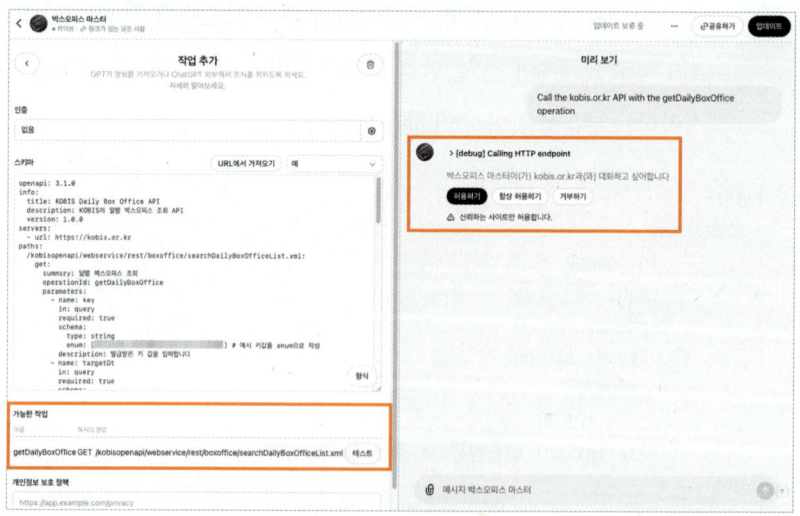

오류가 없으면 응답이 정상적으로 출력됩니다. 오류가 발생하면 [〉] [debug]의 화살표를 클릭하세요. API를 어떻게 요청했는지 확인하고 이상이 있다면 수정하세요. 이 수정도 챗GPT를 통해 쉽게 할 수 있어요.

김대리 드디어 API로 응답받은 결과가 출력됐어요! 정말 코드 한 줄 직접 쓰고 읽지 않아도 진행이 되네요.

박차장 맞아요. 응답 결과도 잘 출력됐네요. API를 GPT에 반영하려면 개인정보 보호 정책에 대한 URL을 입력해야 해요. 지금은 테스트 목적으로 만든 GPT니 아무 URL이나 넣어도 됩니다. 여기서는 API 제공처인 kobis의 '개인정보처리방침' 페이지의 주소를 넣었어요.

 kobis 개인정보처리방침: kobis.or.kr/kobis/business/comm/openPrivacyAgreement.do

마지막으로 응답을 잘할 수 있도록 다음 주의 사항을 [구성] 탭의 '지침' 항목에 추가할게요.

---

**주의 사항**
- 박스 오피스 결과는 표로 그려 주세요.
- 날짜를 지정하지 않으면, 어제 날짜로 알려 주세요.
- 두 날짜의 박스 오피스 순위를 요청하면, 각각의 날짜에 해당하는 정보를 API로 가져온 후에 순위만 비교해 주세요.
- 기본 응답 언어는 한국어입니다.

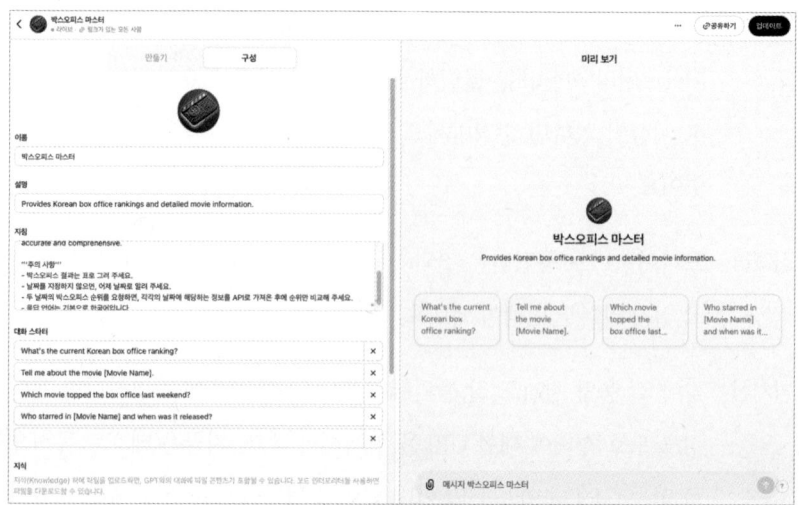

김대리   '미리 보기' 창에서 테스트해 보았어요. 결과가 마음에 들어요.

박차장   그럼 이제 배포해도 되겠군요. 배포는 간단해요. 오른쪽 상단에 있는 [만들기] 버튼을 클릭하세요. 배포는 [Only me(나만 사용)], [Only People with a link(링크가 있는 사람만 사용)], [Public(공개)] 3가지 옵션이 있어요. [Public]으로 설정하면 GPT 탐색 페이지에서 검색이 됩니다.

김대리   와, GPT를 완성했어요. 질문에 답변도 잘하네요. 제가 직접 만든 GPT라니 신기해요.

박차장   직접 만든 GPT도 챗GPT 기능을 이용해 뛰어난 응답 기능을 제공해요. 여기에 '지식'과 '작업' 기능을 잘 이용하면 나만의 유용한 GPT를 만들 수 있어요.

# 챗GPT와 음성 대화하는 방법

박차장　챗GPT와 음성으로도 대화할 수 있다는 사실 알고 계세요?

김대리　아! 챗GPT 기능 설명에서 잠깐 언급했던 음성 기능 말이죠?

박차장　맞아요. 음성 대화 기능은 모바일에서 무척 유용해요. 챗GPT 앱으로 이 기능을 자세히 알아볼게요. 구글 플레이 스토어나 애플 앱스토어를 열고 "ChatGPT"를 검색해서 앱을 설치하세요. 챗GPT를 사칭한 앱이 많으니 오픈AI에서 만든 앱인지 잘 확인하고 설치하세요.

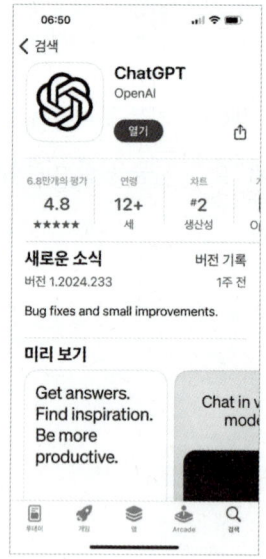

박차장　앱을 열고 웹에서 가입했던 오픈AI 계정으로 로그인하세요. 웹에서 보던 화면과 비슷한 메인 화면을 볼 수 있어요. 아래 채팅 창 오른쪽의

헤드셋 아이콘(🎧)을 탭해 보세요. 앱이 마이크에 접근할 수 있도록 허용해 달라는 메시지가 뜨면 [허용]을 선택하세요.

김대리　바로 음성 인식 화면으로 전환되네요.

박차장　이제 챗GPT에게 할 질문을 말해 보세요. 음성을 인식하고 응답을 음성으로 제공합니다. 응답을 중단하거나 다시 시작하려면 화면을 탭하면 됩니다.

음성 채팅을 종료하려면 화면 오른쪽 하단의 [X] 버튼을 탭하세요. 모든 대화는 텍스트로 기록돼 언제든지 확인할 수 있어요.

김대리　답변이 자연스럽고 응답도 빠르네요. 외국어 회화 공부할 때 사용하면 좋겠어요. 그런데 목소리가 마음에 들지 않아요.

박차장　목소리는 변경할 수 있어요. 음성 대화를 나에게 맞게 설정해 볼게요. 메인 화면에서 왼쪽 상단의 [더 보기] 아이콘(=)을 탭해서 메뉴 바를 열고, 메뉴 바 단 오른쪽에 있는 [설정] 버튼(…)을 탭하세요.

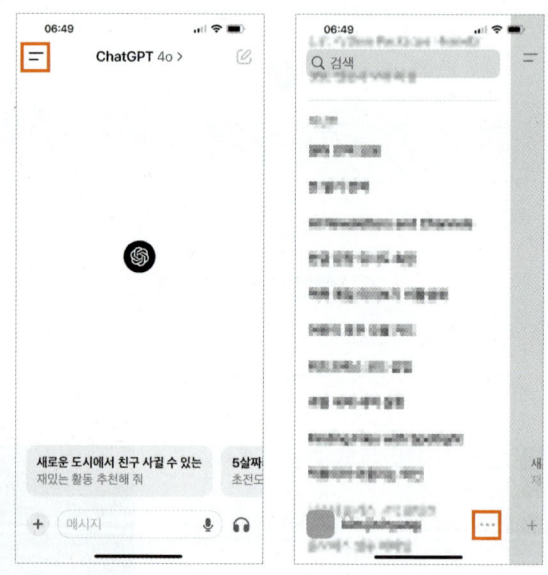

'설정' 창에서 언어를 변경하거나 원하는 음성을 선택할 수 있어요.

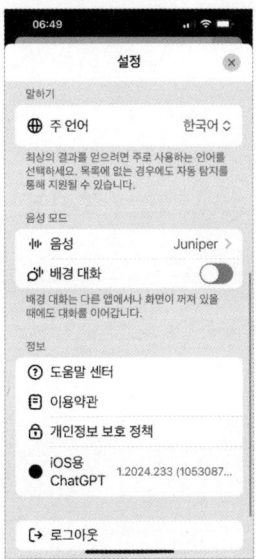

[주 언어]는 입력하는 언어를 자동으로 인식하는 자동 탐지 기능을 사용하거나 직접 언어를 설정할 수 있어요. 영어 공부를 한다면 주 언어를 영어로 설정해도 좋겠죠. [음성]에서는 직접 음성을 듣고 대화할 목소리를 선택해요.

[배경 대화]는 다른 애플리케이션을 실행하면서도 계속 챗GPT와 대화할 수 있는 기능이에요. 예를 들어, 음악을 듣거나 메신저를 하는 동안에도 계속 챗GPT와 대화할 수 있죠. 운전이나 운동, 요리 등 뭔가를 하고 있을 때 유용해요.

김대리   음성으로 대화할 수 있다니 편리하네요. 배경 대화 기능도 많이 활용해 볼게요.

# 03장

# 데이터 애널리스트 사용 가이드

"차장님, GPT를 써보고 직접 만들어 보니 챗GPT를 어떻게 활용할지 감이 오는 것 같아요."

"이제 데이터 애널리스트를 사용해 볼까요? 데이터 애널리스트를 사용하는 방법과 주요 기능을 살펴보고 간단하게 데이터 분석도 시도해 보죠."

"아직 준비된 데이터가 없는데 어떡하죠?"

"공개된 데이터를 구하는 방법도 알려드릴 테니 걱정하지 마세요."

# 데이터 애널리스트 시작하기

박차장　앞서 GPT를 살펴보던 [GPT 탐색]을 다시 클릭해 볼까요?

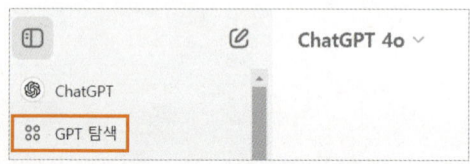

김대리　이제 이 페이지에 익숙해졌어요. 정말 다양한 GPT가 있네요. 최상위 선택 항목만 봐도 여러 종류가 있어요. DALL·E, 글쓰기, 생산성, 조사 및 분석, 프로그래밍, 교육, 라이프스타일…

박차장　2024년 1월에 공개된 GPT만 300만 개가 넘었다고 해요. 지금은 더 많은 GPT가 있겠네요. 스크롤을 내리면 중간에 챗GPT 팀에서 만든 GPT를 볼 수 있어요. 이 중에 데이터 애널리스트가 있죠. 또는 상단 검색창에서 "Data Analyst"를 검색해 볼까요?

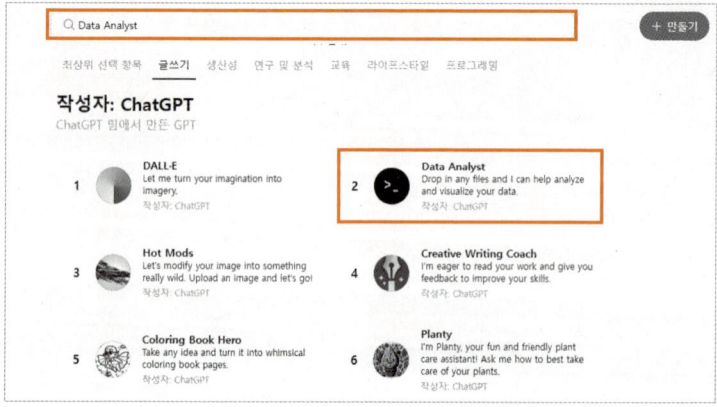

김대리    오, 찾았어요. GPT를 클릭하니까 간단한 설명이 나오네요.

박차장    제일 아래 있는 [채팅 시작]을 클릭해 보세요.

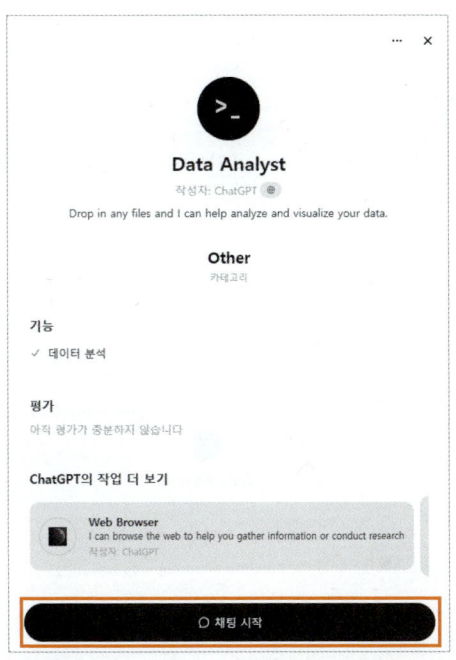

김대리    챗GPT를 처음 시작할 때처럼 프롬프트를 입력할 수 있는 창이 나왔어요. 왼쪽 상단에 [Data Analyst]가 뜨네요.

박차장    맞아요. 이곳에서 챗GPT와 대화를 나누듯이 데이터 애널리스트와 대화를 나눌 수 있어요. 자주 쓰게 될 기능 중 하나는 프롬프트 입력창 왼쪽의 파일 첨부 기능이에요. 이 아이콘을 클릭해 클라우드 또는 내 컴퓨터에서 파일을 선택해 업로드하거나 파일을 드래그해서 채팅 창에 놓으면 간단하게 파일을 업로드할 수 있어요. 데이터 분석이 목적이기 때문에 주로 CSV<sub>Comma Separated Values</sub> 파일을 업로드하고 다운로드 받게 될 거예요.

데이터 애널리스트는 사용자가 첨부한 파일과 요청 사항에 따라 파이썬으로 작업한 결과를 보여줘요. 파이썬을 활용하는 덕분에 데이터 분석 외에도 문서나 그림 파일을 다른 형식으로 바꾸거나 영상의 음원 파일 추출, PDF 내용을 PPT 보고서로 작성하는 등 다양한 작업을 할 수 있죠.

김대리   음원 파일을 추출하는 게 신기하네요. 직접 해볼 수 있을까요?

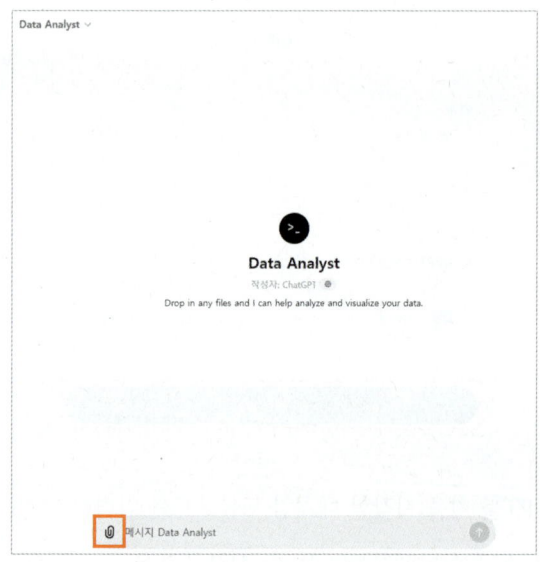

박차장   물론이죠. 첨부 아이콘을 클릭하고 영상 파일을 업로드해 보세요. 그리고 MP3 파일로 변환을 요청하세요. 참고로 챗GPT는 같은 프롬프트를 입력해도 매번 답변이 조금씩 달라진다는 점을 염두에 두세요.

[파일 첨부: test.MP4]
MP3 파일로 변환해 주세요.

MP4 파일을 MP3 오디오 파일로 변환하겠습니다. 변환을 시작할게요!
MP3 파일로 변환을 완료했습니다! 아래 링크를 클릭하여 다운로드하실 수 있습니다.

MP3 파일 다운로드 [>]

김대리　와! 동영상 파일을 MP3 파일로 변환해서 다운로드하는 링크를 줬어요. 다운로드해 보니 변환이 잘 됐는데요. 어떻게 한 거죠?

박차장　다운로드 링크 오른쪽의 [>_]를 클릭하면 [분석 보기]가 열려요. '분석' 창이 열리면 챗GPT가 파일을 변환하기 위해 실행한 파이썬 코드를 알 수 있죠. 오른쪽 상단의 [코드 복사]를 클릭하면 코드를 복사해서 다른 곳에 붙여 넣을 수도 있어요.

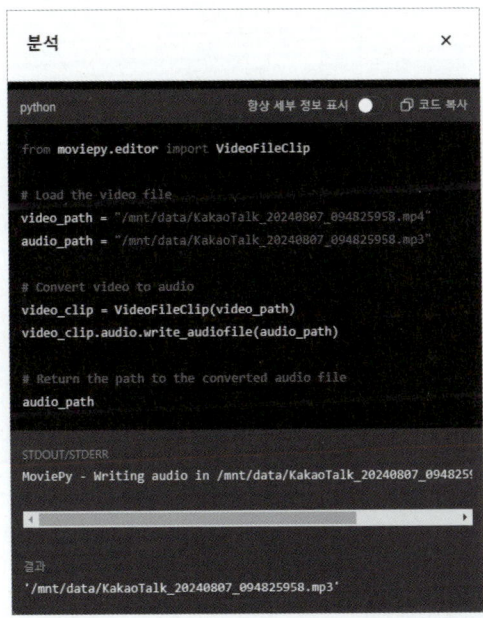

김대리　신기하네요. 왜 코드를 몰라도 코딩이 가능한지 알겠어요.

# PDF 파일로 PPT 보고서 만들기

박차장　이번에는 PDF를 업로드해서 PPT 보고서로 만들어 볼까요? 대화창 왼쪽 상단의 [Data Analyst]를 클릭하면 [새 채팅], [정보] 등 여러 메뉴가 있습니다. 이 중 [새 채팅]을 클릭해 보세요.

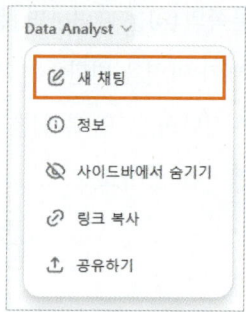

김대리　채팅 기록이 없어졌어요!

박차장　새 채팅 창이 열린 거예요. 이전 채팅 기록은 왼쪽 사이드바에서 확인할 수 있어요.

김대리　굳이 새 채팅 창을 열어야 하는 이유가 있나요?

박차장　채팅 창 하나에 이어서 작성하면 이전에 나눈 채팅 내용을 모두 인식하기 때문에 그만큼 처리하는 데이터가 많아져요. 새로운 대화를 시작한다면 새 채팅 창을 여는 게 좋아요.

김대리　새 술은 새 부대에!

박차장　자, 이번엔 통계청에서 공개한 「2024년 7월 소비자물가동향」 보고서를 다운로드받아서 업로드할게요. 보고서 파일은 통계청(kostat.go.kr)의 [새소식 → 보도자료 → 물가·가계]에서 게시글을 찾고 게시글 오른쪽의 PDF 아이콘을 클릭해 다운로드하세요.

🔗 2024년 7월 소비자물가동향 데이터 파일: bit.ly/47w4RAv

김대리　다운받았어요!

박차장　이제 PDF 파일을 데이터 애널리스트에 업로드하고 PPT 보고서로 만들어 달라고 하세요.

---

　[파일 첨부: 2024년 7월 소비자물가동향.pdf]
　　첨부한 PDF 파일의 내용을 정리해서 PPT 보고서로 만들어 주세요.

　보고서의 내용을 바탕으로 PPT 보고서를 작성하겠습니다. 다음 정보들이 포함될 예정입니다.

> 1. 2024년 7월 소비자물가동향 요약
>    - 전월 대비 및 전년 동월 대비 소비자물가지수 변동
>    - 주요 품목(식료품, 에너지, 농산물, 석유류 등)의 가격 변동률
>    - 생활물가지수 및 신선식품지수의 변동 사항
>
> 2. 소비자물가지수 세부 동향
>    - 품목성질별 동향(상품, 서비스, 농축수산물, 공업제품 등)
>    - 지출목적별 소비자물가 등락률과 기여도
>    - 지역별 소비자물가지수 동향
>
> 3. 통계 및 그래프
>    - 연도별 및 월별 소비자물가지수 추이
>    - 품목별 및 지역별 상세 분석
>    - 주요 부문 등락률 추이
>
> 4. 분석 및 예측
>    - 현재 데이터를 바탕으로 한 미래 소비자물가 변동 예측
>    - 경제 전망과 관련된 전문가 의견 요약
>
> 이 정보들을 바탕으로 슬라이드를 만들어 한국어로 작성할 것입니다. 시작할까요?

**김대리** 보고서에 어떤 내용이 들어갈지 정리해서 알려줬어요.

**박차장** 추가하거나 생략했으면 하는 내용이나 구성 요소 등을 변경하고 싶을 때는 프롬프트를 이어서 입력하면 돼요. 지금은 그대로 PPT 보고서를 만들어 볼게요.

보고서를 만들어 주세요.

 PPT 보고서를 완성했습니다. 다음 링크를 클릭하여 다운로드하세요:

2024년 7월 소비자물가동향 보고서 다운로드 [>]

김대리    다운로드받았어요. PPT 파일을 열어 보니 앞에서 요약한 내용이 잘 정리돼 있어요. 긴 PDF 파일을 요약하거나 보고서 초안을 작성할 때 큰 도움이 되겠어요.

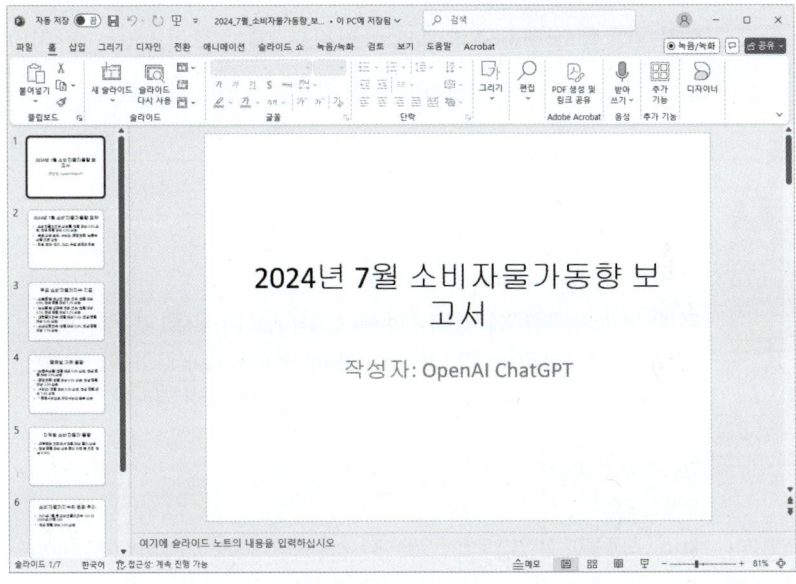

박차장    이 기능은 데이터 애널리스트로 작업한 내용을 분석 보고서 형태로 만들 때도 유용하게 쓸 수 있어요.

# 코드 파일로 코드 리뷰하기

**김대리**    파일만 넣으면 새로운 파일이 뚝딱 나오다니! 데이터 분석보다 재미있는데요. 다른 일도 할 수 있나요?

**박차장**    챗GPT의 장점 중 하나가 프로그래밍에 뛰어나다는 거예요. 즉, 사용자가 작성한 코드 파일을 첨부하면 잘못된 부분과 개선 사항을 피드백받을 수 있어요. 마치 다른 사람이 코드 리뷰를 해주는 것 같죠. 직접 코드를 실행하고 오류도 알려줘요. 제가 드린 lotto_result_collect.py 파일을 업로드하고 코드 리뷰를 요청해 보세요.

---

[파일 첨부: lotto_result_collect.py]
이 코드를 리뷰해 주세요.

파일을 받았습니다! 코드를 확인하고 리뷰를 진행하겠습니다. 잠시만 기다려 주세요. 리뷰할 파이썬 스크립트는 로또 결과를 수집하여 SQLite 데이터베이스에 저장하는 기능을 수행합니다. 코드를 분석하고 몇 가지 피드백을 제공하겠습니다.

**코드 분석 및 피드백**
**모듈 임포트:**
필요한 모듈들이 잘 임포트되어 있습니다. pandas, sqlite3, tqdm, urlopen, json 등은 데이터 처리와 API 사용에 적합합니다.

**함수 정의(lotto 함수):**
lotto 함수는 주어진 회차 번호(chasu)에 대한 로또 결과를 요청하고, JSON 형식으로 받은 데이터를 pandas DataFrame으로 변환합니다.
함수의 역할과 구조가 명확하며 간결합니다.

**로또 데이터 수집과 데이터베이스 저장:**
for 루프와 tqdm을 사용하여 1회차부터 99회차까지의 로또 결과를 수집합니다. 데이터 수집이 실패하면(returnValue가 "fail"일 때) 다음 회차로 넘어가고, 성공적으로 데이터를 받으면 SQLite 데이터베이스에 저장합니다.
데이터베이스 연결을 매번 열고 닫는 것은 비효율적일 수 있으므로 개선이 필요합니다.

**개선 제안**
**데이터베이스 연결 관리:**
데이터베이스 연결을 for 루프 밖에서 한 번만 열고, 모든 작업 후에 닫는 것이 좋습니다. 이렇게 하면 자원 사용을 효율적으로 관리할 수 있습니다.

**예외 처리 추가:**
네트워크 요청이나 데이터베이스 작업 중에 예외가 발생할 수 있습니다. try-except 블록을 추가하여 이러한 예외를 처리하고 로깅하는 것이 좋습니다.

**함수의 재사용성 향상:**
lotto 함수에서 데이터를 DataFrame으로 변환할 때 더 명확한 열 이름을 사용하면 나중에 데이터를 더 쉽게 처리할 수 있습니다.

**코드 효율성:**
데이터 수집이 실패한 회차에 대한 로깅 또는 재시도 로직을 추가하여 데이터 수집의 완전성을 보장할 수 있습니다.

이제 코드의 개선된 버전을 제안해 드리겠습니다. 수정을 진행해도 괜찮을까요?

네, 진행해 주세요.

다음은 개선된 코드입니다. 주요 변경 사항은 다음과 같습니다.

**1. 네트워크 요청과 JSON 파싱에 예외 처리 추가**
urlopen과 json.loads 호출 시 예외가 발생할 수 있으므로 이를 try-except 블록으로 처리합니다.

### 2. 로또 결과 실패 처리
데이터를 성공적으로 가져오지 못했을 때 적절한 메시지를 출력하고 None을 반환하여 이후의 데이터베이스 작업을 건너뜁니다.

### 3. 데이터베이스 연결 관리
데이터베이스 연결을 for 루프 밖에서 한 번만 열고, 모든 작업이 끝난 후에 닫습니다. 이렇게 하여 연결 관리를 최적화합니다.

### 4. 데이터베이스 삽입 작업에 대한 예외 처리 추가
데이터베이스 작업 중 예외가 발생할 경우를 대비해 try-except 블록을 추가하고, 무슨 오류가 발생했는지를 출력합니다.

### 5. 테이블 이름 변경
데이터베이스 테이블 이름을 'lent'에서 좀 더 명확한 'lotto_results'로 변경했습니다.

이 코드는 로또 결과 수집 과정의 안정성과 유지 보수성을 향상시키는 데 도움이 될 것입니다. 이 코드를 사용하여 스크립트를 업데이트하시거나 필요에 따라 추가로 조정할 수 있습니다. 코드 적용이나 추가적인 질문이 있으시면 알려 주세요!

수정한 코드 파일을 다운로드받을 수 있게 제공해 주세요.

개선된 코드를 새 파일로 저장했습니다. 다음 링크를 사용하여 수정된 스크립트 파일을 다운로드할 수 있습니다.

Lotto_result.py 다운로드 [>]

---

**김대리** 어떤 코드인지 파악하고 잘한 점과 개선할 점을 알려줬어요. 개선 사항을 반영해서 코드를 수정하고 파일로도 제공했네요.

**박차장** 네, 더 효율적인 방법으로 코드를 수정했어요. 이외에 다른 작업도 데이터 애널리스트에서 할 수 있어요. 예를 들어, 글자가 있는 이미지 파일을 올리면 문자를 인식하는 OCR<sub>Optical Character Recognition</sub>도 가능합니다. 컴퓨터로 작업할 일이 있다면, 가능 여부를 고민하지 말고 일단 한번 시도해 보세요. 챗GPT가 직접 해결하거나 해결 방법을 알려 줄 거예요.

# CSV 파일로 데이터 분석하기

박차장  CSV 파일을 업로드하고 데이터 분석을 해보죠. 데이터는 캐글Kaggle 사이트에 공개한 데이터를 이용할게요.

김대리  캐글이 뭐예요?

박차장  캐글은 기업, 단체, 개인이 제공한 데이터를 이용해 과제를 해결하거나 데이터 경진을 여는 사이트예요. 경진 참가자들은 과제 해결을 위해 서로 협업하고 경쟁도 해요. 순위에 들면 상금도 받고요.
일부 데이터는 누구나 학습할 수 있게 공개돼 있어요. 우린 이 중에서 타이타닉 탑승자 정보를 수집한 데이터를 사용할 거예요. 캐글의 데이터 파일은 회원에게만 제공돼요. 가입과 다운로드받는 건 무료니 [Register]를 클릭해서 회원 가입부터 해보죠.

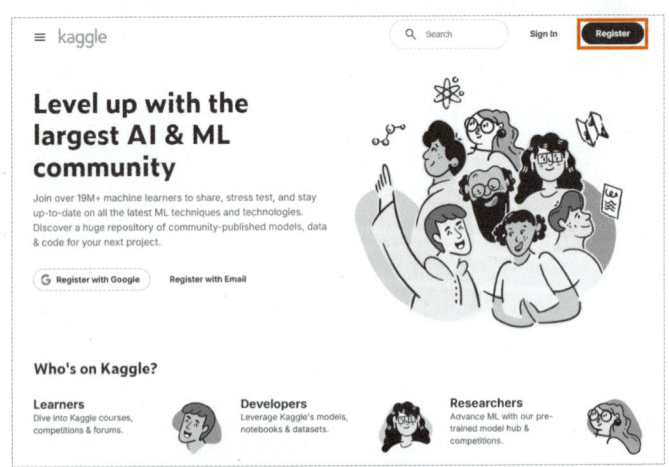

캐글(출처: kaggle.com)

김대리    캐글도 구글 계정이나 이메일을 사용할 수 있네요. 금방 가입했어요.

박차장    좋아요. 다음 페이지에 접속해서 타이타닉 생존자 데이터를 받아 보세요. 이 데이터는 1912년 벌어진 여객선 침몰 사건에서 발생한 사망자와 생존자에 대한 데이터입니다. 여객선 이름이 타이타닉이죠.

🔗 타이타닉 생존자 데이터: kaggle.com/datasets/heptapod/titanic

데이터 파일은 [Data Card]를 클릭한 다음, 페이지 중간에 있는 CSV 파일을 받으세요. 오른쪽의 다운로드 아이콘을 클릭하면 됩니다. 또는 제가 드린 titanic.csv 파일을 사용하세요.

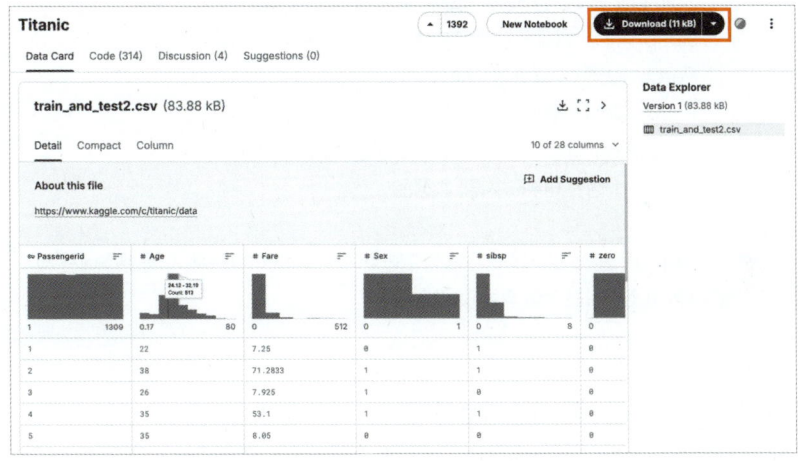

김대리    받았어요!

박차장    그럼 데이터 애널리스트에 파일을 업로드하고 분석을 요청해 보죠.

# 데이터 업로드 및 분석하기

**[파일 첨부: titanic.csv]**
업로드한 데이터 파일을 분석해 주세요.

업로드하신 파일을 확인하고 분석을 시작하겠습니다. 잠시만 기다려주세요.

데이터에는 총 1309개의 행과 28개의 열이 있습니다. 주요 칼럼은 다음과 같습니다.

Passengerid: 승객 ID
Age: 나이
Fare: 요금
Sex: 성별(숫자로 인코딩된 것으로 보임, 0: 남성, 1: 여성)
sibsp: 동반한 형제 또는 배우자 수
Parch: 동반한 부모 또는 자녀 수
Pclass: 좌석 등급(1, 2, 3등석)
Embarked: 탑승한 항구(숫자로 인코딩됨, 예: 0, 1, 2)
survived: 생존 여부(0: 사망, 1: 생존)

데이터에 "zero"로 시작하는 불필요해 보이는 칼럼들이 있는데, 이를 분석에서 제외하고 진행하는 것이 좋을 것 같습니다.

김대리  데이터 개수와 어떤 칼럼이 있는지 파악해 줬어요.

박차장  좋아요. 그럼 타이타닉에서 생존한 사람들은 어떤 특징이 있는지 분석해 볼까요?

# 분석 주제 질의하기

 생존한 사람들의 특징은 무엇인가요?

 생존한 사람들의 특징을 분석하기 위해 몇 가지 주요 변수에 대한 생존율을 살펴보겠습니다. 주로 다음 변수들을 고려하여 분석을 진행하겠습니다.

1. 성별(Sex)
2. 나이(Age)
3. 좌석 등급(Pclass)
4. 탑승한 항구(Embarked)

이를 통해 어떤 특징을 가진 사람들이 생존율이 더 높았는지 알아보겠습니다. 분석을 시작하겠습니다.

분석 결과는 다음과 같습니다.

1. 성별:
   - 여성의 생존율: 68.13%
   - 남성의 생존율: 31.87%

여성의 생존율이 남성보다 훨씬 높았습니다.

나이대:
   - 20-30세 사이의 생존율이 가장 높음: 39.77%
   - 그 다음은 30-40세: 20.18%
   - 나이대가 0-10세와 10-20세인 아이들도 비교적 높은 생존율을 보였습니다.

60세 이상에서는 생존율이 급격히 낮아지는 경향을 보입니다.

좌석 등급:
   - 1등석 승객의 생존율: 39.77%
   - 3등석 승객의 생존율: 34.80%
   - 2등석 승객의 생존율: 25.44%

1등석 승객의 생존율이 가장 높고, 그 다음이 3등석 승객이었습니다.

> 탑승한 항구:
> - Cherbourg(2로 인코딩된 항구)에서 탑승한 승객의 생존율: 63.82%
> - Southampton(0으로 인코딩된 항구)에서 탑승한 승객의 생존율: 27.35%
> - Queenstown(1로 인코딩된 항구)에서 탑승한 승객의 생존율: 8.82%
>
> Cherbourg에서 탑승한 승객들이 다른 항구에서 탑승한 승객들에 비해 생존율이 훨씬 높았습니다.
>
> 이러한 결과를 통해, 여성, 1등석 승객, 20–30세의 젊은 성인 그리고 Cherbourg에서 탑승한 승객들이 생존율이 상대적으로 높았다는 것을 알 수 있습니다.

김대리    각 특성에 대해 생존율이 어떻게 다른지 분석했어요.

박차장    그렇다면 이 결과가 통계적으로 유의한지도 확인해야겠죠? 이를 '검정'이라고 해요. 즉, 주어진 데이터가 특정 가설을 만족하는지 확인하는 과정이에요. 이후에 좀 더 자세히 살펴보겠지만, 간단하게 설명하자면 p값(p-value)이라는 값을 사용해 가설이 참인지 거짓인지를 판단하는 거죠.

김대리    벌써 어려워요.

박차장    지금은 간단하게 챗GPT에게 요청하는 것만으로 검정을 끝낼 수 있어요. 기왕 하는 거 보기 좋게 표로 정리도 요청할게요.

## 데이터 검정하기

 각 특성들이 통계적으로 유의한지 검정해 주고 결과를 각각 표로 요약해 주세요.

 결과를 표로 요약하면 다음과 같습니다.

### 성별에 따른 생존율

| Sex | Survival Rate (%) |
|---|---|
| 1 | 68.13 |
| 0 | 31.87 |

### 나이대에 따른 생존율

| Age Group | Survival Rate (%) |
|---|---|
| (0, 10] | 11.11 |
| (10, 20] | 12.87 |
| (20, 30] | 39.77 |
| (30, 40] | 20.18 |
| (40, 50] | 9.65 |
| (50, 60] | 4.97 |
| (60, 70] | 1.17 |
| (70, 80] | 0.29 |
| (80, 90] | 0.00 |

### 좌석 등급에 따른 생존율

| Pclass | Survival Rate (%) |
|---|---|
| 1 | 39.77 |
| 2 | 25.44 |
| 3 | 34.80 |

### 탑승한 항구에 따른 생존율

| Embarked | Survival Rate (%) |
|---|---|
| 0.0 | 27.35 |
| 1.0 | 8.82 |
| 2.0 | 63.82 |

통계적 유의성을 검정한 결과는 다음과 같습니다.

**통계적 유의성 검정 결과**

- 성별: p-value = $5.69 \times 10^{-48}$ (통계적으로 유의함)
- 좌석 등급: p-value = $7.77 \times 10^{-18}$ (통계적으로 유의함)
- 탑승한 항구: p-value = 0.0010 (통계적으로 유의함)

p값이 0.05보다 작으므로 성별, 좌석 등급 그리고 탑승한 항구 모두 생존 여부와 통계적으로 유의한 연관성이 있다고 할 수 있습니다.

김대리　순식간에 그 많은 데이터가 싹 정리됐네요.

박차장　분석 결과가 마음에 든다면 시각화까지 가능해요. 결과를 시각화해서 보고서로 만들어 달라고 해볼까요?

## 분석 결과 시각화 & 보고서로 만들기

 분석한 결과를 시각화해 주세요.

 분석한 결과를 시각화한 그래프는 다음과 같습니다.
1. 성별에 따른 생존율: 여성의 생존율이 남성보다 훨씬 높음을 보여줍니다.

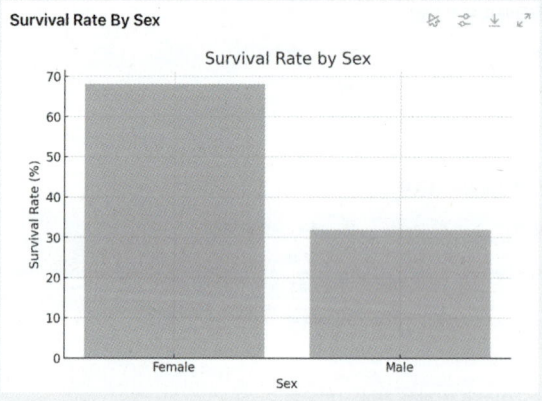

2. 나이대에 따른 생존율: 20-30세의 젊은 성인들이 가장 높은 생존율을 보였으며, 어린 아이들과 30-40세 사이도 비교적 높은 생존율을 보입니다.

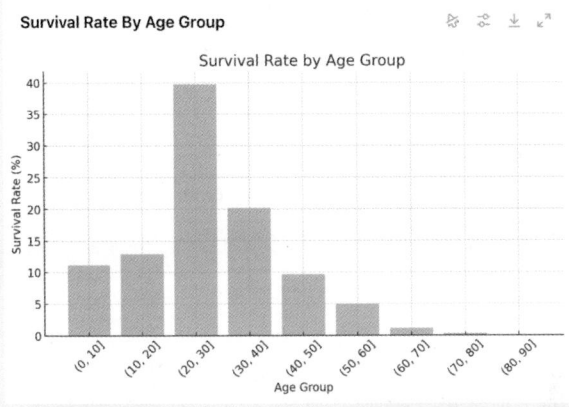

3. 좌석 등급에 따른 생존율: 1등석 승객의 생존율이 가장 높았고, 그다음이 3등석, 2등석 순으로 나타났습니다.

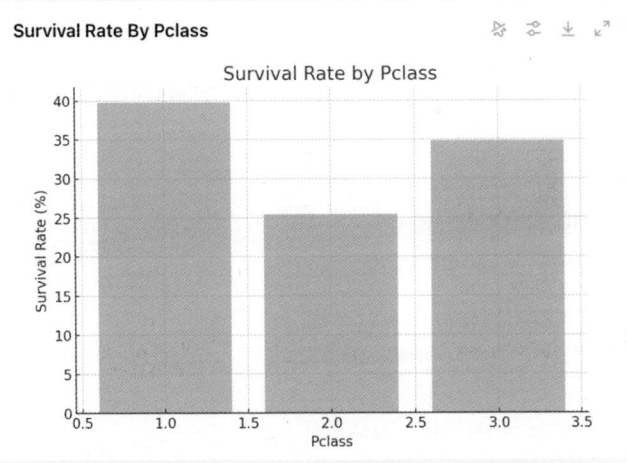

4. 탑승한 항구에 따른 생존율: Cherbourg에서 탑승한 승객의 생존율이 다른 항구에서 탑승한 승객들에 비해 훨씬 높았습니다.

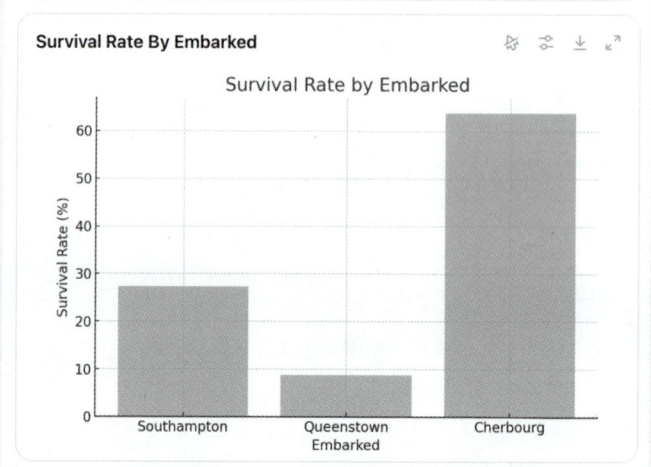

이 그래프들을 통해 생존에 영향을 준 주요 요인들을 시각적으로 확인할 수 있습니다.

결과를 PPT 보고서로 만들어 주세요.

분석 결과를 포함한 PPT 보고서를 생성하겠습니다. 타이타닉 생존자 분석 보고서가 준비되었습니다. 아래의 링크를 통해 PPT 보고서를 다운로드하실 수 있습니다.

Titanic 생존자 분석 보고서 다운로드

박차장  만약 보고서를 확인하고 좀 더 추가하고 싶은 내용이 있다면 간단하게 프롬프트로 원하는 내용을 추가해 달라고 요청할 수 있어요.

## 보고서 보완 수정 요청하기

 보고서에 데이터 개요와 분석 결과 요약, 시각화에 대한 설명을 추가해 주세요.

 업데이트된 타이타닉 생존자 분석 보고서가 준비되었습니다. 아래의 링크를 통해 새로운 PPT 보고서를 다운로드하실 수 있습니다.

업데이트된 Titanic 생존자 분석 보고서 다운로드

김대리 와, 데이터 개요와 분석 결과 요약, 시각화 내용을 설명하는 8장의 PPT 문서를 만들었어요. 자동으로 데이터를 파악하고 분석하는 게 신기하네요. 데이터를 세세하게 들여다보지도 않았는데 보고서가 완성되었어요.

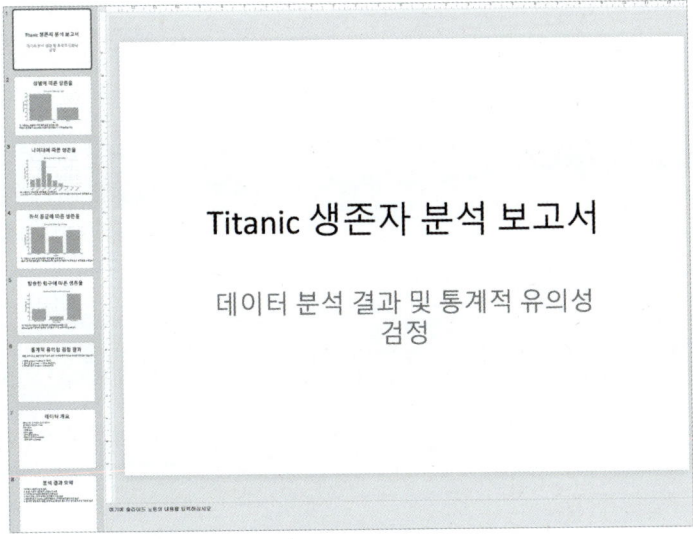

박차장    이제 막 첫걸음을 뗐을 뿐이에요. 데이터 분석은 이제 시작이거든요. 지금까지 간단하게 챗GPT와 데이터 애널리스트라는 데이터 분석에 사용할 도구를 알아봤어요. 이후에는 데이터 분석에 필요한 기초 개념과 분석 과정을 파악한 다음, 숫자와 텍스트에 불과한 데이터를 쓸모 있는 분석 보고서로 만드는 방법까지 차근차근 알아볼게요.

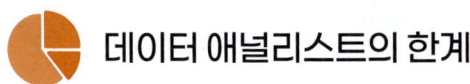

# 데이터 애널리스트의 한계

박차장   데이터 애널리스트는 직접 파이썬 코드를 실행하고, 결과를 제공한다는 장점이 있지만 아직 부족한 점이 있어요.

김대리   앞에서 언급한 할루시네이션이나 언어 모델이 가지는 한계 말이죠?

박차장   맞아요. 챗GPT는 생성 AI의 특성상 다음에 올 확률이 높은 말과 코드를 작성해요. 데이터를 보고 사람이 하는 것처럼 생각하고 추론하는 것과는 거리가 있기 때문에 정확하지 않을 수 있어요.

김대리   그래도 저보다 더 잘하는데요.

박차장   물론 지금은 업데이트를 반복하면서 응답의 정확도와 품질이 굉장히 좋아졌고, 앞으로 더 나아질 거라고 기대해요. 하지만 이런 한계가 있다는 걸 알면 더 잘 사용할 수 있죠.

김대리   만약에 대비하는 거군요. 어쨌든 챗GPT도 데이터 분석이라는 목표를 위해 사람이 사용하는 도구니까요.

박차장   맞아요. 그래서 챗GPT와 데이터 애널리스트가 분석의 모든 과정에 도움을 준다고 해도 기본기는 가지고 있어야 하죠.

김대리   그럼 AI라는 도구를 쓸 때 주의해야 할 또 다른 게 있을까요?

박차장   언어 모델의 특성상 매번 같은 결과를 받을 수 없다는 단점도 있어요. 실행할 때마다 다른 결괏값과 형식의 응답을 받을 수 있어요. 하지만

|        | 결과가 다르지 틀린 것은 아니에요. |
|---|---|
| 김대리 | 아, 원하는 내용이 나올 때까지 여러 번 응답을 요청해야 할 수도 있겠네요. |
| 박차장 | 또, 정해진 파이썬 환경만 사용한다는 점이 아쉽죠. 이는 사실 파이썬의 가장 큰 장점이 단점이 된 경우예요. 파이썬은 다른 사람이 개발한 패키지Package를 설치해 필요한 기능을 쉽게 이용할 수 있어요. 그러려면 인터넷에 접속해 패키지를 다운로드해야 하는데, 데이터 애널리스트에서 사용하는 파이썬 환경은 인터넷에 연결돼 있지 않기 때문에 데이터 애널리스트가 이미 가지고 있는 패키지 외에 다른 패키지를 설치하기가 무척 번거로워요. |
| 김대리 | 엇, 그렇다면 필요한 파이썬 패키지가 생기면 어떡하죠? |
| 박차장 | 일은 많겠지만, 직접 다운로드해서 업로드하는 방법도 있어요. 말이 나온 김에 데이터 애널리스트에 설치된 파이썬 패키지 목록을 확인해 볼까요? 패키지 목록을 확인하는 코드는 pip list예요. 데이터 애널리스트와 채팅 창을 열고 이 코드를 실행해 달라고 프롬프트에 입력해 보세요. |

pip list를 실행해서 사용 가능한 파이썬 패키지 목록을 알려 주세요.

현재 환경에 설치된 파이썬 패키지 목록은 매우 길기 때문에, 일부만 표시되었습니다. 주요 패키지들 중에는 numpy, pandas, matplotlib, scipy, torch, tensorflow 등의 라이브러리가 포함되어 있습니다.

> 필요한 특정 패키지를 찾거나, 특정 패키지에 대한 정보가 더 필요하시면 말씀해 주세요.
> [>_]

**박차장** 맨 아래 [분석 보기] 아이콘([>_])을 클릭하면 '분석' 창에서 설치된 패키지와 버전을 볼 수 있어요.

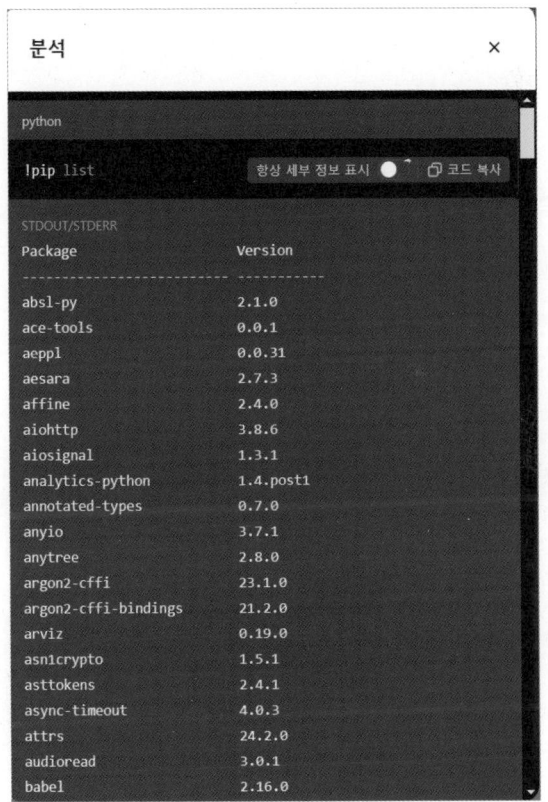

**김대리** 이미 설치된 패키지가 엄청 많네요. 이걸 다 쓸 수 있을지도 의문인데, 더 필요한 패키지가 있다는 건가요?

박차장     맞아요. 데이터 분석, 머신러닝, 딥러닝, 웹개발, 데이터 스크래핑과 관련된 주요 도구는 대부분 있어요. 그럼에도 파이썬의 패키지는 아주 방대하니까요.

김대리     그래도 꽤나 든든한데요.

박차장     그럼 어떤 도구들이 있는지 쭉 둘러봤으니 본격적으로 데이터 분석의 기초부터 시작해 볼게요.

2부

# 데이터 분석의 기초 쌓기

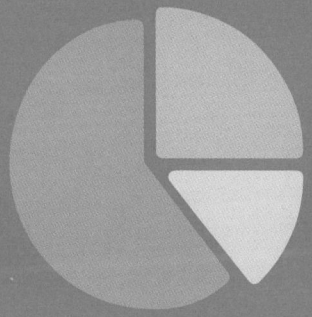

04장

# 데이터는 어디에 있죠?
# - 데이터와 데이터베이스

"이제 데이터 분석의 첫 단계인 데이터에 대해 알아볼 거예요. 대리님의 회사는 어떤 데이터를 어떻게 관리하고 있나요?"

"그러고 보니 회사 내부에 어떤 데이터가 있고 어떻게 관리되고 있는지 전혀 생각해 본 적이 없네요."

"어떤 데이터를 활용할 수 있느냐가 데이터 분석의 첫걸음이에요. 데이터를 어떻게 수집하고 관리하는지 알면 데이터는 물론이고 분석 주제에 접근하기가 수월하죠. 그럼 데이터란 무엇이고 어떻게 관리하는지 파악하는 것부터 시작해 볼까요?"

# 데이터 & 데이터베이스

박차장　데이터를 관리하는 프로세스를 알면 데이터 분석의 전체 흐름을 이해하는 데 도움이 돼요. 유관 부서와 커뮤니케이션도 쉽고 일도 효율적으로 처리할 수 있죠. 너무 구체적으로 알 필요까지는 없지만, 흐름을 이해하면 좋아요.

김대리　저도 알아 두면 좋겠어요. 어디부터 시작할까요?

박차장　기업의 데이터는 데이터베이스Database에 저장돼 있어요. 데이터베이스는 컴퓨터에서 데이터를 저장하고 정리하는 시스템이에요. 마치 상자에 물건을 담아 정리하는 것처럼 컴퓨터는 데이터베이스를 사용해 다양한 데이터를 저장하고 찾기 쉽게 관리하죠. 예를 들어, 장난감을 여러 상자에 담아서 정리한다고 생각해 보세요. 각 상자에는 자동차 모형, 인형, 공 등의 장난감이 들어 있어요. 장난감을 쉽게 찾도록 상자에 이름표를 붙여 놓으면 좋겠죠?

데이터베이스도 비슷한 방식으로 작동해요. 컴퓨터는 데이터를 테이블Table이라는 이름표가 붙은 상자에 저장해요. 테이블은 행Row과 열Column로 이뤄져 있어서 정보를 쉽게 찾을 수 있어요. 그리고 각 행에는 데이터가 하나씩 담겨 있어요. 일자별로 거래 데이터가 담겨 있기도 하고 고객별로 성별, 지역 등의 데이터가 담겨 있기도 해요. 행은 하나의 데이터를, 열은 데이터의 속성을 나타내죠. 행과 열이 테이블 구조를 이해하기 쉽지만, 열은 칼럼이라고 많이 부릅니다.

김대리    아! 데이터는 테이블 형태로 저장돼 있고, 각 데이터는 행 단위로 저장되고, 칼럼은 그 데이터의 속성을 나타내는 거군요.

박차장    맞아요. 예를 들어, 사람들의 취미와 나이를 저장하는 테이블이 있다고 해볼게요. 각 행은 사람 한 명을 나타내고, 열은 이름, 나이, 취미 등의 정보를 나타내죠. 이렇게 데이터베이스를 사용하면 정보를 찾거나 정리하기가 쉬워져요. 엑셀 시트랑 비슷하다고 볼 수 있어요.

|  | 칼럼 또는 속성 | | | | | |
|---|---|---|---|---|---|---|
|  | 이름 | 나이 | 취미 | | | |
| 행 | 홍길동 | 41 | 야구 | | | |
|  | 김갑수 | 35 | 축구 | | | |
|  | 이차돌 | 21 | 미술 | | | |
|  | 김순이 | 54 | 독서 | | | |
|  | 김철이 | 23 | 게임 | | | |

테이블 구조 예시

데이터베이스 종류는 여러 가지가 있지만, 가장 많이 사용하는 데이터베이스는 관계형 데이터베이스 Relational Database(RDB)입니다.

김대리    관계형 데이터베이스요?

박차장    맞아요. 이름처럼 데이터 간 관계를 테이블로 표현해요. 예를 들어, 장난감 정보를 담은 테이블과 아이의 정보를 담은 테이블이 매칭되는 것을 관계형이라고 표현할 수 있어요. 즉, 2개 이상의 테이블이 관계를 맺고 있고, 이 테이블 간 관계를 정의하여 저장하고 관리하는 것을 관계형 데이터베이스라고 해요.

| 번호 | 유형 | 이름 |
|---|---|---|
| 1 | 자동차 | 김당근 |
| 2 | 공 | 이수박 |
| 3 | 인형 | 홍감자 |

테이블 1 장난감 정보

| 이름 | 나이 | 성별 |
|---|---|---|
| 김당근 | 7 | 여자 |
| 이수박 | 9 | 남자 |
| 홍감자 | 6 | 여자 |

테이블 2 아이 정보

지금까지 나온 개념들을 정리하면 이렇게 되겠네요.

- **데이터베이스**: 데이터를 저장하고 정리하는 시스템
- **테이블**: 행과 열로 이루어진 데이터 집합
- **관계형 데이터베이스**: 데이터를 테이블로 구성하고, 테이블 간의 관계를 정의하여 데이터를 체계적으로 저장하고 관리하는 데이터베이스

김대리  '가장 많이 사용하는' 데이터베이스가 관계형 데이터베이스라고 하셨는데, 그럼 다른 데이터베이스도 있나요?

박차장  물론이죠. 다양한 데이터를 대용량으로 처리할 수 있는 NoSQL 데이터베이스, 데이터를 계층 구조로 저장하고 관리하는 계층형 데이터베이스, 네트워크 구조로 구성한 네트워크 데이터베이스 그리고 객체 지향 프로그래밍처럼 데이터와 함수를 함께 저장하는 객체 지향 데이터베이스 등 여러 유형의 데이터베이스가 있어요.

| 데이터베이스 유형 | 설명 | DBMS |
|---|---|---|
| 관계형 데이터베이스 | 데이터를 테이블 구조로 저장하고 관리하는 데이터베이스 유형입니다. 가장 일반적인 유형의 데이터베이스며 SQL을 사용하여 접근할 수 있습니다. | MySQL, PostgreSQL, Oracle, Microsoft SQL Server |
| NoSQL 데이터베이스 | 관계형 데이터베이스와 달리 테이블 구조가 아닌 다양한 데이터 구조와 대용량 데이터 처리, 단순화된 데이터 모델링을 제공해 비관계형 데이터베이스라고도 불립니다. 단, 데이터 무결성 보장과 데이터 조작이 어려울 수 있습니다. | MongoDB, Cassandra, Redis, Couchbase, DynamoDB |
| 계층형 데이터베이스 | 데이터를 부모-자식이라는 계층 구조로 저장하고 관리하는 데이터베이스입니다. | IMS, Hierarchic, FileMaker Pro |
| 네트워크 데이터베이스 | 복잡한 관계로 구성된 데이터를 저장하고 관리하기 위해 데이터를 네트워크 구조로 구성한 데이터베이스입니다. | IDMS, CODASYL |
| 객체 지향 데이터베이스 | 데이터 중복을 방지하고 모델링을 단순화하기 위해 객체 지향 프로그래밍처럼 데이터와 함수를 함께 저장합니다. 단, 비교적 비용 효율적이지 않고 데이터베이스를 관리하기 어렵습니다. | Objectivity/DB, ObjectStore, Top End |

모두 외울 필요는 없어요. 이런 유형의 데이터베이스가 있다는 것만 간단하게 짚고 넘어갈게요.

# DBMS와 SQL

김대리    데이터베이스라는 게 특정 폴더에 관련 있는 파일을 모아서 저장하는 개념과 비슷하네요. 그런데 왜 데이터베이스를 사용하나요? 엑셀 시트랑 비슷하다면 그냥 엑셀을 사용하면 안 되나요?

박차장    데이터베이스를 사용하는 이유는 다양한 데이터를 관리하고 활용하는 데 필요한 기능이 엑셀보다 다양하게 지원되기 때문이에요. 예를 들어, 구조화된 대용량 데이터를 저장, 검색, 수정, 삭제, 업데이트하는 기능들이 제공되죠. 그리고 데이터 일관성 유지, 중복 데이터 최소화, 다중 사용자 지원, 보안, 백업 및 복구, 확장 및 성능 최적화 같은 이점을 제공해서 데이터 관리에 꼭 필요합니다. 데이터베이스를 관리하는 시스템을 DBMS<sub>Database Management System</sub>라고 불러요. 이를 이용해서 데이터 저장, 조회 등 필요한 작업을 수행하고 데이터 일관성, 보안 등을 관리하죠.

김대리    그럼 데이터베이스를 이용하면 더 쉽게 데이터를 관리할 수 있는 거군요. 그런데 데이터베이스에 있는 데이터는 어떻게 분석하죠?

박차장    데이터 분석을 위해 파이썬이라는 프로그래밍 언어를 사용하듯이, DBMS에 있는 데이터를 조회하고 분석하기 위해서는 SQL<sub>Structured Query Language</sub>이라는 언어를 사용해요. 데이터베이스가 정보를 저장하는 큰 상자라면, SQL은 그 상자 안의 정보를 찾거나 정리할 때 쓰는 언어라고 생각하면 돼요.

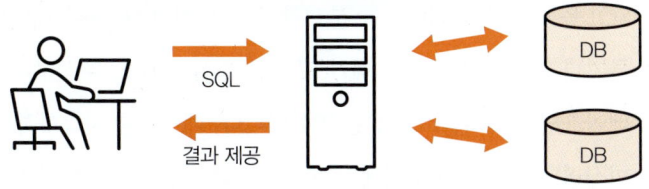

DBMS와 SQL을 활용한 데이터 관리

DBMS와 SQL의 개념을 정리하면 다음과 같아요.

- DBMS: 다수의 사용자가 데이터베이스에 접근하고 공유하는 환경을 제공하는 프로그램. 데이터 수정, 관리 등의 기능을 수행함.
- SQL: 데이터베이스에 있는 데이터를 조회, 수정, 분석하기 위해 사용하는 컴퓨터 언어

김대리　그럼 데이터를 활용하려면 SQL로 소통하고, 데이터 분석을 할 때는 파이썬으로 소통하는 거네요. 파이썬도 아직 익숙하지 않은데, SQL까지 꼭 알아야 하나요…?

박차장　SQL을 잘 다루면 데이터 분석을 할 때 이점이 많아요. 데이터베이스에서 내가 원하는 데이터를 쉽게 얻고 가공할 수 있죠. 하지만 SQL을 잘 몰라도 사용할 수 있어요. 예를 들어, 특정 데이터를 추출하기 위한 명령문, 즉 쿼리Query는 무척 간단해요. 이미 작성된 코드에서 원하는 부분만 수정해서 사용해도 되죠. 챗GPT의 도움을 받을 수도 있고 또는 IT 담당자에게 필요한 데이터의 가공을 요청하는 방법도 있어요. 지금은 SQL보다 데이터를 어떻게 저장하고 활용하는지를 알아야 해요. 이후에 데이터를 더 잘 활용하고 싶다면 SQL도 공부해 보세요.

김대리　오, 그렇다면 SQL로 데이터베이스 이용부터 분석까지 한 번에 끝낼 수는 없나요?

박차장   SQL을 이용해서 데이터를 분석할 수도 있지만, 다양한 데이터를 다루거나 고급 분석에는 한계가 있어요. SQL은 고급 분석보다 데이터베이스의 데이터를 조작하는 언어입니다. 데이터를 시각화하고 통계, 머신러닝 등의 고급 분석에는 파이썬과 같은 언어를 사용해야 해요.

김대리   음… 그럼 반대로 파이썬으로 데이터베이스에 접근할 수 있을까요?

박차장   앞에서 얘기한 데이터베이스는 서버에서 실행돼요. 서버Server는 컴퓨터 네트워크에서 정보와 자원을 제공하고 공유하는 컴퓨터 시스템을 말합니다. 데이터베이스 서버는 여러 사용자와 다양한 프로그램이 동시에 데이터베이스에 접근할 수 있게 해주죠. 그래서 다른 환경에서도 컴퓨터 네트워크를 통해 데이터베이스에 접근해요. 파이썬 코드를 실행해도 데이터베이스에 원격으로 접속 가능하죠. 이렇게 해서 쿼리를 실행하고 원하는 데이터를 추출해 분석에 사용할 수 있어요.

김대리   그럼 우선 SQL보다 파이썬에 집중해야겠네요.

파이썬   데이터베이스에 대해 더 관심이 생긴다면 SQL도 찬찬히 접근해 보세요.

 **원시 데이터**

박차장   데이터를 분석하는 입장에서는 데이터베이스에 잘 정의된 테이블을 가져다 사용하면 돼요. 하지만 그에 앞서 데이터베이스에 데이터를 정의해서 넣는 작업도 누군가 해야 해요. 데이터를 많이 활용하는 기업은 이런 프로세스가 잘 정리되어 있기 때문에 내부에 데이터베이스가 구축돼 있을 거예요.

김대리   회사 내부에 데이터베이스가 있는지는 아직 확인해 보지 못했어요. 그럼 데이터베이스가 없으면 데이터를 분석할 수 없는 건가요?

박차장   데이터베이스를 정의하고 정해진 조건에 따라 데이터를 적재Load하는 일은 지금 당장 할 수 있는 일은 아니에요. 하지만 데이터베이스에 데이터를 넣는 것도 그 기반이 되는 데이터가 있기 때문에 가능한 일이죠. 따라서 원시 데이터Raw Data가 있는지, 혹은 보관하고 있는지 먼저 알아보는 게 좋겠어요.

김대리   '원시'가 무엇을 의미하는 거예요?

박차장   원시 데이터는 가공하지 않은, 수집된 형태 그대로의 데이터를 의미해요. 이런 데이터는 형태와 형식이 일관되지 않은 상태라 데이터베이스에 넣기 위해 데이터를 다듬는 과정이 필요해요.

김대리   완전 날것의 데이터라고 보면 되겠군요.

박차장    맞아요. 쉽게는 고객들이 회원 가입을 위해 입력한 데이터도 원시 데이터라고 볼 수 있어요. 이를 잘 다듬어서 데이터베이스에 적재해 두면 이후 필요한 데이터를 쉽게 가져와서 분석에 사용할 수 있죠. 혹은 웹에서 클릭하거나 특정 페이지에 머무른 데이터도 마찬가지예요. 이런 기록 데이터를 로그 데이터Log Data라고 불러요. 로그 데이터를 가공해서 데이터베이스에 적재하면 이 역시 잘 활용할 수 있어요. 혹은 개인이 가지고 있는 영업망 리스트도 똑같아요.

김대리    그럼 원시 데이터가 데이터 수집의 첫 단계네요.

박차장    맞아요. 데이터를 수집하는 과정을 정리하면 다음과 같아요. 먼저 사전에 정의된 데이터를 활용할 목적으로 DBMS를 이용해 저장된 데이터를 추출합니다. 데이터 분석은 보통 이렇게 수집된 데이터를 활용해요. 이 데이터는 SQL이라는 언어를 통해 직접 추출하거나 IT 담당자를 통해 전달받습니다. 필요한 데이터가 없다면 원시 데이터를 데이터베이스에 적재하는 프로세스 개발이 필요해요. 원시 데이터도 없다면 어떻게 데이터를 수집할지부터 고민해야 해요.

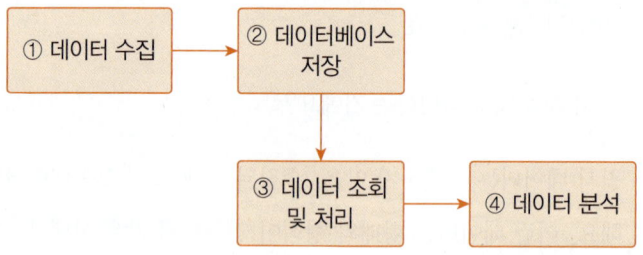

최근에는 사전에 정의하지 않고도 데이터를 수집하는 데이터 레이크Data Lake를 활용하는 경우도 늘고 있어요. 다양한 데이터를 저장하고 이후 분석 목적에 맞게 데이터를 가져다 사용하는 방식이죠.

김대리　데이터를 잘 정의하고 정리해서 저장하는 게 중요한 거군요. 데이터 분석이 필요한 사람이 그 데이터를 잘 활용하려면 말이죠.

박차장　맞아요. 데이터를 활용하는 회사는 대부분 효율적인 관리를 위해 데이터베이스를 이용합니다. 이를 통해 데이터의 표준화, 통합 및 접근성을 높일 수 있어요.

05장

# 무엇을 분석하나요?
## - 분석 주제 선정 방법

"차장님. IT 부서에 데이터 수집 관련해서 문의했더니 우리 회사도 데이터를 수집하고 활용하는 프로세스를 갖추고 있다는 걸 확인했어요. 다만 필요한 로그 데이터는 없어서 데이터베이스에 쌓아 달라고 요청했어요."

"잘하셨어요."

"그럼 이제 데이터 분석을 할 수 있겠죠? 판매 데이터를 분석해 보면 어떨까요? 갑자기 머리에서 아이디어가 샘솟는 기분인데요."

"그럼 어떤 데이터 분석을 해야 하는지 주제를 선정해야겠네요. 그 전에 먼저 데이터로 무엇을 할 수 있는지 알아보고 분석 과제를 효과적으로 도출하는 방법까지 살펴볼게요."

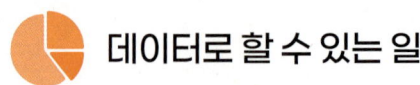 **데이터로 할 수 있는 일**

박차장    데이터로 할 수 있는 일은 크게 2가지로 나눌 수 있어요. 하나는 기존에 없던 서비스를 만드는 일, 다른 하나는 기존에 하던 일을 더 잘하는 것이죠.

김대리    새로운 것을 만든다고요? 기존에 없던 서비스를 만든다니 갑자기 흥미가 생기네요.

박차장    대리님, 추천 서비스라고 들어본 적 있어요?

김대리    그럼요. 자주 사용하는 서비스가 음악이나 영화 추천 서비스예요. 가끔 제 취향에 딱 맞는 음악이나 영화를 추천해서 깜짝 놀라곤 해요.

박차장    추천 서비스가 데이터를 이용해서 만든 서비스의 가장 좋은 예시예요. 이런 서비스는 데이터에 알고리즘을 결합해서 만든 경우가 많아요. 챗GPT도 대용량 텍스트 데이터와 알고리즘으로 탄생한 서비스라고 볼 수 있어요.

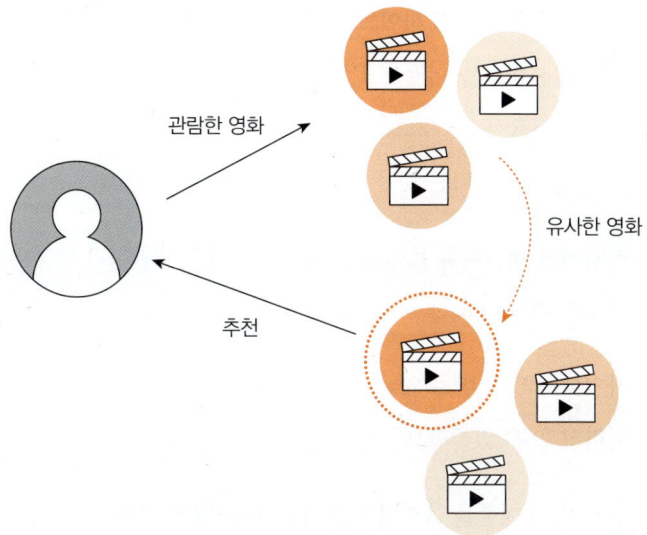

데이터와 알고리즘을 결합한 추천 서비스

쇼핑몰의 추천 서비스도 그중 하나예요. 구매 데이터와 알고리즘을 결합해서 개인이 좋아하는 아이템을 추천해 매출을 높이죠. 이외에도 데이터를 기반으로 음성 인식 기술을 개발하여 사용자와 상호 작용하는 스마트 스피커, 사용자의 건강 정보를 분석하고 맞춤형 운동 및 식단을 제공하는 서비스, 사용자 위치 및 교통 데이터를 분석하여 효율적인 이동 경로를 제공하는 모빌리티 서비스 등 데이터를 활용한 혁신적인 서비스가 많이 개발되고 있어요.

**김대리** 맞아요. 요즘 음악 들을 때 직접 검색해서 듣는 일이 거의 없어요. 추천해 주는 음악을 듣다 보면 제 취향에 딱 맞는 노래들이 많아서 충분히 즐길 수 있으니까요. 새로운 음악을 발견하는 재미도 있고요.

**박차장** 그럼 우리가 가지고 있는 데이터를 활용하면 어떤 서비스를 만들 수 있을까요?

김대리   음… 사용자들이 웹 사이트를 이용하며 발생하는 문제를 예측해서 대처하는 서비스는 어떨까요? 데이터는 웹에서 발생한 로그를 활용하면 되겠어요. 이게 새로운 서비스를 만든다는 거군요. 그럼 기존에 하던 일을 더 잘한다는 것은 어떤 의미인가요?

박차장   기업에서 데이터를 분석하는 이유가 가치를 제공하기 때문이라는 점을 떠올려 보세요.

김대리   가치라는 말이 바로 와닿지 않는데요. 무엇이 가치 있는 데이터 분석이라고 할 수 있을까요?

박차장   쉽게 말해 매출을 올리고 비용을 줄이는 일에 기여한다는 거예요. 예를 들어, 데이터 분석으로 고객 선호도를 파악하면 그에 따라 제품을 개선하거나 신제품을 출시해 매출 증대에 도움이 될 수 있죠. 또는 비즈니스 프로세스를 최적화하고 효율성을 향상시킬 수도 있고요. 재고 관리나 공급망 최적화 분석 등이 그러한 예시예요.

김대리   데이터 분석이 결국 성과를 창출하는 데 기여해야 한다는 말이군요. 회사 업무에서 보면 가끔 '일을 위한 일'이 생기잖아요. 그런 것처럼 데이터 분석도 '분석을 위한 분석'이 되면 안 되겠네요.

박차장   정확해요. 그러기 위해선 어떤 업무에 데이터 분석을 적용할 수 있는지 파악해 두는 것도 중요하죠. 예를 들어, 비즈니스를 다음과 같이 6가지로 구분하면 분석 주제를 이렇게 구성할 수 있어요.

| 비즈니스 구분 | 분석 주제 | 상세 내용 |
|---|---|---|
| 제품·서비스 개발 | 시장 트렌드 | 시장 데이터를 분석하여 새로운 제품·서비스 개발 기회 포착 |
| | 제품 피드백 | 고객의 피드백을 분석하여 제품 개선점과 새로운 기능 도출 |
| 고객 인사이트 | 고객 세분화 | 고객 데이터를 분석하여 다양한 고객 그룹 세분화 가능. 세분화한 그룹에 맞춘 마케팅 전략 수립 |
| | 고객 만족도 | 고객 피드백과 소셜 미디어 데이터를 분석하여 고객의 요구와 불만을 파악하고, 이를 바탕으로 서비스 품질을 개선 |
| 마케팅 최적화 | 캠페인 성과 | 마케팅 캠페인의 성과를 분석하여 어떤 전략이 효과적인지 평가하고, 향후 캠페인에 반영 |
| | 채널 효율성 | 다양한 마케팅 채널의 효율성을 분석하여 마케팅 비용 최적화 |
| 운영 최적화 | 프로세스 개선 | 병목 현상을 식별하고, 효율성을 높이기 위한 개선안 도출 |
| | 고장 예측 | 장비의 상태 데이터를 분석하여 고장 가능성을 예측하고, 사전에 유지 보수 수행 |
| 의사결정 지원 | 데이터 기반 의사결정 | 경영진과 관리자가 데이터에 기반하여 의사결정을 내릴 수 있도록 지원 |
| | 리스크 관리 | 금융 및 리스크 데이터 분석을 통해 잠재 리스크를 식별하고, 예방 전략 수립 |
| 재무 성과 관리 | 비용 절감 | 비용 데이터를 분석하여 절감 가능한 영역을 식별하고, 효율적인 비용 관리 전략 수립 |
| | 수익 예측 | 판매 데이터와 시장 트렌드를 분석하여 수익을 예측하고, 재무 계획 수립 |

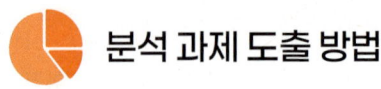

## 분석 과제 도출 방법

김대리   그럼 분석 과제는 어떻게 정할 수 있을까요? 비즈니스 가치가 가장 높은 주제를 선정하면 좋을 것 같은데…

박차장   그렇다면 어떤 과제가 가장 가치가 높은지 구분하고 적절한 과제를 도출해야겠죠. 분석 과제를 도출하는 방법은 크게 하향식 접근Top-Down Approach과 상향식 접근Bottom-Up Approach 2가지가 있어요. 하향식 접근은 비즈니스 목표와 전략을 세우고 이를 달성하기 위한 분석 과제를 도출하는 방식이에요. 이 접근 방법은 회사의 비전, 전략 또는 특정 목표를 분석 프로젝트와 연계시키는 데 초점을 맞추죠. 이를 통해 전체 조직의 목표 달성에 기여할 수 있는 과제를 찾습니다.

반대로 상향식 접근은 사용할 수 있는 데이터를 바탕으로 인사이트를 도출하거나 문제를 해결하는 분석 과제를 찾습니다. 데이터의 특성을 최대한 활용하여 가치를 창출하는 데 집중해요.

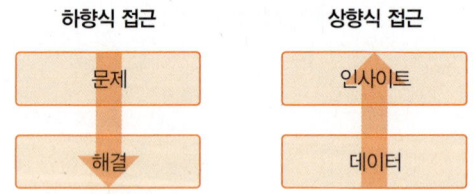

김대리   하향식은 목표를 중심으로 위에서 아래로 내려오는 방식이고, 상향식은 데이터를 기준으로 아래에서 위로 올라가는 거라고 생각하니 이해가 쉽네요. 음… 회사에서는 하향식 접근 방법이 더 적절해 보이네요.

회사의 목표와 연계된 과제가 확실한 결과를 도출할 가능성이 더 높아 보여요.

박차장   맞아요. 대다수 기업이 오랫동안 주어진 문제를 해결하기 위해 데이터를 활용해 답을 찾는 하향식 접근 방법을 많이 사용했어요. 하지만 최근에는 대규모 데이터가 다양한 형태로 생성되고 기업 환경과 문제가 계속해서 변화하기 때문에 사전에 정확한 문제를 정의하기가 어려워지고 있어 상향식 접근 방법이 더 중요해지고 있어요. 가용한 데이터로 인사이트를 발견하고 새로운 문제를 인식하고, 해결하는 데 초점을 맞추는 거죠. 따라서 분석 과제를 도출할 때 하향식 접근뿐만 아니라 상황에 따라 상향식 접근을 유연하게 활용해야 해요.

김대리   그렇다면 두 방법을 모두 쓸 수도 있나요?

박차장   네. 실제 상품 개발이나 전략 수립 등 중요한 의사결정을 할 때는 2가지 방법을 혼용하기도 해요. 적절히 조합하면 더 가치 있는 결과를 만들 수 있습니다.

김대리   모든 일에 적합한 한 가지 방법은 없는 것 같아요. 마치 동전의 양면처럼 장점과 단점이 동시에 존재하네요.

# 하향식 접근 방법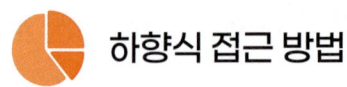

박차장   그럼 하향식 접근 방법에 대해 더 알아볼까요? 하향식 접근은 문제 탐색, 문제 정의, 과제 정의, 우선순위 결정이라는 4가지 과정을 거쳐 분석 과제를 도출합니다.

김대리   일반적인 문제 해결 방법과 동일하네요.

| ① 문제 탐색 | ② 문제 정의 | ③ 과제 정의 | ④ 우선순위 결정 |
|---|---|---|---|
| – 비즈니스 밸류 체인 기반<br>– 외부 사례 기반 | – 요구사항 정리<br>– 데이터 관점 접근 | – 시스템 보완, 프로세스 변경<br>– 기존 데이터 재분석<br>– 다른 관점에서 접근<br>– 새로운 분석 방법이나 도구 활용<br>– 외부 전문가 도움 또는 자문 | – 비즈니스 가치<br>– 과제 난이도 |

하향식 접근 방법의 과정

박차장   맞아요. 문제를 해결하고, 그 결과로 가치를 얻어야 하죠. 이를 꼭 데이터 분석만으로 해야 하는 건 아니에요. 데이터 분석에만 너무 집중하면 간단하게 해결할 수 있는 일에 불필요하게 많은 리소스를 들일 수 있어요.

김대리   어떤 경우가 있을까요?

박차장   예를 들어, 신제품 출시를 앞두고 마케팅 팀에서 광고 전략을 세울 때 고객 선호도를 분석하는 대신 시장 조사와 경쟁사 분석이 더 효과적일 수 있어요. 신제품은 과거 데이터가 없기 때문에 분석과 예측이 어려우니까요.

김대리    데이터 분석에만 의존하지 말고, 다양한 방법으로 문제를 해결하는 방법을 고민해야겠네요.

박차장    그래서 하향식 접근 방법의 첫 번째 단계 ① 문제 탐색 과정에서는 전체적인 관점에서 빠짐없이 문제를 도출하고 식별해야 해요. 문제를 탐색하는 방법은 크게 2가지로 나눌 수 있어요. 회사 밸류 체인<sub>Value Chain</sub>을 기반으로 하는 방법과 외부 사례를 기반으로 하는 방법이죠. 밸류 체인이란 기업이 제품이나 서비스를 개발·생산하고, 마케팅, 판매 후 서비스를 제공하는 일련의 활동을 의미해요.

김대리    외부 사례를 기반으로 하는 분석은 쉽게 이해가 가네요. 어떤 일이든 다른 회사가 어떻게 하고 있는지, 어떤 성공 사례가 있는지 탐색하는 건 비슷한 방식이니까요. 그런데 밸류 체인을 기반으로 하는 분석은 어떻게 접근하면 좋을지 잘 모르겠어요.

박차장    그렇다면 비즈니스 모델 캔버스를 활용해 회사의 밸류 체인을 분석해 보세요. 비즈니스 모델 캔버스는 사업에 포함돼야 하는 다양한 요소를 체계적으로 파악하고 이해할 수 있는 유용한 도구예요. 핵심 파트너, 핵심 활동, 핵심 자원, 가치 제안, 고객 관계, 채널, 고객 세그먼트, 비용 구조 그리고 수익 흐름이라는 9개 주요 사업 요소를 한눈에 파악할 수 있는 템플릿이죠. 여기서 주요 요소를 살펴보며 어떤 부분에 데이터 분석을 적용하면 좋을지 찾아볼 수 있어요.

| 핵심 파트너<br>Key Partners | 핵심 활동<br>Key Activities | 가치 제안<br>Value Proposition | 고객 관계<br>Customer Relationship | 고객 세그먼트<br>Customer Segments |
|---|---|---|---|---|
| | 핵심 자원<br>Key Resources | | 채널<br>Channels | |
| 비용 구조<br>Cost Structure | | | 수익 흐름<br>Revenue Streams | |

비즈니스 모델 캔버스

앞서 예시에 이 템플릿을 적용했을 때 가장 효과적인 방법은 '관련 부서 인터뷰'예요. 비즈니스에 어떤 문제가 있는지는 데이터를 분석하는 사람보다 해당 업무를 직접 하는 사람이 더 잘 알 수 있으니까요.

김대리    그렇잖아도 제가 직접 분석 과제를 도출하려니 막막하더라고요. 이 방법을 적용하면 유용한 과제를 많이 도출할 수 있겠어요.

박차장    단, 인터뷰를 할 때 주의할 점이 있어요. 해결 방법보다는 문제에 초점을 맞추는 것입니다. 무엇을 분석해야 하는지 요구 사항이 명확한 경우도 있지만, 문제를 정의하기 어려운 경우도 많아요. 물론 얘기를 하다 보면 몇 가지 해결 방안을 논의해 볼 수도 있어요. 그래도 이 단계에서 충분히 많은 문제를 탐색해야 다음 단계를 진행하기 훨씬 수월해져요.

김대리    데이터 분석 과제뿐만 아니라 다른 프로젝트에서도 문제를 제대로 정의하는 게 정말 중요한 것 같아요. 너무 광범위하게 정의하거나 반대로 너무 세부적으로 정의하면 문제를 해결하는 데 어려움이 생기더라고요. 그래서 문제 탐색 과정에서는 가지고 있는 문제에 대해 충분히 듣고 이해하고, 그걸 잘 정리하는 게 중요하겠군요.

**박차장** 100% 동의합니다. 이제 다음 단계로 넘어가 볼까요? 문제 탐색이 끝나면 다음은 ② 문제 정의를 해야 해요. 이 단계에서는 식별된 문제를 기준으로 어떤 요구 사항이 있는지 정리하고, 데이터 관점에서 어떻게 접근하면 좋을지 정리해야 해요.

요구 사항을 정리하는 이유는 문제를 명확하게 파악하기 위해서예요. 같은 문제를 서로 다른 측면에서 말하는 경우가 있죠. 따라서 어떤 관점의 문제인지, 이를 통해 누가 혜택을 보는지를 중심으로 정리해 나가면 좋습니다.

요구 사항을 정리한 후에는 이를 데이터 관점의 문제로 정의해야 해요. 필요한 데이터나 분석 방법을 정의하기 위해 먼저 해야 하는 작업이죠. 예를 들어, '재고가 과도하다는 문제'를 데이터 분석 관점에서 접근하면 '수요에 영향을 주는 요인 파악 및 수요 예측'으로 정의할 수 있어요. 수요를 예측할 수 있다면 그에 맞는 적정 수준의 재고만 보유할 수 있어요. 과도한 재고 보유로 드는 비용을 줄일 수 있죠.

수요에 영향을 주는 요인 파악 → 수요 예측 → 물품 주문 → 적정 재고 유지

**김대리** 정의한 문제를 데이터 분석 관점에서 바라보는 게 생각보다 쉽지 않더라고요. 이 관점에서 문제를 해결하는 사례나 다양한 방법을 많이 경험해 보면 좋겠네요.

박차장 맞아요. 데이터 분석이나 이를 활용한 사례가 많이 공유돼 있으니 너무 걱정하지 않으셔도 됩니다. 비슷한 문제를 찾아보고 어떻게 해결했는지를 알아보세요. 그러다 보면 어떻게 정의하면 좋을지 알게 될 거예요.

김대리 분석 과제를 정하기 위해 꽤 많은 단계를 거쳐야 하네요.

박차장 회사에서 분석 업무를 처음 할 때는 보통 데이터나 문제가 구체적으로 주어져요. 그래서 직접 분석 과제를 도출하지 않아도 되는 경우가 많아요. 하지만 이 과정을 염두에 두고 분석을 시작해야 해요. 그래야 전체적인 맥락을 이해하죠. 맥락을 이해하면 데이터에만 매몰되지 않고, 조직의 목표와 연결하고 문제 해결과 의사결정에도 기여할 수 있어요. 또, 전략적 사고력도 향상되죠. 이는 분석 업무뿐만 아니라 회사 비즈니스를 이해하는 데도 도움이 되죠.

김대리 비즈니스 측면까지 고려해야 데이터 분석이 진정한 가치를 발휘한다는 거군요.

박차장 핵심을 정확히 짚으셨네요. 그럼 다음으로 넘어가 볼까요? 문제 정의 다음은 ③ 과제 정의 단계입니다. 앞에서 정의한 문제를 어떻게 해결할지 다양한 방법을 고민하는 단계죠. 여러 문제를 동시에 해결하는 방법도 있고, 꼭 데이터 분석이 아니더라도 문제를 해결하는 방법이 있을 수 있어요. 그래서 몇 가지 방법에 매몰되지 않고 폭넓게 생각해봐야 해요.

김대리 데이터 분석에만 매몰되지 말아야 한다고 여러 번 얘기하셨는데, 다양한 방면에서 고민을 해야 한다는 게 어떤 건가요?

박차장   먼저 기존 시스템의 단순한 보완이나 프로세스를 변경함으로써 해결이 가능한지 고려해 볼 수 있어요. 예를 들어, 사용자의 반응을 분석하고 싶다고 가정했을 때 이를 데이터 분석으로 평가할 수도 있지만 단순하게 사용자의 피드백을 받는 방법도 있어요.

또는 기존 데이터를 재분석하거나 다른 관점에서 바라보는 것이 도움이 되는지도 고려해 봅니다. 예를 들어, 데이터에 다른 요소를 조합하거나 시간을 기준으로 데이터를 분석하는 방법 등을 생각해 보세요. 기존 결과물을 활용한다면 쉽고 빠르게 원하는 성과를 달성할 수 있어요.

또 다르게는 기존에 시도하지 않은 새로운 분석 방법이나 도구 활용도 고려해 보세요. 데이터 관련 기술은 변화 속도가 빨라요. 그래서 과거에는 분석하기 어려웠던 대용량 데이터도 지금은 쉽게 처리할 수 있죠. 덕분에 이전에는 해결이 어려웠던 문제를 쉽게 처리할 수도 있어요.

마지막으로 외부 전문가나 자문을 받는 것도 검토해 보세요. 때로는 외부의 시각이 필요할 때가 있어요. 새로운 접근법이나 기존보다 더 효율적인 방법, 최신 기술을 활용하여 문제 해결이 가능할지 고려해야 하죠. 예를 들어, 머신러닝이나 인공지능 기술을 적용해 문제를 해결하는 방안을 검토해 볼 수 있어요.

김대리   줄곧 데이터 분석을 어떻게 해야 하는지만 생각하고 있었는데, 이렇게 듣고 보니 데이터 분석만이 정답이 아니군요.

박차장   맞아요. 그럼 마지막 단계로 넘어가 볼게요. 과제 정의가 끝나면 마지막 단계로 ④ 우선순위 결정이 필요합니다. 우선순위를 정하는 방법은 여러 가지가 있지만, 비즈니스 가치와 과제 난이도라는 2가지 축을 보편적으로 사용해요. 비즈니스 가치는 비용 대비 기대되는 성과를 말해요. 비용 절감이나 추가 매출, 수익 등이 얼마나 예상되는지를 기준으로 나눌 수 있죠. 과제 난이도는 해당 과제를 실제로 수행할 수 있는지를 의미합니다.

데이터 분석을 하려면 데이터도 있어야 하고 분석 환경, 그리고 분석하는 사람이 분석 역량도 갖춰야 해요. 이에 따라 당장 수행할 수 있는 과제와 지금은 어렵지만 준비가 된 후에 할 수 있는 과제로 나눌 수 있죠. 이 2가지 축으로 도출한 분석 과제를 보면 난이도가 낮고 비즈니스 가치가 높은 과제의 우선순위가 높겠죠?

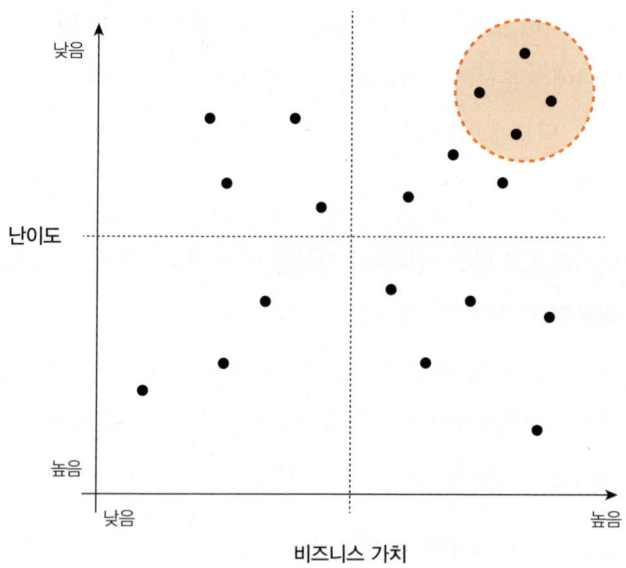

우선순위 결정을 위한 2가지 축의 그래프

김대리   꼭 일정을 관리하는 것 같아요. 할 일이 많을 때도 목록으로 쭉 적어 두고 중요한 일과 빨리 해야 하는 일을 구분하잖아요.

박차장   이렇게 정리하고 나니 막연하던 게 명확해졌나요?

김대리   네! 실제로 적용 가능한 주제가 꽤 많겠다는 생각이 들어요. 처음에는 분석 환경이나 시스템에 대해 많이 고민했는데 문제 해결에 초점을 맞춘다면 현재 상태에서도 의미 있는 결론을 도출할 수 있겠어요. 사용 가능한 데이터로 간단한 분석만 하더라도요. 그리고 다음에 더 난이도가 높은 과제가 나타나면 그때 적합한 시스템을 갖춰나가도 좋겠어요. 이렇게 하다 보면 어려운 과제도 점차 무리 없이 해결할 수 있겠네요.

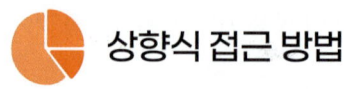 **상향식 접근 방법**

박차장   이제 상향식 접근 방법에 대해 알아볼까요? 하향식 접근 방법을 다루면서 분석 과제를 도출하는 과정을 자세히 다루었으니 상향식 접근은 짧게 얘기할게요.

하향식 접근 방법처럼 어떤 문제를 해결하기 위해 분석 과제를 도출하고 분석을 하는 경우도 있지만 새로운 통찰력과 인사이트를 얻기 위해 이미 보유한 데이터를 분석하는 경우도 있어요.

김대리   무엇이 문제인지 알 수 없을 때 활용하면 유용하겠어요.

박차장   맞습니다. 이럴 땐 상향식 접근 방법으로 문제를 도출하고 해결책을 찾을 수 있어요. 혹시 비지도 학습Unsupervised Learning이라고 들어본 적 있나요?

김대리   데이터 분석 강의에서 들었어요. 답을 모를 때 비지도 학습을 이용한다고 알고 있어요.

박차장   맞아요. 비지도 학습과 반대되는 개념으로 지도 학습이 있죠.

김대리   반대라면 답을 알 때 이용하는 학습 방법이겠군요.

박차장   그렇죠. 지도 학습Supervised Learning은 분석하는 대상이 명확히 구분되는 경우를 말해요. 이 대상의 특성을 파악하고 분류할 수 있죠. 하지만 비지도 학습은 분석하고자 하는 대상이 명확히 정의돼 있지 않아요.

그래서 어떤 특성의 데이터가 있는지, 어떻게 분류할 수 있는지 등을 살펴보죠. 또는 특이한 데이터를 살펴보면서 어떤 특징이 있는지 알아볼 수도 있어요. 데이터의 유사성을 측정해 하나의 집단, 즉 군집으로 나누고 군집 간 상이성을 분석하는 군집 분석Cluster Analysis은 비지도 학습의 대표적인 예시예요.

다음 그림을 한 번 볼까요? 데이터에 A라는 정답이 있고, 이를 분류하는 모델을 만들었어요. 이는 지도 학습에 해당하죠. 정답이 없는 상태에서 유사도에 따라 데이터를 분류했다면 이는 비지도 학습에 해당해요.

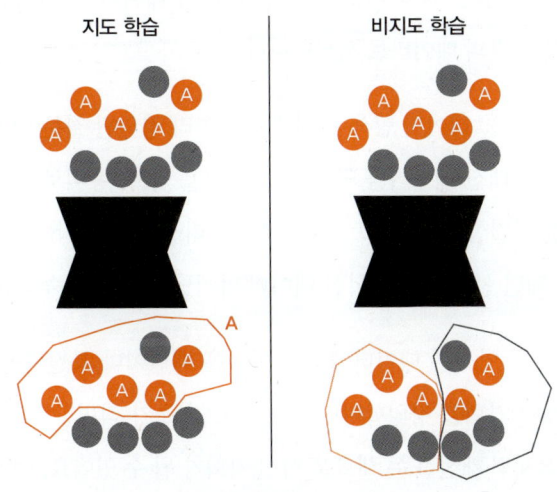

지도 학습과 비지도 학습

박차장   상향식 접근은 비지도 학습과 같아요. 데이터를 분류함으로써 문제를 찾는 거죠. 상향식 접근은 미리 정의된 질문이나 가설이 아닌 데이터가 주도하는 방법이에요.

김대리　데이터가 충분하다면 상향식 접근 방법으로 문제를 직접 발견하는 것도 꽤 흥미로울 것 같아요.

박차장　비즈니스 문제에 대한 예상치 못한 통찰력과 혁신적인 솔루션을 발견할 수도 있어요. 상향식 접근은 다음 4가지 과정을 거칩니다.

① 데이터 준비　② 데이터 탐색　③ 문제 인식　④ 가치 창출

각 과정을 자세히 살펴볼게요. 먼저 ① 데이터 준비 단계입니다. 상향식 접근은 데이터를 활용한 과제 발굴 방법이에요. 주로 거래 데이터, 로그 데이터, 센서 데이터, 소셜 미디어 데이터 등 다양한 소스에서 얻은 대량의 데이터로 시작합니다.

두 번째 ② 데이터 탐색 단계에서는 미리 정의된 질문이나 가설로 시작하는 대신 데이터를 탐색하고, 패턴을 찾고, 흥미로운 질문이나 문제를 식별합니다. 이 프로세스에는 클러스터링, 이상치 탐지Outlier Detection, 패턴 인식 등을 포함한 데이터 마이닝Data Mining 기술이 포함됩니다.

③ 문제 인식은 데이터에서 흥미로운 패턴이나 통찰력을 발견한 후 문제나 기회를 정의합니다. 이는 비즈니스가 직면한 과제, 프로세스의 잠재적 개선 또는 새로운 혁신 기회가 될 수 있어요. 여기서 핵심은 데이터 통찰력을 실제 비즈니스 문제와 연결하는 것입니다.

마지막 ④ 가치 창출 단계는 식별화한 문제 또는 기회의 가치를 수량화합니다. 이는 잠재적인 비용 절감, 매출 증대, 고객 만족도 향상 또는 비즈니스에 중요한 지표의 측면에서 발생할 수도 있어요. 여기서 목표는 확인된 문제를 해결하거나 기회를 포착함으로써 얻을 수 있는

잠재적 이점을 측정하는 거예요.

김대리   비즈니스 가치가 있는 과제를 도출한다는 목표는 같지만, 하향식 접근과 시작점이 다르네요. 우리가 보유한 고객 데이터를 활용하면 고객 불만 내용이나 요구 사항, 트렌드 등을 알아낼 수 있겠어요. 주요 이슈나 반복되는 불만 사항, 긍정적인 피드백 등을 찾아내도 의미가 있겠고요. 그렇게 찾아낸 이슈나 불만사항을 바탕으로 문제를 정의해 보면 어떨까요? 그리고 이 문제 해결을 위한 데이터 분석도 진행하고요.

박차장   좋은 방법이네요.

## 원활한 인터뷰를 위한 4단계

김대리   분석 주제를 정하는 방법에 대해 많은 이야기를 나눴네요. 그런데 과제 중에는 우리 부서와 관련 없는 내용도 있어요. 프로세스에 문제가 없는지, 다른 데이터는 더 없는지 등을 파악하려면 다른 부서의 도움이 필요해요.

박차장   직접 인터뷰를 해보면 어떨까요?

김대리   그런 방법이 있었네요.

박차장   직접 맡고 있는 업무가 아니면 분석을 위해 이해관계자와 인터뷰해야 하는 경우가 종종 생기죠. 현재 가지고 있는 문제점, 업무 프로세스 등을 알아야 분석 과정에서 발생하는 오류를 줄이고, 실제 활용 가능한 해결책을 제시할 수 있어요. 일반적으로 하는 인터뷰 순서를 아래 4단계로 정리했어요.

**인터뷰 4단계**
① 인터뷰 질문 준비
② 사전 조사
③ 인터뷰 진행
④ 결과 정리

김대리   인터뷰에도 단계가 있군요?

박차장　그럼요. 계획이나 전략 없이 접근했다간 소득 없이 시간만 낭비할 수 있어요. 각 단계에서 어떤 것들을 준비해야 하는지 자세히 살펴볼게요.

### ① 인터뷰 질문 준비
누군가에게 인터뷰를 요청한다는 것은 그 사람의 시간을 쓰는 것이기 때문에 미리 질문 목록을 만들어 효율적인 진행을 해야 해요. 질문을 준비할 때는 확인해야 하는 내용이 무엇인지 정리합니다. 그리고 인터뷰를 통해서 얻으려는 목표를 명확히 해야 해요. 그래야 올바른 표현으로 제대로 된 질문을 할 수 있습니다.

### ② 사전 조사
상대방에 대해 미리 알아 두면 인터뷰를 더 효율적으로 진행할 수 있어요. 업계, 경쟁사, 주요 제품, 전략 등에 대한 기본적인 정보를 알면 더 심도 있는 질문을 할 수 있고, 특정 이슈에 대해 더 깊이 이해할 수 있어요. 사람에 따라 다른 접근법을 사용할 수도 있죠.

### ③ 인터뷰 진행
인터뷰는 일반적인 질문에서 시작해 구체적인 질문으로 가는 게 좋습니다. 민감한 문제를 단도직입적으로 묻기보다 업계나 회사 전반에 대한 질문으로 시작해 보세요. 상대방이 긴장을 풀고 우호적인 분위기를 만드는 데 도움을 줍니다.

또, 단답형으로 답변 가능한 질문을 하면 많은 정보를 얻기가 어려워요. 따라서 열린 질문을 많이 하는게 좋습니다. 예를 들어, "고객 반응이 가장 좋은 프로모션은 A였나요? B였나요?"보다 "고객 반응이 좋은 프로모션은 무엇이 있었나요?"와 같이 상대방으로 하여금 자세히 설명할 수 있게 하세요.

너무 많은 것을 요구하지는 마세요. 인터뷰는 정보 획득이 목적이지만, 상대방이 부담을 느낄 만한 질문은 비효율적일 뿐 아니라 상대방과의 관계를 손상시킬 수도 있어요.

### ④ 결과 정리
마지막으로 인터뷰 결과를 정리합니다. 형식이나 방법이 정해져 있지는 않지만 얻은 정보를 카테고리별로 분류하고 정렬하면 결과를 분석하는 데 도움이 돼요. 분류된 정보를 근거로 인사이트를 도출하고, 문제점과 기회를 식별합니다. 또, 각 문제에 대한 시사점을 정리하거나 추가 정보가 필요한 부분을 식별할 수도 있어요.

# 06장

## 어떻게 분석할까요?
## - 데이터 유형에 따른 분석 방법

"차장님. 지난번 알려 주신 대로 타 부서 관계자들과 인터뷰를 무사히 마쳤어요. 덕분에 분석할 주제를 굉장히 많이 발견했어요."

"그렇다면 어떤 주제를 선택해야 할지 고민되겠네요. 데이터도 여러 가지 있을 거고요."

"맞아요. 어떤 주제를 분석하는 게 쉬운지, 어려운지도 감이 안 오네요."

"전에 나눈 대화 중 '데이터'에 대한 부분 기억나세요?"

"아, 데이터와 데이터베이스를 다룰 때 말이죠?"

"맞아요. 적절한 분석 방법을 선택하려면 데이터 유형을 알아야 해요."

"데이터에도 유형이 있나요?"

"데이터 유형에 따라 분석 방법, 데이터 가공 과정 등 많은 것이 달라지기 때문에 꼭 알아 두어야 할 개념 중 하나예요."

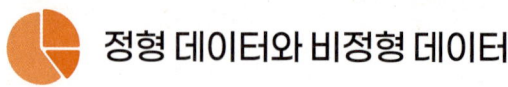
## 정형 데이터와 비정형 데이터

김대리   저는 그동안 데이터를 단순히 숫자와 글자로만 생각했는데, 이를 나누는 방법에 대해선 생각해 본 적이 없네요.

박차장   숫자와 글자도 데이터지만, 이를 구분하는 여러 가지 기준이 있어요. 이 기준을 분석 관점에선 크게 정형 데이터Structured Data와 비정형 데이터Unstructured Data로 나눠요.

김대리   정형 데이터와 비정형 데이터는 무엇인가요?

박차장   정형 데이터는 형식이 잘 정해져 있다는 뜻이에요. 구조가 잘 정리돼 있기 때문에 데이터를 다루기도 좋고 분석하기도 편하죠. 엑셀의 표를 생각하면 이해하기 쉬울 거예요. 엑셀처럼 행과 열로 이루어진 데이터를 테이블 데이터라고 했던 것 기억나나요? 이런 데이터가 대표적인 정형 데이터예요.

김대리   항상 보던 데이터가 정형 데이터인 셈이네요. 그럼 다른 종류의 데이터도 있다는 건가요?

박차장   업무에서는 대부분 정리된 정형 데이터를 다루기 때문에 데이터라고 하면 대부분 엑셀 시트에 정리된 숫자와 글자의 나열을 떠올리죠. 하지만 정형 데이터 외에 비정형 데이터도 있어요. 비정형 데이터는 정형 데이터와 달리 구조가 일정하지 않은 데이터를 말합니다. 텍스트, 이미지, 동영상, 음성 등과 같이 다양한 형태여서 상대적으로 분석하기가 어렵다는 특징이 있어요.

- **정형 데이터**: 구조가 잘 정리된 데이터(예. 테이블 데이터 등)
- **비정형 데이터**: 구조가 정해지지 않은 데이터(예. 텍스트, 이미지, 동영상 등)

김대리   데이터 형태가 다양하면 이를 어떻게 분석할 수 있죠?

박차장   데이터마다 다른 전치리 과정을 거쳐 분석 가능한 형태로 변경해야 합니다. 또, 비정형 데이터는 일반적으로 데이터 크기가 크고 노이즈나 결측값과 같은 이상 데이터가 많아서 정형 데이터에 비해 전처리 과정도 복잡하죠. 알아야 할 기술도 많고요. 예를 들어, 고객들의 상품 리뷰를 분석하기 위해 텍스트로 된 비정형 데이터를 수집했다고 가정해 볼게요. 이때 텍스트 데이터를 전처리하기 위해 필요한 기술이 자연어 처리Natural Languange Processing입니다.

김대리   쉽지 않겠네요.

박차장   이외에도 딥러닝Deep Learning과 같은 고급 기술이 필요할 때도 있어요. 예를 들어, 텍스트 데이터는 자연어 처리 기술을 사용하여 토픽 모델링, 감성 분석 등을 수행할 수 있고, 이미지 데이터는 컨볼루션 신경망Convolutional Neural Network(CNN)을 활용하여 이미지 분류, 객체 인식 등을 수행할 수 있어요. 비정형 데이터의 대표로 텍스트, 이미지, 음성, 비디오가 있어요. 각 데이터의 특성과 종류를 살펴보면 조금 더 이해하기 쉬울 거예요.

| 구분 | 정형 데이터 | 비정형 데이터 |
| --- | --- | --- |
| 데이터 구조 | 명확한 구조와 형식을 갖춘 테이블 형태 | 구조화되지 않은 형식, 다양한 형태 (텍스트, 이미지, 동영상 등) |
| 데이터 예시 | 엑셀 스프레드 시트, 관계형 데이터베이스 테이블 등(예: 고객 정보, 판매 기록) | 이메일, 소셜 미디어 게시물, 문서 파일, 이미지, 비디오 로고 파일 등 |

| 사용 예시 | 금융 거래 기록, 상품 관리, 직원 정보 관리 등 | 고객 리뷰 분석, 소셜 미디어 트렌드 분석, 이미지 분류 등 |
| --- | --- | --- |
| 데이터 품질 | 일반적으로 높은 데이터 품질, 데이터 정제 및 정규화가 용이 | 형식과 출처가 다양해 데이터 품질이 균일하지 않고 정제가 필요 |

김대리    데이터만 가져다 금방 분석할 수 있을 줄 알았는데 데이터 종류에 따라 딥러닝까지 학습해야 한다니 갑자기 난이도가 너무 높아진 기분이에요.

박차장    다행히 지금은 그렇지 않아요. 챗GPT를 이용하면 비정형 데이터도 쉽게 분석할 수 있거든요. 텍스트, 이미지, 음성 등의 비정형 데이터는 챗GPT가 잘 이해하고 처리해 주죠. 프롬프트에 요청해도 되지만, 데이터가 많으면 API를 이용해서 처리해야 해요. 이 방법도 이후에 차근차근 알아볼 거예요.

김대리    어려워 보이긴 하지만, 듣고 보니 의미 있는 데이터 분석을 하려면 비정형 데이터 분석은 빠뜨릴 수 없을 것 같아요.

박차장    맞아요. 주로 정형 데이터만을 다루었다면 비정형 데이터 분석은 좋은 시도가 될 거예요. 하지만 이제 막 시작하는 단계에선 정형 데이터를 다루는 방법부터 익히는 게 좋아요. 또, 정형 데이터를 더 많이 다루게 될 거고요.

김대리    우선 도출해 둔 분석 과제 중 비정형 데이터에 속하는 텍스트, 이미지, 음성 데이터를 활용하는 것들은 따로 분리했어요. 그래도 아직 분석 방법에 대해 감이 잘 오지 않아요.

박차장    그렇다면 정형 데이터를 세부적으로 들여다볼 차례네요.

## 범주형 데이터와 수치형 데이터

**박차장** 정형 데이터를 분석하기 전에 데이터 유형을 알아야 해요. 데이터 유형에 따라 분석 방법이 달라지거든요.

**김대리** 어떻게 달라지죠?

**박차장** 먼저 정형 데이터는 수치형 데이터와 범주형 데이터로 나눠요. 수치형 데이터는 이름에서도 알 수 있듯이 숫자로 표현되는 데이터를 뜻해요. 예를 들면 사람의 키, 몸무게, 성적, 사고 건수와 같이 연속적인 값을 가지는 데이터를 말합니다. 실수나 정수로 표현할 수 있죠. 수치형 데이터에는 평균, 중앙값, 분산, 표준편차, 백분위수 같은 기술 통곗값을 구할 수 있어요. 상관분석, 회귀 분석, 시계열 분석 같은 분석 방법도 적용할 수 있고요.

**김대리** 갑자기 낯선 용어들이…

**박차장** 지금은 낯설겠지만 앞으로 분석을 하다 보면 자연스럽게 익숙해질 거예요. 정형 데이터 분석에 사용하는 방법을 정리했어요. 지금 이해하기 어려운 내용은 넘어가도 돼요.

- **평균**$_{Mean}$: 데이터의 모든 값을 더한 후 데이터 개수로 나눈 값
- **중앙값**$_{Median}$: 데이터를 크기순으로 정렬했을 때 중앙에 위치한 값. 데이터 개수가 짝수일 경우 중앙에 있는 두 값의 평균을 사용합니다.
- **분산**$_{Variance}$: 데이터가 평균에서 얼마나 떨어져 있는지를 나타내는 값

- **표준편차**Standard Deviation: 분산의 제곱근으로, 데이터의 변동성을 평균과 동일한 단위로 나타냄
- **백분위수**Interquartile Range: 데이터 집합에서 특정 값이 전체 데이터 중 몇 퍼센트 이하에 속하는지를 나타내는 지표. 1Q는 25%, 3Q는 75%를 의미
- **기술 통계**: 평균, 중앙값, 최빈값, 분산, 표준편차 등의 통계량을 사용하여 데이터의 중심 경향과 분포를 파악
- **상관분석**: 두 변수 간의 선형 관계를 측정하는 상관 계수를 계산하여 변수 간의 관계를 분석
- **회귀 분석**: 독립 변수와 종속 변수 간의 관계를 모델링하여 예측이나 인과 관계를 분석. 선형 회귀, 다중회귀, 로지스틱 회귀 등 다양한 회귀 모델 사용
- **시계열 분석**: 시간에 따른 데이터 변화를 분석하여 추세, 계절성, 주기성 등을 파악하고 미래 값을 예측. ARIMA, Holt-Winters, Prophet 등의 모델 사용

다시 데이터로 돌아가 볼까요? 수치형 데이터는 또 한 번 2가지로 나눌 수 있어요. 소수점으로 표현할 수 있는 연속적인 수치는 연속형 데이터, 소수점으로 표현할 수 없는 연속되지 않은 수치는 이산형 데이터라고 해요.

**김대리** 수치형 데이터와 범주형 데이터에 대해 배운 기억이 나요. 범주형 데이터는 몇 가지 분류나 항목으로 나누어지는 데이터라고 배웠어요.

**박차장** 정확히 기억하고 있네요. 범주형 데이터에는 지역이나 혈액형 등이 있어요. 이런 데이터는 각 항목의 개수나 비중을 알아볼 수 있어요. 빈도 분석, 교차 분석, 분류 분석 같은 방법을 사용할 수 있고요.

추가로 범주형 데이터는 명목형과 순서형으로 구분해요. 명목형은 범주 간에 순서가 없는 데이터예요. 빨강, 파랑, 보라 등 색깔은 순서가 없으므로 명목형 데이터에 속하죠. 순서형은 범주 간에 순서가 있는 데이터를 말해요. 금메달, 은메달, 동메달 등 성적은 순서가 있으므로

순서형 데이터에 속합니다.

- **수치형 데이터**: 숫자로 표현된 연속적인 값을 가지는 데이터
    - 연속형 데이터: 연속된 수치(예. 키, 몸무게, 성적)
    - 이산형 데이터: 비연속된 수치(예. 물건의 개수)
- **범주형 데이터**: 몇 가지 분류나 항목으로 나누어지는 데이터
    - 명목형 데이터: 범주 간 순서가 없는 데이터(예. 빨강, 파랑, 보라)
    - 순서형 데이터: 범주 간 순서가 있는 데이터(예. 금메달 은메달 동메달)

김대리    숫자는 수치형 데이터, 분류나 항목은 범주형 데이터…

박차장    여기서 주의할 점은 숫자로 표현됐다고 모두 수치형 데이터가 아니라는 거예요. 가입 여부는 Y와 N으로 표현할 수도 있지만, 이를 1과 0처럼 숫자로 표현하는 경우도 있어요. 이건 편의상 숫자로 나타낸 것이기 때문에 범주형 데이터로 이해하고 분석해야 하죠.

김대리    데이터 값보다 의미에 중점을 두는 거군요.

박차장    맞아요. 범주형 데이터 분석에 사용하는 방법을 정리했어요.

- **빈도 분석**: 각 범주의 빈도수와 백분율을 계산하여 데이터의 분포를 파악
- **교차 분석**: 두 범주형 변수 간의 관계를 분석하기 위해 교차표를 작성하고, 카이제곱 검정 등의 통계적 검정을 수행
- **분류 분석**: 데이터를 특정 범주로 분류하기 위한 예측 모델. 의사결정나무, 나이브 베이즈, k-최근접 이웃(KNN) 등의 알고리즘 사용
- **군집 분석**: 비슷한 특성을 가진 데이터를 그룹화하는 비지도 학습 기법. K-평균, 계층적 군집 분석, DBSCAN 등의 알고리즘 사용

이외에도 수치형과 범주형 데이터가 혼합된 경우에 다음과 같은 분석 방법을 활용해요.

- **다변량 분석**: 여러 개의 변수를 동시에 분석하여 변수 간의 상호 작용이나 그룹 간 차이를 파악하는 방법. 주성분 분석(PCA), 요인 분석, 다변량 회귀 분석, 다변량 분산분석(ANOVA) 등
- **머신러닝 모델**: 정형 데이터의 수치형과 범주형 변수들을 함께 사용하여 예측, 분류, 군집화 등의 작업을 수행하는 머신러닝 알고리즘들로, 서포트 벡터 머신(SVM), 랜덤 포레스트, 그래디언트 부스팅, 신경망 모델 등이 있음

김대리  지금은 어렵지만 천천히 익혀야겠어요.

박차장  이후 자세히 설명하고 분석도 할 거예요. 이후에 다시 보면 더 이해가 쉬울 거예요. 특히 수치형 데이터는 범주형으로 변환해서 사용해야 하는 경우도 많아요. 예를 들어, 소득은 수치형 데이터로 수집했지만, 이를 3000만 원 미만, 3000~5000만 원, 5000~1억 원, 1억 원 이상 등으로 범주를 나눠 범주형 데이터로 사용할 수 있죠.

| 수치형 예시 | 범주형 예시 |
| --- | --- |
| 소득 | 소득 구분 |
| 3000만 원 | 3000만 원 이하 |
| 4000만 원 | 4000만 원 이하 |
| 5000만 원 | 5000만 원 이하 |
| 6000만 원 | 6000만 원 이하 |
| 7000만 원 | 7000만 원 이하 |

김대리  데이터 유형에 따라 분석 방법이 달라진다고 하셨는데 구체적으로 어떻게 달라지나요?

박차장  분석 방법을 살펴보기 전에 알아야 할 내용이 있어요. 바로 '데이터를 요약하는 방법'이에요. 데이터를 파악하기 위해 개별 값을 하나하나 살펴보면 시간도 오래 걸리고, 그 마저도 대용량 데이터라면 거의 불

가능하겠죠. 그래서 데이터를 쉽고 빠르게 파악하기 위해 요약하는 방법을 사용해요. 방법은 수치형 데이터냐, 범주형 데이터냐에 따라 달라져요.

먼저 수치형 데이터는 보통 대푯값을 구하고 이를 시각적으로 표현하는 작업을 해요. 반면 범주형 데이터는 각 항목의 빈도수와 백분율을 사용합니다. 이를 통해 각 항목이 전체 데이터에서 차지하는 비중과 가장 빈도가 높은 항목을 파악할 수 있죠. 막대그래프나 원그래프를 활용해 시각적으로도 표현하죠. 범주형 데이터를 파악하는 그래프와 특징은 다음과 같아요.

| 범주형 그래프 종류 | 설명 |
| --- | --- |
| 막대그래프<br>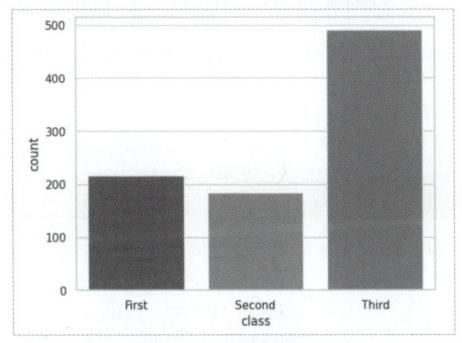 | 각 항목의 빈도수를 막대로 표현합니다. 한 축에는 빈도수를 다른 한 축에는 항목을 나열합니다. |
| 원그래프<br>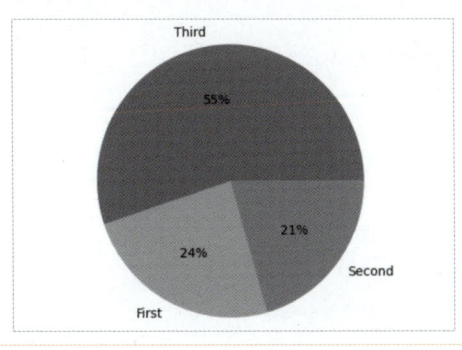 | 항목별 비율을 중심각으로 나누어 피자 조각과 같은 형태로 나타내는 그래프입니다. 전체에서 각 항목이 차지하는 비율을 파악하기 쉽지만, 빈도수를 비교하거나 차이를 파악하기 어렵습니다. |

파레토그램

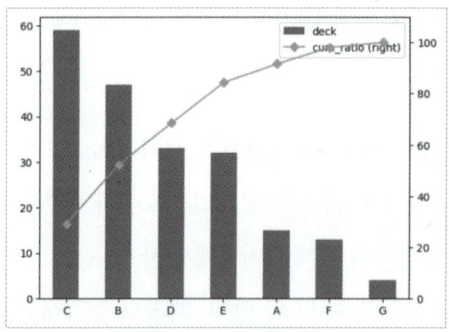

항목의 개수와 비율을 동시에 나타내는 그래프입니다. 주로 많은 비중을 차지하는 항목을 찾는 데 사용합니다. 개수가 큰 항목부터 막대를 그리고, 누적 비율을 선그래프로 표현합니다

박차장 수치형 데이터를 요약할 때는 평균, 중앙값, 최빈값 등의 대푯값을 구하고 분산, 표준편차, 사분위수 등의 산포도를 계산합니다. 이를 통해 데이터의 중심 경향과 퍼짐 정도를 파악할 수 있어요. 히스토그램Histogram이나 박스 플롯Box Plot 등을 사용해 데이터의 분포를 전체적으로 확인할 수 있죠. 수치형 데이터를 파악하는 그래프와 특징은 다음과 같아요.

| 수치형 그래프 종류 | 설명 |
| --- | --- |
| 박스 플롯 | 데이터의 분포를 파악하는 데 사용할 수 있습니다. 왼쪽부터 차례대로 최솟값, 1분위수, 중앙값, 3분위수, 최댓값(이상치 제외), 이상치 등을 나타냅니다. |

히스토그램

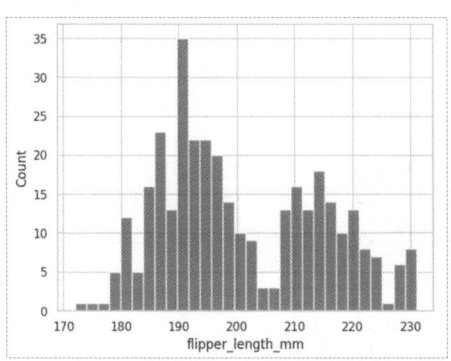

수치형 데이터의 구간별 빈도수를 나타내는 그래프입니다. 막대그래프를 이용해서 범주형 데이터를 파악하듯이 수치형 데이터는 히스토그램을 이용합니다. 각 구간의 빈도수를 비교하고, 어떤 형태의 분포를 가지는지 알 수 있습니다.

선그래프

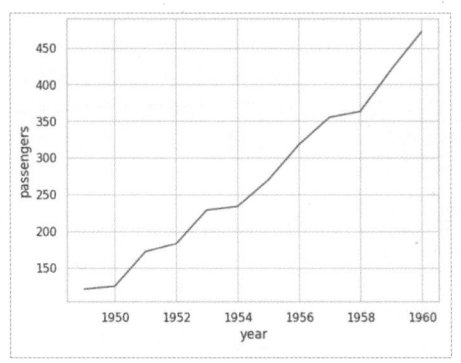

시계열 데이터를 파악하기 위해 자주 사용하는 그래프입니다. 시간에 따른 추세를 확인할 수 있습니다.

김대리   흔히 쓰고 보던 그래프들인데 범주형, 수치형 데이터를 나눠서 표현한다고는 생각해 보지 못했어요. 새삼 새롭게 보이네요. 그런데 실무에서는 대부분 여러 데이터를 결합해서 분석하지 않나요?

박차장   그렇죠. 이렇게 개별 데이터를 확인하고 요약하는 것도 중요하지만, 실제로는 두 데이터 사이에 어떤 관계가 있는지 비교하는 게 더 의미가 있죠. 두 데이터를 결합해서 어떻게 파악하는지 알아볼까요?

| 데이터 비교 그래프 종류 | 설명 |
|---|---|
| 막대그래프<br>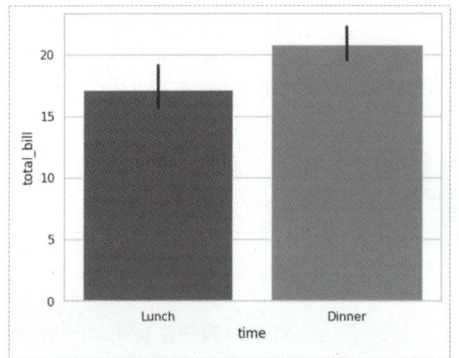 | 막대 그래프는 범주형 데이터의 항목별 수치형 변숫값을 비교하는 데 사용할 수 있습니다. 막대 가운데 검은색 선은 신뢰구간을 의미합니다. 다른 항목의 평균값이 신뢰구간 안에 있다면 두 항목의 평균값은 차이가 없다고 볼 수 있습니다. |
| 평행 범주<br>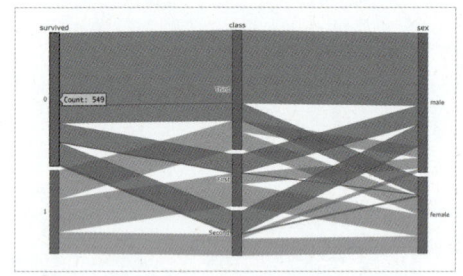 | 다차원의 범주형 데이터를 시각화하는 데 유용합니다. 각 항목을 세로선으로 표현하고, 서로 다른 항목 사이의 관계를 선으로 표현합니다. |
| 산점도<br>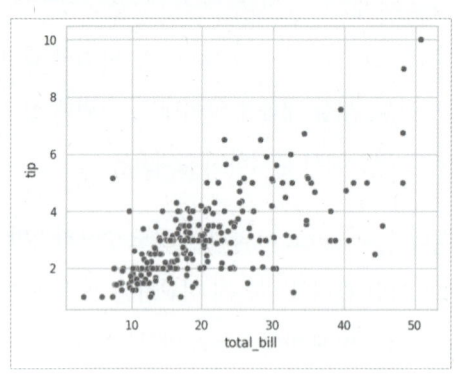 | 두 변수 간의 관계를 시각적으로 나타내는 데 유용합니다. x축과 y축에 각각 다른 수치형 변수를 놓고, 각 점이 데이터 값을 나타내는 방식으로 표현합니다. 이 그래프는 두 변수 사이의 상관관계, 즉 한 변수가 다른 변수에 어떤 영향을 미치는지 보여줍니다. |

박차장 두 데이터를 같이 표현하는 그래프까지 살펴봤어요. 더 많은 데이터의 관계를 파악하는 복잡한 그래프까지 알아볼까요? 실제로는 더 복잡한 관계를 파악해야 하는 일이 많으니까요. 하지만 기본은 크게 달라지지 않아요. 여기에 데이터 유형에 따라 계속 필요한 내용을 추가한다고 생각하면 돼요.

| 다중 데이터 비교 그래프 종류 | 설명 |
| --- | --- |
| 트리맵<br />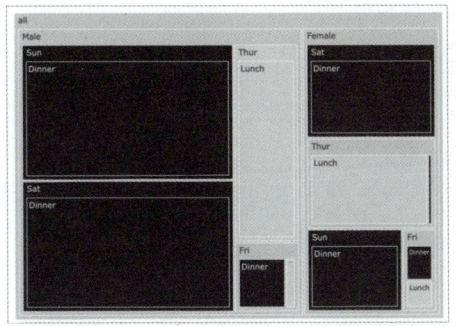 | 다양한 범주형, 수치형 데이터를 비교할 수 있는 그래프입니다. 각 칸의 크기로 데이터의 비율을 한눈에 비교할 수 있고, 색상으로 추가 데이터를 나타낼 수 있습니다. 칸에 하위 항목의 데이터를 표현할 수 있어 계층이 있는 데이터를 나타내는 데도 좋습니다. |
| 산점도<br />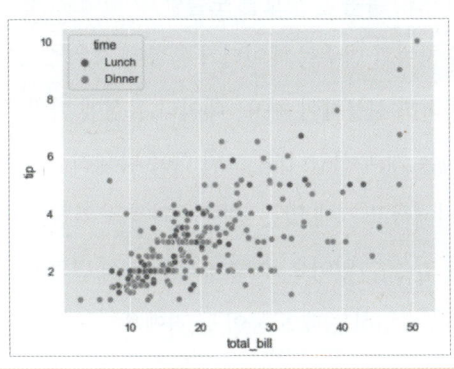 | 수치형 변수를 나타내는 산점도에 색깔을 이용해 범주형 변수의 항목별 차이를 나타낼 수 있습니다. 점의 크기를 이용해 수치형 변수를 추가해서 비교하는 것도 가능합니다. |

여러 그래프 그리기   비교하는 항목이 많을 경우 면을 분할해서 각 내용을 담을 수 있습니다.

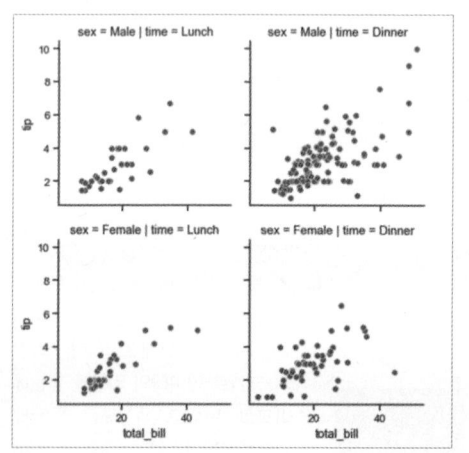

**김대리** 데이터 유형을 명확히 인지하는 게 효율적인 분석 방법을 결정하는 열쇠네요. 데이터도 더 빠르게 살펴볼 수 있겠어요.

**박차장** 그렇죠! 데이터 유형에 따라 적합한 요약과 분석 방법을 사용해야 효과적으로 데이터를 이해하고, 유용한 정보를 도출할 수 있어요. 실제 데이터를 분석할 때는 수치형과 범주형 데이터가 혼합된 경우가 많아요. 그래서 이에 맞게 적절히 사용해야 해요. 데이터 유형에 따라 적절한 분석 방법을 선택하는 게 우선입니다. 그런 다음 탐색적 분석을 통해 데이터의 특성을 이해하고 그에 맞는 전처리 과정을 거친 후에 분석하면 더 좋은 결과를 얻을 수 있어요. 이렇게 나온 분석 결과는 의사결정을 내리거나 전략을 수립하는 데 도움이 될 거예요.

**김대리** 본격적으로 데이터를 분석하면 더 확실히 알 수 있겠어요. 이제 데이터 분석을 할 만한 주제를 선별할 일만 남았네요.

# 07장

# 데이터가 크면 어떻게 하죠?
# - 다양한 데이터 분석 환경의 이해

"차장님. 지난 번에 파악한 데이터 유형 덕분에 당장 분석 가능한 주제를 선별했어요. 그런데 문제가 하나 있어요."

"어떤 문제인가요?"

"데이터가 너무 많아요. 불러오는 데도 한참 걸리고 분석을 하면 시스템이 다운될 정도예요. 이런 경우엔 어떻게 하죠?"

"실무에선 대용량 데이터를 분석해야 하는 경우가 많죠. 샘플링, 컴퓨터 자원 늘리기, 다른 분석 플랫폼을 이용하는 방법이 있어요. 하나씩 자세히 알아보죠."

# 데이터 샘플링

박차장   데이터가 너무 커서 분석하기 어려울 땐 우선 샘플링Sampling을 해보세요.

김대리   샘플링이요? 그건 데이터에 어떤 영향을 미치죠?

박차장   샘플링이란 전체 데이터 중 일부만 추출하는 작업이에요. 샘플링한 데이터로 분석하면 크기가 줄어 분석하기 더 수월해지죠. 결과가 원하는 대로 나오면 그때 전체 데이터를 이용하고요.

김대리   엇, 그렇게 분석해도 되나요? 그러면 무게가 가벼워져서 시스템 부하는 덜하겠지만, 아무래도 전체가 아니라 일부만 사용하는 거라 데이터 분석 결과가 믿을 만한지 의구심이 들어요.

박차장   그래서 샘플링을 위한 데이터를 추출할 때 전체 데이터 특성을 잃지 않는 게 중요해요. 가장 일반적인 방법은 무작위로 데이터를 추출해서 표본을 만드는 거예요. 그러면 대부분 전체 데이터의 특성을 잘 반영하는 데이터세트를 만들 수 있어요.

김대리   랜덤으로 뽑는데 그게 되나요?

박차장   그럼요. 예시로 전체 데이터에서 일부 데이터를 샘플링한 그래프를 볼까요? 다음 그래프에서 왼쪽이 전체 데이터, 오른쪽은 50%만 무작위로 샘플링한 데이터입니다. 눈으로 보기에도 두 데이터가 비슷한 패턴을 보이죠? x축 값의 평균을 구하면 전체 데이터가 −0.0217, 샘플링한 데이터가 0.0223으로 큰 차이가 없어요.

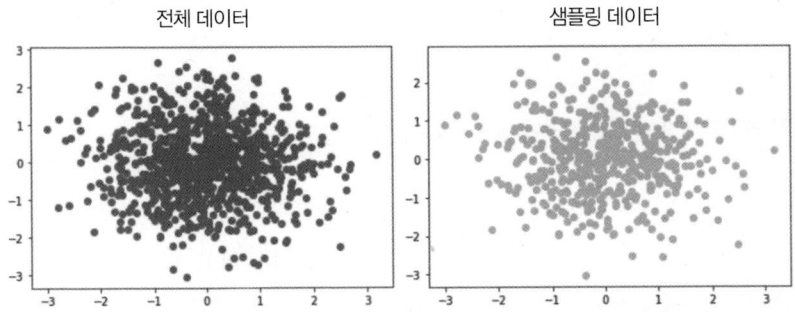

김대리   무작위로 뽑았는데 비슷한 결과가 나왔다는 게 신기하네요. 이 정도면 분석을 쉽게 진행할 수 있겠어요!

박차장   샘플링 외에 데이터를 잘게 쪼개서 분석하는 방법도 있어요. 분석 결과를 해치지 않는 선에서 분석 방법도 단순화하고요. 예를 들어, 지역별로 분석을 할 때 지역별 통계를 구한 다음 의미가 있어 보이는 강남구 등 몇 개 지역을 세부 분석하는 식이죠.

김대리   데이터의 특성만 해치지 않으면 개수를 대폭 줄여도 분석이 가능한 거군요. 새로운 관점이네요.

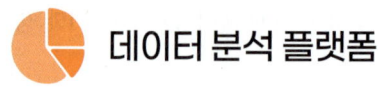# 데이터 분석 플랫폼

김대리   차장님, 그럼 데이터 전체를 분석할 방법은 없을까요?

박차장   물론 있죠. 우선 시스템 관점에서 대용량의 데이터를 분석하는 2가지 방법이 있어요. 하나는 컴퓨터 자원을 늘리는 거고, 다른 하나는 분석 플랫폼을 사용하는 방법이에요.

김대리   컴퓨터 자원을 늘리는 건 어떤 건가요?

박차장   컴퓨터 자원은 메모리를 업그레이드하거나 더 빠른 CPU를 사용하는 거예요. 파이썬에서 데이터 분석을 할 때는 데이터가 메모리에 올라온 상태에서 분석이 진행되기 때문에 데이터가 현재 컴퓨터의 메모리 용량보다 크면 분석하기 어려워지죠. 여기서 메모리는 RAM을 뜻해요. 그래서 RAM을 업그레이드하면 용량이 큰 데이터도 쉽게 불러올 수 있어요. 그러나 이 방법은 업그레이드를 하는 데 비용이 많이 들기도 하고, 업그레이드를 해도 그보다 대용량 데이터를 분석하게 되면 또 한계를 마주할 수밖에 없죠.

김대리   맞아요. 특히 회사 컴퓨터를 업그레이드하려면 예산도 들고 절차도 밟아야 하죠. 다른 분석 플랫폼을 사용하는 방법은 어떤 건가요?

박차장   앞서 데이터와 데이터베이스를 학습할 때 언급했었던 데이터베이스 관리 시스템, 즉 DBMS를 이용하는 방법이에요. DBMS는 대용량의 데이터를 효율적으로 연산할 수 있는 구조를 가지고 있어요. 그래서 파이썬보다 더 많은 데이터를 빠르게 처리할 수 있어요.

김대리     아, 기억나요. 그런데 DBMS를 다루려면 SQL이라는 언어를 학습해야 되지 않나요? 벌써 어려운데…

박차장     SQL은 매우 직관적인 문법을 가지고 있어서 배우기 어렵지 않아요. DBMS는 MySQL과 같이 무료로 사용하는 프로그램도 있어서 비용 부담도 적죠.

김대리     DBMS를 이용하면 데이터가 커도 문제가 없을까요?

박차장     하지만 DBMS도 한정된 자원에서 사용한다면 분명히 한계가 있어요. 이때는 클라우드Cloud 기반의 데이터 분석 플랫폼을 사용하는 게 좋아요.

김대리     클라우드 서비스라면 구글 드라이브나 원드라이브처럼 인터넷에서 데이터를 저장할 공간을 대여해 주는 서비스를 말씀하시는 건가요?

박차장     말씀하신 서비스는 개인을 위한 저장 공간을 제공해 주는 서비스예요. 구글 클라우드, AWS, 애저와 같은 서비스는 내가 필요한 CPU, GPU, 메모리 등의 컴퓨터 자원을 온라인에서 원하는 만큼 받아 사용할 수 있어요. 클라우드 사용료를 지불해야 하지만, 컴퓨터를 업그레이드하는 것보다 적은 비용으로 이용할 수 있죠. 또, 대용량 데이터를 저장하고 처리하는 환경도 제공하죠. 하지만 회사 데이터엔 앞서 언급했듯이 개인 정보 등이 있을 수 있으니 잘 살펴봐야 합니다.

김대리     오, 그럼 클라우드 서비스에는 어떤 것들이 있나요?

박차장     전 세계에서 가장 많이 쓰는 대표적인 클라우드 서비스로는 다음과 같은 것들이 있어요.

- AWS<sub>Amazon Web Services</sub>: 전 세계 데이터 센터에서 200개 이상의 완전한 기능을 갖춘 서비스를 제공하는 아마존<sub>Amazon</sub>의 자회사. AWS는 수십만 개의 기업을 지원하는 매우 안정적이고 확장 가능한 저비용 인프라 플랫폼을 제공해요. 주요 서비스로는 가상 서버용 EC2, 스토리지용 S3 및 관계형 데이터베이스용 RDS 등이 있습니다.

- 구글 클라우드 플랫폼<sub>GCP, Google Cloud Platform</sub>: 구글이 검색, 지메일, 유튜브 등 최종 사용자 제품에 사용하는 것과 동일한 인프라에서 실행되는 클라우드 컴퓨팅 서비스 모음을 제공합니다. 주요 서비스에는 Compute Engine(AWS의 EC2와 유사), Cloud Storage, 빅데이터 분석용 BigQuery 등이 있습니다.

- 마이크로 소프트 애저<sub>Microsoft Azure: Azure</sub>: 애저는 마이크로소프트의 퍼블릭 클라우드 컴퓨팅 플랫폼입니다. 컴퓨팅 성능, 분석, 스토리지 및 네트워킹을 포함한 다양한 서비스를 제공해 사용자는 원하는 서비스를 선택하고 구성할 수 있습니다.

- IBM 클라우드<sub>IBM Cloud</sub>: 컴퓨팅 성능, 스토리지 옵션 및 데이터 분석 기능 등 다양한 클라우드 기반 서비스로, 강력한 AI 및 머신러닝, 블록체인 기능 등을 제공합니다.

- 오라클 클라우드<sub>Oracle Cloud</sub>: 오라클은 플랫폼, 인프라 및 애플리케이션 서비스의 포괄적이고 완벽하게 통합된 스택을 제공합니다. 이미 오라클의 소프트웨어를 사용하고 있으며 클라우드로 운영을 전환하고자 하는 대규모 조직에게 적합합니다.

김대리 잘 가져다 쓰기만 하면 원하는 걸 모두 구현할 수 있네요. 그러려면 어떤 걸 가져다 쓸 수 있는지 아는 게 경쟁력이겠어요.

3부

# 챗GPT로
# 데이터 분석 쉽게 하기

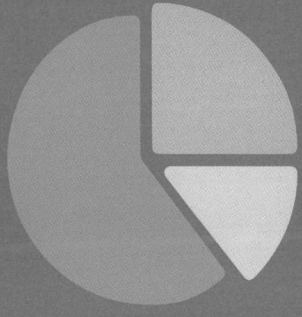

# 08장

## 분석 주제 질의하기

"대리님, 지금까지 챗GPT부터 데이터 분석의 기초인 데이터와 데이터베이스, 분석 주제 선정 방법 등을 살펴봤어요. 이제 본격적으로 데이터 분석을 시작할 때가 됐네요."

"그렇지 않아도 분석이 필요한 데이터를 받았어요."

"그렇다면 데이터 내용 파악부터 시작해 볼까요? 메타 데이터로 데이터를 파악한 다음 분석 주제도 도출해 보죠. 이 데이터를 어떻게 활용할지 아이디어를 탐색하고 단계별로 접근하는 거죠. 분석 주제를 도출하는 것까지 챗GPT의 도움을 받아 진행해 봐요."

"드디어 챗GPT를 분석에 사용해 보겠네요."

"챗GPT는 생각의 범위를 확장하고, 창의적으로 사고하는 데 도움이 돼요. 유용한 분석 주제를 도출하는 데도 사용할 수 있죠."

"어떤 결과가 나올지 궁금해지는데요."

# 데이터 파악을 위한 메타 데이터와 ERD

**박차장** 데이터베이스를 사용하고 있다면 데이터를 직접 확인하기 전에 메타 데이터Meta Data를 먼저 살펴보면 좋아요.

**김대리** 메타 데이터가 뭐예요?

**박차장** 메타 데이터는 데이터에 대한 데이터를 뜻해요. 즉, 데이터의 구조, 내용, 특성 등을 설명하는 정보예요. 예를 들어, 데이터베이스의 경우 테이블 스키마, 열 이름, 데이터 형식과 같은 정보를 메타 데이터로 간주할 수 있어요. 이를 통해 데이터를 쉽게 이해할 수 있죠. 여기에 ERDEntity Relationship Diagram도 함께 이용하면 데이터의 구조와 관계를 쉽게 파악할 수 있어요.

**김대리** 음…

**박차장** 표정을 보니 ERD부터 설명드려야겠네요. ERD는 데이터베이스의 개체Entity와 개체 간의 관계Relationship를 도식화한 다이어그램이에요. 데이터베이스 설계 및 분석 과정에서 사용해요. 이때 개체는 데이터베이스에 저장되는 정보의 단위예요. 예를 들어, 고객, 제품, 주문 등이 개체가 될 수 있습니다. 관계는 개체 간의 연관성을 나타내요. 고객이 주문을 하거나 주문에 제품이 포함되는 경우와 같은 관계를 표현할 수 있어요.

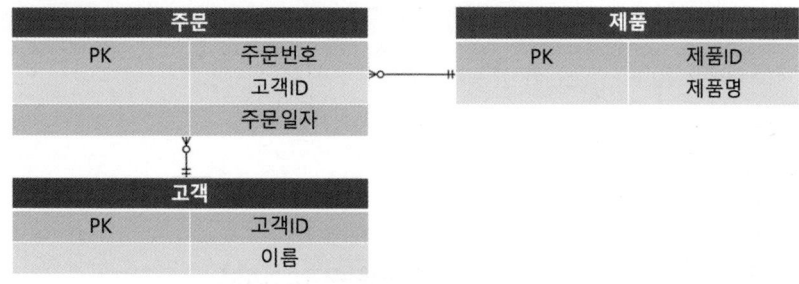

ERD의 예시

ERD를 이용하면 데이터 구조와 관계를 쉽게 이해하고, 데이터베이스 설계 및 데이터 분석 과정에서 요구 사항을 명확하게 정의할 수 있어요. 덕분에 메타 데이터와 ERD를 참고하여 칼럼의 의미와 데이터 간의 관계를 파악하고, 데이터 분석 작업을 진행하는 데 도움을 받을 수 있죠.

김대리  그렇군요. 우리가 가진 data.xlsx라는 엑셀 자료에는 48개의 질문에 대한 3257건의 응답이 데이터로 있어요.

박차장  눈으로 보는 걸로도 데이터를 대략 파악할 수 있지만 정확하게 확인하는 게 중요해요. 가장 편한 방법은 데이터를 제공해 준 곳에 메타 데이터가 있는지 물어보는 게 좋아요. 또는 데이터를 설명하는 다른 자료가 있는지 확인해 볼 필요가 있죠.

김대리  어떤 데이터인지 확인했어요. 개발 관련 강의를 수강하는 학원 수강생을 대상으로 설문한 자료라고 하네요. 데이터를 설명하는 자료를 요청해서 다음과 같은 내용을 받았어요. 수강생에게 설문한 45개 질문의 상세 내용이에요.

| 구분 | No. | 질문 |
|---|---|---|
| 업무 형태 | 1 | 풀타임으로 일하시나요? |
| 경력 | 2 | 경력이 얼마나 되시나요? |
| 현재 업무 | 3 | 현재 어떤 일을 주로 하시나요? |
| 근무 환경 | 4 | 재직 중인 회사의 개발자 동료는 몇 명인가요? |
|  | 5 | 재직 중인 회사가 속한 산업군은 무엇인가요? |
| 연봉 | 6 | 현재 연봉은 다음 중 어디에 속하나요? |
| 언어 | 7 | 현재 업무에 주로 사용하는 언어(스크립팅, 마크업, 프로그래밍)는 무엇인가요? |
|  | 8 | 현재 업무에서 사용 중인 언어의 만족도 (1 ~ 10) |
|  | 9 | 앞으로 배우고 싶거나, 주로 사용하고 싶은 언어(스크립팅, 마크업, 프로그래밍)는 무엇인가요? |
| 데이터베이스 | 10 | 현재 업무에 주로 사용하는 데이터베이스는 무엇인가요? |
|  | 11 | 현재 업무에서 사용 중인 데이터베이스의 만족도 (1 ~ 10) |
|  | 12 | 앞으로 주로 사용하고 싶은 데이터베이스는 무엇인가요? |
| 클라우드 플랫폼 | 13 | 주로 사용하는 클라우드 플랫폼은 무엇인가요? |
|  | 14 | 현재 업무에서 사용 중인 클라우드 플랫폼의 만족도 (1 ~ 10) |
| 웹 프레임워크 | 15 | 주로 사용하는 웹 프레임워크는 무엇인가요? |
|  | 16 | 현재 업무에서 사용 중인 웹 프레임워크의 만족도 (1 ~ 10) |
| 프레임워크 & 라이브러리 | 17 | 주로 사용하는 프레임워크 & 라이브러리는 무엇인가요? |
|  | 18 | 현재 업무에서 사용 중인 프레임워크 & 라이브러리의 만족도 (1 ~ 10) |
| IDE | 19 | 주로 사용하는 IDE는 무엇인가요? |
|  | 20 | 에디터/IDE 환경에서 어떤 테마를 선호하시나요? |
| OS | 21 | 주로 사용하는 OS는 무엇인가요? |
| 학습 | 22 | 가장 선호하는 학습 방법은 무엇인가요? |
|  | 23 | 몇 살 때 처음으로 코딩을 접하셨나요? |
| 이직 | 24 | 선호하는 한 회사 내 근무 연수 |

| 동향 | 25 | 오픈소스를 업무에 활용하시나요? |
| --- | --- | --- |
| 이직 | 26 | 경제적 자유를 이룬다면 일을 계속 하실 건가요? |
| 전공 | 27 | 당신의 전공은 무엇인가요? |
| 생활 습관 | 28 | 코딩하면서 간식을 드시는 것을 선호하시나요? |
| | 29 | 코딩하면서 주로 마시는 음료는 무엇인가요? |
| 의견 | 30 | 본인의 MBTI를 선택해 주세요. |
| | 31 | 도서 구매와 관련해 본인의 성향은 어디에 가장 가깝다고 생각하나요? |
| | 32 | IT 도서 호감도는 어느 정도인가요? |
| | 33 | 학원 호감도는 어느 정도인가요? |
| | 34 | 회원 여부 |
| | 35 | 기술 서적 집필 또는 번역에 관심이 있으신가요? |
| | 36 | 이벤트 관심 여부 |
| | 37 | 프로그래머가 된 이유 |
| 취업/이직 | 38 | 이직 성공 요인 |
| 동향 | 39 | 가장 각광받을 것 같은 IT 트렌드(키워드)는 무엇인가요? |
| 취업/이직 | 40 | 개발자에게 가장 인기 있는 회사는 어디인가요? |
| | 41 | 취업 또는 이직 시 가장 크게 고려하는 요소는 무엇인가요? |
| 생활 습관 | 42 | 여가 활동으로 즐기는 취미는 무엇인가요? |
| 학습 | 43 | 주로 어떤 상황에서 컴퓨터 프로그래밍 관련 도서를 구매하나요? |
| | 44 | 컴퓨터 프로그래밍 관련 도서 구매 시 선택에 가장 영향을 미친다고 생각하는 것은 무엇인가요? (중복 선택) |
| | 45 | 온라인 코딩 교육 서비스 중 이용하고 있거나 선호하는 곳이 있다면? |

박차장 메타 데이터 수준은 아니지만 의미 파악은 가능하겠어요. 각 질문이 데이터의 칼럼이 되겠네요. 그럼 이 수준에서 다음 작업을 진행해 보시죠.

## 분석 주제 탐색 및 확장

박차장  어떤 데이터인지 파악이 됐다면, 분석 주제 도출을 위해 챗GPT를 사용해 볼게요.

김대리  어떻게 시작하면 좋을까요?

박차장  시작하기 전에 혹시 '더 나은 대화를 위한 프롬프트 엔지니어링'에 대해 다뤘던 내용 기억나세요?

김대리  그럼요. 정확하고 원하는 응답을 받으려면 질문을 명확하게 하거나 청중을 설정하거나…

박차장  맞아요. 여러 가지 방법을 다뤘는데 그중 '챗GPT에게 역할을 부여하라'는 내용이 있었어요. 역할을 부여하면 그 입장에서 답변을 잘 생성해 줘요. 자, 데이터 애널리스트와 채팅을 시작해 볼까요?

🔗 데이터 애널리스트: chatgpt.com/g/g-HMNcP6w7d-data-analyst

　　첫 번째 프롬프트에는 목적에 맞는 역할을 부여할게요. 데이터 분석 전문가여야 하니 데이터 분석 컨설턴트가 좋겠네요. 다음과 같이 프롬프트를 입력해서 컨설턴트라는 역할을 부여할게요.

당신은 데이터 분석 컨설턴트 '김컨'입니다. 당신은 다음과 같은 특징을 가졌습니다.
- 다양한 데이터 분석 프로젝트를 수행한 경험이 있는 최고의 전문가입니다.
- 데이터를 다양한 관점에서 바라보며 현실적인 비즈니스 문제를 잘 도출하고 해결합니다.
- 다양한 문제 해결 방법을 알고 있고 이를 데이터 분석 문제에 잘 적용합니다.
- 항상 큰 그림에서부터 시작하는 걸 좋아합니다.

내가 가진 데이터로 비즈니스에 유용한 데이터 분석 주제를 도출하고 싶습니다. 당신이 준비가 됐다면 데이터를 제공하겠습니다. 준비가 됐나요?

**박차장** 역할 부여도 하고 준비도 됐으니 데이터 관련 설명을 제공할게요.

분석할 데이터는 학원 수강생에게 설문한 내용입니다. 아래 내용에 대한 설문에 사용한 질문과 답변이 있습니다. 스키마를 이해했다면, 데이터를 제공하겠습니다.

풀타임으로 일하시나요?
경력이 얼마나 되시나요?
현재 어떤 일을 주로 하시나요?
재직 중인 회사의 개발자 동료는 몇 명인가요?
재직 중인 회사가 속한 산업군은 무엇인가요?
현재 연봉은 다음 중 어디에 속하나요?
현재 업무에 주로 사용하는 언어(스크립팅, 마크업, 프로그래밍)는 무엇인가요?

(중략)

스키마에 대해 이해했습니다. 이제 해당 설문 데이터를 제공해 주시면, 해당 데이터를 토대로 비즈니스에 유용한 분석 주제를 도출해 볼 수 있습니다. 데이터 파일 형식(예: CSV, Excel 등)과 함께 제공해 주시면 분석을 시작할 수 있겠습니다. 데이터를 받으면 다음과 같은 분석을 제안할 수 있습니다.

**수강생의 직업 및 업무 분석**: 수강생들이 어떤 산업에 종사하고 있는지, 어떤 역할을 맡고 있는지 분석하여 각 산업 및 역할에 맞는 교육 커리큘럼 제안

**기술 스택과 만족도 분석**: 현재 사용 중인 프로그래밍 언어, 데이터베이스, 클라우드 플랫폼 등의 기술 스택과 이에 대한 만족도를 분석하여, 어떤 기술에 대한 교육 수요가 높은지 파악

**학습 선호도 및 경로 분석**: 가장 선호하는 학습 방법과 그 이유를 분석하여, 맞춤형 학습 경로나 교육 자료를 개발

**경력 개발 및 이직 동기 분석**: 프로그래머로서 경력 개발을 위한 주요 동기와 이직 성공 요인을 분석하여, 경력 관리 및 개발 워크숍 설계

이 데이터를 기반으로 어떤 방향으로 분석을 진행하고 싶으신지, 추가적으로 관심 있는 주제가 있는지 알려 주시면 좋을 것 같습니다. 데이터를 언제든지 제공해 주세요!

 박차장  잘 이해한 것 같으니 데이터를 제공할게요. data.xlsx 파일을 드래그하거나 첨부 아이콘을 클릭해 파일을 첨부해 주세요.

---

 **[파일 첨부: data.xlsx]**

데이터 파일을 받았습니다. 파일을 열어 데이터의 구조를 확인하고, 어떤 분석이 가능할지 살펴보겠습니다. 잠시만 기다려 주세요.

데이터에는 122개의 다양한 열이 있습니다. 이 설문 결과를 통해 매우 폭넓은 분석을 진행할 수 있을 것 같습니다. 주요 데이터 포인트는 다음과 같습니다.
업무 형태, 개발 경력, 업무, 재직 회사 인원수, 재직 회사 산업군, 연봉 등의 기본적인 직무 관련 정보

사용 중인 언어, 데이터베이스, 클라우드 플랫폼 및 이에 대한 만족도
향후 학습하고자 하는 기술, 선호하는 학습 방법, 커뮤니티 활동, 이직에 대한 견해

이러한 정보를 기반으로 다음과 같은 분석을 제안합니다.

**기술 스택 선호도와 필요도 분석:**
- 현재 사용 중인 기술과 이에 대한 만족도를 분석하여, 어떤 기술이 더 많은 교육 자원을 필요로 하는지 파악합니다.
- 향후 배우고자 하는 기술에 대한 데이터를 통해 교육 커리큘럼을 조정하거나 새로운 과정을 개발할 수 있습니다.

**직업군과 산업군 분석**
- 각 산업군과 직업군에 따른 기술 요구 사항을 파악하여 맞춤형 교육 과정을 제안합니다.

**경력 개발 및 이직 동기:**
- 개발 경력에 따라 선호하는 이직 시기, 이직 성공 요인 등을 분석하여 경력 개발 관련 워크숍이나 세미나를 설계할 수 있습니다.

**학습 스타일과 커뮤니티 활동:**
- 선호하는 학습 방법과 이유를 분석하여 학습 자료를 개인화하거나 대상 그룹별로 맞춤형 학습 도구를 개발합니다.
- 각종 커뮤니티 활동 데이터를 활용하여 수강생들의 네트워킹 및 학습 커뮤니티 구성을 지원할 수 있습니다.

이러한 분석들을 통해 학원이 교육 프로그램을 개선하거나 새로운 서비스를 제공하는 데 도움이 될 수 있습니다. 특정 분석을 진행하고 싶으시거나 추가적인 질문이 있으면 언제든지 알려 주세요!

김대리　데이터를 넣기만 했는데 데이터 개수부터 주요 내용에 분석 주제도 몇 가지 제안하네요.

박차장　하지만 더 다양한 주제를 뽑기 위해서 프롬프트를 추가로 입력해 보죠.

# 단계별 접근 및 문제 해결 기법 적용

**박차장** 원하는 방향으로 구체적인 챗GPT의 응답을 받으려면 결과를 한 번에 요청하는 것보다 최종 목표까지 단계를 나누고, 단계별로 요청하고 정리하는 게 좋아요.

**김대리** 마치 사람 같아요. 사람도 목표를 달성하기 전에 일을 잘게 쪼개잖아요. 신기하네요!

**박차장** 같은 목적으로 질문해도 방법에 따라 다른 결과를 얻을 수 있다는 점이 놀랍죠. 챗GPT의 시각을 좀 더 다각화할 수도 있어요. 이때 적용하기 좋은 게 문제 해결 기법들이에요. 문제 해결 기법은 크게 창의적, 분석적, 전략적 3가지로 나눌 수 있어요. 그리고 각 기법에 해당하는 여러 방법론을 적용하는 거예요. 가령 창의적 기법에는 브레인 스토밍, 애널로지, 리버스 씽킹 등이 있죠. 이를 정리하면 다음과 같아요.

| 기법 구분 | 방법론 | 설명 |
| --- | --- | --- |
| 창의적 기법 | 브레인 스토밍<br>Brain Storming | 자유롭게 아이디어를 제시하고 공유하는 방법 |
| | 애널로지<br>Analogy | '유추'라는 뜻으로, 다른 분야나 상황의 해결책을 유사한 문제에 적용하여 문제를 해결하는 방법 |
| | 리버스 씽킹<br>Reverse Thinking | 문제를 역으로 생각하여 해결책을 찾는 방법. 문제를 반대로 또는 비정상적으로 생각해서 기존의 관점에서 벗어나 독창적이고 혁신적인 아이디어를 도출하는 데 사용. 예를 들어, '사용하기 쉬운 제품'이 아니라 '어려운 제품'을 생각해 보는 방법 등이 있다. |

| 기법 구분 | 방법론 | 설명 |
|---|---|---|
| 창의적 기법 | 스캠퍼<br>SCAMPER | 기존 아이디어를 변형하거나 개선하는 기법. 대체(Substitute), 결합(Combine), 적용(Adapt), 변형(Modify), 다른 용도로 사용(Put to another use), 제거(Eliminate), 역전(Reverse)의 7단계로 구성된다. |
| 분석적 기법 | 5 Whys 분석 | 특정 현상에 '왜?'라는 질문을 반복하며 문제의 근본 원인을 찾는 방법 |
| | 피시본 다이어그램<br>Fishbone Diagram | 문제의 원인을 시각적으로 구조화하여 분석하는 방법 |
| | 시스템적 사고<br>System Thinking | 복잡한 시스템의 구성 요소를 이해하고 요소 간 상호 작용을 분석하여 전체적인 성과를 개선하기 위한 접근 방식 |
| | 파레토 분석<br>Pareto Analysis | 문제의 80%가 20%의 원인에서 발생한다는 개념을 기반으로 주요 원인을 식별하는 방법 |
| 전략적 기법 | SWOT 분석 | 강점, 약점, 기회, 위협 요인을 분석해서 전략을 세우는 방법 |
| | 식스 씽킹 햇<br>Six Thinking Hat | 문제를 다양한 관점에서 바라보기 위해 6가지 색깔의 모자(6가지 다른 관점)를 쓰고 사고하는 방법 |
| | BCG 매트릭스 | 제품 또는 사업 단위를 시장 성장률과 점유율에 따라 분류하여 전략을 수립하는 방법 |

김대리    실제로 비즈니스 경영이나 프로젝트를 진행할 때 자주 쓰는 방법론들이네요. 다른 업종이나 분야에서 유사한 사례를 대입해서 응답하게 할 수도 있겠어요. 그럼 이걸 어떻게 적용할 수 있을까요?

박차장    여기서는 학원의 밸류 체인을 정의하고, 밸류 체인별로 어떤 분석 주제를 도출할 수 있는지 물어볼게요. 기업의 가치 창출 과정을 이해하고, 각 단계에서 효율성을 극대화하는 과제는 무엇인지 나눠서 생각해 볼 수 있어요.

학원의 밸류 체인을 정의해 주세요.

 학원의 밸류 체인(value chain)은 학원의 핵심 활동과 보조 활동을 통해 가치를 창출하는 과정을 시스템적으로 파악하는 방법입니다. 여기서 가치란 학생들이 교육 서비스를 통해 지식, 기술, 자격증 등을 획득하여 학업적 성취나 경력 목표를 달성하는 것을 의미할 수 있습니다. 학원의 밸류 체인은 다음과 같이 구성될 수 있습니다.

**1. 기본 활동**
기본 활동은 직접적으로 가치 창출에 기여하는 주요 과정들입니다.

**인바운드 로지스틱스(Inbound Logistics)**: 교육 자료, 교과서, 온라인 자원, 기기 등 학습에 필요한 자원의 조달과 관리
**운영(Operations)**: 교육 프로그램의 설계와 실행. 여기에는 커리큘럼 개발, 수업 진행, 학생 관리, 평가 및 테스트 진행 등이 포함
**아웃바운드 로지스틱스(Outbound Logistics)**: 학습 완료 후 인증서 발급, 졸업 증서, 학습 자료 배포 등 학생들에게 최종 제품을 전달하는 활동
**마케팅 및 판매(Marketing and Sales)**: 교육 서비스의 홍보와 마케팅 활동. 등록 절차, 상담, 오픈 하우스 개최, 온라인 광고, SNS 활용 등을 통한 신규 학생 유치
**서비스(Service)**: 학생 지원 서비스, 추가 학습 자료 제공, 졸업 후 지원 프로그램, 커리어 상담 등 학생 만족도와 충성도를 높이기 위한 활동

**2. 보조 활동**
보조 활동은 기본 활동을 지원하여 전반적인 효율성과 효과를 증가시키는 과정들입니다.

**기업 인프라(Firm Infrastructure)**: 관리 시스템, 계획 및 재무 관리, 법적 사항 처리, 품질 관리 시스템 등
**인적 자원 관리(Human Resource Management)**: 교사 및 직원 채용, 교육 및 개발, 평가, 보상 및 인센티브 시스템
**기술 개발(Technology Development)**: 교육 기술, 학습 관리 시스템(LMS), 온라인 학습 플랫폼, 교육 콘텐츠 개발에 필요한 기술 혁신

**조달(Procurement)**: 교육 기관 운영에 필요한 재화와 서비스, 교육 장비, IT 인프라, 교육 자료 등의 조달

이러한 밸류 체인을 통해 학원은 학생들에게 고품질의 교육 서비스를 제공하고, 경쟁력을 유지하며, 지속 가능한 성장을 도모할 수 있습니다. 밸류 체인 분석은 각 활동의 효율성을 개선하고, 비용을 절감하며, 가치를 극대화하는 데 유용한 도구입니다.

박차장    기본 활동에서 5가지 밸류 체인이 도출됐네요. 이제 밸류 체인별 분석 과제를 5개씩 도출해 달라고 해 볼게요.

각 밸류 체인 활동에 대한 분석 과제를 5개씩 제시해 주세요.

학원의 각 밸류 체인 활동에 대해 5개씩 분석 과제를 제시하겠습니다. 이 과제들은 학원의 운영 효율성을 높이고, 교육 품질을 개선하는 데 도움을 줄 것입니다.

**1. 인바운드 로지스틱스(Inbound Logistics)**
– 교재 및 학습 자료의 조달 과정 최적화
– 재고 관리 시스템 효율성 분석
– 주요 공급 업체와의 협상 전략 평가
– 교육 자원 조달 비용 분석 및 절감 방안
– 교육 자료 도착 시간 및 손상율 분석

**2. 운영(Operations)**
– 수업 진행의 효율성 및 효과성 분석
– 교사 대 학생 비율과 학습 결과의 상관관계
– 커리큘럼 개발 및 개선을 위한 학생 피드백 분석
– 온라인 대 오프라인 수업 효과 비교 분석
– 교육 프로그램의 규모 확장 가능성 평가

### 3. 아웃바운드 로지스틱스(Outbound Logistics)
- 학생들에게 자료 배포 방법의 효율성 평가
- 졸업 증서 및 인증서 발급 프로세스 최적화
- 교육 완료 후 지원 자료의 전달 방법 분석
- 정보 전달 시스템의 보안 강화 방안 연구
- 종료된 수업의 후속 조치 및 피드백 수집 방법 개선

### 4. 마케팅 및 판매(Marketing and Sales)
- 타깃 시장 분석 및 효과적인 광고 전략 수립
- 학원 브랜드 인지도 및 이미지 분석
- 소셜 미디어 및 온라인 마케팅의 ROI(투자 대비 수익률) 분석
- 신규 등록 전환율 향상을 위한 전략 개발
- 잠재 고객 및 학부모 대상 설문 조사를 통한 서비스 개선 방안 도출

### 5. 서비스(Service)
- 학생 지원 서비스의 만족도 조사 및 개선 사항 도출
- 졸업 후 취업 지원 프로그램의 효과 분석
- 추가 학습 자료와 리소스 제공의 효과 분석
- 학생 상담 및 멘토링 서비스의 효율성 평가
- 학습 관리 시스템(LMS) 사용성 및 효과성 분석

이러한 분석 과제들은 각각의 밸류 체인 활동을 체계적으로 평가하고 개선하려는 목적으로 설계되었습니다. 실행 결과는 학원 운영의 개선점을 찾고, 경쟁력을 강화하며, 학생들에게 보다 나은 교육 경험을 제공하는 데 도움이 될 것입니다.

---

**김대리** 처음보다 다양한 분석 과제를 도출했어요. 그런데 가지고 있는 데이터로 모든 주제를 분석하기는 어렵겠어요.

**박차장** 그럼 제안한 과제를 가진 데이터로 분석할 수 있는지 표기해 달라고 할게요. 이때 보기 편하게 응답 형식을 표로 정리해 달라고 요청하세요.

제공한 데이터로 각 주제를 분석할 수 있는지 평가하고 결과를 O, X로 표기해 표로 정리해 주세요.

 제공받은 데이터를 기반으로 각 분석 과제의 수행 가능성을 평가해 보겠습니다. 데이터에는 다양한 사용자 응답 정보가 있지만, 특정 운영 데이터나 세부적인 로지스틱 정보는 포함되지 않을 수 있습니다. 이를 고려하여 분석 가능성을 O(가능), X(불가능)로 분류해 보겠습니다.

| 분류 | 분석 과제 | 분석 가능 여부 |
| --- | --- | --- |
| 인바운드 로지스틱스 | 교재 및 학습 자료의 조달 과정 최적화 | X |
| | 재고 관리 시스템 효율성 분석 | X |
| | 주요 공급 업체와의 협상 전략 평가 | X |
| | 교육 자원 조달 비용 분석 및 절감 방안 | X |
| | 교육 자료 도착 시간 및 손상율 분석 | X |
| 운영 | 수업 진행의 효율성 및 효과성 분석 | O |
| | 교사 대 학생 비율과 학습 결과의 상관관계 | O |
| | 커리큘럼 개발 및 개선을 위한 학생 피드백 분석 | O |
| | 온라인 대 오프라인 수업 효과 비교 분석 | O |
| | 교육 프로그램의 규모 확장 가능성 평가 | O |
| 아웃바운드 로지스틱스 | 학생들에게 자료 배포 방법의 효율성 평가 | X |
| | 졸업 증서 및 인증서 발급 프로세스 최적화 | X |
| | 교육 완료 후 지원 자료의 전달 방법 분석 | X |
| | 정보 전달 시스템의 보안 강화 방안 연구 | X |
| | 종료된 수업의 후속 조치 및 피드백 수집 방법 개선 | O |

| 분류 | 분석 과제 | 분석 가능 여부 |
|---|---|---|
| 마케팅 및 판매 | 타깃 시장 분석 및 효과적인 광고 전략 수립 | O |
| | 학원 브랜드 인지도 및 이미지 분석 | O |
| | 소셜 미디어 및 온라인 마케팅의 ROI 분석 | O |
| | 신규 등록 전환율 향상을 위한 전략 개발 | O |
| | 잠재 고객 및 학부모 대상 설문 조사를 통한 서비스 개선 | O |
| 서비스 | 학생 지원 서비스의 만족도 조사 및 개선 사항 도출 | O |
| | 졸업 후 취업 지원 프로그램의 효과 분석 | X |
| | 추가 학습 자료와 리소스 제공의 효과 분석 | X |
| | 학생 상담 및 멘토링 서비스의 효율성 평가 | O |
| | 학습 관리 시스템(LMS) 사용성 및 효과성 분석 | O |

이 표는 제공된 데이터의 범위를 고려하여 각 밸류 체인의 분석 가능성을 평가한 결과입니다. 데이터로 직접 처리할 수 없는 운영적이나 로지스틱 관련 작업은 더 광범위한 데이터 수집이 필요합니다.

김대리    정확할지는 의문이지만, 데이터로 분석이 가능한지 여부를 알려줬어요.

박차장    네, 지금은 정확한 답을 얻는 것보다 다양한 주제를 탐색하는 데 목적이 있어요. 주제가 다양해서 우선순위를 정해야겠어요. 앞에서 분석 주제를 평가할 때 분석 난이도와 비즈니스 가치를 많이 고려한다고 했었죠. 이를 기준으로 우선순위를 요청해 볼게요. 이때 분석 난이도와 비즈니스 가치를 1~3점으로 분류할게요.

앞서 도출한 분석 주제를 다음과 같이 평가해 주세요.
- 분석 난이도를 3, 2, 1로 분류하고 점수가 높을수록 분석하기 쉬운 과제입니다.
- 문제 해결 시 예상되는 비즈니스 가치를 3, 2, 1로 분류하고 숫자가 높을수록 밸류가 높은 과제입니다.
- 분석 난이도와 비즈니스 가치를 합해서 분석 주제 우선순위를 평가해 주세요.

다음 표는 이전에 도출한 분석 주제를 기반으로 분석 난이도와 비즈니스 가치를 평가하고, 이를 합산하여 분석 주제의 우선순위를 결정한 것입니다. 분석 난이도는 낮을수록 쉬우며, 비즈니스 가치는 높을수록 중요합니다.

| 분석 주제 | 분석 난이도 (낮을수록 쉬움) | 비즈니스 가치 (높을수록 중요) | 합계 | 우선순위 |
|---|---|---|---|---|
| 수업 진행의 효율성 및 효과성 분석 | 2 | 3 | 5 | 높음 |
| 교사 대 학생 비율과 학습 결과의 상관관계 | 1 | 3 | 4 | 중상 |
| 커리큘럼 개발 및 개선을 위한 학생 피드백 분석 | 2 | 3 | 5 | 높음 |
| 온라인 대 오프라인 수업 효과 비교 분석 | 2 | 2 | 4 | 중상 |
| 교육 프로그램의 규모 확장 가능성 평가 | 1 | 2 | 3 | 중하 |
| 타깃 시장 분석 및 효과적인 광고 전략 수립 | 3 | 3 | 6 | 최고 |
| 학원 브랜드 인지도 및 이미지 분석 | 3 | 3 | 6 | 최고 |
| 소셜 미디어 및 온라인 마케팅의 ROI 분석 | 2 | 3 | 5 | 높음 |
| 신규 등록 전환율 향상을 위한 전략 개발 | 2 | 3 | 5 | 높음 |

| 분석 주제 | 분석 난이도 (낮을수록 쉬움) | 비즈니스 가치 (높을수록 중요) | 합계 | 우선 순위 |
|---|---|---|---|---|
| 잠재 고객 및 학부모 대상 설문 조사를 통한 서비스 개선 | 1 | 2 | 3 | 중하 |
| 학생 지원 서비스의 만족도 조사 및 개선 사항 도출 | 2 | 2 | 4 | 중상 |
| 학생 상담 및 멘토링 서비스의 효율성 평가 | 2 | 2 | 4 | 중상 |
| 학습 관리 시스템(LMS) 사용성 및 효과성 분석 | 2 | 2 | 4 | 중상 |

**분석**

**최고 우선순위**: 타깃 시장 분석 및 광고 전략 수립, 학원 브랜드 인지도 및 이미지 분석
이 주제들은 분석 난이도가 상대적으로 낮거나 중간이면서, 비즈니스 가치가 매우 높아 학원의 시장 위치와 마케팅 전략에 중대한 영향을 미칠 수 있습니다.

**높은 우선순위**: 수업 효율성 및 효과성 분석, 커리큘럼 개선을 위한 피드백 분석, 소셜 미디어 ROI 분석, 신규 등록 전환율 향상 전략
이 주제들은 교육의 질을 직접적으로 향상시키고, 학원의 수익성과 학생 유치에 긍정적인 결과를 가져올 수 있습니다.

**중상 우선순위**: 온라인 대 오프라인 수업 비교, 학생 지원 서비스 개선, 상담 및 멘토링 서비스 평가, LMS의 사용성 분석
이 분석 주제들은 학원 운영의 효율성과 학생 만족도를 높이는 데 중요합니다.

**중하 우선순위**: 교육 프로그램의 확장 가능성, 잠재 고객 및 학부모 대상 서비스 개선
이 주제들은 장기적인 전략 수립에 유용하지만, 단기적인 비즈니스 가치는 상대적으로 낮을 수 있습니다.

이 분석을 바탕으로 학원은 자원을 효율적으로 배분하고, 가장 높은 비즈니스 가치를 제공할 수 있는 분석 주제에 우선적으로 집중할 수 있습니다.

김대리   분석 주제 평가까지 다 해줬어요. 타깃 시장 분석 및 광고 전략 수립, 학원 브랜드 인지도 및 이미지 분석 같은 주제는 직접적인 성과와 연결돼 있어서 유용하겠어요.

박차장   일련의 과정을 자동으로 처리해 주는 점은 정말 놀라워요. 하지만 틀린 내용이 있을 수도 있으니 잘 살펴봐야 해요. 잘못된 부분은 수정을 요청하면 되겠죠. 이제 도출한 주제를 더 세세하게 다듬는 작업을 해 볼까요?

# 주제를 평가하는 새로운 관점

**박차장**  회사에는 다양한 이해관계자들이 있어요. 그들의 입장에서 문제를 바라보면 생각하지 못한 관점을 볼 수 있어요.

**김대리**  그런데 제가 그들의 입장을 다 헤아리는 게 쉽지 않은 것 같아요. 이해관계자들의 영역도 무척 넓고요.

**박차장**  이럴 때 챗GPT가 유용합니다. 앞서 도출한 분석 주제를 대표 이사의 관점에서 평가해 달라고 해볼게요.

---

 앞서 도출한 분석 주제를 기업의 대표 이사의 입장에서 평가해 주세요.

 대표 이사의 입장에서 보았을 때 각 분석 주제의 도출 결과를 평가하면 다음과 같은 관점을 가질 수 있습니다.

**전략적 중요성 평가**
**시장 지향적 분석의 중요성**: 타깃 시장 분석 및 광고 전략 수립, 학원 브랜드 인지도 및 이미지 분석 같은 주제들은 학원의 시장 위치를 강화하고 경쟁력을 높이는 데 중요합니다. 대표 이사로서 이 분석들을 통해 시장 트렌드와 경쟁 상황을 파악하고, 효과적인 마케팅 전략을 수립하여 학원의 성장을 촉진할 수 있는 기회를 찾을 수 있습니다.

**운영 효율성 및 교육 품질 향상**: 수업 진행의 효율성 및 효과성 분석, 커리큘럼 개발 및 개선을 위한 학생 피드백 분석은 학원의 교육 서비스 품질을 직접적으로 향상시킬 수 있는 주제들입니다. 이러한 분석을 통해 학습 결과를 극대화하고 학생 만족도를 높이는 방안을 모색할 수 있으며, 이는 장기적인 학생 유지와 추천을 통한 새로운 학생 유입으로 이어질 것입니다.

**학생 관계 관리 및 지원 서비스 강화**: 학생 지원 서비스의 만족도 조사 및 개선 사항 도출, 학생 상담 및 멘토링 서비스의 효율성 평가와 같은 분석은 학생들의 개별 필요에 더 잘 대응하기 위한 중요한 요소입니다. 대표 이사로서 이 분석들을 통해 학생들에게 더 개인화된 서비스를 제공하여 학생들의 충성도를 높이고, 학원의 평판을 강화할 수 있습니다.

**리소스 할당 및 우선순위 설정**
대표 이사로서 분석의 우선순위를 설정할 때는 리소스 할당의 관점에서도 접근해야 합니다. 예를 들어, 고비용이 요구되거나 전문 인력이 필요한 분석 주제는 비즈니스 가치가 높더라도, 현재 리소스와 회사의 전략적 목표에 따라 재조정될 필요가 있습니다. 예산과 인력 그리고 기술적인 제한 사항을 고려하여 실행 가능하고, 높은 수익성을 보장할 수 있는 분석에 초점을 맞출 필요가 있습니다.

**결론**
대표 이사로서 분석 주제 중에서 특히 시장 및 브랜드 관련 분석과 직접적인 교육 품질 향상에 관련된 주제들을 최우선으로 다룰 것을 권장합니다. 이를 통해 단기적인 마케팅 효과와 장기적인 교육 품질 개선을 도모하며, 이는 궁극적으로 학원의 성장과 학생들의 성공으로 이어질 것입니다.

김대리  마치 대표 이사님한테 피드백을 받는 것 같은 묘한 기분이 드네요. 특히 리소스 할당 및 우선순위 결정에 대한 의견은 운영하는 사람 입장에서 고려할 법한 관점이에요.

박차장  그럼 이 관점에서 최우선 분석 과제 3가지를 도출해 볼까요?

대표 이사 관점에서 최우선으로 수행해야 할 분석 과제 3가지를 도출해 주세요.

대표 이사로서 학원의 전략적 방향과 성장을 고려할 때 다음 3가지 분석 과제를 최우선으로 설정할 것을 추천합니다. 이 과제들은 학원의 시장 지위를 강화하고, 학습 효과를 극대화하며, 경쟁력을 높이는 데 중점을 둡니다.

**1. 타깃 시장 분석 및 효과적인 광고 전략 수립**
**시장 기회 포착**: 이 분석을 통해 학원이 집중해야 할 시장 세그먼트를 파악하고, 이를 기반으로 맞춤형 마케팅 전략을 수립할 수 있습니다. 타깃 시장의 정확한 이해는 마케팅 자원을 효과적으로 배분하고, 광고 캠페인의 ROI를 최대화하는 데 필수적입니다.
**경쟁 우위 확보**: 경쟁 분석을 포함하여 시장에서의 우위를 찾고, 경쟁 학원에 비해 우리 학원의 독특한 가치 제안을 강조할 수 있습니다.

**2. 학원 브랜드 인지도 및 이미지 분석**
**브랜드 가치 향상**: 학원의 브랜드 인지도와 이미지를 분석하는 것은 학원의 전반적인 평판과 신뢰성을 측정하고 강화하는 데 중요합니다. 브랜드 강화는 장기적으로 학생과 부모의 충성도 및 추천을 통한 새로운 학생 유치에 직접적인 영향을 미칩니다.
**시장 포지셔닝**: 시장에서 학원의 위치를 명확히 하고, 타깃 고객에게 더욱 강력하게 어필할 수 있는 브랜딩 전략을 개발합니다.

**3. 수업 진행의 효율성 및 효과성 분석**
**교육 품질 개선**: 수업의 질을 직접적으로 향상시킬 수 있는 중요한 데이터를 제공합니다. 이는 교사의 교수 방법, 수업 자료의 적절성 그리고 학생 참여도를 포함한 여러 요소를 포괄적으로 평가하고 개선합니다.
**학생 만족도 및 성과 증진**: 효율적이고 효과적인 수업은 학생들의 학습 만족도와 학업 성취를 높이는 핵심 요소입니다. 만족도가 높은 학생은 재등록률이 높아지며, 학원에 대한 긍정적인 평가를 통해 자연스러운 홍보 효과를 낳을 수 있습니다.

이 3가지 과제는 학원의 장기적 성장, 시장 내 경쟁력 그리고 교육 서비스의 질적 향상에 직접적으로 기여할 수 있습니다. 따라서 대표 이사로서 이 과제들에 우선순위를 두고 전략적 자원을 할당하는 것이 권장합니다.

김대리　재미있는 결과가 나왔어요. 타깃 시장 분석 및 효과적인 광고 전략 수립, 학원 브랜드 인지도 및 이미지 분석은 앞서 난이도와 비즈니스 가치로 분류했을 때도 최우선 과제였어요.

박차장  다른 방식으로 접근했을 때 같은 결과가 나왔다면 어느 정도 신빙성이 있다고 볼 수도 있겠죠. 또는 앞에서 나눈 대화 맥락을 이해하고 있어 그게 반영됐을 수도 있어요. 하지만 내용을 회사 관점에서 정리하니 좋네요.

김대리  관점을 달리 하니까 얻을 수 있는 인사이트도 달라졌어요. 특히 이전 응답에는 없었던 수업 진행의 효율성 및 효과성 분석 부분이 흥미로워요. 수업은 학원에서 제품으로 볼 수 있으니까, 교육 품질을 개선하는 부분도 중요하겠어요.

박차장  이런 방법으로 마케팅 실무자, 학원 수강생 등 다양한 이해관계뿐만 아니라 비용 절감, 마케팅 활성화 등의 전략적 목표 그리고 AI 기술이나 디지털 도구와 같은 기술을 활용하는 방법 등 다양한 관점으로 문제를 정의하고 해결하는 방법을 검토할 수 있어요.

김대리  혼자 고민하는 게 아니라 누군가와 같이 한다고 생각하니 부담감이 줄고, 미처 생각 못한 부분도 고려하게 되네요. 이제 이 주제들을 가지고 보고서를 작성해 보고 싶어요.

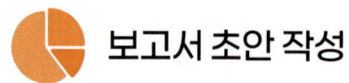
## 보고서 초안 작성

**박차장** 앞서 몇 번 언급했지만 챗GPT는 텍스트 생성 AI예요. 즉, 콘텐츠를 생성하는 데 최적화된 도구죠. 이번엔 데이터 애널리스트가 아니라 챗GPT로 보고서 초안을 작성해 볼까요? 이때 중요한 건 '단계적 접근'이에요.

**김대리** 아, 차근차근 단계별로 완성하는 거죠?

**박차장** 맞아요. 간단하게 "도출한 내용으로 보고서를 작성해 주세요."라고만 해도 보고서를 작성해줄 거예요. 하지만 더 구체적이고 풍성한 보고서를 얻기 위해서는 앞서 도출한 내용들을 가져오되 이를 단계별로 구체화하는 게 좋아요. 보고서에서 가장 먼저 작성해야 하는 게 뭐죠?

**김대리** 목차죠!

**박차장** 좋아요. 목차를 작성할 때도 어떤 구성을 원하는지 구체적으로 알려주는 게 좋아요. 여기에 어떤 목적으로 이 보고서를 작성하는지 배경도 작성할게요.

 앞서 도출한 최우선 순위 분석 과제 3가지를 추진 과제로 정해 팀장님께 보고할 보고서를 작성하려 합니다. 이 보고서의 목차를 서론, 결론, 부록을 포함해 작성해 주세요.

3가지 우선 추진 과제에 대한 내용을 포함하는 보고서 목차를 다음과 같이 제안합니다. 이 목차는 각 과제의 중요성, 예상되는 효과, 구체적인 실행 계획 등을 포함하여 체계적인 보고를 가능하게 합니다.

**보고서 목차**

**서론**
목적
배경
보고서의 범위

**우선 추진 과제 개요**
과제 선정 이유
각 과제의 비즈니스 가치 및 전략적 중요성

**타깃 시장 분석 및 광고 전략 수립**
현재 시장 상황 개요
타깃 시장 분석 방법론
광고 전략의 구성 요소
실행 계획
예상 효과 및 KPIs

**학원 브랜드 인지도 및 이미지 분석**
브랜드 현재 상태 분석
브랜드 인지도 측정 방법론
브랜드 포지셔닝 전략
실행 계획
예상 효과 및 KPIs

**수업 진행의 효율성 및 효과성 분석**
현재 수업 방식의 평가
효율성 및 효과성 분석 방법론
개선안 및 실행 계획
예상 효과 및 KPIs

**리소스 및 예산 계획**
각 과제별 필요 리소스
예산 배분
ROI 예측

**위험 관리 및 문제 해결 전략**
주요 위험 요소 및 대응 방안
이슈 관리 프로세스

**결론**
과제의 중요성 재확인
결론 및 향후 계획

**부록**
데이터 소스 및 참고 문헌
추가 분석 자료

이 목차는 각 주제에 대해 심도 있는 분석과 함께 실질적인 실행 계획을 제시함으로써, 보고의 목적을 명확히 하고 팀장님께 충분한 정보를 제공하기 위해 설계되었습니다. 이를 바탕으로 보고서 작성을 진행하면 효과적인 의사결정을 지원할 수 있을 것입니다.

김대리　목차가 마음에 들어요. 이제 보고서 작성을 요청하면 될까요?

박차장　본문도 한 번에 요청하기보다 각 항목을 하나씩 작성하는 게 좋아요. 이때 목차에서 꼭 필요한 내용이나 원하는 방향을 정확히 요청하세요. 응답의 방향과 형식을 구체적으로 정의할수록 원하는 응답을 얻을 수 있어요.

김대리　챗GPT가 초안을 작성해 주니 작업이 훨씬 더 쉬워졌어요. 이후에 더 다듬고 정리하면 좋은 보고서가 되겠어요. 이렇게 한시름 덜었네요.

# 09장

# 데이터 확인 및 검증하기

"차장님. 덕분에 보고서 제출까지 무사히 완료했어요. 이제 보고서에 작성한 대로 데이터 분석을 하고 결과물을 내야 할 때가 됐어요. 뭐부터 시작하면 될까요?"

"먼저 데이터를 확인하고, 검증하는 작업을 해야 해요. 데이터 분석은 데이터의 정확성과 완전성 검증부터 시작해요. 이상치나 중복된 데이터, 불완전한 값들을 확인하지 않고 분석하면 결과가 잘못될 수 있어요."

"혹시 파이썬이나 엑셀을 써야 하는 머리 아픈 단계 아닌가요?"

"저희에겐 데이터 애널리스트가 있잖아요."

"든든한데요, 벌써."

#  데이터 애널리스트를 활용한 데이터 확인

박차장　그럼 파일과 데이터 애널리스트로 데이터 검증을 시작해 볼까요? 먼저 챗GPT에서 데이터 애널리스트를 실행한 다음 data.xlsx 파일을 채팅 창에 끌어오거나 채팅 창 왼쪽 [파일 첨부] 아이콘을 클릭해 파일을 업로드하세요.

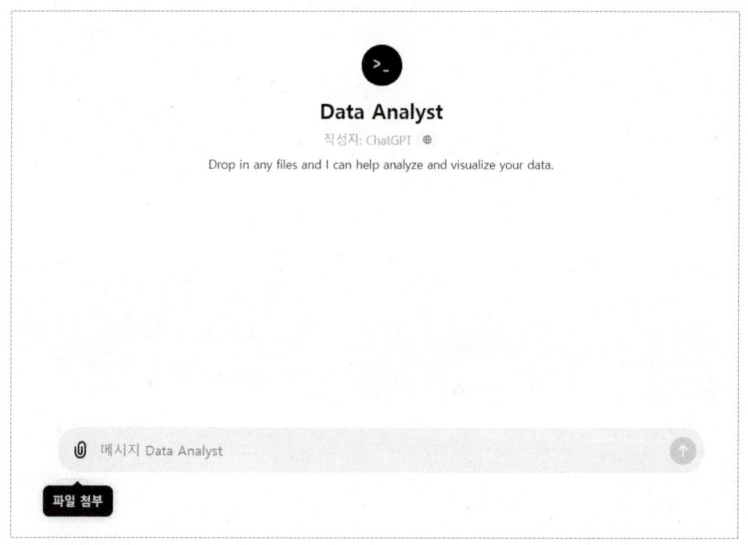

김대리　업로드했어요. 어떤 걸 검증하면 될까요?

박차장　데이터 확인 및 검증 단계에서는 다음과 같은 것들을 확인해야 합니다.

- 데이터 타입
- 데이터 용량

- 데이터 출처
- 행/열 개수
- 중복 데이터 여부
- 샘플 데이터 확인

우선 데이터 타입과 용량을 확인할게요. 프롬프트는 이렇게 간단하게 써도 충분한 응답을 받을 수 있어요.

[첨부 파일: data.xlsx]
데이터의 타입과 개수를 알려 주세요.

해당 데이터세트는 총 3257개의 행과 122개의 열을 포함하고 있습니다. 각 열의 데이터 타입은 다음과 같습니다.

- 'float64' 타입: 10개의 열
- 'int64' 타입: 90개의 열
- 'object' 타입(주로 문자열): 22개의 열

메모리 사용량은 대략 3.6MB입니다. 추가적인 데이터 분석이 필요하시면 알려 주세요.

김대리   응답도 간단하네요. 추가로 데이터에 3257행과 122개의 열이 있고 3.6MB인 것도 알려줬어요.

박차장   여기서 'float64', 'int64'는 숫자 데이터, 'object'는 문자 데이터라고 이해하면 됩니다.

김대리   엇, 제 기억에 문자 데이터는 str이었는데요.

박차장   정확히 기억하고 계시네요. 판다스Pandas라는 데이터 분석을 위한 파이썬 패키지에서는 문자형을 object로 표현해요. 데이터 애널리스트는 판다스 패키지를 기본으로 활용하고 있기 때문에 object라고 출력하고 있죠. 일단 데이터 파일에는 큰 문제가 없어 보이네요. 그럼 데이터 몇 개만 살펴볼까요?

 데이터의 첫 행부터 5행까지 샘플로 보여 주세요.

 데이터의 첫 행부터 5행까지 살펴보면 다음과 같습니다.

| 업무 형태 | 개발 경력 | 업무 | 재직 회사 인원수 | 재직 회사 산업군 | 연봉 | 사용 중인 언어 | 사용 중인 언어 만족도 | 학습 희망하는 언어 | 사용 중인 데이터베이스 |
|---|---|---|---|---|---|---|---|---|---|
| 프리랜서 입니다. (파트타임) | 2 | 프론트 엔드 | 30 | 통신/ 네트워크 | 1135 | Delphi/ Object Pascal | 9 | Python | MariaDB |
| 파트타임 으로 일합니다. | 14 | 데이터 엔지 니어 | 2 | 게임 | 2134 | C++ | 8 | SQL | Oracle |
| 학생 입니다. | 0 | 프론트 엔드 | NaN | 콘텐츠/ 교육/멀티미 디어/ 엔터테인 먼트 | NaN | Java | 8 | Dart | MySQL |
| 풀타임 으로 일합니다. | 3 | 백엔드 (서버) | 28 | 제조/에너지 /유통/물류/ SOC | 3051 | C# | 10 | Java | MS-SQL |
| 풀타임 으로 일합니다. | 1 | 백엔드 (서버) | 741 | 보안 | 3753 | Node.js | 9 | Go | MariaDB |

각 행은 업무 유형, 개발 경력, 재직 회사의 인원수, 산업군, 연봉, 사용 중인 프로그래밍 언어와 만족도, 학습하고 싶은 언어, 사용 중인 데이터베이스 등 다양한 정보를 포함하고 있습니다. 이외에도 많은 정보가 포함된 123개의 열이 있습니다. 데이터에 대해 더 자세히 알고 싶거나 특정 분석을 원하시면 알려 주세요.

김대리   개발자에 대한 데이터예요. 연봉과 회사 정보도 있어 재밌는 분석을 해볼 수 있겠어요.

박차장   샘플 데이터도 봤으니 간단하게 기본 통계량도 살펴볼게요.

---

각 칼럼의 기본 통계량을 알려 주세요.

데이터의 각 칼럼에 대한 기본 통계량은 다음과 같습니다. 여기서는 몇 가지 주요 칼럼에 대한 요약을 제공하겠습니다.

1. 업무 형태: 가장 많이 등장하는 유형은 '풀타임으로 일합니다.'이며, 총 7개의 고유한 값이 있습니다.
2. 개발 경력: 평균 5.28년, 최소 0년, 최대 24년의 범위를 가집니다.
3. 재직 회사 인원수: 평균적으로 약 132명, 최소 1명에서 최대 998명까지 다양합니다.
4. 연봉: 평균 약 5665, 최소 1001에서 최대 29961까지 분포하며, 표준편차는 약 4629입니다.
5. 사용 중인 언어: 가장 많이 사용하는 언어는 'Java'입니다. 총 34개의 다양한 프로그래밍 언어를 사용하고 있습니다.
6. 사용 중인 언어 만족도: 평균 7.63점으로, 대부분의 사용자가 사용하는 언어에 대해 만족하고 있는 것으로 보입니다.
7. 학습 희망하는 언어: 가장 많이 학습하고 싶어하는 언어는 'Python'입니다.
8. 사용 중인 데이터베이스: 'MySQL'을 가장 많이 사용하며, 총 13개의 다른 데이터베이스 기술을 사용하고 있습니다.

이외에도 각 칼럼마다 다양한 유형의 데이터와 통계적 요약이 제공되고 있으며, 필요에 따라 더 구체적인 분석을 진행할 수 있습니다. 추가 정보나 다른 분석이 필요하시면 말씀해 주세요!

김대리   데이터도 굉장히 합리적인 거 같은데요? 제가 알고 있는 배경지식과 크게 다르지 않네요. 평균 연봉은 5665만 원이고, 가장 많이 사용하는 언어는 'Java'네요.

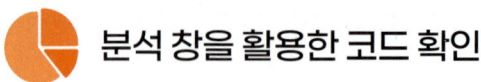# 분석 창을 활용한 코드 확인

박차장   혹시 이 결과를 보면서 데이터를 어떻게 구분해야 할지 감이 오시나요?

김대리   흠… 혹시 전에 말한 수치형과 문자형인가요? '연봉'은 수치형, '사용 중인 언어'는 문자형이겠네요.

박차장   눈썰미가 좋으시네요. 데이터 타입이 중요한 이유는 타입에 따라 다른 통계량을 제공하기 때문이에요.

김대리   데이터 분석을 시작하기 전에 데이터 타입을 살펴본 이유가 있군요.

박차장   데이터 타입에 따라서 결괏값을 얻기 위한 코드가 다르니까요. 말이 나온 김에 코드도 한 번 살펴볼까요? 응답을 보면 마지막에 [분석 보기] 아이콘(  )이 있어요. 이 아이콘을 누르면 '분석' 창이 뜰 거예요.

> 이외에도 각 칼럼마다 다양한 유형의 데이터와 통계적 요약이 제공되며, 필요에 따라 더 구체적인 분석을 진행할 수 있습니다. 추가 정보나 다른 분석이 필요하시면 말씀해 주세요!
> [>_]

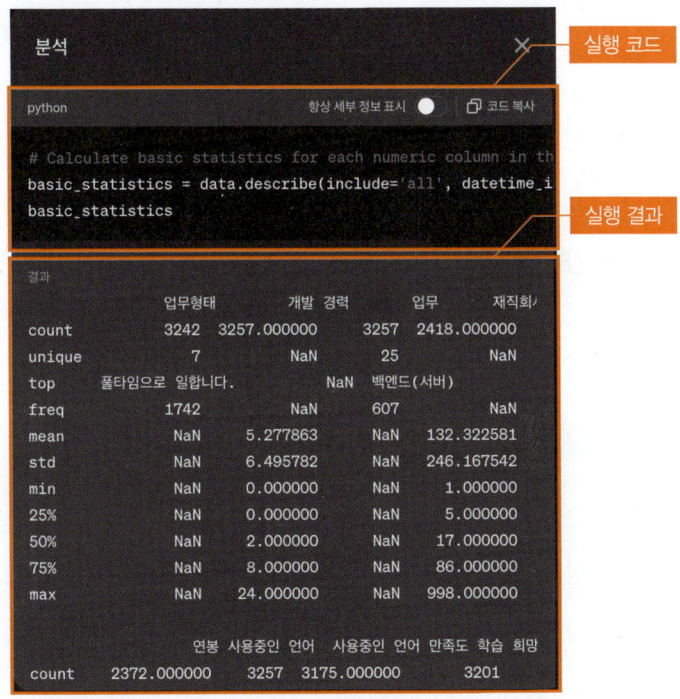

박차장 '분석' 창을 보면 위쪽이 실행 코드, 아래쪽이 실행 결과예요. 이 내용을 보면 데이터 애널리스트가 프롬프트를 어떻게 처리하는지 알 수 있어요.

김대리 그렇다면 데이터 애널리스트가 프롬프트에 요청한 내용을 토대로 코드를 작성하고, 실행한 결과를 다시 풀어서 설명해 주는 거네요. 정말 데이터 분석가에게 일을 시키는 것 같아요.

박차장 맞아요. 데이터 애널리스트가 어떻게 코드를 작성했는지 좀 더 살펴볼까요?

```
# Calculate basic statistics for each numeric column in the dataset
basic_statistics = data.describe(include='all', datetime_is_
numeric=True)
basic_statistics
```

두 번째 줄에 include = 'all'이 숫자와 문자 데이터를 모두 분석하라는 뜻이에요. 이렇게 코드를 보면 왜 이런 결과가 나왔는지 알 수 있죠. 이렇게 실행 결과 코드를 훑어보면 프롬프트를 어떻게 처리했는지 파악할 수 있어요.

김대리    결과가 이해가 안 되면 코드를 봐야겠네요.

박차장    그럼 통계량을 살펴보고, 이상 없으면 데이터 확인을 마칠게요. 수치형과 문자형 데이터를 나눠서 확인해 보겠습니다.

 수치형 변수만 따로 보여 주세요.

 다음은 수치형 변수들에 대한 기본 통계 요약입니다. 몇 가지 주요 칼럼을 포함하여 요약하였습니다.

| 칼럼명 | 데이터 개수 | 평균 | 표준편차 | 최솟값 | 25% | 중앙값 | 75% | 최댓값 |
|---|---|---|---|---|---|---|---|---|
| 개발 경력 | 3257 | 5.28 | 6.50 | 0 | 0 | 2 | 8 | 24 |
| 재직 회사 인원수 | 2418 | 132.32 | 246.17 | 1 | 5 | 17 | 86 | 998 |
| 연봉 | 2372 | 5665.03 | 4629.82 | 1001 | 3302.5 | 4515 | 6499.5 | 29961 |
| 사용 중인 언어 만족도 | 3175 | 7.63 | 1.82 | 1 | 7 | 8 | 9 | 10 |
| 사용 중인 데이터베이스 만족도 | 3190 | 7.16 | 1.85 | 1 | 6 | 7 | 8 | 10 |

| 칼럼명 | 데이터 개수 | 평균 | 표준편차 | 최솟값 | 25% | 중앙값 | 75% | 최댓값 |
|---|---|---|---|---|---|---|---|---|
| 사용 중인 클라우드 플랫폼의 만족도 | 3176 | 7.19 | 1.94 | 1 | 6 | 7 | 8 | 10 |
| 사용 중인 웹 프레임워크의 만족도 | 3127 | 7.01 | 2.14 | 1 | 6 | 7 | 8 | 10 |
| 사용 중인 프레임워크 만족도 | 3090 | 6.63 | 2.35 | 1 | 5 | 7 | 8 | 10 |
| 코딩 시작 나이 | 3158 | 21.65 | 6.76 | 5 | 18 | 22 | 25 | 39 |
| IT 도서 호감도 | 3194 | 7.19 | 2.09 | 1 | 6 | 7 | 9 | 10 |

이 표는 데이터의 중앙값, 평균, 표준편차 등을 제공하여 각 변수의 분포와 중심 경향을 파악할 수 있도록 돕습니다.

 문자형 변수도 보여 주세요.

 다음은 데이터세트의 문자형 변수들에 대한 기본 통계 요약입니다. 주요 칼럼 몇 가지를 포함하여 요약하겠습니다.

| 칼럼명 | 데이터 개수 | 고윳값 개수 | 최빈값 | 최빈값 빈도수 |
|---|---|---|---|---|
| 업무 형태 | 3242 | 7 | 풀타임으로 일합니다. | 1742 |
| 업무 | 3257 | 25 | 백엔드(서버) | 607 |
| 재직 회사 산업군 | 3257 | 15 | SI/솔루션/SM/ERP | 535 |
| 사용 중인 언어 | 3257 | 34 | Java | 639 |
| 학습 희망하는 언어 | 3201 | 34 | Python | 485 |
| 사용 중인 데이터베이스 | 3061 | 13 | MySQL | 968 |
| 사용 중인 클라우드 플랫폼 | 3257 | 7 | AWS | 1370 |
| 사용 중인 웹 프레임워크 | 3157 | 17 | 사용 안 함 | 765 |

| 칼럼명 | 데이터 개수 | 고윳값 개수 | 최빈값 | 최빈값 빈도수 |
|---|---|---|---|---|
| 사용 중인 프레임워크 & 라이브러리 | 3119 | 15 | 사용 안 함 | 1124 |
| 전공 | 3178 | 5 | SW 관련 전공(소프트웨어 공학, 컴퓨터 공학, 전산, 정보통신 공학 등) | 1634 |
| MBTI | 3216 | 17 | 모르겠어요. | 472 |
| 도서 구매 성향 | 3229 | 4 | 업무나 프로젝트 등 필요한 상황이 오면 그때그때 구매하는 편이다. | 1752 |

이 표는 각 문자형 변수의 고윳값 수, 가장 빈번하게 등장하는 값(최빈값) 및 해당 값의 빈도수를 보여줍니다. 이 정보를 통해 데이터의 범주형 분포를 파악할 수 있습니다. 추가적인 분석이나 정보가 필요하면 알려 주세요!

**김대리** 뭔가 잘 정리된 것 같은데 어떤 걸 봐야 할지 잘 모르겠어요.

**박차장** 데이터를 요청했다면 먼저 필요한 칼럼은 모두 있는지, 데이터 개수가 예상보다 적거나 많은 건 아닌지 확인하는 게 좋아요. 범주형 데이터에선 빈 값이나 일부 항목이 다른 항목에 비해 너무 많으면 데이터를 제대로 산출한 건지 확인해 보는 게 좋죠. 수치형 데이터도 값이 너무 크거나 작은 칼럼이 있는지, 빈 값이 많진 않은지 확인할 필요가 있어요.

**김대리** 데이터 추출 과정에서 잘못된 값이 들어 있지 않은지 확인하는 거군요.

**박차장** 맞아요. 그게 바로 데이터를 확인하고 검증하는 과정이에요. 업무 시스템을 사용하고 있다면 시스템 내용과 데이터를 샘플로 비교해 보면서 제대로 데이터가 추출됐는지 볼 필요가 있어요. 데이터가 잘못 추출되는 경우도 있기 때문이에요.

김대리   데이터가 잘못되면, 데이터 분석을 다시 해야 하니 꼼꼼하게 보고 시작하는 게 좋겠네요.

박차장   여기까지 봤을 때 이 데이터에 큰 문제는 없어 보여요. 다음 단계로 넘어가죠.

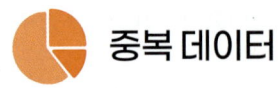
## 중복 데이터

박차장   데이터를 검증할 때 한 가지 더 중요한 검증 과정이 있어요. 바로 중복 데이터입니다.

김대리   데이터를 다루다 보면 만나는 골치 아픈 내용 중 하나네요.

박차장   맞아요. 데이터 분석 과정에서 중복 데이터는 키 값(key value)이 있는 경우에 확인해요. 키 값이란 데이터를 저장하고 검색할 때 사용하는 고유 식별자를 말해요. 예를 들어, 사람 정보를 저장하는 데이터베이스가 있을 때 전화번호는 고유한 수치이므로 키로 사용할 수 있겠죠. 하지만 전화번호는 개인 정보이기 때문에 보통 별도로 관리하는 번호를 사용해요.

반면 매출 내역과 같은 데이터는 키 값도 중복이 있을 수 있어요. 한 사람이 여러 번 물건을 구매할 수도 있기 때문이죠. 이런 경우 데이터를 결합하는 과정에서 잘못된 데이터가 생성돼요. 그래서 키 값에 중복이 없어야 하는 경우에는 이를 확인하는 일이 매우 중요해요.

⟨고객 정보⟩

| 고객 번호 | 핸드폰 번호 | 사용하는 언어 | 연봉 | 개발경력 |
|---|---|---|---|---|
| 001 | 010-1234-5678 | Python | 7000 | 5년 |
| 002 | 010-4321-5678 | JavaScript | 6500 | 4년 |
| 001 | 010-1234-5678 | Rudy | 6600 | 7년 |
| 002 | 010-4321-5678 | Java | 4500 | 2년 |

중복 데이터 처리 필요 → (아래 두 행)

⟨도서 구매 내역⟩

정상 데이터

| 고객 번호 | 핸드폰 번호 | 구입 도서명 | 도서 가격 | 구입 수량 |
|---|---|---|---|---|
| 001 | 010-1234-5678 | 파이썬 부수기 | 17000 | 1 |
| 002 | 010-4321-5678 | AI 완전 정복 | 23000 | 1 |
| 001 | 010-1234-5678 | 코딩은 이제 그만 | 25000 | 2 |
| 002 | 010-4321-5678 | AI 완전 정복 | 23000 | 10 |

김대리  그럼 중복 데이터가 있으면 안 되는 곳에 중복 데이터가 있으면 어떻게 해야 하나요?

박차장  중복이 왜 발생했는지 확인해야 해요. 데이터 처리 과정이 잘못돼 중복이 발생했다면 이를 수정해야 하죠. 하지만 시스템 입력이 잘못됐다면 기준을 정해 중복 데이터를 삭제할 수도 있어요. 건수가 너무 적고, 큰 문제가 없다면 그냥 삭제하는 경우도 있고요.

김대리  또 주의할 점이 있을까요?

박차장  보안과 회사 규정에 맞게 데이터를 다뤄야 해요. 특히 개인 정보를 다룬다면 적절한 보안 조치와 개인 정보 보호 규정에 어긋나지 않는지 확인하고 분석을 해야 하죠.

김대리  네, 알겠어요.

# 10장

## 결측값 처리하기

"차장님, 어제 데이터를 살펴보니 중간에 빈 값이 있더라고요. 이게 말씀하신 결측값인 거죠?"

"맞아요. 값이 누락된 빈 값을 결측값이라고 해요. 데이터 분석에서 이 결측값을 처리하지 않으면 분석 결과가 왜곡될 수 있어요."

"이런 결측값은 어떻게 처리해야 하나요?"

"왜 결측값이 발생했는지 알아야 해요. 그러면 어떻게 처리해야 할지 방법이 명확해지죠. 이제 데이터 검증이 끝났으니 데이터를 분석할 수 있는 형태로 바꿀 때가 됐군요."

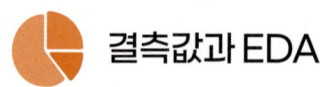

# 결측값과 EDA

**박차장** 데이터를 분석하기 전에 데이터를 분석 및 처리에 적합한 형태로 만드는 작업이 필요해요. 이를 데이터 전처리Preprocessing라고 해요. '데이터 분석의 70%는 데이터 전처리'라는 말이 있을 정도로 중요한 단계죠. 결측값 처리도 그중 하나예요. 데이터에 있는 빈 값은 기록되지 않거나 잘못 입력했을 때 발생하죠. 이런 값을 결측값Missing Value이라 불러요.

**김대리** 데이터 전처리가 그럼 결측값을 처리하는 단계인가요?

**박차장** 그렇진 않아요. 결측값 처리뿐만 아니라 이상치 검출, 데이터 변환 등과 같은 다른 작업도 있어요. 탐색적 데이터 분석, 즉 EDAExploratory Data Analysis를 하다 처리해야 할 데이터를 발견하기도 하죠. EDA 과정을 함께 수행하면서 데이터를 탐색하고 처리하기도 해요.

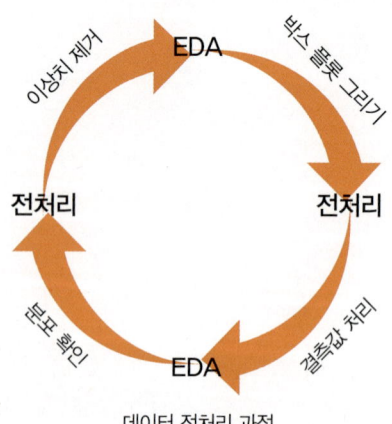

데이터 전처리 과정

김대리 설마 이 모든 과정을 수작업으로 해야 하나요? 시간이 꽤 오래 걸릴 것 같아요.

박차장 직접 하나씩 코드를 실행하며 살펴보면 시간이 많이 걸리죠. 그래서 전처리와 EDA를 쉽게 할 수 있도록 도와주는 무척 다양한 도구가 있어요. 지금은 끝판왕인 AI를 활용할 수 있고요.

김대리 그럼 전처리도 데이터 애널리스트로 가능한가요?

박차장 물론이죠. 그 전에 결측값을 어떤 기준으로 처리하는지 방법을 알아볼게요.

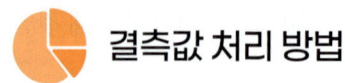# 결측값 처리 방법

박차장   결측값을 처리하는 방법은 2가지가 있어요. 하나는 다른 값으로 채우는 방법, 다른 하나는 제거하는 방법이에요. 첫 번째 방법인 다른 값으로 채우려면 결측값이 발생한 이유를 알아야겠죠? 예를 들어, '학원 등록 여부'라는 칼럼에 결측값이 있을 때 학원에 등록하지 않은 경우 값이 비어 있다는 사실을 알면 해당 값을 0으로 채우면 되겠죠. 또는 온라인에서 등록한 경우는 값이 있고, 학원을 방문해서 직접 등록한 경우에는 빈 값이라면 직접 값을 채울 수도 있겠죠. 온라인으로 등록한 데이터만 분석에 사용한다면 필요 없는 데이터니까 삭제할 수도 있고요.

김대리   앞서 데이터를 파악한 게 중요한 과정이었네요. 데이터가 뭔지 모르는 상태라면 결측값을 채울 방법도 생각해낼 수 없겠어요.

박차장   그럼요. 데이터 파악은 분석의 기본이죠.

박차장   때로는 결측값이 새로운 의미를 내포하는 경우도 있어요. 이럴 때는 다른 범주 값으로 채울 수도 있어요. 머신러닝 알고리즘을 개발할 때는 빈 값을 평균이나 중앙값으로 채우는 방법이 효과적일 수도 있고요. 알고리즘은 얻고자 하는 목표가 있기 때문에 성능이 좋아진다면 이 방법을 사용해 볼 수 있죠. 또는 특정 칼럼이 중요한 데이터거나 삭제하기에는 데이터 양이 적다면 이 방법이 효과적일 수 있어요.

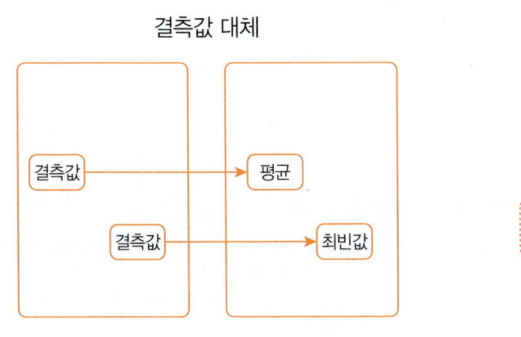
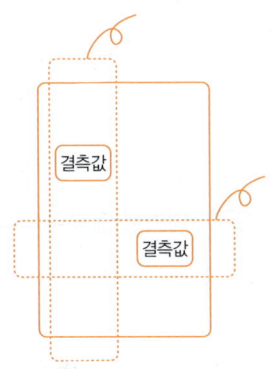

결측값을 처리하는 2가지 방법

김대리   그럼 결측값은 원인을 찾아서 정확한 값을 넣거나 또는 데이터를 추정해서 넣거나 삭제하는 방법이 있는 거군요.

박차장   깔끔하게 정리하셨네요. 하지만 실무에서는 보통 삭제하는 경우가 많아요. 예를 들어, 대용량 데이터에서 결측값이 무작위로 발생했고, 삭제해도 전체 데이터의 특징에 큰 영향을 주지 않으면 굳이 값을 채우기 위해 시간을 들이지 않고 삭제하는 것이 효율적이거든요.

김대리   빈 값이 너무 많으면요?

박차장   특정 칼럼에 결측값이 많다면, 데이터 추출이나 작업이 잘못됐는지를 확인해 보세요. 잘 처리됐음에도 불구하고 결측값이 많을 수 있어요. 이 경우에도 해당 칼럼은 삭제하고 분석하기도 해요.

김대리   제거하는 방법이 처리하기는 쉽겠어요. 해야 될 게 많군요.

박차장   그렇죠. 하지만 데이터 애널리스트의 도움을 받으면 이 작업을 쉽게 할 수 있어요. 방법도 알려 주죠. 그럼 시작해 볼까요?

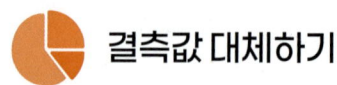 **결측값 대체하기**

박차장  데이터 애널리스트로 다시 돌아와 볼까요? 앞서 데이터 확인 및 검증을 진행하던 채팅 창에 이어서 진행을 해볼게요. 만약 채팅 창을 삭제했다면 data.xlsx 파일을 다시 첨부하고 다음 프롬프트를 입력하세요. 간단하게 결측값 분석을 요청하겠습니다.

 [첨부 파일: data.xlsx]
이 데이터의 결측값을 분석해 주세요.

 데이터세트에는 총 3257개의 행과 122개의 열이 있습니다. 이 중 일부 열에는 결측값이 포함되어 있습니다. 결측값에 대한 자세한 분석을 위해 다음 단계를 수행하겠습니다.

1. 각 열의 결측값 개수 및 비율 계산
2. 결측값이 많은 열과 적은 열 확인
3. 결측값 패턴 시각화

먼저 각 열의 결측값 개수와 비율을 계산하겠습니다.

다음은 결측값이 많은 상위 10개 열의 요약입니다.

| 열 이름 | 결측값 수 | 비율(%) |
|---|---|---|
| 연봉 | 885 | 27.17 |
| 재직 회사 인원수 | 839 | 25.76 |
| 해당 학습 방법을 선호하는 이유 | 304 | 9.33 |

| 열 이름 | 결측값 수 | 비율(%) |
|---|---|---|
| 사용 중인 데이터베이스 | 196 | 6.02 |
| 사용 중인 프레임워크 만족도 | 167 | 5.13 |
| 사용 중인 프레임워크 & 라이브러리 | 138 | 4.24 |
| 사용 중인 웹 프레임워크의 만족도 | 130 | 3.99 |
| 학습 희망하는 데이터베이스 | 109 | 3.35 |
| 사용 중인 웹 프레임워크 | 100 | 3.07 |
| 코딩 시작 나이 | 99 | 3.04 |

결측값이 많은 열을 확인했습니다.

결측값 패턴을 분석하여 특정 열에 결측값이 집중되어 있음을 알 수 있습니다. 결측값이 많은 열은 이를 보완하거나 제거하는 방법을 고려해야 합니다. 결측값 처리 방법에는 여러 가지가 있습니다.

1. 삭제: 결측값이 많은 열을 삭제하거나, 결측값이 있는 행을 삭제
2. 대체: 평균, 중앙값, 최빈값 등으로 결측값을 대체
3. 모델링: 회귀 분석 등 모델링을 통해 결측값 예측 및 대체

특정 분석 목적에 따라 결측값 처리 방법을 선택할 수 있습니다.

**김대리** 전체적으로 결측값이 아주 많지는 않네요. 하지만 '재직 회사 인원수', '연봉'에는 결측값 비율이 25%가 넘어요.

**박차장** 그렇죠. 응답 마지막엔 결측값 처리 방법도 간단히 언급을 해주네요. 언급한 방법 중 세 번째 '모델링'은 통계 모델이나 머신러닝 모델을 사용해 결측값을 예측한 다음 값을 채우는 방법이에요. 이 방법은 난이도가 높으니 지금은 가장 많이 사용하는 삭제와 대체를 해볼게요. 자, 그럼 제일 먼저 해야 할 일이 뭐였죠?

김대리   결측값이 왜 생겼는지, 이 데이터로 무엇을 할지를 생각하는 거죠. 우선 '재직 회사 인원수', '연봉' 칼럼에 왜 유독 결측값이 많은지 궁금해요.

박차장   정확해요. 그런 궁금증이 분석을 더 날카롭게 만들죠. 일단 통계량를 살펴볼까요?

---

 '재직 회사 인원수' 칼럼의 통계를 알려 주세요.

 재직 회사 인원수 칼럼의 통계는 다음과 같습니다.

- 데이터 개수(count): 2418
- 평균값(mean): 132.32
- 표준편차(std): 246.17
- 최솟값(min): 1
- 1사분위수(25%): 5
- 중앙값(50%): 17
- 3사분위수(75%): 86
- 최댓값(max): 998

이 통계를 바탕으로, 결측값을 처리하는 데 필요한 정보를 얻으실 수 있습니다. 예를 들어, 중앙값인 17로 결측값을 대체할 수도 있고, 평균값인 132.32로 대체할 수도 있습니다. 원하시는 방법을 알려 주시면 적용해드리겠습니다.

---

박차장   중앙값이나 평균값으로 대체하라고 알려 주네요. 어떻게 하면 좋을까요?

김대리   '연봉'이나 '재직 회사 인원수'의 빈 값을 평균으로 채워도 될지 잘 모르겠네요. 연봉을 기재하지 않은 이유가 있지 않을까요?

박차장  왜 그럴까요?

김대리  음… 혹시 회사에 다니지 않는 건 아닐까요?

박차장  역시 관련 업무를 하고 있어서 답을 알고 계시네요. 데이터를 살펴봐도 같은 결론에 도달할 수 있어요. 사실인지 확인해 볼까요? 이럴 때는 또 다른 칼럼의 값을 같이 확인해 보면 답을 찾을 수 있어요.

 '재직 회사 인원수'가 결측값인 데이터의 '업무 형태'의 비율을 알려 주세요.

 재직 회사 인원수가 결측값인 데이터에서 업무 형태의 비율은 다음과 같습니다.

- 학생입니다.: 60.36%
- 구직 중입니다.: 27.90%
- 풀타임으로 일합니다.: 5.99%
- 프리랜서입니다.(파트타임): 2.63%
- 파트타임으로 일합니다.: 1.32%
- 은퇴했어요.(정년퇴직, 파이어족): 1.20%
- 프리랜서입니다.(풀타임): 0.60%

이 비율을 참고하여 결측값을 처리하는 방법을 결정할 수 있습니다.

김대리  학생, 구직중, 은퇴 등 회사에 다니지 않는 사람의 비율이 약 90%가 되네요. 회사에 다니지 않으니 '재직 회사 인원수'에 값이 없는 게 당연하고요. 그렇다면 전체 데이터에서 무직 비율이 높은 건 아닌지 확인해 보면 어떨까요?

박차장  그럼 전체 '업무 형태' 데이터도 살펴볼까요?

'업무 형태'의 데이터 비율을 알려 주세요.

 전체 데이터에서 '업무 형태'의 비율은 다음과 같습니다.

- 풀타임으로 일합니다.: 53.73%
- 학생입니다.: 19.25%
- 구직 중입니다.: 10.06%
- 프리랜서입니다.(파트타임): 8.33%
- 프리랜서입니다.(풀타임): 5.86%
- 파트타임으로 일합니다.: 1.94%
- 은퇴했어요.(정년퇴직, 파이어족): 0.83%

이 비율을 통해 데이터의 전반적인 업무 형태 분포를 이해할 수 있습니다.

김대리　전체 데이터를 비교하니 오히려 일하는 사람이 많다는 게 보이네요. 이렇게 데이터를 하나하나 분석할 수 있겠네요.

박차장　맞아요. 그럼 이번엔 '연봉'도 '업무 형태'와 함께 확인해 볼까요?

 '연봉'이 결측값인 데이터의 '업무 형태'의 비율을 알려 주세요.

 연봉이 결측값인 데이터의 업무 형태 비율은 다음과 같습니다.

- 학생입니다.: 56.98%
- 구직 중입니다.: 21.23%
- 풀타임으로 일합니다.: 13.28%
- 프리랜서입니다.(파트타임): 4.43%
- 프리랜서입니다.(풀타임): 2.38%
- 파트타임으로 일합니다.: 0.91%
- 은퇴했어요.(정년퇴직, 파이어족): 0.79%

> 대부분의 결측값이 '학생입니다'와 '구직 중입니다'에 집중되어 있는 것을 확인할 수 있습니다. 이는 이 두 그룹의 경우 연봉 정보를 제공하지 않은 것으로 보입니다.

박차장  이번에는 결과도 해석해 주네요. 이와 같이 데이터를 보고 생각하면서 분석해야 더 좋은 결과물을 얻을 수 있어요. 이런 부분이 분석가 역량의 차이가 될 수 있죠. 그럼 결측값을 처리해 볼게요. 어떤 값으로 대체할 수 있을까요?

김대리  회사에 재직하지 않는 사람들이니 평균값이나 최빈값이 아니라 0을 채우면 되겠어요.

박차장  아주 좋습니다. 모름Unknown으로 값을 채울 수도 있지만, 수치형 데이터 타입을 유지하기 위해 0으로 채우는 게 더 효과적이겠어요. 프롬프트도 직관적으로 그대로 입력하면 됩니다. 결측값 확인을 위해 사용했던 칼럼인 '업무 형태'에서 무직임을 나타내는 답변들을 선택한 다음, 결측값이 있는 칼럼의 결측값을 0으로 채워 달라고 작성하면 돼요.

'업무 형태'가 '학생입니다', '구직중입니다', '은퇴했어요'인 경우 '재직 회사 인원수'와 '연봉' 칼럼의 결측값을 0으로 채워 주세요.

'학생입니다', '구직 중입니다', '은퇴했어요(정년퇴직, 파이어족)'인 경우 '재직 회사 인원수'와 '연봉' 열의 결측값을 0으로 채웠습니다. 이제 해당 열의 남은 결측값 개수는 다음과 같습니다.

- 재직 회사 인원수: 92
- 연봉: 189

이제 이 작업이 완료되었습니다. 추가로 다른 분석이나 처리가 필요하다면 말씀해 주세요.

# 결측값 삭제하기

김대리   데이터 애널리스트 덕분에 쉽게 결측값을 처리했지만, 칼럼 하나하나 들여다보는 게 쉽진 않네요.

박차장   대화형 AI의 장점이 바로 이런 데서 드러나죠. 방법을 바로 질의할 수 있다는 거예요. 결측값을 채워야 할 나머지 칼럼은 어떻게 하면 좋을지 물어볼게요.

---

 칼럼별로 결측값을 처리할 방법을 추천해 주세요.

 결측값을 처리하는 방법은 데이터의 특성, 분석 목적, 결측값의 비율 등에 따라 달라집니다. 각 칼럼별로 적절한 결측값 처리 방법을 추천해 드리겠습니다.

**1. 연봉**
- 추천 방법: 결측값이 많은 경우 특정 기준에 따라 대체하는 것이 좋습니다.
  - 학생, 구직 중, 은퇴자: 이미 0으로 대체 완료
  - 기타: 평균 또는 중앙값 대체. 평균 연봉이 너무 높을 수 있으므로 중앙값 대체가 일반적으로 더 안정적입니다.

**2. 재직 회사 인원수**
- 추천 방법: 이 변수는 분포가 치우쳐 있을 수 있습니다.
  - 학생, 구직 중, 은퇴자: 이미 0으로 대체 완료
  - 기타: 중앙값 또는 해당 회사의 평균 직원 수를 대체

**3. 해당 학습 방법을 선호는 이유**
- 추천 방법: 텍스트 데이터로, 결측값을 'N/A' 또는 'No reason provided' 등으로 대체

**4. 사용 중인 데이터베이스**
- 추천 방법: 가장 많이 사용하는 데이터베이스로 대체하거나 'Unknown'으로 대체

(중략)

각 칼럼별로 제안한 방법을 통해 결측값을 처리할 수 있습니다. 이 방법들을 적용해 보기를 원하시면 알려 주세요.

김대리 보통 수치형 데이터는 중앙값으로, 범주형 데이터는 최빈값으로 대체하라고 하네요. 이렇게 적용해도 괜찮지 않을까요?

박차장 그 전에 확인할 내용이 있어요. 결측값이 너무 많은 데이터는 대체하기보다 삭제하는 게 데이터 왜곡을 줄일 수 있어요. 어떤 행이 가장 결측값이 많은지 확인해 볼게요.

 결측값이 가장 많은 상위 10개 행을 찾아 주세요.

 결측값이 많은 상위 10개의 행은 다음과 같습니다.

1. 행 1346: 24개의 결측값
2. 행 776: 14개의 결측값
3. 행 2758: 13개의 결측값
4. 행 922: 13개의 결측값
5. 행 3138: 13개의 결측값
6. 행 1068: 13개의 결측값
7. 행 2942: 13개의 결측값
8. 행 805: 13개의 결측값
9. 행 3020: 12개의 결측값
10. 행 2697: 12개의 결측값

> 특정 행에 결측값이 집중된 경우 해당 행을 분석하여 결측값을 처리할지 아니면 해당 행을 삭제할지 결정해야 합니다.

**김대리** 첫 번째 행이 무려 24개의 결측값을 가지고 있네요. 어떤 행이죠?

**박차장** 이 행이 어떤 데이터를 가지고 있는지 확인해 볼게요.

---

 가장 많은 결측값을 가진 행의 데이터를 보여 주세요.

 다음은 24개의 결측값을 가진 행(1346)의 데이터입니다.

- 업무 형태: 학생입니다.
- 개발 경력: 0
- 업무: 보안
- 재직 회사 인원수: 0.0
- 재직 회사 산업군: 기타 혹은 무직
- (기타 많은 열들...)
- 선호 커뮤니티_네이버 카페: 0
- 선호 커뮤니티_뽐뿌: 0
- 선호 커뮤니티_루리웹: 0
- 선호 커뮤니티_특별히 찾아 다니지 않는다: 0
- 선호 커뮤니티_Other: 0

이 행에는 여러 결측값이 존재합니다. 이 행에 대해 결측값 처리를 어떻게 할지 결정할 필요가 있습니다. 결측값을 대체하거나, 이 행을 제거하거나, 기타 다른 처리를 원하시면 말씀해 주세요.

**김대리** '학생'이네요. 앞에서 2개 칼럼의 결측값을 채웠으니 사실상 26개 칼럼이 결측값이었다는 거네요.

박차장   이렇게 결측값이 많은 행은 일일이 채우는 것보다 삭제하는 게 좋은 방법이에요. 삭제도 간단하게 프롬프트 한 줄로 가능합니다.

 해당 데이터를 삭제하겠습니다.

 결측값이 많은 행(1346)을 삭제했습니다. 이제 데이터세트에는 3256개의 행이 남아 있습니다. 추가로 다른 작업이나 분석이 필요하시면 말씀해 주세요.

박차장   이제 나머지는 데이터 애널리스트가 추천하는 방법으로 진행해 볼게요.

 추천하는 방법으로 칼럼별 결측값을 처리해 주세요.

 일부 열에는 수치형 데이터와 문자열 데이터가 혼합되어 있어 중앙값을 계산할 수 없는 문제가 발생했습니다. 따라서 각 열의 데이터를 검토하고 적절한 방법으로 결측값을 처리하겠습니다.

1. '선호하는 한 회사 내 근무 연수' 열의 문자열 데이터 처리
해당 열에 포함된 문자열 데이터를 적절히 변환하여 결측값을 처리하겠습니다.

2. 나머지 열에 대해서는 기존의 추천 방법을 적용하여 결측값을 처리하겠습니다.

먼저 '선호하는 한 회사 내 근무 연수' 열의 문자열 데이터를 처리하고, 이후 나머지 열의 결측값을 채우겠습니다.

결측값 처리가 대부분 완료되었으나, 일부 열에 여전히 결측값이 존재합니다. 해당 열들은 다음과 같습니다.

1. 업무 형태: 15
2. 에디터/IDE 환경 내 선호 테마: 30

3. 사용 중인 OS: 26
4. 선호하는 한 회사 내 근무 연수: 3256(이 열은 아마 모든 값이 제거되어 처리해야 함)
5. 경제적 자유 성취 후 근무 지속 여부: 22
6. 코딩 시 간식 섭취 여부: 24
7. 코딩 시 마시는 음료: 32
8. MBTI: 40
9. 도서 구매 성향: 27

**추가 결측값 처리 방법**

- 업무 형태, 에디터/IDE 환경 내 선호 테마, 사용 중인 OS, 경제적 자유 성취 후 근무 지속 여부, 코딩 시 간식 섭취 여부, 코딩 시 마시는 음료, MBTI, 도서 구매 성향
  - 'Unknown' 또는 'Not specified'로 대체

- 선호하는 한 회사 내 근무 연수: 이 열은 모든 값이 결측값으로 보이므로 열 자체를 제거하는 것이 합리적일 수 있습니다.

이를 기반으로 결측값을 처리하겠습니다.

모든 결측값이 성공적으로 처리되었습니다. 현재 데이터세트에는 결측값이 없습니다. 이제 데이터세트를 완전히 정제된 상태로 사용하실 수 있습니다.

**박차장** 모든 데이터를 처리했네요. 대부분 칼럼이 최빈값과 중앙값으로 처리됐어요. '선호하는 한 회사 내 근무 연수'에 문제가 있었는데 어떻게 처리되었는지 확인해 볼까요?

'선호하는 한 회사 내 근무 연수' 데이터를 보여 주세요.

열 '선호하는 한 회사 내 근무 연수'는 모든 값이 결측값이어서 제거되었습니다. 따라서 해당 열은 데이터세트에 더 이상 존재하지 않습니다.

김대리   모든 값이 결측값이어서 제거해버렸네요. 데이터를 확인해 볼 수가 없겠어요. 어떻게 하죠?

박차장   복구를 요청하면 간단하게 해결할 수 있어요.

---

 삭제된 열인 '선호하는 한 회사 내 근무 연수'를 복구해 주세요.

 삭제된 열을 복구하려면, 기존 데이터세트에서 해당 열을 다시 가져와야 합니다. 원본 데이터세트를 다시 로드하여 '선호하는 한 회사 내 근무 연수' 열을 복구할 수 있습니다.

업로드된 원본 파일에서 해당 열을 다시 가져오겠습니다.

'선호하는 한 회사 내 근무 연수' 열이 원본 데이터세트에서 복구되었습니다. 이제 이 열이 다시 데이터세트에 포함되었습니다.

이제 해당 열의 결측값을 처리하겠습니다. 결측값이 있는 경우 'Unknown'으로 대체하겠습니다.

'선호하는 한 회사 내 근무 연수' 열이 성공적으로 복구되었으며, 결측값은 'Unknown'으로 대체되었습니다. 이제 데이터세트가 완전히 정제된 상태입니다.

추가로 다른 분석이나 처리가 필요하시면 말씀해 주세요.

---

김대리   데이터를 복구하고 다른 방식으로 처리했어요.

박차장   알아서 다 처리해 주네요. 문제가 되는 칼럼의 데이터가 어떤지 다시 확인해 보죠.

'선호하는 한 회사 내 근무 연수' 데이터를 보여 주세요.

 '선호하는 한 회사 내 근무 연수' 열의 데이터는 다음과 같습니다.

- 2~3년: 1198명
- 4~5년: 920명
- 5년 이상: 467명
- 안 하는 것이 좋다: 414명
- 가능하면 자주하는 것이 좋다: 96명
- Unknown: 75명
- 1년: 68명
- 기타: 18명

이제 데이터가 복구되어 결측값 없이 분석할 수 있습니다.

김대리   'Unknown'으로 처리를 했어요. 처음에는 왜 제거했을까요?

박차장   제거한 이유가 있겠지만, 사용자 입장에서 잘못된 방법이라면 짚고 넘어가야 해요. 결측값 처리는 이후 데이터 분석에도 영향을 미치기 때문에 꼼꼼히 처리하는 게 좋아요.

자, 그럼 마지막으로 결측값을 모두 처리한 데이터를 추출해 볼까요? 데이터 애널리스트는 결과 파일을 보관하지 않기 때문에 작업을 마친 결과 파일은 다운로드를 요청해서 저장하세요.

 최종 데이터를 다운로드하겠습니다.

 처리를 모두 마친 최종 데이터를 다운로드할 수 있는 링크를 제공해 드립니다.
[다운로드: cleaned_data.xlsx](sandbox:/mnt/data/cleaned_data.xlsx)

김대리     결과물도 쉽게 받을 수 있네요! cleaned_data.xlsx를 다운받았어요.

박차장     다운로드받고 파일명은 다른 이름으로 바꿔도 돼요. 참고로 데이터 애널리스트가 제공하는 파일명은 매번 다를 수 있다는 점 참고하세요.

김대리     네! 그럼 이제 결측값 처리는 모두 끝났군요!

박차장     긴장을 풀긴 아직 일러요. 결측값 처리는 한 번에 끝나지 않을 수 있어요.

김대리     2번 이상 할 수 있다는 건가요?

박차장     그럴 수 있어요. 지금은 머신러닝 알고리즘 학습을 염두에 두고 결측값을 평균값, 최빈값 등으로 대체하거나 일부 행을 삭제했지만 결과가 잘 안 나오면 다른 방법으로 다시 결측값을 처리해야 할 수도 있어요. 평균값과 최빈값을 사용하는 이유는, 누락된 데이터는 자주 관측되는 값으로 대체해야 전체 데이터 특성이 잘 유지될 거라고 추측하기 때문이에요. 이것도 하나의 방법이기 때문에 원하는 결과물과 목적에 따라 바뀔 수 있죠.

         예를 들어, 현황을 보고하는 자료라면 결측값을 하나의 다른 범주로 분류해서 분석해야 할 수 있어요. 수치형 데이터라면 삭제하거나 0으로 바꾸는 게 좋을 수도 있죠. 그래서 데이터 분석은 순서에 따라 한 번에 처리하고 끝나지 않아요. 보통 여러 가지 가설을 세우고, 분석하고, 수정하는 반복 작업을 거치죠. 그래서 반복 작업이라는 걸 염두에 두고 분석을 해야 해요.

김대리     그렇군요. 반복 작업을 통해서 원하는 결과에 가깝고 더 정확한 인사이트를 얻을 수 있겠군요.

# 11장

## 데이터 분포 파악

"차장님. 팀장님이 데이터의 특성을 파악해 보자고 하세요. 어떻게 하면 좋을까요?"

"데이터 분석을 시작하면 자연스럽게 궁금해지는 다음 단계죠. 일반적으로 데이터를 파악하는 순서기도 하고요."

"데이터 특성이 정확히 어떤 거예요? 또 어떻게 파악할 수 있나요?"

"데이터 특성은 말 그대로 데이터가 가진 속성이나 특징을 의미해요. 데이터 분석에서 중요한 정보를 제공하고 데이터를 이해하려면 반드시 알아야 할 요소죠. 데이터 특성은 데이터의 분포와 빈도 분석 등을 이용해서 파악할 수 있어요. 바로 진행해 볼까요?"

## 수치형 데이터 특성 파악하기

김대리   그런데 데이터 특성은 왜 파악해야 하는 거예요?

박차장   데이터 특성을 파악하면 데이터가 어떻게 구성되어 있는지, 각 변수가 분석에 어떤 영향을 미칠지, 나아가 어떤 전처리나 분석 기법을 적용해야 할지 판단할 수 있기 때문이에요.

김대리   아, 향후 분석의 뼈대가 되는 작업이군요.

박차장   네, 맞아요. 우선 데이터 특성의 가장 큰 구분은 데이터의 유형을 파악하는 거예요. 앞서 데이터 유형을 2가지로 나눴던 거 기억나시나요?

김대리   네네. 수치형 데이터와 범주형 데이터였죠.

박차장   맞아요. 이 2가지 데이터 유형에 따라 데이터 특성을 파악할 수 있는 기준이 달라집니다. 수치형 데이터는 '통계량'과 '분포'를, 범주형 데이터는 '항목 개수'와 '빈도'를 살펴보면 데이터의 특성을 파악할 수 있어요.

이번에는 수치형 데이터 위주로 진행해 볼게요. 수치형 데이터 특성 파악은 주로 3가지를 확인합니다. 첫 번째는 데이터가 정규분포를 따르는지 또는 어떤 경향성을 보이는지 등을 확인하는 거예요. 이를 통해 칼럼의 특성을 이해하고 적절한 분석 방법이나 모델을 선택할 수 있어요.

두 번째는 데이터 변환이 필요한지 판단합니다. 예를 들어, 범주형 데이터로 변환해야 할 수도 있고, 머신러닝 알고리즘에 학습할 경우 수치형 변수로 변환해야 성능이 더 잘 나올 수 있어요.

세 번째는 이상치를 확인합니다. 이상치는 분석 결과를 왜곡할 수 있어 이를 식별하고 적절히 처리해야 해요.

바로 진행해 볼게요. 데이터 애널리스트에 앞서 결측값을 처리한 파일을 업로드하세요. 이번에는 데이터 분포를 파악하기 전에 통곗값부터 살펴볼까요?

---

[첨부 파일: 11_결측값제거데이터.xlsx]
이 데이터에서 수치형 데이터의 통곗값을 요약해 주세요.

업로드한 파일의 수치형 데이터에 대한 통곗값 요약을 완료했습니다. 주요 통곗값은 다음과 같습니다.

- **개발 경력**: 평균 5.28년, 표준편차 6.50년
- **재직 회사 인원수**: 평균 98.49명, 표준편차 219.78명
- **연봉**: 평균 4374.96만 원, 표준편차 4712.12만 원
- **사용 중인 언어 만족도**: 평균 7.64, 표준편차 1.80
- **사용 중인 데이터베이스 만족도**: 평균 7.16, 표준편차 1.83
- **코딩 시작 나이**: 평균 21.66세, 표준편차 6.66세

이외에도 100개 이상의 다른 수치형 변수들이 포함되어 있습니다. 특정 변수나 추가적인 분석이 필요하시면 알려 주세요.

---

박차장   데이터가 많아서 몇 가지 칼럼만 뽑아서 보여 주네요. 모든 칼럼을 다 살펴보는 건 비효율적이니 비즈니스에 중요한 칼럼을 먼저 살펴보고 나머지는 필요에 따라 알아보기로 하죠. 어떤 칼럼을 먼저 살펴볼까요?

김대리  '개발 경력', '재직 회사 인원수', '코딩 시작 나이', '연봉' 이렇게 4개의 칼럼을 먼저 보면 좋겠어요. 분석 주제를 다룰 때 중요하게 사용될 변수거든요.

박차장  좋습니다. 이 칼럼들을 먼저 알아보죠.

---

'개발 경력', '재직 회사 인원수', '코딩 시작 나이', '연봉' 4개 칼럼의 통곗값을 분석해 주세요.

'개발 경력', '재직 회사 인원수', '코딩 시작 나이', '연봉' 네 개의 칼럼에 대한 통곗값을 분석했습니다. 요약 통계는 다음과 같습니다.

1. 개발 경력
   - 평균: 5.28년
   - 표준편차: 6.50년
   - 최소: 0년
   - 25%: 0년
   - 중앙값: 3년
   - 75%: 9년
   - 최대: 42년

2. 재직 회사 인원수
   - 평균: 98.49명
   - 표준편차: 219.78명
   - 최소: 0명
   - 25%: 1명
   - 중앙값: 8명
   - 75%: 34명
   - 최대: 5000명

3. 코딩 시작 나이
   - 평균: 21.66세

- 표준편차: 6.66세
- 최소: 5세
- 25%: 18세
- 중앙값: 21세
- 75%: 24세
- 최대: 65세

4. 연봉
- 평균: 4374.96만 원
- 표준편차: 4712.12만 원
- 최소: 0만 원
- 25%: 1658만 원
- 중앙값: 3735만 원
- 75%: 5675만 원
- 최대: 50000만 원

추가적인 분석이나 시각화가 필요하시면 알려 주세요.

**박차장** 평균, 표준편차, 최솟값, 최댓값, 분위들을 알려 줬네요.

**김대리** 분위가 25%, 중앙값, 75%에 해당하는 값인가요?

**박차장** 맞아요. 분위는 데이터를 작은 수부터 차례대로 줄 세웠을 때 특정 위치에 해당하는 값이 무엇인지를 알려 주는 값이에요. 25%면 상위 25%에 해당하는 데이터가 어떤 값인지를 알려 주죠. '재직 회사 인원수'의 평균과 50% 값, 즉 중앙값을 볼까요? 평균은 98.49명이고 중앙값은 8명이네요. 이 값을 보면 '재직 회사 인원수'는 작은 수가 대다수를 차지하고 인원이 많은 회사는 점점 줄어드는 형태로 분포되어 있다고 예상할 수 있어요.

김대리   우와! 통곗값만으로 대략적인 분포 정도를 알 수 있네요. 더 자세히 살펴볼 수 있나요?

박차장   물론이죠. 분위수를 세세히 나눠서 데이터를 파악할 수도 있어요.

---

 분위수를 더욱 세세히 나눠서 보여 주세요.

 선택한 칼럼들에 대한 보다 세부적인 분위수는 다음과 같습니다.

- 1% 분위수
  - 개발 경력: 0년
  - 재직 회사 인원수: 0명
  - 코딩 시작 나이: 5세
  - 연봉: 0만 원

- 5% 분위수
  - 개발 경력: 0년
  - 재직 회사 인원수: 0명
  - 코딩 시작 나이: 9세
  - 연봉: 0만 원

- 10% 분위수
  - 개발 경력: 0년
  - 재직 회사 인원수: 0명
  - 코딩 시작 나이: 13세
  - 연봉: 0만 원

- 25% 분위수
  - 개발 경력: 0년
  - 재직 회사 인원수: 1명
  - 코딩 시작 나이: 18세
  - 연봉: 1658만 원

- 50%(중앙값)
    - 개발 경력: 2년
    - 재직 회사 인원수: 8명
    - 코딩 시작 나이: 22세
    - 연봉: 3735만 원

- 75% 분위수
    - 개발 경력: 9년
    - 재직 회사 인원수: 34명
    - 코딩 시작 나이: 26세
    - 연봉: 5675만 원

- 90% 분위수
    - 개발 경력: 15년
    - 재직 회사 인원수: 100명
    - 코딩 시작 나이: 30세
    - 연봉: 7748만 원

- 95% 분위수
    - 개발 경력: 20년
    - 재직 회사 인원수: 300명
    - 코딩 시작 나이: 34세
    - 연봉: 10205만 원

- 99% 분위수
    - 개발 경력: 30년
    - 재직 회사 인원수: 1000명
    - 코딩 시작 나이: 40세
    - 연봉: 26874만 원

추가적인 분석이나 다른 정보가 필요하시면 알려 주세요.

이렇게 보면 10%, 90% 같이 세세한 분위에 있는 데이터들을 확인할 수 있어요.

김대리   이렇게 자세한 분위는 분석 단계 중 어떤 단계에서 보면 좋을까요?

박차장   10%, 90%와 같은 극단값은 일반적인 경우에는 잘 쓰이지 않지만 중요한 역할을 할 수 있기 때문에 늘 보는 걸 권해요. 이상치로 보고 삭제할 수도 있지만, 극단값이 분석 주제가 되는 경우도 있어요. 그만큼 의미 있는 데이터일 수 있죠. 예를 들어, 연봉이 상위 1%인 사람의 특징은 무엇인지 분석해 볼 수 있어요.

김대리   그렇네요. 비즈니스 관점에서 평균에 속한 사람보다 극단에 속한 사람이 의미가 있는 경우가 있겠어요.

# 데이터 시각화하기

**박차장** 이번에는 데이터를 그래프로 만들어서 파악해 볼게요. 이런 과정을 데이터 시각화Data Visualization라고 합니다. 단, 데이터 애널리스트에는 한글 폰트가 설치되어 있지 않으므로 그래프를 만들 때 한글이 영어로 바뀐다거나 출력되지 않을 때가 있어요. 따라서 그래프에 한글을 출력하는 koreanize-matplotlib 패키지를 설치해야 해요.

**김대리** 어떻게 설치할 수 있나요?

**박차장** 먼저 파이썬 패키지를 제공하는 PyPIPython Package Index에 접속합니다. 검색창에 "koreanize-matplotlib"을 검색한 다음 [koreanize-matplotlib 0.1.1]을 클릭하세요.

🔗 PyPI: pypi.org

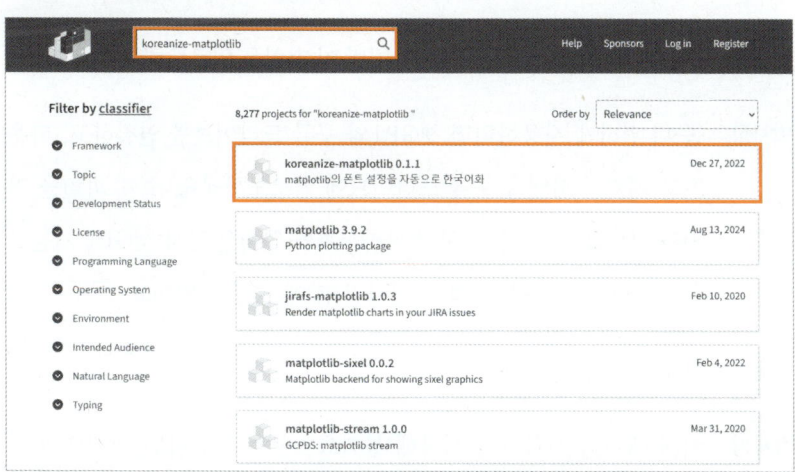

설치 페이지로 이동하면 왼쪽 사이드에서 [Download files]를 클릭한 다음 확장자가 whl인 파일을 클릭해 다운로드합니다.

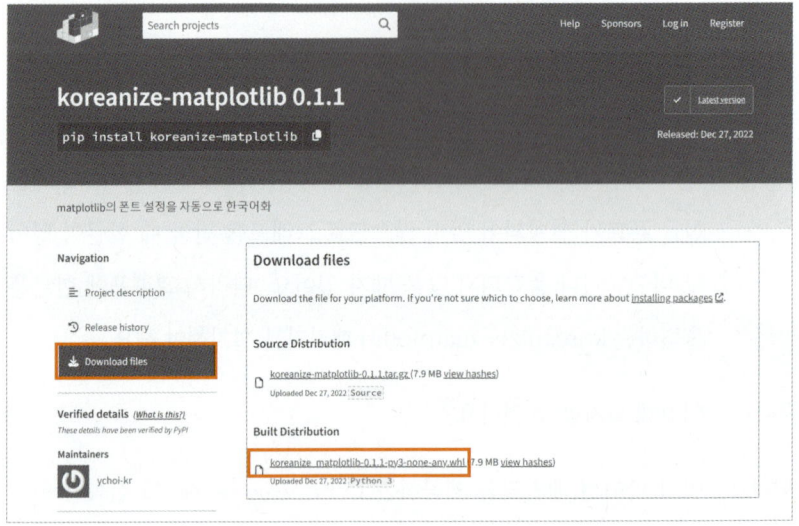

이제 데이터 애널리스트에 다운로드받은 파일을 업로드하고 "패키지 설치, 그래프 그릴 때 한글 사용"이라고 프롬프트를 입력하면 이후 그래프를 그릴 때 문제없이 한글을 사용할 수 있어요.

김대리    만약 새 채팅 창에서 시작할 땐 매번 이 파일을 업로드해야겠네요.

박차장    좀 더 편하게 사용하려면 챗GPT와 구글 드라이브를 연결하고, 다운받은 패키지 파일을 구글 드라이브에 업로드하세요. 쉽게 파일을 가져와 사용할 수 있어요. 구글 드라이브와 연결은 앞서 챗GPT 기능을 살펴볼 때 설명했던 [설정 → 연결된 앱]에서 할 수 있어요.

김대리    그것도 방법이겠네요.

박차장    이제 데이터 시각화를 시작해 볼까요? 앞서 작업하던 데이터 파일

11_결측값제거데이터.xlsx을 첨부하고 간단하게 시각화를 요청할게요. 어떤 칼럼을 그래프로 만들어 볼까요?

김대리 데이터 분석의 핵심 칼럼 역할을 할 '개발 경력', '재직 회사 인원수', '코딩 시작 나이', '연봉' 칼럼을 그래프로 보고싶어요. 4개도 동시에 만들 수 있나요?

박차장 물론이죠. 그래프로 만들 칼럼명을 입력하고 시각화를 요청하면 됩니다.

---

 '개발 경력', '재직 회사 인원수', '코딩 시작 나이', '연봉' 데이터를 시각화해 주세요.

4개의 칼럼에 대한 데이터 분포가 각 그래프에 잘 나타나 있습니다.

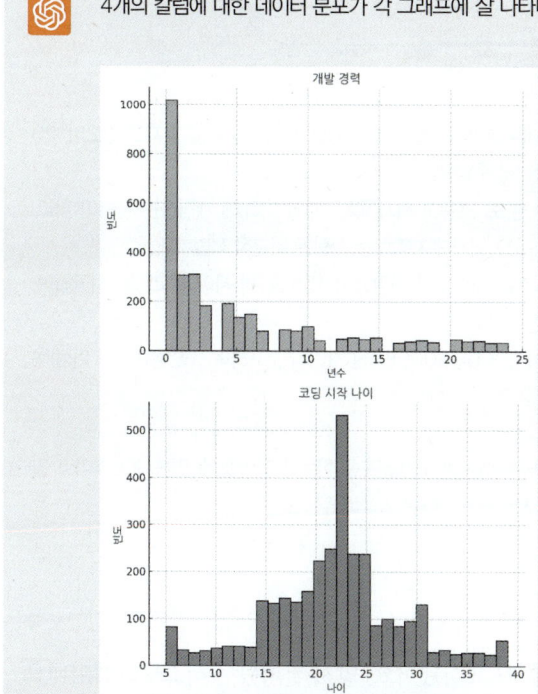

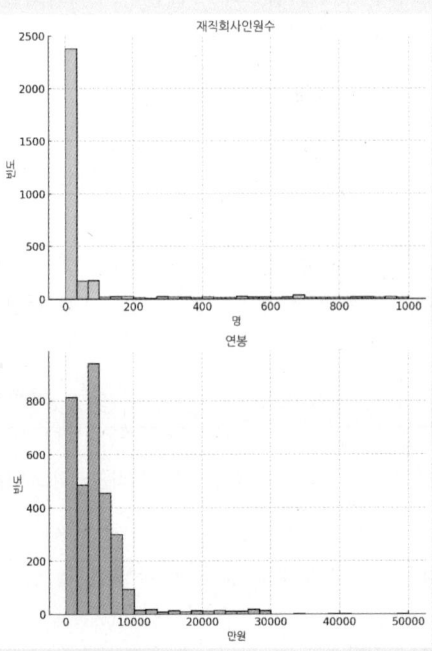

1. **개발 경력 분포**: 대부분의 사람들이 0~10년 사이의 경력을 가지고 있으며, 20년 이상의 경력자는 소수입니다.
2. **재직 회사 인원수 분포**: 소규모 회사(특히 50명 이하)에 재직하는 사람이 많고, 500명 이상의 대규모 회사에 재직하는 사람은 비교적 적습니다.
3. **코딩 시작 나이 분포**: 대부분의 사람들이 15~30세 사이에 코딩을 시작하며, 20대 초반이 가장 많습니다.
4. **연봉 분포**: 연봉이 2000~8000만 원 사이에 분포하며, 고연봉(1억원 이상)은 드문 편입니다.

이 시각화를 통해 데이터의 전반적인 분포를 한눈에 파악할 수 있습니다. 추가로 필요한 분석이나 다른 시각화가 있다면 말씀해 주세요.

박차장 '재직 회사 인원수' 그래프를 살펴볼까요? x축은 칼럼의 '값', y축은 '재직 회사 인원수'가 표시됐어요. 앞서 살펴봤던 히스토그램이네요.

김대리   분위 값으로 예상했을 때보다 작은 수에 몰려 있는 모습이 뚜렷하게 나타나네요.

박차장   이제 분포를 보고 왜 이런 현상이 생겼는지 혹은 데이터가 잘못된 건 아닌지 생각해 봐야 해요.

김대리   직관적으로 생각해 보면 프리랜서 개발자나 작은 기업의 개발자가 상대적으로 많아서 이런 분포가 나온 것 같아요.

박차장   그럼 데이터가 잘못되었다기보다 학원에서 수업을 듣는 사람의 특성에 가까울 것 같네요. 추가로 앞서 처리했던 결측값도 고려해 볼 수 있어요.

김대리   아, 결측값을 다 0으로 채워서 0의 비율이 더 올라갔겠네요.

박차장   네, 맞아요. 모든 단계에서 이루어진 작업은 이후 분석 결과에 큰 영향을 끼친다는 점을 기억해야 해요. 오류가 있는 데이터는 아니니 그럼 다른 데이터를 더 살펴볼까요?

김대리   어떤 데이터를 살펴봐야 할지 잘 모르겠어요.

박차장   그럼 추천을 받는 것도 가능하죠.

---

 다음에 분석해야 할 수치형 데이터 2개를 골라 통곗값과 그래프를 그려 주세요.

 다음 분석을 위해 선택할 수 있는 수치형 데이터 중 흥미롭고 유용할 것 같은 2개의 칼럼을 추천드리겠습니다.

**1. 사용 중인 언어 만족도:**
개발자가 현재 사용하는 프로그래밍 언어에 얼마나 만족하고 있는지를 나타내는 칼럼입니다. 다양한 언어의 만족도를 비교함으로써 특정 언어에 대한 선호도를 파악할 수 있습니다.

### 2. IT 도서 호감도:
개발자들이 IT 도서에 대해 얼마나 호감을 가지고 있는지를 나타내는 칼럼입니다. 개발자들의 학습 및 자기 계발에 대한 태도를 이해하는 데 도움이 됩니다.

이 2개의 칼럼을 통해 프로그래밍 언어에 대한 만족도와 IT 도서에 대한 호감도를 분석할 수 있습니다. 이를 바탕으로 개발자들의 선호도와 학습 태도를 파악할 수 있습니다. 이 두 칼럼에 대한 분석을 진행해 보겠습니다.

다음 2개의 수치형 칼럼에 대한 자세한 통곗값은 다음과 같습니다.

### 1. 사용 중인 언어 만족:
- count: 3256
- mean: 7.64
- std: 1.80
- min: 1.0
- 25%: 7.0
- 50%(중앙값): 8.0
- 75%: 9.0
- max: 10.0

### 2. IT 도서 호감도:
- count: 3256
- mean: 7.19
- std: 2.07
- min: 1.0
- 25%: 6.0
- 50%(중앙값): 7.0
- 75%: 9.0
- max: 10.0

이 통곗값들을 통해 각 칼럼의 분포와 특성을 이해할 수 있습니다. 이제 이 두 칼럼의 데이터를 시각화해 보겠습니다.

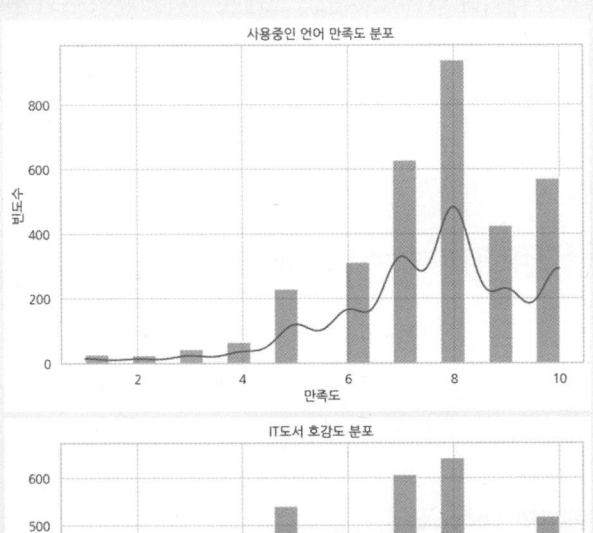

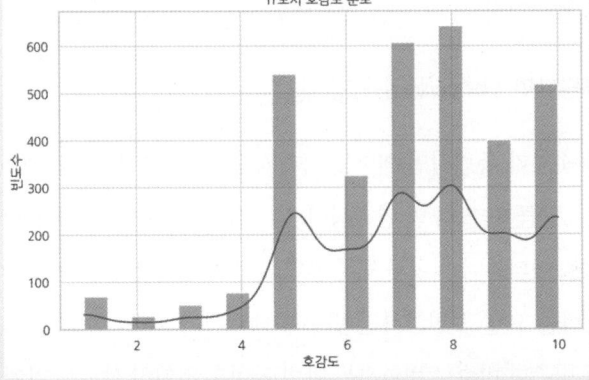

추가로 선택한 2개의 수치형 칼럼에 대한 분포를 시각화한 결과입니다.

### 1. 사용 중인 언어 만족도 분포
대부분의 응답자가 7에서 9 사이의 높은 만족도를 가지고 있으며, 10점 만점을 준 응답자도 상당수 있습니다. 전반적으로 긍정적인 평가가 많습니다.

### 2. IT 도서 호감도 분포
IT 도서에 대한 호감도는 6에서 9 사이에 집중되어 있으며, 10점 만점을 준 응답자도 다수 있습니다. 이 역시 전반적으로 긍정적인 평가가 많습니다.

이 시각화를 통해 응답자들의 만족도와 호감도를 한눈에 파악할 수 있습니다. 추가로 분석하거나 시각화가 필요한 데이터가 있다면 말씀해 주세요.

김대리　분석할 데이터 추천에 통곗값, 그래프 그리고 분석 결과까지 한 번에 해결됐네요. 덕분에 중요한 수치형 데이터는 다 파악했네요.

박차장　하나 더 확인하고 넘어갈게요. 수치형 데이터가 2가지로 나뉘었던 것도 기억나시나요?

김대리　연속성 데이터와 비연속성 데이터였죠.

박차장　맞아요. 숫자로 된 데이터라 해도 범주형 데이터인지 확인하는 게 좋아요. 여러 분류나 항목으로 나뉘는 데이터는 수치형 데이터라고 볼 수 없으니까요.

김대리　그렇다면 '만족도'는 수치형 데이터라고 볼 수 있나요?

박차장　각 숫자가 독립적인 의미를 가지지 않고, 순차적으로 '만족도 1보다 2가 1만큼 더 크다'면 연속성이 있다고 볼 수 있어요. 하지만 날짜와 같은 데이터는 수치형과 범주형으로 모두 분석할 수 있어요. 예를 들어, 날짜를 요일로 변환하면 범주형 데이터가 되죠. 참고로 수치형 변수를 범주형 변수로 변환하는 방법도 이후 천천히 살펴볼 거예요.

김대리　아~ 그렇네요. 12월과 1월은 숫자지만 '12월이 1월보다 크다'고 표현할 수 없으니까요.

박차장　맞아요. 칼럼 하나가 아니라 여러 개를 결합해서 시각화해 볼 수도 있어요. 이렇게 하면 칼럼 1개의 특성뿐만 아니라 데이터 사이의 복잡한 관계도 파악할 수 있죠.

김대리　점점 데이터 분석을 어떻게 해야 하는지 감이 오는 것 같아요.

## 데이터 샘플링하기

김대리    우리가 가진 데이터 수는 3000개 정도로 비교적 적은 편이라 시각화하는 데 어려움이 없었어요. 하지만 데이터가 많으면 시간도 오래 걸리고 그래프에 표현되는 데이터 값도 많아서 시각화를 하기 어렵지 않을까요?

박차장    데이터 크기가 커서 분석이 어려울 때 사용했던 방법 기억나세요?

김대리    아! 샘플링이요?

박차장    맞아요. 시각화를 할 때도 데이터가 많은 게 문제라면 샘플링이 해결책이 될 수 있죠. 물론 샘플링을 할 때는 일부 특성에 편향되지 않도록 주의해야 해요.

김대리    데이터 크기를 줄일 때처럼 무작위로 추출하면 되죠.

박차장    정확하게 기억하고 계시네요. 샘플링 데이터로 중요한 인사이트를 발견한 다음 전체 데이터에 적용해서 검증해 보면 돼요. 빠르게 데이터를 파악하고, 의미를 찾는 데는 샘플링한 데이터가 더 효과적입니다. 바로 데이터 애널리스트에 요청해 볼까요?

해당 데이터에서 랜덤으로 데이터 1000개를 추출해 주세요.

 다음은 랜덤으로 1000개의 데이터를 추출한 결과입니다.

| 업무 형태 | 개발 경력 | 업무 | 재직 회사 인원수 | 재직 회사 산업군 | 연봉 | 사용 중인 언어 |
|---|---|---|---|---|---|---|
| 풀타임으로 일합니다. | 0 | 디자이너 | 13 | 전자상거래/결제/인증 | 1963 | C |
| 구직 중입니다. | 0 | 기획자 | 0 | 프리랜서 | 0 | C++ |
| 풀타임으로 일합니다. | 7 | 풀스택 | 55 | 임베디드/하드웨어 | 7432 | Java |
| 학생입니다. | 0 | 머신러닝/딥러닝/AI | 0 | 게임 | 0 | C++ |
| 풀타임으로 일합니다. | 1 | 백엔드(서버) | 27 | 소셜미디어/포털 | 3518 | Java |

(중략)

특정 칼럼의 데이터 비율을 맞추고 싶으면 업무 형태별로 원하는 개수만큼 샘플링을 요청할 수도 있어요.

 업무 형태별로 100개씩 샘플링해 주세요.

 다음은 '업무 형태'별로 100개의 데이터를 추출한 결과입니다.

| 업무 형태 | 개발 경력 | 업무 | 재직 회사 인원수 | 재직 회사 산업군 | 연봉 | 사용 중인 언어 |
|---|---|---|---|---|---|---|
| 파트타임으로 일합니다. | 0 | 게임 클라이언트 개발 | 8 | 기타 혹은 무직 | 2551 | Python |

| 풀타임으로 일합니다. | 0 | 기획자 | 20 | 패키지 SW | 3011 | Node.js |
|---|---|---|---|---|---|---|
| Unknown | 1 | 머신러닝/ 딥러닝/ 인공지능 | 2 | IT 컨설팅 | 40000 | Python |
| 은퇴했어요. (정년퇴직, 파이어족) | 6 | 프론트엔드 | 1 | 콘텐츠/교육/ 멀티미디어/ 엔터테인먼트 | 0 | HTML/ CSS |
| 구직 중입니다. | 0 | 데이터 과학자/분석가 | 0 | 프리랜서 | 3518 | Java |

(중략)

김대리  간단하게 해결됐네요. 이 정도 분량이면 시각화 속도도 빠르고 보기에도 편한 그래프를 그릴 수 있겠어요.

# 12장

## 이상치 처리 방법

"차장님. '연봉' 데이터에서 이상할 정도로 높은 값이 있더라고요. 이 값 때문에 평균이 지나치게 높아져서 곤란하네요."

"다른 자료와 다르게 극단적으로 높거나 낮은 값을 '이상치'라고 해요. 이상치는 잘못된 값일수도 있지만, 인사이트를 줄 수 있는 지표이기도 해요. 데이터의 일반적인 패턴에서 벗어난 오류, 특이한 조건 혹은 흥미로운 현상을 나타낼 수 있죠."

"그럼 어떤 방법으로 이상치를 알아보면 될까요?"

"이상치를 분석하는 방법은 여러 가지가 있어요. 하나씩 알아볼까요?"

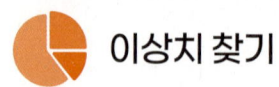
# 이상치 찾기

**박차장** 이상치outlier는 쉽게 말하면 데이터 분포에서 벗어난 극단적인 값을 뜻해요. 결측값과 마찬가지로 데이터를 입력 오류일 수도 있고, 실제 데이터지만 매우 드문 조건으로 발생하는 데이터일 수도 있죠.

**김대리** 너무 높은 연봉을 실제로 받는 사람이 있을 수 있다는 거군요.

**박차장** 그렇죠. 하지만 분포를 벗어난 극단적인 값이기 때문에 전체 데이터 특성을 나타내는 통곗값이나 알고리즘에 큰 영향을 미치는 게 문제가 되죠.

**김대리** 일단 이상치라는 기준이 필요한 것 같아요. '이상할 정도로 높은 값'이라는 게 명확한 기준은 아니니까요.

**박차장** 날카로운데요. 먼저 값이 이상치인지 확인을 해야겠죠. 이상치를 확인하는 방법은 크게 2가지가 있어요. 첫 번째는 박스 플롯 등을 활용해 데이터를 시각화하는 방법이에요. 박스 플롯은 데이터의 상한선과 하한선에 따라 이상치를 분리해서 표시합니다. 왼쪽의 숫자로 어떤 값에 데이터가 모여 있는지 확인할 수 있고 박스 위아래로 검은 실선은 IQR InterQuartile Range (75% 구간의 값 − 25% 구간의 값)을 이용해 데이터의 상한선과 하한선을 나타낸 위치예요. 이 값을 벗어나는 데이터를 이상치로 보죠.

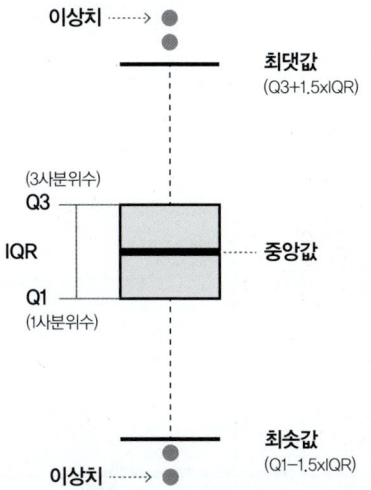

박스 플롯을 활용한 이상치 확인 방법

두 번째는 통계량을 계산해서 확인하는 방법이에요. 분포를 계산해 평균에서 표준편차의 몇 배 이상 떨어진 값을 이상치로 판단하기도 하고, 사분위수로 이상치를 판단하기도 합니다.

| 방법 | 설명 | 상한값 | 이상치 개수 |
|---|---|---|---|
| IQR | 사분위 범위(IQR)를 기반으로 상위 1.5배 이상인 값들을 이상치로 간주 | 10774.5 | 157 |
| Z-점수 | 평균에서 3 표준편차 이상 벗어나는 값을 이상치로 간주 | 19513.2 | 89 |
| 상위 5% | 연봉 상위 5%에 해당하는 값을 이상치로 간주 | 14409 | 128 |

IQR, Z-점수, 상위 5% 상한값을 이렇게 시각화할 수 있어요. 한눈에 분포와 이상치 상한값을 확인할 수 있죠.

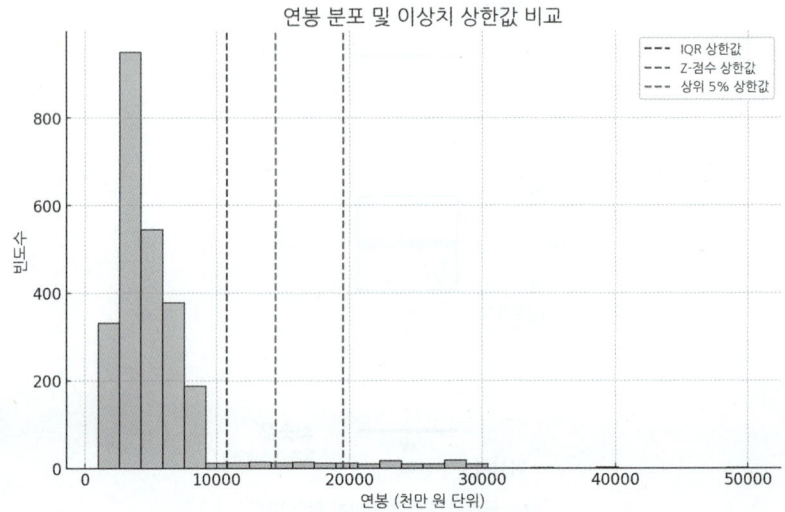

김대리     어떤 방법이 더 효율적일까요?

박차장     데이터 수와 칼럼이 적다면 박스 플롯과 같은 시각화 도구로 빠르게 데이터를 파악하고 이상치를 확인하는 게 효율적이에요. 반대로 데이터와 확인해야 하는 칼럼이 많다면, 일일이 눈으로 확인하기 어려우니 통계량을 계산해서 확인하는 게 더 쉽고 빨라요. 바로 데이터 애널리스트로 이상치를 찾아볼까요? 칼럼 수가 많으니 분석을 할 적합한 칼럼을 직접 선정해 달라고 요청하겠습니다.

[첨부 파일: 11_결측값제거데이터.xlsx]
이상치 분석을 위한 칼럼을 선정해 주세요.

데이터를 확인한 결과, 총 122개의 칼럼이 있으며 다양한 정보가 포함되어 있습니다. 이상치 분석을 위해 적합한 칼럼을 선정하는 데에는 수치형 데이터가 유용합니다. 여기서는 '연봉'과 같은 명확한 수치형 칼럼과 함께 '재직 회사 인원수'와 같은 다른 수치형 칼럼들을 확인하여 이상치를 분석할 수 있습니다.

다음 칼럼들을 이상치 분석 대상으로 선정하는 것이 좋겠습니다.
1. 연봉
2. 재직 회사 인원수
3. 개발 경력

이 3가지 칼럼은 데이터 분석에서 중요한 수치형 변수이며, 이상치를 분석함으로써 데이터의 품질을 개선할 수 있습니다. 이 3가지 칼럼의 이상치를 분석해 드리겠습니다.

선정된 3가지 칼럼의 요약 통계는 다음과 같습니다.

### 요약 통계
1. 연봉
   - 최솟값: 0
   - 25% 백분위수: 1658
   - 중앙값(50% 백분위수): 3735
   - 75% 백분위수: 5674.5
   - 최댓값: 50000
   - 평균: 4374.96
   - 표준편차: 4712.12

2. 재직 회사 인원수
   - 최솟값: 0
   - 25% 백분위수: 1
   - 중앙값(50% 백분위수): 8
   - 75% 백분위수: 45
   - 최댓값: 998
   - 평균: 98.49
   - 표준편차: 219.78

3. 개발 경력
   - 최솟값: 0
   - 25% 백분위수: 0
   - 중앙값(50% 백분위수): 2

- 75% 백분위수: 8
- 최댓값: 24
- 평균: 5.28
- 표준편차: 6.50

이상치를 더 자세히 분석하거나 특정 처리 방법을 적용하시려면 알려 주세요.

김대리　데이터 분포를 파악하면서 봤던 데이터가 많네요.

박차장　'연봉'과 같은 가격 데이터는 이상치가 존재할 수 있는 대표적인 특성이에요. 박스 플롯으로 데이터를 시각화해서 어떤 값이 이상치인지 확인해 볼게요. 박스 플롯을 요청할 때는 앞서 그래프를 그릴 때와 마찬가지로 프롬프트에 원하는 칼럼을 입력하고 박스 플롯으로 요청하면 됩니다.

'개발 경력', '재직 회사 인원수', '연봉'에 대한 박스 플롯을 그려 주세요.

다음은 '개발 경력', '재직 회사 인원수', '연봉'에 대한 박스 플롯입니다.

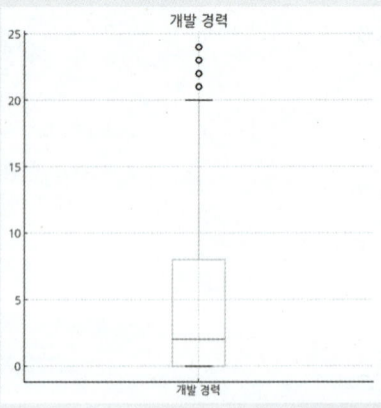

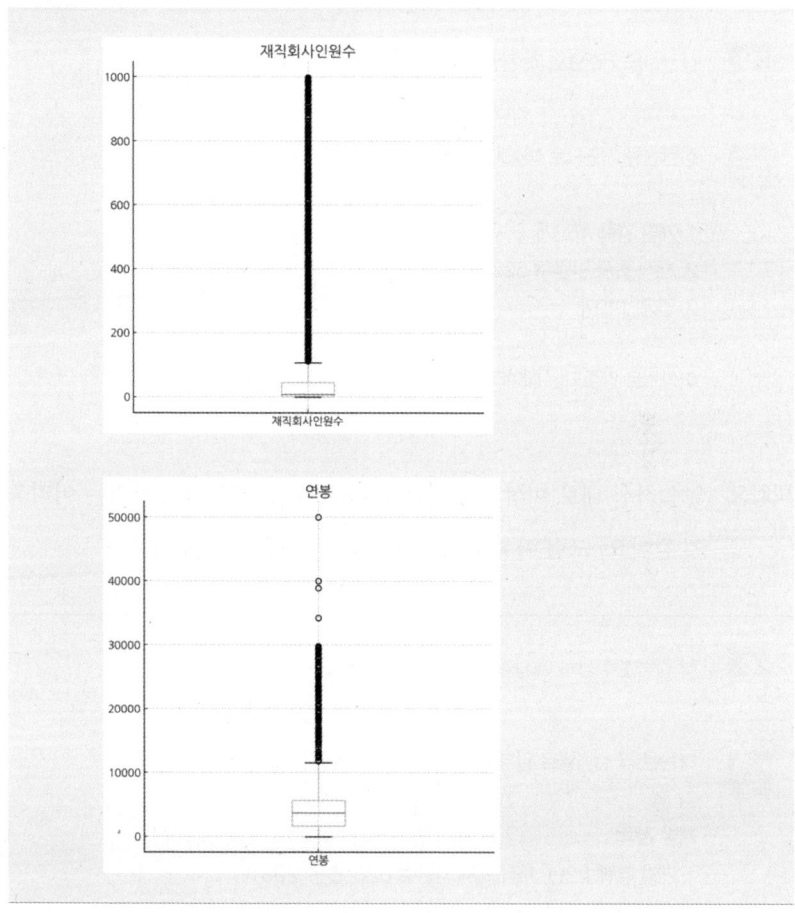

김대리   세 칼럼의 박스 플롯 형태가 많이 달라 보이네요. 확실히 그림으로 보니 '연봉'에 눈에 띄는 이상치가 있는 걸 알 수 있군요. 이 방법을 이용하면 많은 데이터가 이상치로 잡힐 것 같아요.

박차장   그럼 좀 더 정확하게 이상치 개수가 몇 개인지를 확인해 볼까요?

상한선을 기준으로 각 칼럼의 이상치 개수를 알려 주세요.

 상한선을 기준으로 이상치의 개수를 계산한 결과는 다음과 같습니다.

1. 개발 경력: 152개
2. 재직 회사 인원수: 522개
3. 연봉: 149개

이상치로 간주되는 데이터의 개수가 각 칼럼별로 위와 같이 나타났습니다.

박차장   말씀하신 대로 이상치가 너무 많네요. 모두 이상치로 보기는 어려울 것 같아요. 그럼 이상치 데이터를 보고 결정을 해볼까요?

 각 칼럼별 이상치 데이터를 몇 행씩 보여 주세요.

 다음은 각 칼럼별로 일부 이상치 데이터의 샘플입니다.

**개발 경력:**
1. 개발 경력: 22년, 재직 회사 인원수: 526, 연봉: 29812
2. 개발 경력: 23년, 재직 회사 인원수: 860, 연봉: 29273
3. 개발 경력: 23년, 재직 회사 인원수: 1, 연봉: 29159
4. 개발 경력: 24년, 재직 회사 인원수: 192, 연봉: 29079
5. 개발 경력: 23년, 재직 회사 인원수: 761, 연봉: 28832

**재직 회사 인원수**
1. 개발 경력: 22년, 재직 회사 인원수: 526, 연봉: 29812
2. 개발 경력: 13년, 재직 회사 인원수: 910, 연봉: 29678
3. 개발 경력: 6년, 재직 회사 인원수: 916, 연봉: 29561

4. 개발 경력: 23년, 재직 회사 인원수: 860, 연봉: 29273
5. 개발 경력: 24년, 재직 회사 인원수: 192, 연봉: 29079

**연봉**
1. 개발 경력: 0년, 재직 회사 인원수: 0, 연봉: 50000
2. 개발 경력: 1년, 재직 회사 인원수: 2, 연봉: 40000
3. 개발 경력: 10년, 재직 회사 인원수: 2, 연봉: 38900
4. 개발 경력: 0년, 재직 회사 인원수: 8, 연봉: 34232
5. 개발 경력: 22년, 재직 회사 인원수: 526, 연봉: 29812

이 데이터들을 바탕으로 이상치의 특성을 더 면밀히 분석할 수 있습니다.

**박차장** 직접 값을 보니까 어떠세요?

**김대리** '개발 경력'이나 '재직 회사 인원수'는 이상하다는 생각이 들지 않아요. 개발 경력 20년이나 직원 수가 1000명인 경우가 현실적으로 특이한 케이스는 아니니까요. 데이터로 보니 또 이상치가 잘못 입력된 값이 아니란 걸 알 수 있네요.

**박차장** 맞아요. 데이터를 확인하지 않고 단순히 기준을 정해서 이상치로 판별하는 방법은 위험할 수 있어요. 중요한 특징을 나타내는 데이터일 수도 있고요.

**김대리** '개발 경력'이나 '재직 회사 인원수' 칼럼은 그냥 두는 것이 좋겠어요. 하지만 연봉은 상식선에서 너무 높은 값이 있어 확인해 보면 좋겠어요.

**박차장** '연봉' 데이터를 좀 더 자세히 확인해 볼까요?

연봉이 높은 순으로 데이터를 보여 주세요.

 다음은 연봉이 높은 순으로 정렬된 데이터의 일부입니다.

| 업무 형태 | 개발 경력 | 업무 | 재직 회사 인원수 | 재직 회사 산업군 | 연봉 | 사용 중인 언어 | 학습 희망하는 언어 | 사용 중인 데이터 베이스 |
|---|---|---|---|---|---|---|---|---|
| 학생입니다. | 0 | 백엔드(서버) | 0 | 전자상거래/결제/인증 | 50000 | F# | SQL | MySQL |
| Unknown | 1 | 머신러닝/딥러닝/인공지능 | 2 | IT컨설팅 | 40000 | Python | JavaScript | MySQL |
| 풀타임으로 일합니다. | 10 | 데이터 엔지니어 | 2 | 제조/에너지/유통/물류/SOC | 38900 | Python | Scala | MariaDB |
| 풀타임으로 일합니다. | 0 | 개발 임원 | 8 | 헬스케어 | 34232 | Elixir | C | SQLite |
| 풀타임으로 일합니다. | 22 | PM/개발 팀장 | 526 | 패키지 SW | 29812 | Java | Kotlin | MariaDB |

김대리 확실히 데이터가 이상하네요. 특히 앞의 두 데이터는 '업무 형태'가 없거나 학생이고 개발 경력이 없는 사람이에요. 이들이 극단적으로 연봉이 높다는 점은 이해하기 어렵네요. 그렇다면 오입력으로 발생한 이상치라고 볼 수 있겠어요.

박차장 잘 정리하셨네요. 자, 이렇게 이상치를 확인하는 과정에서 2가지 사항을 파악할 수 있었어요.

김대리 2가지요? 음… 하나는 알 것 같아요. 잘못된 데이터를 걸러낼 수 있어요.

박차장   맞아요. 데이터 자체에 문제가 있을 수도 있어요. 이상치를 분석해서 잘못된 데이터를 삭제하거나 바로잡을 수 있죠. 다른 하나는 이상치를 확인하면서 데이터를 더 자세히 파악하게 돼요. 직관적으로 알 수 있는 내용이기도 하지만 연봉과 개발 경력, 업무 형태가 어느 정도 관계가 있다는 걸 알 수 있게 됐죠. 이런 과정을 통해 데이터를 더 잘 이해하게 돼요.

김대리   데이터 전처리를 진행하니 데이터에 대한 감이 잘 잡히는 것 같아요.

## 이상치 처리하기

김대리   이상치를 찾은 후에는 어떻게 하면 될까요?

박차장   일단 이상치가 왜 발생했는지 알아봐야 해요. 정확한 데이터일 수도 있지만 실수로 입력된 값이 있을 수도 있어요.

김대리   좀 전에 봤던 '연봉' 데이터 같은 것들이죠?

박차장   맞아요. 이럴 때 데이터가 많고 이상치 비율이 적다면 제거하는 것도 방법이에요. 올바른 데이터라도 이상치가 모델 성능을 떨어뜨리는 요인이라면 삭제하기도 해요. 또는 범주화나 로그 변환 등 변수 변환을 통해 이상치가 전체 데이터 미치는 영향을 줄일 수 있어요. 머신러닝 알고리즘에 데이터를 학습할 때는 이런 방법도 많이 사용해요.

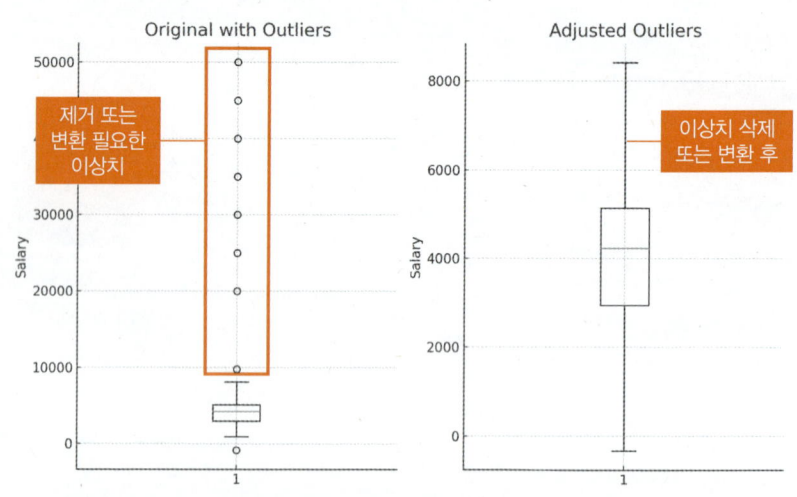

이상치를 처리하는 2가지 방법

**박차장**  그럼 이상치를 처리해 볼까요? 앞서 찾은 '연봉'의 이상치 데이터 2개는 오입력일 확률이 높으니 제거하는 게 좋겠어요.

 가장 연봉이 높은 두 행은 이상치이므로 제거해 주세요.

 가장 연봉이 높은 두 행을 제거한 데이터프레임을 제공합니다. 이를 바탕으로 추가 분석이나 작업이 필요하면 말씀해 주세요.

**박차장**  이제 이상치가 제대로 삭제되었는지 나머지 데이터를 다시 살펴볼까요? 박스 플롯과 가장 높은 값으로 확인해 볼게요.

 '연봉' 칼럼으로 박스 플롯을 그려 주세요.

 가장 연봉이 높은 두 행을 제거한 데이터프레임을 제공합니다. 이를 바탕으로 추가 분석이나 작업이 필요하면 말씀해 주세요.

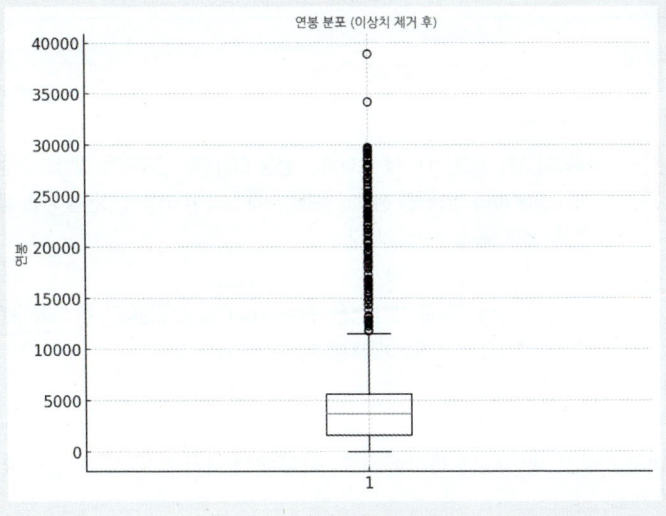

이 박스 플롯은 가장 연봉이 높은 두 행을 제거한 후의 연봉 분포를 나타냅니다. 이 그래프를 통해 연봉 데이터의 중앙값, 사분위 범위 그리고 여전히 존재하는 잠재적인 이상치를 시각적으로 확인할 수 있습니다.

이상치 상한선 값을 알려 주세요.

연봉 칼럼의 이상치 상한선 값은 11685.375입니다. 이 값 이상을 가지는 데이터는 이상치로 간주될 수 있습니다.

**박차장** 요청한 값은 제대로 삭제되었네요. 그런데 박스 플롯으로 살펴보면 연봉이 1.16억 원 위에 있는 사람은 이상치로 봐야 할 것 같은데 합리적일까요?

**김대리** 음… 아니요. 고액 연봉 개발자들이 있기 때문에 그렇게 처리하면 안 되겠어요. 3억 원 이상 데이터 2개만 더 확인해 보면 좋을 것 같은데, 데이터 애널리스트의 의견은 어떨까요?

3억 원 이상의 연봉을 가진 행을 이상치로 판별하는 것은 어떤가요?

연봉이 3억 원(30000)을 초과하는 행을 이상치로 간주하는 방법도 가능합니다. 이 기준에 따라 데이터를 정리해 보겠습니다. 3억 원 이상의 연봉을 가진 행을 제거한 후 데이터를 살펴보겠습니다.

3억 원 이상의 연봉을 가진 행을 제거한 데이터를 제공합니다. 이 데이터는 상한선을 3억 원으로 설정하여 이상치를 제거한 결과입니다.

**김대리** 바로 데이터를 제거했네요. 이렇게 제거하면 안 될 것 같아요.

**박차장** 그렇다면 데이터를 다른 값으로 대체하는 방법도 있어요.

3억 원 이상의 연봉 데이터를 대체하는 것은 어떤가요?

 3억 원 이상의 연봉을 가진 사람의 데이터를 특정 값으로 대체하는 방법도 가능합니다. 일반적으로 이상치를 대체할 때는 평균, 중앙값 또는 다른 적절한 값으로 대체할 수 있습니다. 여기서는 중앙값으로 대체하는 방법을 사용해 보겠습니다.

연봉이 3억 원 이상인 데이터를 중앙값으로 대체해 보겠습니다.

연봉이 3억 원 이상인 사람들의 데이터를 중앙값(3735)으로 대체한 결과입니다. 이 방법을 통해 이상치를 처리하여 데이터의 왜곡을 줄일 수 있습니다.

김대리  중앙값으로 대체해버렸네요. 3억 원 이상의 연봉을 3천 7백만 원으로 대체하는 것도 합리적이지 않아요. 이상치라고 판단하는 게 맞는지 의문이 드네요. 실제로 맞는 데이터일 가능성도 높고요.

박차장  맞아요. 하지만 목적에 따라 다른 값으로 대체하는 게 효과적인 경우도 있어요. 예를 들어, 머신러닝 알고리즘에 데이터를 학습시킬 때 알고리즘에 따라 이상치가 들어가면 과도한 영향을 받아 전체 성능이 떨어질 수 있어요. 이럴 경우에는 3억 원 이상의 값을 3억 원으로 바꾸거나 삭제하거나 또는 변수 변환, 범주화 등을 적용하는 방법이 있죠. 연봉이 아니라 다른 칼럼이라면 중앙값으로 대체할 수도 있고요. 하지만 이 칼럼은 연봉이라는 값의 특성을 고려해야겠죠?

김대리  그렇다면 가장 높은 연봉 두 행은 제거하고 3억 원 이상 연봉은 3억 원으로 대체하는 게 좋겠어요.

 3억 원 이상의 연봉은 3억 원으로 대체해 주세요.

연봉이 3억 원(30000)을 초과하는 값을 3억 원으로 대체한 데이터의 일부입니다. 이 데이터는 이상치 처리 후의 결과입니다.

| 업무 형태 | 개발 경력 | 업무 | 재직 회사 인원수 | 재직 회사 산업군 | 연봉 | 사용 중인 언어 | 사용 중인 언어 만족도 | 학습 희망하는 언어 |
|---|---|---|---|---|---|---|---|---|
| 풀타임으로 일합니다. | 10 | 데이터 엔지니어 | 2 | 제조/ 에너지/ 유통/물류/ SOC | 30000 | Python | 8 | Scala |
| 풀타임으로 일합니다. | 0 | 개발 임원 | 8 | 헬스케어 | 30000 | Elixir | 8 | C |
| 풀타임으로 일합니다. | 22 | PM/개발 팀장 | 526 | 패키지 SW | 29812 | Java | 5 | Kotlin |
| 풀타임으로 일합니다. | 13 | 데브옵스 엔지니어 | 910 | 금융/ 핀테크 | 29678 | Type Script | 9 | Python |
| 풀타임으로 일합니다. | 6 | 데이터 엔지니어 | 916 | 통신/ 네트워크 | 29561 | R | 8 | Scala |

다음은 이상치를 제거한 박스 플롯입니다.

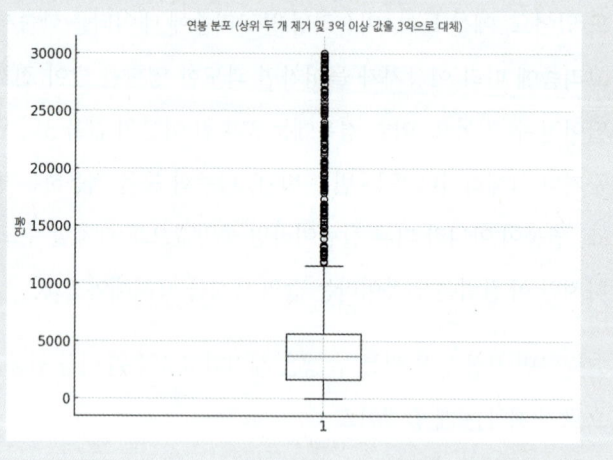

김대리 이상치를 제거했더니 확실히 박스 플롯이 보기 편해졌네요.

박차장　이상치가 있으면 데이터 분포나 차트가 의도한 대로 나오지 않을 수 있어요. 이때 이상치를 제거하거나 대체하면 시각화 결과를 확인하기도 더 좋아져요.

김대리　지금까지 진행한 내용을 정리하면, 이상치를 찾고 처리하는 2가지 방법으로 대체와 제거를 살펴봤어요. 그중 제거를 실제로 데이터에 적용했고요. 박스 플롯이 데이터를 표현하는 방법을 다루면서 사분위수라는 IQR 개념도 알아봤어요. 시각적 방법과 통계적 방법을 다 살펴봤네요.

박차장　이런 간단한 방법 외에 더 정교하게 살펴보는 다른 방법도 있어요.

김대리　어떤 방법이에요?

박차장　모델을 통해 이상치를 판별하는 방법이에요. 통계 모델이나 머신러닝 모델을 만들어서 결괏값을 예측하고, 예측한 결괏값에서 과도하게 벗어나는 결과들을 이상치로 판단할 수 있어요.

김대리　엇, 왠지 그건 제가 지금 하기 어려울 것 같은 느낌이 드네요.

박차장　나중에 모델링이 익숙해지면 그때 적용해 보고, 지금은 이런 방법도 있다는 정도만 알아도 충분해요. 왜냐하면 이상치를 판별할 때 단순히 제거, 대체 외에 여러 방법을 조합해서 쓰기도 합니다.
마지막으로 한 가지 더 팁을 드리자면 이렇게 작업을 마치고 나면 데이터를 어떻게 처리했는지 기록으로 남겨 두는 게 좋아요. 시간이 지난 후에 다시 데이터를 확인하거나 다른 사람이 데이터를 사용하는 경우를 위해서요.

김대리　협업할 때 꼭 필요한 팁이네요.

# 13장

## 범주형 데이터 분석

"차장님. 저희가 지금까지 수치형 데이터를 살펴봤잖아요. 범주형 데이터는 분석 방법이 다른가요?"

"그럼요. 지금까지는 연봉, 인원수와 같은 연속적인 숫자가 있는 수치형 데이터를 다뤘지만, '선호하는 프로그래밍 언어', '업무 형태', '학습 희망하는 언어'와 같은 칼럼은 모두 범주형 데이터였죠. 범주형 데이터는 수치형 데이터와는 분석 방법도, 시각화 과정도 달라요.

말이 나온 김에 범주형 데이터 분석도 시작해 볼까요?"

## 범주형 데이터 분석하기

**박차장** 범주형 데이터를 분석할 때는 먼저 각 항목의 빈도수를 파악해야 해요. 어떤 항목이 더 자주 나타나는지, 어떤 패턴이 있는지 살펴볼 수 있죠. 또, 수치형 데이터와 결합해 항목별로 어떤 차이가 있는지 분석할 수도 있어요.

**김대리** 수치형 데이터를 분석할 때는 정규분포를 따르는지, 데이터 변환이 필요한지, 이상치는 없는지를 먼저 확인했었는데, 범주형 데이터는 확실히 시작부터 다르네요.

**박차장** 방법은 다르지만 목적은 같아요.

**김대리** 데이터를 파악하기 위한 거죠?

**박차장** 맞아요. 그럼 바로 범주형 데이터의 통계량부터 살펴볼까요?

[첨부 파일: 13_이상치제거데이터.xlsx]
범주형 변수에 대한 통계를 구해 주세요.

전체 범주형 데이터에 대한 통계 결과는 다음과 같습니다.

- 업무 형태
  - 값 개수: 3254
  - 유니크 값 개수: 8
  - 가장 흔한 값(top): 풀타임으로 일합니다.
  - 빈도수(freq): 1742

- 업무
    - 값 개수: 3254
    - 유니크 값 개수: 25
    - 가장 흔한 값(top): 백엔드(서버)
    - 빈도수(freq): 606

(중략)

- 도서 구매 성향
    - 값 개수: 3254
    - 유니크 값 개수: 5
    - 가장 흔한 값(top): 업무나 프로젝트 등 필요한 상황이 오면 그때그때 구매하는 편이다(비교적 적극적으로…)
    - 빈도수(freq): 1751

- 선호하는 한 회사 내 근무 연수
    - 값 개수: 3254
    - 유니크 값 개수: 8
    - 가장 흔한 값(top): 2~3년
    - 빈도수(freq): 1197

김대리    범주형 데이터가 꽤 많네요. 값 개수, 유니크 값, 가장 흔한 값, 빈도수를 통곗값으로 구했어요. 수치형 데이터의 통계량과는 다르네요.

박차장    그렇죠? 각 통곗값이 무엇을 의미하는지 알아볼게요. '값 개수'는 말 그대로 데이터 개수를 말해요. 결측값을 제거해서 3254개로 모두 동일하네요. '유니크 값$_{\text{Unique Value}}$'은 고유한 범주, 즉 항목의 종류라고 생각하면 됩니다. '가장 흔한 값'은 빈도수가 가장 높은 항목을 말해요. '빈도수'는 가장 높은 빈도수의 항목의 데이터 개수고요.

김대리    낯설어서 그런지 눈에 잘 들어오지 않아요.

박차장　시각화를 이용하면 데이터를 더 쉽게 파악할 수 있어요. '업무'와 '업무 형태'를 그래프로 그려 볼까요? 막대그래프와 원그래프 두 종류로 살펴볼게요.

---

 범주형 데이터인 '업무'와 '업무 형태'를 막대그래프로 그려 주세요.

 다음은 범주형 데이터인 '업무'와 '업무 형태'를 막대그래프로 그린 결과입니다.

**'업무' 막대그래프**

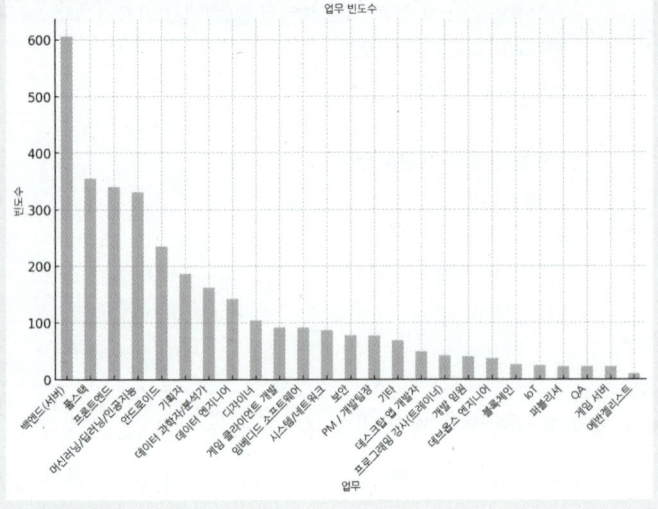

## '업무 형태' 막대그래프

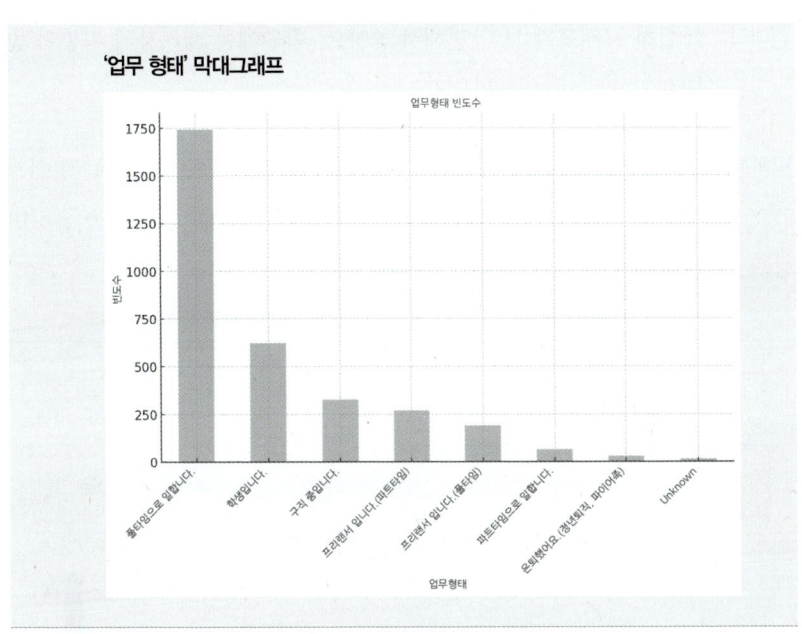

 '업무 형태'를 원그래프로 그려 주세요.

다음은 범주형 데이터인 '업무 형태'를 원그래프로 그린 결과입니다.

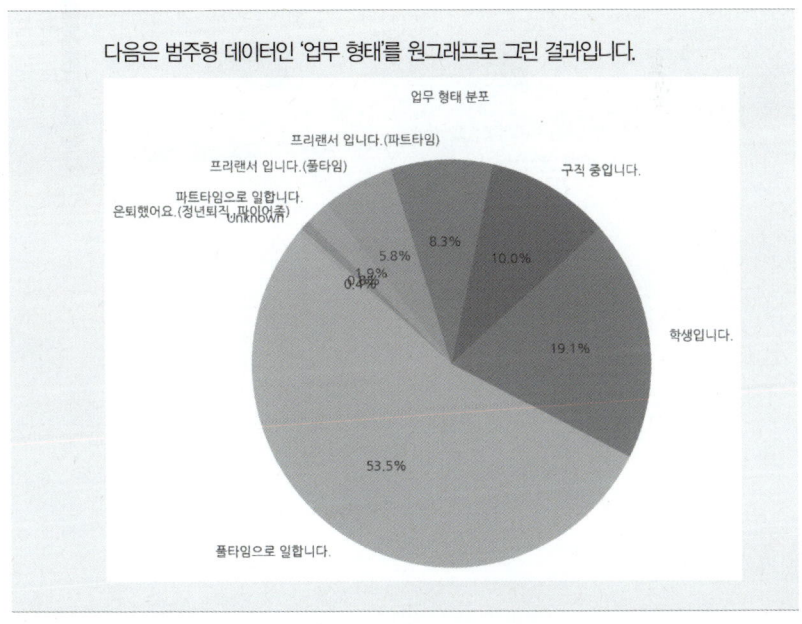

13장 범주형 데이터 분석    **277**

김대리  확실히 그래프가 보기 편해서 좋아요. 학원에는 재직자의 비중이 높네요.

박차장  막대그래프나 원그래프는 특정 범주가 얼마나 자주 등장하는지 쉽게 이해할 수 있어요. 또 다른 시각화 도구로 히트맵Heatmap을 이용하면 여러 개의 범주형 데이터도 한 번에 파악할 수 있죠.

 '업무 형태'와 '재직 회사 산업군'의 조합에 따른 빈도수를 히트맵으로 그려 주세요.

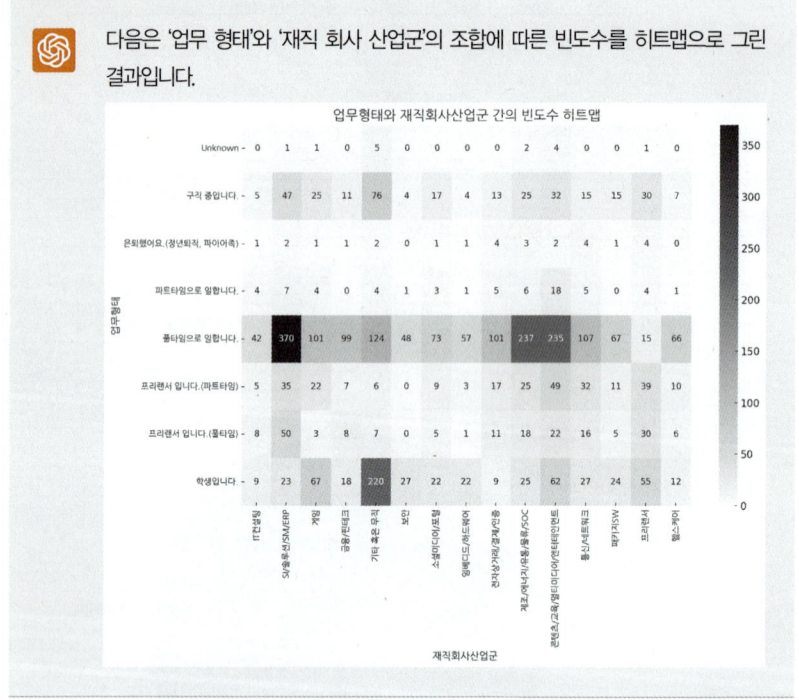

다음은 '업무 형태'와 '재직 회사 산업군'의 조합에 따른 빈도수를 히트맵으로 그린 결과입니다.

김대리   그래프상으로 '업무 형태'는 풀타임 근무가 가장 많고, 그 다음 학생을 포함한 구직자가 많아요. 추가로 프리랜서들은 주로 SI/솔루션쪽 IT 산업에 있다는 것을 알 수 있네요. 데이터의 크기를 색으로 표현하니 비교하기가 훨씬 수월하네요.

박차장   맞아요. 데이터의 분석 목적에 따라 적합한 그래프를 찾는 것도 중요합니다.

# 범주형 데이터와 수치형 데이터 결합하기

박차장  범주형 데이터는 각 항목별로 다른 수치형 데이터와 결합해서 분석할 수 있어요. '업무 형태'별로 '연봉'이 어떻게 다른지 막대그래프로 파악해 볼까요?

'업무 형태'별 '연봉'의 평균 데이터를 막대그래프로 그려 주세요.

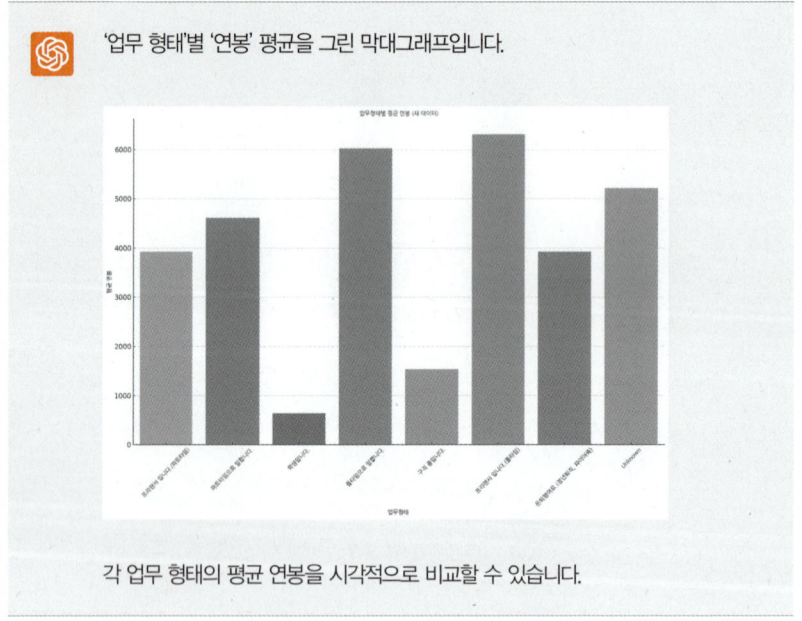
'업무 형태'별 '연봉' 평균을 그린 막대그래프입니다.

각 업무 형태의 평균 연봉을 시각적으로 비교할 수 있습니다.

x축은 업무 형태, y축은 각 항목의 평균 연봉이에요. 연봉이 가장 높은 순서는 풀타임 프리랜서 → 풀타임 → 파트타임순이네요. 풀타임은 정규직 근무라고 볼 수도 있겠어요.

김대리 그렇다면 프리랜서 중 풀타임 근무자는 정규직보다 연봉이 높지만, 파트타임 근무자는 그 반대인 거네요. 같은 프리랜서여도 풀타임과 파트타임은 일하는 시간에 차이가 있을 수 있으니 가능하면 시간당 급여로 환산해 보면 좋겠어요.

박차장 그러네요. 범주형 데이터를 하나 더 추가해서 시각화해 볼게요. '오픈 소스 활용 여부'를 활용하면 어떨까요? 단, 데이터가 없는 것과 마찬 가지인 Not specified는 제외할게요.

'업무 형태'별 '오픈소스 활용 여부'에 따라 평균 연봉을 비교할 수 있는 막대그래프를 그려 주세요. '오픈소스 활용 여부'가 "Not specified"인 데이터는 제외해 주세요.

여기 "Not specified" 데이터를 제외하고 업무 형태별 오픈소스 활용 여부에 따른 평균 연봉을 비교한 막대그래프입니다.

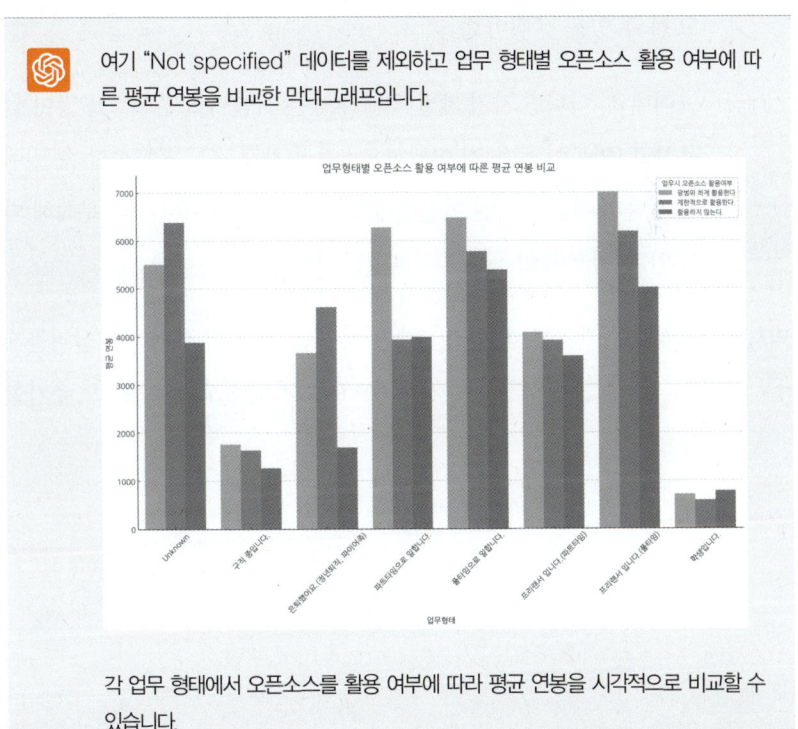

각 업무 형태에서 오픈소스를 활용 여부에 따라 평균 연봉을 시각적으로 비교할 수 있습니다.

박차장 　막대그래프가 익숙하긴 하지만 '오픈소스 활용 여부'만 3가지로 구분되니 색깔을 유의해서 봐야 해요. 이 경우에는 히트맵이나 그래프를 분할해서 박스 플롯을 보는 방법도 좋겠어요. 결과가 어떤가요?

김대리 　오픈소스를 사용하는 사람들의 평균 연봉이 더 높아요. 그렇다면 오픈소스를 활용해야 연봉이 더 높다고 결론을 낼 수 있을까요?

박차장 　그건 좀 위험한 결론이 될 수 있어요. 우리가 이 데이터에서 파악할 수 있는 건 두 관계 중 하나가 바뀌면 한쪽도 따라 바뀌는 상관관계예요. 원인과 결과를 파악하는 인과 관계가 아니기 때문에 이 데이터만으로 오픈소스를 활용하면 연봉이 높다는 가설을 설명하기가 어려워요. 그보다 특정 직무에서 오픈소스 활용도가 높고, 그 직무의 연봉이 높다고 볼 수 있을 것 같아요.

김대리 　그러네요. 아니면 자기 계발 의지가 높은 사람이 오픈소스를 많이 활용하고, 연봉이 높은 건 아닐까요? 여러 가지 결론을 도출할 수 있어서 섣불리 결론을 내긴 어렵겠네요. 이 부분은 데이터를 더 분석해 봐야 알 수 있겠어요.

박차장 　그렇다면 수치형 데이터인 '개발 경력'을 하나 더 추가해서 살펴볼게요. 칼럼이 3개이니 좀 더 시각적으로 보기 편하도록 추세선도 추가할게요.

'오픈소스 활용 여부'에 따른 '개발 경력'과 '연봉'의 관계를 선그래프로 그려 주세요. 추세선을 추가해 주세요.

 여기 '오픈소스 활용 여부'에 따른 '개발 경력'과 '연봉'의 관계를 나타낸 선그래프와 함께 추세선을 추가한 그래프입니다.

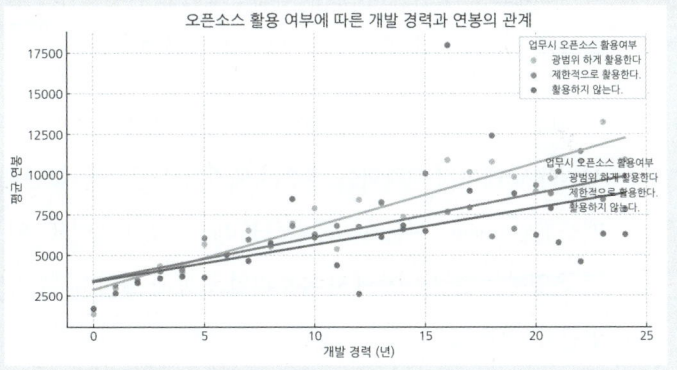

각 개발 경력과 오픈소스 활용 여부에 따른 평균 연봉의 변화를 추세선과 함께 시각적으로 비교할 수 있습니다.

박차장　산점도에 추세선을 추가했어요. 이제 개발 경력에 따라 평균 연봉이 어떻게 달라지는지 확인할 수 있어요.

김대리　개발 경력이 높을수록 연봉이 높네요. '오픈소스 활용 여부'는 다른 변수와의 상관관계를 더 살펴보면 좋겠어요.

박차장　맞아요. 결과가 왜 이렇게 나왔을까 생각하는 습관을 들이면 분석하는 데 많은 도움이 돼요.

# 데이터 시각화 패키지

**김대리** 막대그래프부터 선그래프, 원그래프 그리고 산점도까지 범주형 데이터까지 분석하면서 꽤 다양한 그래프를 보게 됐어요.

**박차장** 데이터 분석과 시각화는 뗄래야 뗄 수 없는 관계죠. 말이 나온 김에 파이썬에서 데이터 시각화를 해주는 패키지를 알아볼게요. 대표적으로 맷플롯립Matplotlib, 씨본Seaborn, 플로틀리Plotly 등이 있어요. 이 패키지들이 운영하는 웹 사이트에서 튜토리얼을 통해 설치 및 활용 방법을 확인할 수 있죠.

🔗 맷플롯립 튜토리얼: matplotlib.org/stable/tutorials/index.html
🔗 씨본 튜토리얼: seaborn.pydata.org/tutorial.html
🔗 플로틀리 튜토리얼: plotly.com/python/getting-started

다양한 그래프가 궁금하다면 각 웹 사이트 갤러리에서 확인할 수 있어요. 이렇게 그래프를 확인하고 나면 AI로 생소한 차트도 쉽게 그릴 수 있죠.

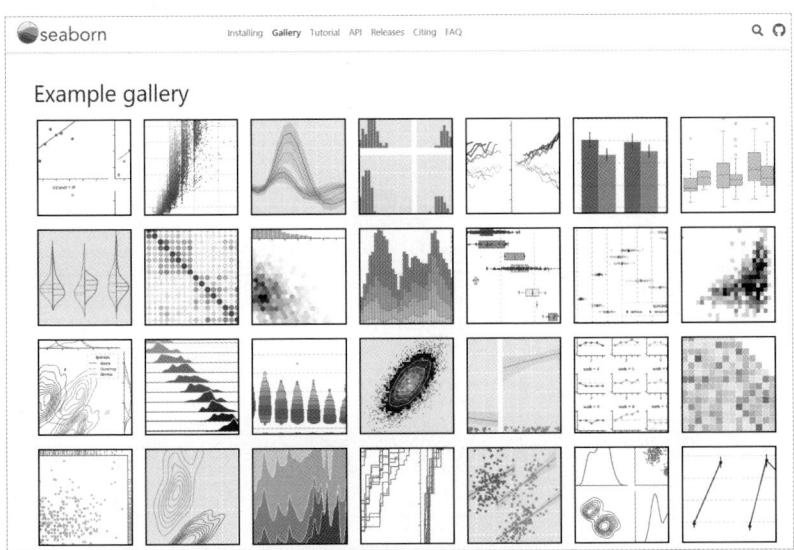

씨본에서 제공하는 다양한 그래프

김대리     와, 처음 보는 그래프가 가득 있네요.

박차장     각 그래프를 클릭하면 이 그래프를 생성하는 코드도 자세하게 볼 수 있어요. AI를 활용하면 코드를 직접 입력하고 해석할 필요 없이 원하는 그래프를 그릴 수 있지만 코드를 읽어 두면 그래프를 파악하는 데 도움이 돼요.

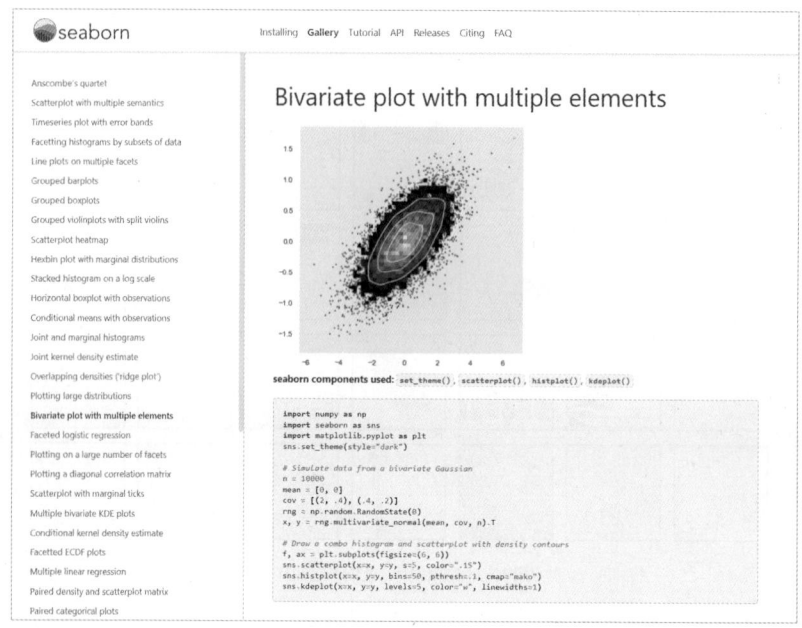

씨본의 그래프 실행 코드

김대리 AI에 그려 달라고 요청만 하면 뚝딱 만들 수 있는 거군요. 그런데 이런 복잡한 그래프가 왜 필요하죠?

박차장 그건 여러 변수 사이의 복잡한 관계를 한눈에 파악할 수 있기 때문이에요. 예를 들어, 다음과 같은 그래프는 여러 범주로 나눈 데이터를 쉽게 파악할 수 있죠.

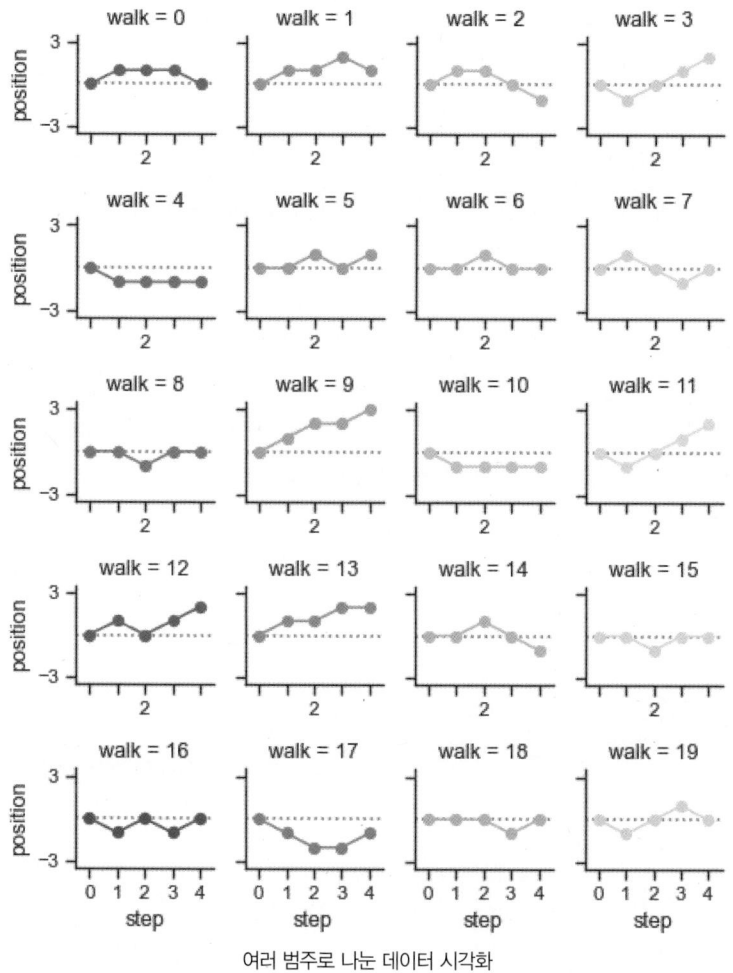

여러 범주로 나눈 데이터 시각화

김대리   데이터는 쉽게 파악할 수 있어서 좋지만, 그래프를 하나하나 만드는 게 어려울 것 같아요.

박차장   AI를 이용하면 쉽게 그릴 수 있어요. 프롬프트도 간단하고 직관적이에요. 가령 이 그래프 제목의 "facets"는 '분할'을 의미해요. 이 경우에는 'walk'로 분할해서 'position'과 'step'의 관계를 시각화해 달라고 요청하면 간단하게 그래프를 완성할 수 있죠. AI가 똑같은 그래프를 그리진 않더라도, 의미를 파악하는 데는 어렵지 않을 거예요. 원하는 결과가 나오지 않으면 수정을 요청하거나 샘플 코드를 제공하는 방법도 있어요.

김대리   다양한 데이터 시각화에 도전해 봐야겠어요.

# 14장

## 데이터 재범주화

"차장님, 데이터 파악도 어느 정도 됐고 결측값이나 이상치 같은 값들도 정리했는데 여전히 항목이 많아서 분석하기가 쉽지 않아요. 이럴 땐 어떻게 해야 하나요?"

"항목이 많을 땐 범주를 다시 잡는 과정을 거치면 좋아요. 재범주화가 필요하겠네요."

"재범주화요?"

"일부 범주를 합치거나 불필요한 범주는 삭제하는 거예요. 말 그대로 범주를 다시 정하는 거죠. 바로 시작해 볼까요?"

# 데이터 재범주화란?

박차장   데이터는 자세할수록 좋지만 때로는 오히려 줄이는 게 좋을 때가 있어요.

김대리   어떤 경우가 있을까요?

박차장   항목이 지나치게 많으면 분석이 어려울 수 있어요. 이때 빈도수가 너무 작은 항목이나 의미가 같은 항목은 통합해 하나의 범주로 만드는 게 좋죠. 이를 재범주화Re-categorization라고 해요.

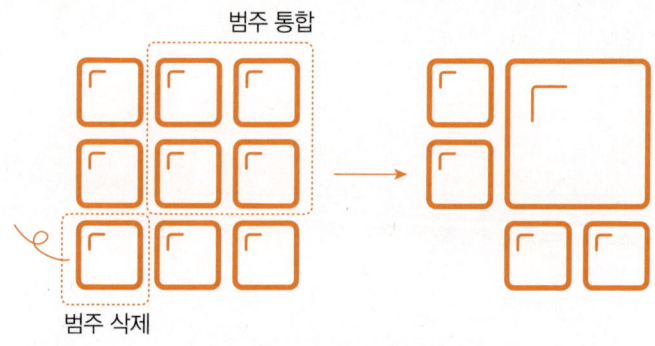

데이터 재범주화

대표적으로 다음과 같은 경우에 데이터 재범주화를 진행해요.

**데이터 재범주가 필요한 경우**

- **데이터 정제**: 범주형 데이터에는 같은 것을 지칭하는데 표기가 다른 문자나 오탈자가 있을 수 있어요. 예를 들어, 'Python', 'python'은 같은 범주를 나타내지만 다르게 인식해요. 이런 경우 다른 문자를 정리하고 일관된 형식으로 통합해야 해요.

- **분석 결과 향상**: 특정 항목의 개수가 너무 적을 때 다른 항목과 합치면 더 안정적이고 유의미한 통계 분석이 가능합니다. 예를 들어, 설문 조사에서 '매우 불만족' 응답이 적다면 '불만족'과 합쳐서 분석할 수 있어요.
- **더 나은 시각화**: 항목이 너무 많으면 시각화로 정보를 전달하는 데 어려움이 있어요. 범주를 재구성하면 더 간결하고 이해하기 쉬운 그래프를 만들 수 있죠.
- **피처 엔지니어링**Feature Engineering: 항목이 많은 경우 알고리즘에 학습할 때 복잡도가 증가하고 과적합Overfitting이 발생할 위험이 있어요. 항목을 합치거나 새로운 항목을 생성하여 알고리즘 성능을 향상시킬 수 있습니다.

김대리　결측값이나 이상치랑은 또 다른 형태로 데이터를 정제하는 과정이군요. 재범주화를 거치고 나면 확실히 데이터가 보기 편해지겠네요.

# 데이터 재범주화하기

박차장   그럼 항목이 가장 많은 변수부터 확인해 볼게요. 앞서 범주형 데이터를 분석할 때 살펴봤던 유니크 값을 활용하면 데이터의 분포를 확인할 수 있어요. 유니크 값이 많을수록 칼럼의 항목이 많다고 볼 수 있겠죠.

[첨부 파일: 13_이상치제거데이터.xlsx]
유니크 값이 10개 이상인 범주형 변수를 골라 주세요.

유니크 값이 10개 이상인 범주형 변수는 다음과 같습니다.

1. 업무: 25개
2. 재직 회사 산업군: 15개
3. 사용 중인 언어: 34개
4. 학습 희망하는 언어: 35개
5. 사용 중인 데이터베이스: 14개
6. 학습 희망하는 데이터베이스: 14개
7. 사용 중인 웹 프레임워크: 18개
8. 사용 중인 프레임워크 & 라이브러리: 16개
9. 사용 중인 IDE: 16개
10. 해당 학습 방법을 선호하는 이유: 2664개
11. MBTI: 18개

이 중에서 범주를 줄이려는 변수를 선택해 주시면, 해당 변수의 상위 N개의 범주만 남기고 나머지를 "기타"로 분류하는 작업을 도와드리겠습니다. 어떤 변수를 선택하시겠습니까?

김대리    개수가 많은 상위 항목만 남기는 작업을 제안하네요.

박차장    개수가 많은 항목만 남기고 나머지는 '기타'로 묶는 거죠. 쉽고 간단한 방법이에요. 하지만 우리는 데이터를 살펴보면서 더 좋은 방법을 찾아볼게요. '업무' 데이터부터 확인해 볼까요?

---

 '업무' 데이터의 빈도수를 그래프로 그려 주세요.

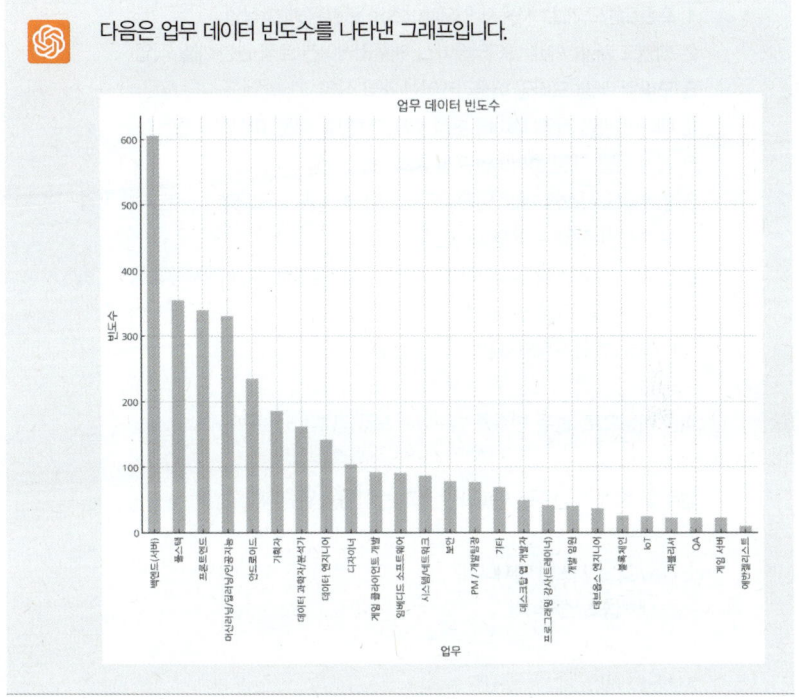

다음은 업무 데이터 빈도수를 나타낸 그래프입니다.

김대리    이 많은 항목이 한 줄에 다 들어가니 어떤 업무가 있는지 한눈에 잘 안 들어오네요. 자세히 보니 특성이 비슷한 업무들은 하나로 합칠 수 있겠어요.

**박차장**   그럼 업무별 특성에 맞게 '업무' 항목을 총 10개로 범주화해 달라고 요청할게요.

---

'업무' 칼럼을 업무별 특성에 맞게 10개의 범주로 범주화해 주세요.

업무 변수를 10개의 범주로 세분화하여 업무별 특성에 맞게 범주화해 보겠습니다. 아래와 같은 범주로 나누겠습니다.

1. 프론트엔드 개발: 사용자 인터페이스와 관련된 개발 작업
2. 백엔드 개발: 서버, 데이터베이스, 애플리케이션 로직 관련 개발 작업
3. 모바일 개발: 모바일 애플리케이션 개발 작업
4. 데이터 관련 작업: 데이터 분석, 데이터 엔지니어링, 머신러닝 등
5. 게임 개발: 게임 클라이언트 및 서버 개발 작업
6. 임베디드/시스템 개발: 임베디드 시스템, 시스템 소프트웨어 관련 개발 작업
7. 보안 관련 작업: 보안 엔지니어 등
8. DevOps/시스템 엔지니어: DevOps, 시스템/네트워크 엔지니어 등
9. QA/테스팅: QA, 테스터 등
10. 기타: 그 외 포함되지 않는 기타 업무

이를 바탕으로 '업무' 변수를 범주화해 보겠습니다.

업무를 10개의 범주로 세분화한 결과는 다음과 같습니다.

1. DevOps/시스템 엔지니어:
   – 데브옵스 엔지니어

2. 게임 개발:
   – 게임 클라이언트 개발

3. 기타:
   – 풀스택
   – 안드로이드

- 데이터 과학자/분석가
- 퍼블리셔
- 임베디드 소프트웨어
- 기획/PM

4. 데이터 관련 작업:
   - 데이터 엔지니어
   - 머신러닝/딥러닝/인공지능

5. 백엔드 개발:
   - 백엔드(서버)

6. 보안 관련 작업:
   - 보안

7. 임베디드/시스템 개발:
   - 데스크탑 앱 개발자

8. 프론트엔드 개발:
   - 프론트엔드

이와 같이 세분화된 업무 카테고리를 바탕으로 추가적인 분석이나 시각화를 진행할 수 있습니다.

**김대리** 대부분 잘 분류했지만, 일부 조정이 필요해요. 예를 들면, '데이터 과학자/분석가'는 '데이터 관련 직업'으로 분류하는 게 좋겠어요.

**박차장** AI가 늘 완벽한 답을 내지는 않아요. 응답을 확인하고 잘못된 부분은 수정을 요청해야 해요. 그럼 해당 칼럼은 직접 분류해 볼까요?

**김대리** 흠… 그럼 이렇게 분류하면 어떨까요?

- 벡엔드 개발: 벡엔드
- 프론트엔드 개발: 프론트엔드, 안드로이드
- 풀스택: 풀스택
- 데이터 관련: 머신러닝/딥러닝/인공지능, 데이터 엔지니어, 데이터 과학자/분석가
- 기획자: 기획자
- 디자인 및 퍼블리싱: 디자이너, 퍼블리셔
- 게임 관련: 게임 클라이언트 개발, 게임 서버
- 시스템 및 보안: 임베디드 소프트웨어, 데브옵스 엔지니어, 데스크탑 앱 개발자, 시스템/네트워크, 보안
- 관리: PM/개발 팀장, 개발 임원
- 기타: 기타 및 미분류

**박차장** 좋은데요. 이 기준으로 분류하고 시각화까지 요청해 볼게요.

---

'업무' 범주를 다음처럼 범주화하고 시각화해 주세요.

벡엔드 개발: 벡엔드
프론트엔드 개발: 프론트엔드, 안드로이드
풀스택: 풀스택
데이터 관련: 머신러닝/딥러닝/인공지능, 데이터 엔지니어, 데이터 과학자/분석가
기획자: 기획자
디자인 및 퍼블리싱: 디자이너, 퍼블리셔
게임 관련: 게임 클라이언트 개발, 게임 서버
시스템 및 보안: 임베디드 소프트웨어, 데브옵스 엔지니어, 데스크탑 앱 개발자, 시스템/네트워크, 보안
관리: PM/개발 팀장, 개발 임원
기타: 기타 및 미분류

'업무'를 제공하신 기준에 따라 최종 범주화를 완료했습니다. 이제 시각화를 통해 주요 업무 카테고리를 확인할 수 있습니다. 각 카테고리에 속한 업무는 다음과 같습니다.

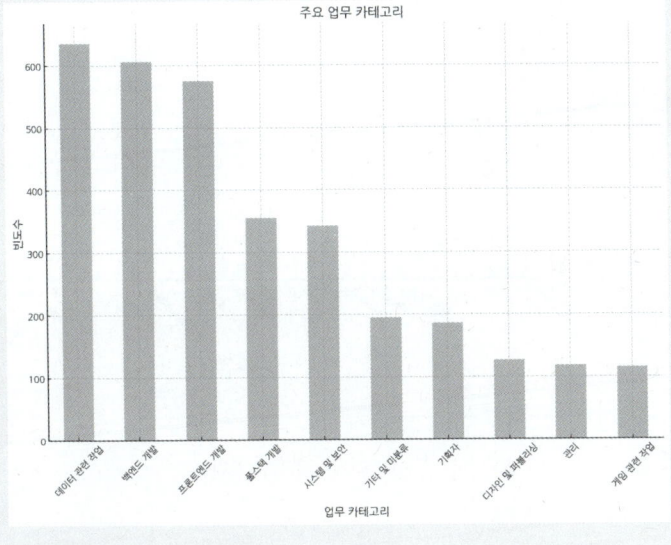

각 카테고리의 분포를 시각화하였습니다.

김대리    이전 그래프보다 훨씬 깔끔해졌어요. 데이터의 차이도 눈에 잘 보이고요. 신기하네요. '사용 중인 언어'도 이렇게 재범주화를 해보고 싶어요. 재범주 기준은 빈도수가 좋겠네요. 그런 다음 언어별 특성에 맞게 범주화까지 요청해 볼게요.

---

 '사용 중인 언어'의 빈도수를 시각화해 주세요.

 다음 그래프는 '사용 중인 언어'의 '빈도수'를 시각화한 것입니다.

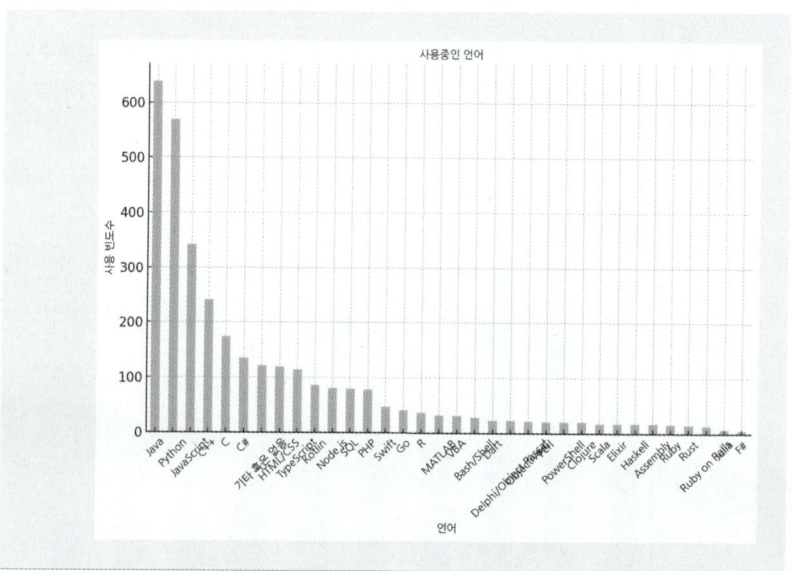

> 해당 데이터를 언어별 특성에 맞게 범주화해 주세요.

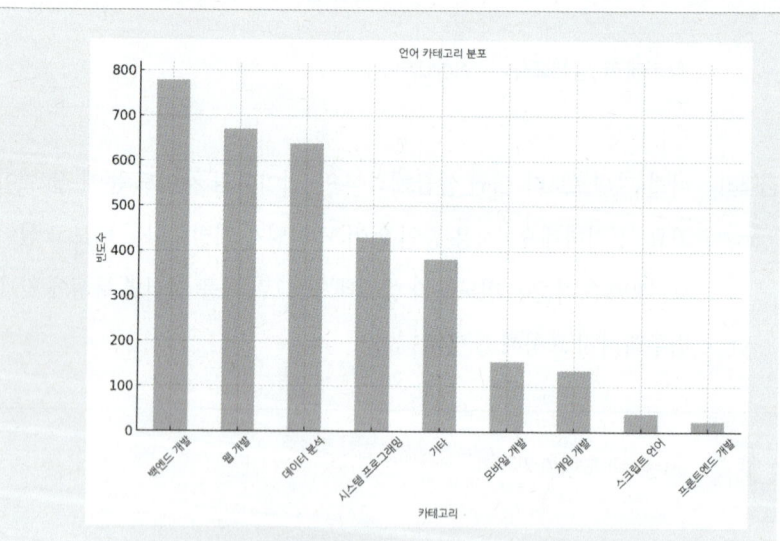

언어를 카테고리화한 데이터를 보여 주는 그래프입니다. 각 카테고리에 속하는 언어들의 사용 빈도를 한눈에 파악할 수 있습니다.

김대리    단번에 깔끔하게 정리되었어요.

박차장    범주별로 어떤 값이 속하는지 마지막으로 확인해 볼게요.

---

 각 범주별 속한 값을 보여 주세요.

 각 언어 카테고리에 속하는 언어들의 목록은 다음과 같습니다.

| 언어 카테고리 | 사용 언어 |
| --- | --- |
| 게임 개발 | C# |
| 기타 | Delphi/Object Pascal, VBA, Assembly, Elixir, Forth, Haskell, Cobol |
| 데이터 분석 | Python, R, MATLAB |
| 모바일 개발 | Objective-C, Kotlin, Swift |
| 백엔드 개발 | Node.js, Java, Go, Scala |
| 스크립트 언어 | PowerShell, Perl |
| 시스템 프로그래밍 | C++, Rust, C |
| 웹 개발 | JavaScript, TypeScript, HTML/CSS, PHP, Ruby |
| 프론트엔드 개발 | Dart |

이 표는 각 카테고리별로 포함된 언어들을 보여줍니다.

---

김대리    특성별로 분리도 잘되고 그래프도 깔끔해졌네요. 한 가지 아쉬운 점이 있다면 모든 언어가 특성별로 재범주화돼서 빈도수가 높은 언어인 'Python'과 'Java' 같은 언어를 구체적으로 분석할 수 없어졌어요. 재범주화를 포기하자니 가독성이 떨어지고… 이럴 땐 어떻게 해야 하죠?

박차장   그럼 2가지 방법을 합치면 어떨까요? 상위 언어 5개는 그대로 두고 나머지 언어를 특성별로 분류하면 좋겠어요.

'사용 중인 언어' 칼럼에서 상위 5개 값은 남기고 나머지 값은 언어의 특성에 따라 범주화해 주세요.

'언어 사용 빈도' 상위 5개 값을 유지하고 나머지 값들을 특성에 따라 범주화한 결과는 다음과 같습니다.

– 상위 5개의 언어: C++, Python, Java, JavaScript, C#
– 기타 언어들은 특성에 따라 범주화되었습니다.

범주화된 데이터는 다음과 같습니다.

| 언어 카테고리 | 사용 언어 |
| --- | --- |
| C | ['C'] |
| C++ | ['C++'] |
| Java | ['Java'] |
| JavaScript | ['JavaScript'] |
| Python | ['Python'] |
| 게임 개발 | ['C#'] |
| 기타 | ['Delphi/Object Pascal', 'VBA', 'Assembly', 'Elixir', 'Bash/Shell', '기타 혹은 없음', 'Ruby on Rails', 'SQL', 'Haskell', 'Clojure', 'F#', 'Julia'] |
| 데이터 분석 | ['R', 'MATLAB'] |
| 모바일 개발 | ['Objective-C', 'Kotlin', 'Swift'] |
| 백엔드 개발 | ['Node.js', 'Go', 'Scala'] |
| 스크립트 언어 | ['PowerShell', 'Perl'] |
| 시스템 프로그래밍 | ['Rust'] |

| 언어 카테고리 | 사용 언어 |
|---|---|
| 웹 개발 | ['TypeScript', 'HTML/CSS', 'PHP', 'Ruby'] |
| 프론트엔드 개발 | ['Dart'] |

이 표는 각 카테고리별로 포함된 언어들을 보여줍니다.

김대리 'C#', 'Rust'도 많은 사용자에게 관심을 받는 언어라서 그대로 두면 좋겠어요. '모바일 개발'은 '프론트 개발'이랑 합쳐도 되겠어요.

C#, Rust의 카테고리 이름을 '언어 이름'으로 바꾸고, '모바일 개발'을 '프론트 개발'에 통합시켜 주세요. 재분류한 항목은 앞에 '기타_'를 넣어 주세요.

최종 조정된 언어 카테고리와 사용 언어 목록은 다음과 같습니다.

| 언어 카테고리 | 사용 언어 |
|---|---|
| C | ['C'] |
| C# | ['C#'] |
| C++ | ['C++'] |
| Java | ['Java'] |
| JavaScript | ['JavaScript'] |
| Python | ['Python'] |
| Rust | ['Rust'] |
| 기타 | ['Delphi/Object Pascal', 'VBA', 'Assembly', 'Elixir', 'Bash/Shell', '기타 혹은 없음', 'Ruby on Rails', 'SQL', 'Haskell', 'Clojure', 'F#', 'Julia'] |
| 기타_데이터 분석 | ['R', 'MATLAB'] |

| 언어 카테고리 | 사용 언어 |
| --- | --- |
| 기타_백엔드 개발 | ['Node.js', 'Go', 'Scala'] |
| 기타_스크립트 언어 | ['PowerShell', 'Perl'] |
| 기타_웹 개발 | ['TypeScript', 'HTML/CSS', 'PHP', 'Ruby'] |
| 기타_프론트엔드 개발 | ['Objective-C', 'Kotlin', 'Dart', 'Swift'] |

이 표는 각 카테고리별로 포함된 언어들을 보여줍니다. 추가적인 분석이나 다른 요청사항이 있으면 알려 주세요.

**김대리** 분류도 잘되고 수정 요청도 잘 반영되었네요.

**박차장** '학습 희망하는 언어'도 해당 기준으로 분류해 보죠.

학습 희망하는 언어도 해당 기준으로 분류하고, 범주화된 학습 희망하는 언어 시각화 해주세요.

다음은 재범주화한 '학습 희망하는 언어'의 빈도수입니다.

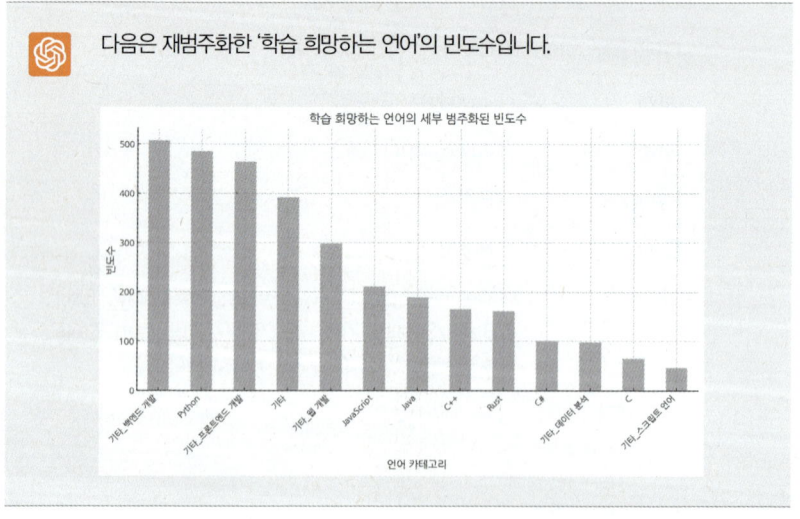

김대리   '학습을 희망하는 언어'에서 '빈도수' 상위에 있는 언어들이 모두 다른 범주에 통합됐어요. 이 칼럼은 회사 정책 결정에 영향을 미치는 데이터니 소실되면 안 될 것 같아요.

박차장   그렇다면 시각화해서 제대로 살펴봐야겠네요.

---

🧑 '학습을 희망하는 언어'를 시각화해 주세요.

💬 다음은 '학습을 희망하는 언어' 그래프입니다.

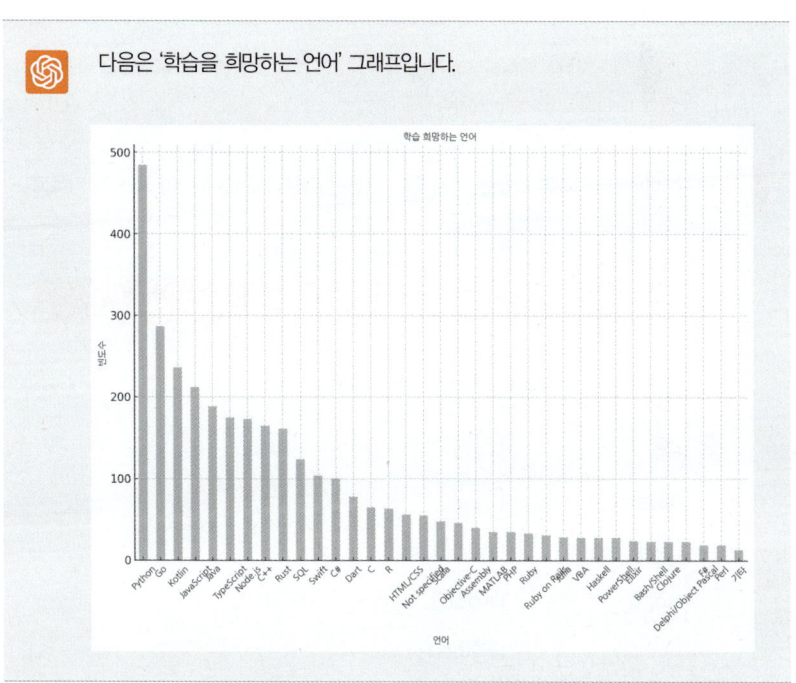

김대리   'Go', 'Kotlin' 같은 비교적 신생 언어들의 수요가 확실하네요. 'Python'은 말할 것도 없고요. 하지만 이런 데이터들이 새로운 항목으로 통합돼 아까 같은 결과가 나왔네요.

박차장　이렇게 연관된 두 칼럼을 동일한 기준으로 범주화할 때는 데이터가 어떻게 달라지는지 확인해야 해요. 통합된 항목이 분석에 큰 영향을 줄 수 있거든요. 그럼 '사용 중인 언어'와 '학습을 희망하는 언어'의 상위 5개를 남기고 그 외 데이터를 분류해서 데이터를 범주화하면 어떨까요?

김대리　그러면 2개의 칼럼에 모두 적합한 카테고리가 나올 것 같아요!

'사용 중인 언어'와 '학습을 희망하는 언어'의 상위 5개씩 언어를 제외하고 다른 업무들을 특성별로 분류해 주세요.

각 언어 카테고리에 속하는 사용 언어 목록은 다음과 같습니다. 이 표는 각 카테고리별로 포함된 언어들을 보여줍니다.

| 언어 카테고리 | 사용 언어 |
| --- | --- |
| C | ['C'] |
| C++ | ['C++'] |
| Go | ['Go'] |
| Java | ['Java'] |
| JavaScript | ['JavaScript'] |
| Kotlin | ['Kotlin'] |
| Python | ['Python'] |
| 게임 개발 | ['C#'] |
| 기타 | ['Delphi/Object Pascal', 'VBA', 'Assembly', 'Elixir', 'Bash/Shell', '기타 혹은 없음', 'Ruby on Rails', 'SQL', 'Haskell', 'Clojure', 'F#', 'Julia'] |
| 데이터 분석 | ['R', 'MATLAB'] |
| 모바일 개발 | ['Objective-C', 'Swift'] |

| 언어 카테고리 | 사용 언어 |
|---|---|
| 백엔드 개발 | ['Node.js', 'Scala'] |
| 스크립트 언어 | ['PowerShell', 'Perl'] |
| 시스템 프로그래밍 | ['Rust'] |
| 웹 개발 | ['TypeScript', 'HTML/CSS', 'PHP', 'Ruby'] |
| 프론트엔드 개발 | ['Dart'] |

C#, Rust의 카테고리 이름을 '언어 이름'으로 바꾸고, '모바일 개발'을 '프론트 개발'에 통합시켜 주세요. 재분류한 항목은 앞에 '기타_'를 넣어 주세요.

최종 조정된 사용 언어 카테고리와 각 카테고리에 속하는 언어 목록은 다음과 같습니다. 이 표는 각 카테고리별로 포함된 언어들을 보여줍니다.

| 언어 카테고리 | 사용 언어 |
|---|---|
| C | ['C'] |
| C# | ['C#'] |
| C++ | ['C++'] |
| Go | ['Go'] |
| Java | ['Java'] |
| JavaScript | ['JavaScript'] |
| Kotlin | ['Kotlin'] |
| Python | ['Python'] |
| Rust | ['Rust'] |
| 기타 | ['Delphi/Object Pascal', 'VBA', 'Assembly', 'Elixir', 'Bash/Shell', '기타 혹은 없음', 'Ruby on Rails', 'SQL', 'Haskell', 'Clojure', 'F#', 'Julia'] |
| 기타_데이터 분석 | ['R', 'MATLAB'] |

| 언어 카테고리 | 사용 언어 |
|---|---|
| 기타_백엔드 개발 | ['Node.js', 'Scala'] |
| 기타_스크립트 언어 | ['PowerShell', 'Perl'] |
| 기타_웹 개발 | ['TypeScript', 'HTML/CSS', 'PHP', 'Ruby'] |
| 기타_프론트엔드 개발 | ['Objective-C', 'Dart', 'Swift'] |

박차장    이제 분류가 잘 됐는지 다시 한번 확인해 볼까요?

해당 카테고리를 이용해서 '사용 중인 언어'와 '학습을 희망하는 언어'를 범주화하고 시각화해 주세요.

다음은 '사용 중인 언어' 재분류 빈도수와 '학습을 희망하는 언어' 재분류 빈도수를 시각화한 그래프입니다.

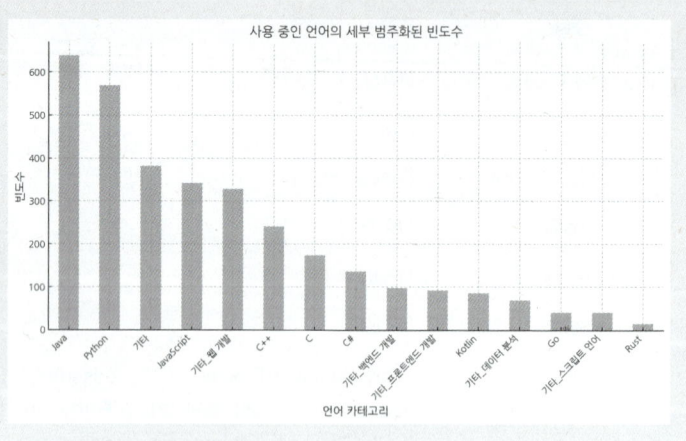

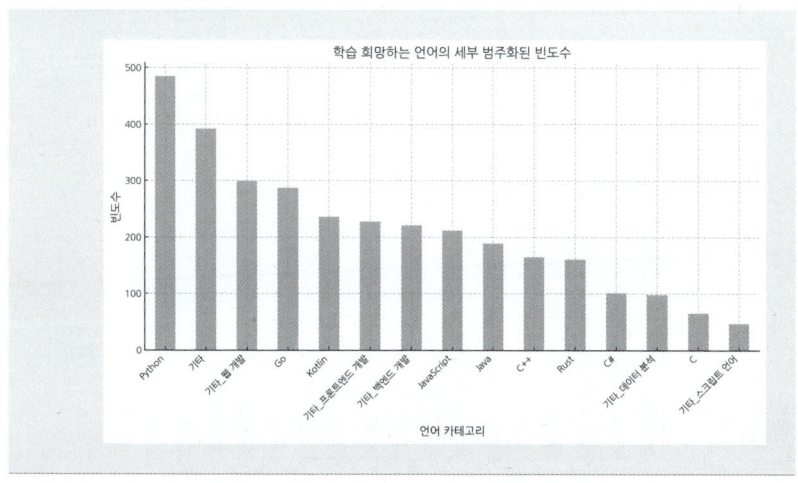

박차장　이제 그래프에서도 현재 사용하는 언어와 학습을 희망하는 언어의 차이가 잘 구분되네요. 다른 종류의 데이터도 동일한 방법으로 살펴보면 되겠어요. 마지막으로 MBTI 칼럼을 볼까요?

김대리　MBTI는 16가지로 항목으로 명확히 구분돼 있는데 어떻게 통합하면 될까요?

박차장　MBTI의 특징을 안다면 항목을 4개로 줄일 수 있어요.

김대리　4개면... 각 알파벳별로 항목을 다시 나누는 거군요!

박차장　네, 맞아요. MBTI는 조합하면 16개지만, 각 요소는 2개로 분류되고 4개의 요소로 구성되어 있기 때문에 E 혹은 I, S 혹은 N, F 혹은 T, J 혹은 P라는 4개 칼럼으로 MBTI를 모두 표현할 수 있어요.

 'MBTI'의 빈도 그래프를 그려 주세요.

다음은 'MBTI'의 빈도수를 시각화한 그래프입니다.

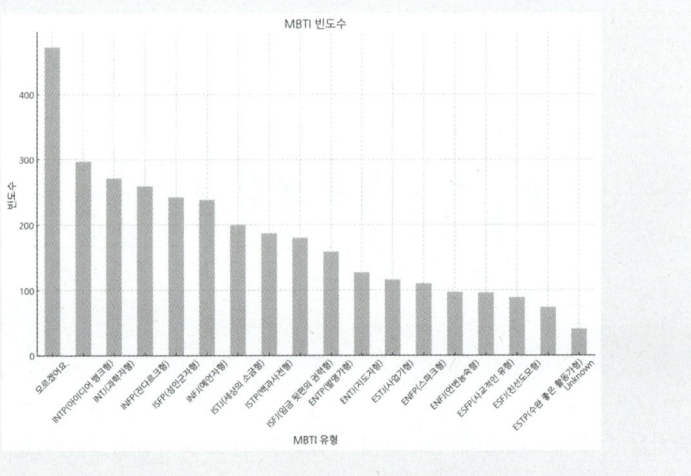

김대리   '모르겠어요'와 'Unknown'은 같은 항목으로 분류해야겠어요.

---

 'MBTI' 칼럼의 '모르겠어요'와 'Unknown'을 통합해 주세요.

 'MBTI' 칼럼의 '모르겠어요'와 'Unknown' 값을 'Unknown'으로 통합하였습니다. 데이터가 제대로 수정된 것을 확인하였습니다.

---

박차장   이제 MBTI를 각 요소별로 나눠 볼게요.

---

 'Unknown' 데이터를 하나의 칼럼으로 빼고 나머지 칼럼들은 MBTI 4가지 요소로 분리해서 칼럼 4개를 만들어 주세요.

 'Unknown'과 각 MBTI 요소(E, I, S, N, T, F, J, P)로 분리하여 새로운 칼럼으로 추가하였습니다. 이제 'MBTI_Unknown', 'MBTI_EI', 'MBTI_SN', 'MBTI_TF', 'MBTI_JP' 칼럼이 데이터프레임에 포함되어 있습니다.

MBTI 관련 칼럼을 보여 주세요.

다음은 MBTI 관련 칼럼들만 포함한 실제 데이터 형태입니다.

| MBTI | MBTI_Unknown | MBTI_EI | MBTI_SN | MBTI_TF | MBTI_JP |
|---|---|---|---|---|---|
| INFJ (예언자형) | Known | I | N | F | J |
| ENFJ (언변능숙형) | Known | E | N | F | J |
| ESFJ (친선도모형) | Known | E | S | F | J |
| Unknown | Unknown | | | | |
| ISTJ (세상의 소금형) | Known | I | S | T | J |

이 테이블은 MBTI 관련 칼럼들의 실제 데이터를 보여줍니다.

김대리    AI도 MBTI를 잘 알고 있나 봐요. 의미에 맞게 잘 분류했어요. 신기하네요.

박차장    지금까지 범주형 데이터를 확인하고 재분류하는 작업을 해보았는데 어떠세요?

김대리    AI 스스로 항목의 의미를 파악하고 정리해 주는 부분은 앞으로도 많은 도움이 되겠어요. 응답을 보면 놀랄 때가 많아요. 데이터 분석뿐만 아니라 다른 분야에도 잘 활용할 수 있겠어요.

# 15장

## 통계 검정

"차장님, 사용 중인 언어에 따라 개발 경력에 차이가 있을 것 같은데 이건 어떻게 확인하면 좋을까요?"

"사용 중인 언어에 따른 평균값을 비교하면 되죠."

"그렇게 확인하면 우연에 의한 결과인지, 실제 유의미한 결과인지 알 수 없지 않을까요? 얼마나 차이가 나야 다르다고 볼 수 있는지도 애매하고."

"그러면 그룹 간의 차이가 유의미한지 통계적으로 확인하는 방법이 있어요. 통계에서는 데이터를 설명하기 위해 평균값과 같은 요약된 수치를 이용하죠. 이 값을 단순 비교하지 않고, 검정한다면 유의미한 차이가 있는지 알 수 있어요."

"검정이요?"

# 통계 검정이란?

**박차장** 통계 검정Statistical Hypothesis Test은 데이터를 기반으로 가설을 검증하는 과정이에요. 2개 이상의 집단 사이에 어떤 연관성이나 차이가 있는지도 검증할 수 있죠. 통계학에서는 관측치를 어떤 모집단에서 얻은 표본으로 봐요. 모집단의 분포에 따라 관측치가 달라지죠. 여러 가지 분포가 있지만, 대부분 다음과 같은 종 모양의 정규분포를 따라요.

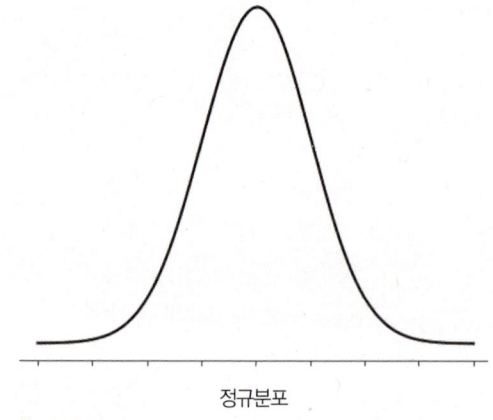

정규분포

평균값 근처에 있는 값이 가장 많이 나오고, 평균($\mu$)에서 멀어질수록 값이 나올 가능성이 낮아요. 평균을 중심으로 표준편차의 ±2배 안에서 데이터의 95%가 나오고, 표준편차의 ±3배 안에서 99.7%가 나와요.

**김대리** 평균에서 먼 구간의 값이 많을수록 평균값이 다른 정규분포를 따른다고 볼 수 있겠네요.

박차장    네, 맞아요. 신뢰구간Confidence Interval을 알면 이 내용을 잘 활용할 수 있어요. 신뢰구간은 평균이 같은 모수가 있다고 추정할 수 있는 범위를 말해요. '95% 신뢰구간'이라고 하면 95%의 확률로 모집단의 평균이 해당 구간에 있다고 볼 수 있어요.

김대리    평균이 신뢰구간 밖에 있으면 평균값이 다른 데이터라고 볼 수 있겠네요.

박차장    그렇죠. p값p-value도 알아볼게요. p값은 통계 가설 검정에서 가설이 맞다는 가정하에 발생할 확률을 말해요. 예를 들어, 평균값이 30인지 아닌지 검정할 때 먼저 평균이 30이라고 가설을 세워요. 그리고 관측치가 평균이 30인 정규분포에서 나올 확률이 얼마나 되는지 구하죠. 이 확률이 p값입니다. 이때 p값이 0.03(3%)이 나왔다면 평균이 30인 정규분포에서 나올 가능성이 굉장히 드물다고 판단할 수 있죠. 그래서 평균이 30이라는 가설을 기각하고, 30이 아니라고 주장할 수 있어요.

김대리    p값이 얼마나 작게 나와야 가설을 기각할 수 있나요?

박차장    그 기준이 되는 확률을 유의수준Significance Level이라고 부릅니다. 평균이 30이라는 가설을 귀무가설null hypothesis이라고 하죠. 보통 증명하고 싶은 내용의 반대되는 가설로, 기각되기를 바라는 경우가 많죠. 이 귀무가설을 기각할 기준이 되는 확률이 유의수준이에요. 유의수준은 0.01(1%), 0.05(5%), 0.10(10%) 등의 값을 많이 사용해요.

김대리    이 방법을 이용하면 설득력 있게 결과를 말할 수 있겠어요.

박차장    네, 맞아요. 검정하는 통계량이나 방법에 따라 다양한 검정 방법이 있어요. 다 알 필요는 없지만, 감을 잡기 위해 다음과 같이 정리해 봤어요.

| 검정 방법 | 특징 |
| --- | --- |
| t-검정(독립 표본) | - 두 독립 그룹의 평균 비교<br>- 간단하고 널리 사용됨 |
| t-검정(대응 표본) | - 동일한 대상에 대한 전후 효과 비교<br>- 전후 차이를 비교<br>- 데이터 쌍을 이용한 분석 가능 |
| ANOVA | - 3개 이상의 그룹 평균 비교 |
| 카이제곱 검정 | - 범주형 데이터의 빈도수 비교<br>- 빈도수가 충분히 클 때만 유효 |
| 맨-위트니 U 검정 | - 두 독립 그룹 간 순위 데이터 비교<br>- 비모수 검정, 정규성 가정 불필요 |
| 윌콕슨 부호 순위 검정 | - 대응되는 두 샘플 간의 차이를 순위를 통해 비교<br>- 비모수 검정, 정규성 가정 불필요 |
| 피셔의 정확 검정 | - 2x2 분할표 내에서의 빈도 비교<br>- 소규모 샘플에서도 사용 가능 |
| 회귀 분석 | - 변수 간의 관계 모델링<br>- 관계의 강도와 방향 예측 가능 |

통계 검정 방법

김대리　벌써 머리가 지끈거리기 시작했어요.

박차장　실제로 검정할 때는 AI의 도움을 받고 평균, 분산, 비율 등 다양한 통계량을 검정할 수 있다는 사실만 기억하세요. 그럼 바로 데이터로 살펴볼까요?

# 데이터 분포 시각화하기

박차장    data.xls 파일을 업로드해서 진행할게요. 자, 우리가 이 데이터로 알아내려는 게 '업무'에 따라 '개발 경력'에 차이가 있느냐니까 바로 데이터 애널리스트에 질문해 보겠습니다.

[파일 첨부: data.xlsx]
'업무'에 따라 '개발 경력'에 차이가 있나요?

데이터를 살펴본 결과, 다양한 업무 형태와 개발 경력, 그 외 많은 정보가 포함되어 있습니다. '업무 형태'와 '개발 경력' 열을 이용하여 업무 형태에 따른 개발 경력의 차이를 분석할 수 있습니다.

우선 각 업무 형태별 평균 개발 경력을 계산해 보겠습니다.

업무 형태별 평균 개발 경력은 다음과 같습니다.

구직 중: 1.59년
은퇴: 7.59년
파트타임: 4.10년
풀타임: 7.42년
프리랜서(파트타임): 4.98년
프리랜서(풀타임): 8.40년
학생: 0.46년

이 데이터로부터 풀타임으로 일하거나 풀타임 프리랜서로 일하는 경우 평균 개발 경력이 더 긴 것을 알 수 있습니다. 반면, 학생이나 구직 중인 경우 평균 개발 경력이 짧은 것을 확인할 수 있습니다.

김대리　개발 경력의 평균값을 계산했네요. 이 값으로는 데이터를 비교하기 어려울 것 같아요.

박차장　데이터를 시각화하면 그 차이를 더 확실하고 빠르게 볼 수 있어요. 이 경우에는 막대그래프를 그리면 x축에는 '업무 형태', y축에는 '개발 경력'의 평균값을 넣을 수 있죠. 파이썬 데이터 시각화 패키지 시본을 이용하면 신뢰구간도 표시해 줘요.

Seaborn 패키지로 신뢰구간 95%를 막대그래프로 그려 주세요.
x축은 텍스트를 90도로 회전시켜 주세요.

다음은 '업무 형태별 평균 개발 경력' 신뢰구간을 표시한 막대그래프입니다.

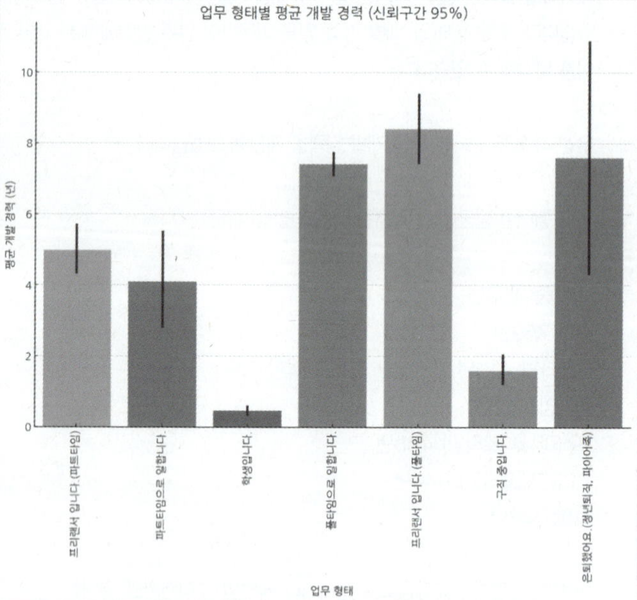

이 그래프는 Seaborn을 사용하여 신뢰구간 95%로 업무 형태별 평균 개발 경력을 나타낸 것입니다. x축 레이블은 90도로 회전시켜 가독성을 높였습니다.

박차장  x축의 값은 '평균 개발 경력'이고, 검은 선은 95% 신뢰구간을 나타냅니다. 검은 선이 겹치는 항목들은 그만큼 모집단의 평균이 같을 확률이 높죠. '프리랜서입니다.(파트타임)'와 '파트타임으로 일합니다.'는 신뢰구간이 겹쳐서 평균에 차이가 없다고 볼 수 있겠어요. 값을 보면 의미도 비슷하네요. 반면 '은퇴했어요.' 항목은 신뢰구간이 굉장히 길게 나왔는데요. 데이터가 한 곳에 모여 있지 않고 흩어져 있기 때문이에요.

김대리  막대그래프만 볼 때보다 훨씬 좋네요. 평균에 차이가 있는지, 있다면 얼마나 있는지 가늠해 볼 수 있어요.

박차장  각각의 범주를 비교할 때는 분포를 살펴보는 게 유용해요. 업무 형태별로 개발 경력 분포는 어떻게 다른지 확인해 볼게요. 이번에는 릿지 플롯Ridge Plot이라는 새로운 그래프를 사용해 볼까요? 릿지 플롯은 분포의 차이를 쉽게 비교하기 위해 수직으로 쌓아서 결합한 선형 분포도를 말해요. 차이를 더 명확하게 대조할 수 있게 약간 겹쳐서 그리기도 하죠.

막대그래프를 릿지 플롯으로 그려 주세요.

다음은 '업무 형태별 평균 개발 경력'을 표시한 릿지 플롯입니다.

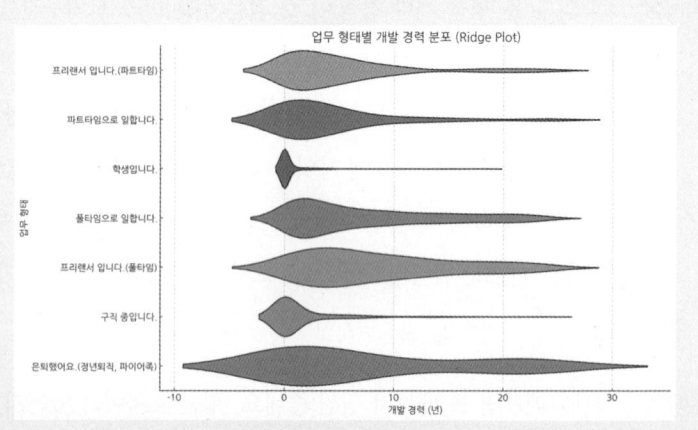

이 그래프는 각 업무 형태별 개발 경력 분포를 시각화한 것입니다. 각 업무 형태의 개발 경력 분포를 보여 주고 있습니다.

김대리　그래프 형태만 바꿨을 뿐인데 데이터가 어디에 집중돼 있고, 얼마나 흩어졌는지가 보이네요. 이렇게 보니 확실히 파트타임과 프리랜서 (파트타임)는 분포가 비슷해 보여요. 학생과 구직 중인 사람 중 일부 개발 경력이 높은 사람도 있지만 대부분 개발 경력이 적은 편이고요.

풀타임은 차이는 적지만 그래도 프리랜서(풀타임)의 경력이 조금 더 높아 보이네요. 풀타임은 이제 사회 생활을 시작하는 사회초년생의 비중이 더 높기 때문일 것 같아요. '은퇴했어요'는 경력이 적은 사람들과 많은 사람들로 나눠서 볼 수 있겠어요. 경력이 10년 미만인 사람이 더 많은 점은 특이하네요.

박차장　재미있는 해석이네요. 지금 얘기한 내용을 중심으로 관심 있는 주제를 더 살펴봐도 좋겠어요.

김대리　그런데 '은퇴했어요'에 개발 경력이 0보다 작은 사람이 있네요?

박차장　그건 데이터를 살펴봐야 해요. 릿지 플롯을 그릴 때 바이올린 플롯$_{Violin\ Plot}$을 이용했는데요. 이 플롯은 데이터 분포를 바이올린 모양으로 나타내는 데이터 시각화 방법이에요. 그러다 보니 0 미만인 값도 있는 것처럼 보이지만, 실제로는 없을 수 있어요.

김대리　그럼 그래프가 정확하지 않을 수 있나요?

박차장　정확한 데이터를 표현하기보다 데이터를 빨리 파악하는 데 초점이 맞춰져 있기 때문이에요. 어디에 데이터가 집중돼 있고, 얼마나 흩어졌는지 바로 알 수 있죠.

김대리　그래프는 단순히 데이터를 보기 좋게 만드는 건 줄 알았는데 목적에 따라 형태가 다르군요. 이런 부분도 AI의 도움을 받을 수 있어 편리하네요.

# 통계 검정하기

박차장  이제 '프리랜서입니다.(파트타임)'와 '파트타임으로 일합니다.'의 개발 경력에 차이가 있는지 통계 검정을 해볼까요?

업무 형태 '프리랜서입니다.(파트타임)'와 '파트타임으로 일합니다.'의 개발 경력에 차이가 있는지 통계 검정을 해주세요.

**독립 표본 t-검정 결과**
t-통계량: 1.1404
p값: 0.2570

이 결과는 '프리랜서입니다.(파트타임)'과 '파트타임으로 일합니다.' 두 그룹 간의 개발 경력의 평균 차이가 통계적으로 유의미하지 않음을 나타냅니다. p값이 0.05보다 크므로, 두 그룹 간의 개발 경력에 유의미한 차이가 있다고 결론 내릴 수 없습니다.

김대리  분석도 하고, 결과도 해석해 줬어요. p값이 0.257로 굉장히 높네요. 0.05보다 커서 평균값에 차이가 있다고 보기 어렵다고 하네요. 0.05가 앞에서 설명하신 유의수준이군요.

박차장  맞아요. 평균이 같다는 귀무가설을 기각할 수 없으므로 차이가 있다고 말할 수 없죠.

김대리  검정 과정이 굉장히 편해졌어요. 낯선 용어는 질문하면 바로 답변을 받을 수 있어서 수학에 자신 없어도 통계 검정을 금방 할 수 있겠어요.

박차장　그렇죠. 한 가지 주의해야 할 게 있어요. t-검정을 정확하게 하려면 데이터가 정규분포를 따르는지 그리고 두 그룹의 데이터 크기, 즉 샘플 크기가 비슷한지도 살펴봐야 합니다.

김대리　네, 업무별 개발 경력을 비교해 봐도 재밌겠어요. 그런데 매번 이렇게 검정 과정이 필요한가요?

박차장　업종이나 분야에 따라 다르지만 매번 이렇게 할 필요는 없어요. 통계 검정을 해보라고 요구하는 경우도 많지 않고요.

김대리　사실 데이터가 크게 차이 나면 반대 의견을 내는 사람은 없겠어요.

박차장　그래서 이 방법은 분석하는 사람이 필요할 때 사용하면 좋아요. 이번처럼 데이터의 차이가 유의미한 수준인지 의심스러울 때 해보면 좋겠죠. 또는 보고할 때 통계 검정 결과 p값이 0.03으로 두 값의 차이가 유의미하다고 말하면 더 신빙성이 있겠죠. 반대의 경우도 사용해 볼 수 있고요.

김대리　데이터에 기반해 어떤 주장을 뒷받침하는 근거를 만들 때 유용하겠어요.

박차장　맞아요. 그리고 정확한 기준과 결과를 제시한다는 점에서도 의미가 있어요. 분석 결과가 좋지 않으면 다른 방법을 찾아볼 수 있죠. 하지만 결과가 애매하게 나오면 좋은 결과인지 아닌지 판단하는데 더 많은 시간과 노력이 필요해요.

김대리　네, 확실히 빠르게 판단하고 다음 과정을 진행할 수 있겠어요.

박차장　아는 것도 중요하지만 이를 잘 활용해야 해요.

# 16장

# 데이터 변환

"차장님, 팀장님께 범주형 데이터를 원-핫 인코딩으로 변환해 달라는 요청을 받았어요. 그런데 원-핫 인코딩이 뭔가요?"

"통계 모델이나 머신러닝 알고리즘은 문자가 아닌 수치형 데이터를 입력해야 해요. 문자를 그대로 입력하면 알고리즘이 이해할 수 없고 학습할 수도 없죠. 원-핫 인코딩은 각 항목을 별도의 열로 전환해서 각각을 0이나 1로 표시해 주는 방식이에요. 그래서 각 항목을 독립된 특성으로 처리할 수 있어요. 예를 들어, 도서 분류 항목으로 문학, 철학, 역사가 있을 때 이를 문자 데이터 그대로 넣는 게 아니라 원-핫 인코딩을 적용해 문학 여부 칼럼을 만들고 문학이면 1, 아니면 0값이 들어가죠. 이런 식으로 다른 도서 분류 항목도 표시할 수 있어요."

"쉽게 말하면 범주형 데이터를 수치형 데이터로 변환하는 방법이네요."

"맞아요. 그런데 범주형을 수치형으로 바꾸는 방법은 원-핫 인코딩만 있는 건 아니에요. 어떤 방법들이 있는지 바로 살펴볼게요."

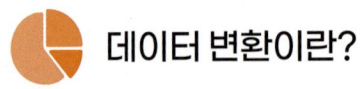
# 데이터 변환이란?

**박차장** 종종 범주형 데이터를 수치형 데이터로 변환해야 할 때가 있어요. 이때 범주형 데이터를 수치로 어떻게 표현하느냐에 따라 다양한 변환 방법을 사용할 수 있어요. 각 범주를 0또는 1로 변환하는 원-핫 인코딩이 있고 각 항목을 고유한 정수로 변환하는 레이블 인코딩 등이 있어요. 대표적인 방법들을 다음과 같이 정리했어요.

- **원-핫 인코딩**One-hot Encodin: 각 범주를 0(해당하지 않음) 또는 1(해당함)의 값을 가지는 새로운 칼럼으로 변환합니다. 항목 간 순서가 의미 없을 때 유용합니다.
  장점: 각 항목이 명확하게 구분됨
  단점: 차원을 크게 증가시킬 수 있음
- **레이블 인코딩**Label Encoding: 각 항목을 고유한 정수로 변환, 순서가 있는 데이터에 적합합니다. (예. 좋음, 보통, 나쁨 → 3, 2, 1)
  장점: 구현이 간단함
  단점: 순서가 의미 없는 경우에 실제 의미가 왜곡될 수 있음
- **빈도수 인코딩**Frequency Encoding: 각 항목의 빈도수로 대체, 빈도수가 중요한 정보일 때 유용합니다.
  장점: 간단하고 이해하기 쉬우며 차원이 크게 증가하지 않음
  단점: 새로운 항목 처리할 수 없으며, 빈도수가 극히 낮은 항목에 과적합 위험 있음
- **타깃 인코딩**Target Encoding: 각 항목을 목표 변수(타깃)의 평균값으로 대체합니다.
  장점: 차원이 증가하지 않으며 중요한 변수 누락을 막을 수 있음
  단점: 샘플이 적은 항목으로 인한 과적합 가능성 있음

**김대리** 변환 목적에 따라 방법이 달라지네요. 그런데 원-핫 인코딩이 차원을 크게 증가시킬 수 있다는 말이 무슨 뜻이죠?

박차장　원-핫 인코딩은 범주형 변수를 새로운 이진 변수로 변환해요. 예를 들어, 범주형 변수인 '학습 희망하는 언어'의 파이썬, 자바, C#이라는 3가지 항목에 원-핫 인코딩을 적용해 보죠. 이때 각 항목은 독립적인 특성으로 변환돼요.

김대리　그럼 각 항목이 별도의 칼럼이 되나요?

박차장　맞아요. 파이썬은 [1, 0, 0], 자바는 [0, 1, 0], C#은 [0, 0, 1] 이렇게 표현되죠. 각 항목이 하나의 특성이 되어 해당 항목에 속하면 1, 아니면 0으로 표시돼요. 이렇게 되면 원래 있던 하나의 칼럼이 세 칼럼으로 변환되죠.

| 학습 희망하는 언어 |
| --- |
| 파이썬 |
| 자바 |
| C# |

→

| 파이썬 선호 | 자바 선호 | C# 선호 |
| --- | --- | --- |
| 1 | 0 | 0 |
| 0 | 1 | 0 |
| 0 | 0 | 1 |

　　　　데이터 분석에서 차원Dimension이란 데이터에서 관측되는 변수 또는 속성을 의미해요. 즉, 관측 변수가 3개라면 3차원이 되는 거죠.

김대리　아! 항목의 개수만큼 차원이 늘어나는 거군요. 그럼 항목이 많으면 그만큼 차원이 엄청나게 커지겠네요. 차원이 커지면 어떻게 되나요?

박차장　이는 데이터를 희소하게 만들고 알고리즘 성능에 부정적인 영향을 줄 수 있어요. 예를 들어, 한 특성에 수천 개의 항목이 있다면, 수천 개의 새로운 특성이 생성되고 대부분 값이 0이 되죠. 이를 차원의 저주The curse of dimensionality라고 합니다.

김대리　그럼 원-핫 인코딩은 적절하지 않을 것 같은데요.

박차장　하지만 앞서 범주형 변수를 재범주화해서 정리를 했으니 그런 문제가 발생하진 않을 거예요. 그리고 데이터 변환에는 정답이 없어요. 우선 해보고 결과가 안 좋으면, 분석해 보고 다른 방법으로 다시 시도할 수 있죠.

김대리　네, 이해했어요!

박차장　원-핫 인코딩은 많이 사용하는 변환 방법이니까 우선 이 방법으로 변환해서 진행하고 알고리즘이나 학습 결과에 따라 다른 방법으로 바꿔서 해볼게요.

# 범주형 데이터 변환하기 ①

**박차장**  본격적인 데이터 변환을 진행하기 전에 값의 길이가 너무 길면 시각적으로 확인하기 어려우니 축약할게요.

**김대리**  '길다'의 기준은 어떻게 잡아야 할까요?

**박차장**  값의 길이가 10자가 넘는 값을 찾아볼까요?

---

[첨부 파일: 16_재범주화데이터.xlsx]
칼럼 중에서 값의 길이가 10가 넘는 칼럼을 알려 주세요.

다음 칼럼들은 값의 길이가 10자를 넘는 항목을 포함하고 있습니다.

- 업무 형태
- 업무
- 재직 회사 산업군
- 사용 중인 클라우드 플랫폼
- 사용 중인 웹 프레임워크
- 사용 중인 프레임워크 & 라이브러리
- 사용 중인 IDE
- 에디터/IDE 환경 내 선호 테마
- 가장 선호하는 학습 방법
- 업무 시 오픈소스 활용 여부
- 전공
- 코딩시 간식 섭취 여부
- 선호하는 한 회사 내 근무 연수
- 사용 중인 데이터베이스 카테고리
- 학습 희망하는 데이터베이스 카테고리

이 칼럼들에는 10자 이상의 값이 포함되어 있습니다.

 해당 칼럼들의 데이터를 보여 주세요.

 다음은 값의 평균 길이가 10자를 넘는 칼럼들의 데이터입니다.

| 도서 구매 성향 | 전공 | 코딩 시 간식 섭취 여부 | 업무 시 오픈소스 활용 여부 | 사용 중인 IDE | 업무 형태 | 재직 회사 산업군 |
|---|---|---|---|---|---|---|
| 업무나 프로젝트 등 필요한 상황이 오면 그때그때 구매하는 편이다.(비교적 적극적으로…) | HW 관련 전공 (전기전자 공학, 제어계측 공학 등) | 네, 가끔 먹습니다. | 제한적으로 활용한다 | Notepad++ | 프리랜서입니다. (파트타임) | 통신/ 네트워크 |
| 업무나 프로젝트 등 필요한 상황이 오면 그때그때 구매하는 편이다.(비교적 적극적으로…) | SW 관련 전공 (소프트웨어 공학, 컴퓨터 공학, 전산, 정보통신 공학 등) | 아니요, 먹지 않습니다. | 제한적으로 활용한다 | 안드로이드 스튜디오 | 파트타임으로 일합니다. | 게임 |
| 가급적 빌려 보고, 꼭 필요할 때만 구매하는 편이다.(어쩔 수 없을 때만 구매한다.) | SW 관련 전공 (소프트웨어 공학, 컴퓨터 공학, 전산, 정보통신 공학 등) | 네, 가끔 먹습니다. | 광범위하게 활용한다 | IPython/ Jupyter | 학생입니다. | 게임 |
| 새로운 기술이 나왔을 때 또는 업무와 관련 있는 신간을 찾아서 구매한다.(적극적으로…) | 다른 전공(인문, 경상, 사회, 예체능 등) | 네, 가끔 먹습니다. | 제한적으로 활용한다 | Visual Studio | 풀타임으로 일합니다. | 제조/ 에너지/ 유통/ 물류/ SOC |
| 업무나 프로젝트 등 필요한 상황이 오면 그때그때 구매하는 편이다.(비교적 적극적으로…) | SW 관련 전공 (소프트웨어 공학, 컴퓨터 공학, 전산, 정보통신 공학 등) | 네, 좋아하고 자주 먹습니다. | 광범위하게 활용한다 | Visual Studio Code | 풀타임으로 일합니다. | 보안 |

이 데이터는 값의 평균 길이가 10자를 넘는 칼럼으로 구성되어 있습니다.

김대리    긴 데이터가 꽤 있네요. 값들을 보니까 충분히 축약 가능하겠어요. 특히 '도서 구매 성향'은 구어체여서 깔끔하게 정리하는 게 좋겠어요.

박차장   그럼 이 중에서 '도서 구매 성향', '코딩 시 간식 섭취 여부', '업무 시 오픈소스 활용 여부', '업무 형태' 칼럼의 항목을 축약해 달라고 요청할게요.

'도서 구매 성향', '코딩 시 간식 섭취 여부', '업무 시 오픈소스 활용 여부', '업무 형태' 칼럼의 값을 축약해 주세요.

다음은 '도서 구매 성향', '코딩 시 간식 섭취 여부', '업무 시 오픈소스 활용 여부', '업무 형태'를 축약한 데이터입니다.

| 도서 구매 성향 | 전공 | 코딩 시 간식 섭취 여부 | 업무 시 오픈소스 활용 여부 | 사용 중인 IDE | 업무 형태 | 재직 회사 산업군 |
|---|---|---|---|---|---|---|
| 필요 시 구매 | HW 관련 전공(전기전자 공학, 제어계측 공학 등) | 가끔 섭취 | 제한적 활용 | Notepad++ | 프리랜서 (파트타임) | 통신/네트워크 |
| 필요 시 구매 | SW 관련 전공(소프트웨어 공학, 컴퓨터 공학, 전산, 정보통신 공학 등) | 섭취 안 함 | 제한적 활용 | 안드로이드 스튜디오 | 파트타임 | 게임 |
| 필요 시 구매 | SW 관련 전공(소프트웨어 공학, 컴퓨터 공학, 전산, 정보통신 공학 등) | 가끔 섭취 | 광범위 활용 | IPython/Jupyter | 학생 | 게임 |
| 신간 구매 | 다른 전공(인문, 경상, 사회, 예체능 등) | 가끔 섭취 | 제한적 활용 | Visual Studio | 풀타임 | 제조/에너지/유통/물류/SOC |
| 필요 시 구매 | SW 관련 전공(소프트웨어 공학, 컴퓨터 공학, 전산, 정보통신 공학 등) | 자주 섭취 | 광범위 활용 | Visual Studio Code | 풀타임 | 보안 |

이 데이터를 통해 칼럼 값들을 더 간결하게 표현할 수 있습니다.

김대리   데이터가 깔끔해졌네요. 그런데 무엇을 어떻게 바꾼 거죠?

박차장   궁금한 건 바로 물어보면 되죠.

칼럼 값을 어떤 식으로 축약했는지 알려 주세요.

 다음은 각 칼럼 값을 축약한 방법입니다.

### 도서 구매 성향
- 업무나 프로젝트 등 필요한 상황이 오면 그때그때 구매하는 편이다.(비교적 적극적으로 구매한다.) → 필요 시 구매
- 가급적 빌려 보고, 꼭 필요할 때만 구매하는 편이다.(어쩔 수 없을 때만 구매한다.) → 필요 시 빌려
- 새로운 기술이 나왔을 때 또는 나와 관련 있는 신간을 찾아서 구매한다.(적극적으로 구매한다.) → 신간 구매

### 코딩 시 간식 섭취 여부
- 네, 가끔 먹습니다. → 가끔 섭취
- 아니요, 먹지 않습니다. → 섭취 안 함
- 네, 좋아하고 자주 먹습니다. → 자주 섭취

### 업무 시 오픈소스 활용 여부
- 제한적으로 활용한다. → 제한적 활용
- 광범위 하게 활용한다 → 광범위 활용
- 활용하지 않는다. → 활용 안 함

### 업무 형태
- 프리랜서입니다.(파트타임) → 프리랜서(파트타임)
- 파트타임으로 일합니다. → 파트타임
- 학생입니다. → 학생
- 풀타임으로 일합니다. → 풀타임

이와 같은 방식으로 긴 값을 간략하게 축약했습니다. 추가로 궁금한 사항이 있거나 필요한 작업이 있으면 말씀해 주세요.

김대리　결괏값을 보니 '업무 형태' 칼럼이 정리가 덜된 것 같아요. '은퇴했어요' 같이 불필요한 어미가 포함돼 있어요.

박차장　그러네요. 추가 작업을 요청해 보죠.

---

 '업무 형태' 칼럼의 데이터 축약을 마무리해 주세요.

 다음은 '업무 형태' 칼럼의 추가 축약 방법입니다.

**업무 형태**
구직 중입니다. → 구직 중
프리랜서입니다.(풀타임) → 프리랜서(풀타임)
은퇴했어요.(정년퇴직, 파이어족) → 은퇴
Unknown → Unknown

이러한 방법으로 '업무 형태' 칼럼의 값을 간결하게 축약했습니다. 추가로 궁금한 사항이나 필요한 작업이 있으면 말씀해 주세요.

---

김대리　이제 정리됐어요. 마음에 들어요.

박차장　그럼 데이터도 축약했으니 이제 범주형 변수를 수치형으로 바꿔볼게요. 수치형으로 변환하기 전에 이제까지 작업한 데이터를 저장해두고 다시 시작할게요.

김대리　특별한 이유가 있을까요?

박차장　분석의 목적에 따라 수치화되지 않은 범주형 데이터 원본을 사용해야 하는 경우가 있거든요.

김대리　네, 범주형이 확실히 보기가 쉬운 점이 있어요. 따로 저장해 두겠습니다.

박차장　그럼 저장된 데이터를 다시 불러서 범주형 데이터를 살펴볼까요?

[첨부 파일: 16_데이터변환축약데이터.xlsx]
범주형 데이터의 종류를 보여 주세요.

다음은 각 범주형 칼럼의 고윳값들입니다.

**업무 형태**
- 프리랜서(파트타임)
- 파트타임
- 학생
- 풀타임
- 구직 중입니다.
- 프리랜서입니다.(풀타임)
- 은퇴했어요.(정년퇴직, 파이어족)
- Unknown

(중략)

**학습 희망하는 데이터베이스 카테고리**
- MariaDB
- DynamoDB
- Oracle
- Redis
- MySQL
- PostgreSQL
- MongoDB
- SQLite
- 기타
- Elasticsearch
- MS-SQL

**MBTI_Unknown**
- Known
- Unknown

**MBTI_EI**
- I
- E
- nan

**MBTI_SN**
- N
- S
- nan

이 데이터는 각 범주형 칼럼의 고유한 값을 나타냅니다.

범주형을 수치형 변수로 변환할 때는 기본값을 설정해야 해요. 기본값을 설정하지 않고 모든 값을 수치형 변수로 변환하면 데이터의 크기도 불필요하게 커질 뿐 아니라 추후에 분석을 할 때 문제가 생길 수 있어요.

김대리　기본값이요?

박차장　예를 들어, 원-핫 인코딩으로 변환할 때 특정 범주가 존재하지 않을 경우 그 범주에 대한 기본값으로 0을 설정하는 식이죠. 보통 기본값은 데이터의 의미가 적은 값을 선택하는데, 'Unknown' 같이 큰 의미가 없거나 절대 다수를 차지하는 값 등은 제외하는 게 좋아요.

김대리　아하, 그럼 'Unknown'이 들어간 칼럼은 해당 값이 기본값이면 될 것 같아요.

박차장　좋습니다. 확실한 것부터 하나하나 진행하시죠. 이제 원-핫 인코딩을 진행해 볼게요. Unknown이 들어간 범주형 변수를 변경해 보죠!

 값에 'Unknown'이 포함된 칼럼을 알려 주세요.

 값으로 'Unknown'을 포함하는 칼럼은 다음과 같습니다.

1. 업무 형태
2. 사용 중인 웹 프레임워크
3. 사용 중인 IDE
4. 사용 중인 OS
5. 경제적 자유 성취 후 근무 지속 여부
6. 전공
7. 코딩 시 간식 섭취 여부
8. 코딩 시 마시는 음료
9. 선호하는 한 회사 내 근무 연수
10. MBTI_Unknown

이 열들 중 어떤 것을 추가로 분석하거나 확인하고 싶은지 알려 주세요.

 이 칼럼들의 기본값을 'Unknown'으로 해서 'Unknown'이 없는 형태로 원-핫 인코딩을 진행해 주세요.

 업로드한 데이터에서 해당 칼럼들에 대해 원-핫 인코딩을 완료했습니다. 결과 데이터프레임을 확인할 수 있습니다.

 원-핫 인코딩된 데이터의 칼럼 몇 개만 보여 주세요.

다음은 원-핫 인코딩된 데이터의 칼럼 일부입니다.

| 업무 형태_프리랜서(파트타임) | 업무 형태_파트타임 | 업무 형태_학생 | 업무 형태_풀타임 | 사용 중인 IDE_VS Code |
|---|---|---|---|---|
| 1 | 0 | 0 | 0 | 1 |
| 0 | 1 | 0 | 0 | 0 |
| 0 | 0 | 1 | 0 | 0 |
| 0 | 0 | 0 | 1 | 1 |
| 0 | 0 | 0 | 1 | |

| 사용 중인 OS_Windows | 경제적 자유 성취 후 근무 지속 여부_예 | 전공_컴퓨터 과학 | 코딩 시 간식 섭취 여부_예 | 코딩 시 마시는 음료_커피 |
|---|---|---|---|---|
| 1 | 1 | 1 | 1 | 1 |
| 0 | 0 | 0 | 0 | 0 |
| 0 | 0 | 0 | 0 | 0 |
| 0 | 0 | 1 | 1 | 0 |
| 1 | 1 | 0 | 0 | 0 |

김대리 　모든 항목들이 칼럼명에 포함되고, 각 행의 값은 그 항목에 속했는지를 1과 0으로 표시됐어요. 이제 범주형 데이터 특성을 유지하면서 수치형 데이터처럼 표기할 수 있겠어요. 다른 칼럼들도 기본값을 설정한 다음 이렇게 변환하면 되겠네요.

# 범주형 데이터 변환하기 ②

박차장   나머지 범주형 칼럼들도 모두 수치형으로 변환하셨어요?

김대리   물론이죠! 금방 했습니다.

박차장   수고하셨어요. 기왕 변환 방법을 알아보는 김에 이번엔 날짜 데이터 변환도 알아보려고 다른 데이터를 구했어요. 어떤 데이터가 있는지 16_날짜데이터_변환전.xlsx 파일을 첨부해서 확인해 보세요.

[첨부 파일: 16_날짜데이터_변환전.xlsx]
첨부한 파일의 데이터를 보여 주세요.

**가입 시간**
2022-10-20 14:06:52
2006-03-12 17:33:40
2000-01-29 11:28:00
2022-04-24 17:32:21
2004-03-03 18:06:22

더 필요한 정보나 분석이 있다면 말씀해 주세요!

김대리   날짜와 시간으로 구성된 데이터네요.

박차장   처리하기 전에 이런 데이터는 어떤 의미를 가질 수 있는지 고민이 필요해요. 시간 데이터는 어떤 식으로 변환하면 좋을까요?

김대리　가입한 지 얼마나 됐는지 혹은 몇 시에 가입했는지 이런 정보가 있으면 업무에 도움이 되는 분석을 할 수 있겠어요.

박차장　맞아요. 실무에서도 시간, 날짜 데이터를 다룰 때 자주 사용하고 분석하는 항목이에요.

김대리　그런데 날짜 데이터만으로 가입 기간을 도출할 수 있나요?

박차장　가입일로부터 며칠이 지났는지를 계산하면 되겠네요. 물론 이런 고민할 필요 없이 바로 데이터 애널리스트에게 요청하면 됩니다.

[첨부 파일: 16_날짜데이터_변환전.xlsx]
첨부한 파일의 데이터를 보여 주세요.

다음은 2024년 6월 30일을 기준으로 계산한 가입 일수입니다.

| 가입 시간 | 가입 일수 |
| --- | --- |
| 2022-10-20 14:06:52 | 618 |
| 2006-03-12 17:33:40 | 6684 |
| 2000-01-29 11:28:00 | 8918 |
| 2022-04-24 17:32:21 | 797 |
| 2004-03-03 18:06:22 | 7423 |

박차장　간단하죠? 이번엔 가입 시간에 따라 분류를 해볼게요. 오전, 오후, 밤, 새벽으로 분류해 볼까요? 오전은 06~12, 오후는 12~18, 저녁은 18~24, 밤은 24~06 이렇게 해보죠.

김대리　어느 시간대에 가장 많이 가입했는지도 눈으로 확인할 수 있게 그래프도 그리면 좋을 것 같아요.

가입한 시간에 따라 06~12는 오전, 12~18은 오후, 18~24는 저녁, 24~06은 밤으로 분류해 주세요.

 다음은 가입한 시간을 기준으로 분류한 데이터입니다.

| 가입 시간 | 가입 일수 | 가입 시간대 |
| --- | --- | --- |
| 2022-10-20 14:06:52 | 618 | 오후 |
| 2006-03-12 17:33:40 | 6684 | 오후 |
| 2000-01-29 11:28:00 | 8918 | 오전 |
| 2022-04-24 17:32:21 | 797 | 오후 |
| 2004-03-03 18:06:22 | 7423 | 저녁 |

'가입 시간대' 빈도수를 막대그래프로 그려 주세요.

이 그래프는 가입 시간대의 빈도수를 시각화한 것입니다.

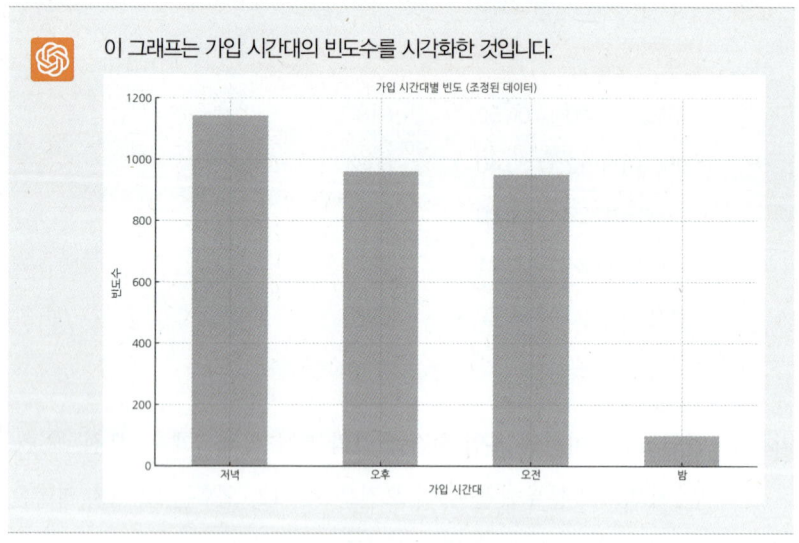

박차장  예상한 대로 나왔나요?

김대리  역시 밤에는 가입 인원이 가장 적고, 오전이나 업무보다는 개인 시간을 가질 확률이 높은 저녁에 가입자 수가 많네요. 제가 생각한 양상이에요.

박차장  좋습니다. 이제 '가입 시간대' 데이터를 원-핫 인코딩으로 수치형으로 변환해 볼게요.

---

 '가입 시간대'를 원-핫 인코딩으로 변환해 주세요. 기본값은 '밤'으로 설정해서 지워주세요.

 다음은 가입 시간대를 원-핫 인코딩한 데이터의 일부입니다.

| 가입 시간 | 가입 일수 | 오전 | 오후 | 저녁 |
| --- | --- | --- | --- | --- |
| 2022-10-20 14:06:52 | 618 | 0 | 1 | 0 |
| 2006-03-12 17:33:40 | 6684 | 0 | 1 | 0 |
| 2000-01-29 11:28:00 | 8918 | 1 | 0 | 0 |
| 2022-04-24 17:32:21 | 797 | 0 | 1 | 0 |
| 2004-03-03 18:06:22 | 7423 | 0 | 0 | 1 |

기본값인 '밤'은 모든 값이 0으로 설정되어 있습니다.

---

김대리  날짜 시간 밖에 없던 데이터에 칼럼이 이렇게 불어났네요.

# 데이터 취합하기

김대리　차장님, 그런데 변환한 데이터를 기존 데이터와 합칠 수 있나요? 생각해 보니 데이터 파일이 여러 개로 나뉘어져 있을 때 취합하는 경우도 종종 있거든요.

박차장　그럼요. 무척 간단하게 할 수 있어요. 그렇다면 기존 데이터에 시간대라는 칼럼이 추가되는 거겠죠. 먼저 지금까지 작업한 16_데이터변환원핫인코딩데이터.csv 파일을 불러온 다음 크기를 확인해 볼게요. 크기 확인은 'shape'을 알려 달라고 요청할 수도 있어요.

김대리　shape이요?

박차장　데이터 분석에서 shape은 데이터 구조와 크기를 나타내는 용어예요. 그런 다음 앞서 작업한 16_날짜데이터_변환완료.xlsx 파일을 첨부해서 두 파일을 취합할게요.

[첨부 파일: 16_데이터변환원핫인코딩데이터.csv]
이 데이터 파일의 shape을 알려 주세요.

업로드된 데이터프레임의 크기는 (3254, 288)입니다. 즉, 3254개의 행과 288개의 열이 있습니다. 추가로 필요한 작업이나 분석이 있으면 말씀해 주세요!

[첨부 파일: 16_날짜데이터_변환완료.xlsx]
16_데이터변환원핫인코딩데이터.csv에서 '가입 일수', '오전', '오후', '저녁' 칼럼을 해당 데이터에 합쳐 주세요.

다음은 기존 데이터와 새로 추가된 '가입 일수', '오전', '오후', '저녁' 칼럼을 합친 결과입니다.

| 개발 경력 | 연봉 | 회원 여부 | 취미_게임 | 업무_관리 |
|---|---|---|---|---|
| 2 | 1135 | 0 | 1 | 0 |
| 14 | 2134 | 0 | 0 | 0 |
| 0 | 0 | 0 | 0 | 0 |
| 3 | 3051 | 1 | 0 | 0 |
| 1 | 3753 | 1 | 0 | 0 |

| 전공_기타 | 가입 일수 | 오전 | 오후 | 저녁 |
|---|---|---|---|---|
| 0 | 618.0 | 0.0 | 1.0 | 0.0 |
| 0 | 6684.0 | 0.0 | 1.0 | 0.0 |
| 0 | 8918.0 | 1.0 | 0.0 | 0.0 |
| 0 | 797.0 | 0.0 | 1.0 | 0.0 |
| 0 | 7423.0 | 0.0 | 0.0 | 1.0 |

김대리    와, 벌써 끝났어요. 데이터를 취합하려면 파일 여러 개를 열고 복사하고 붙이고 확인하는 등등 번거로운 작업이 필요했는데 엄청 간단하게 마무리했어요.

박차장    그게 AI를 사용하는 이유 중 하나죠. 지금은 행이 같으면 동일한 데이터이기 때문에 문제가 없어요. 하지만 이렇게 다른 데이터를 합칠 때는 어떤 칼럼을 기준으로 합치느냐가 중요해요. 각 데이터 테이블의 키 값을 잘 확인하지 않으면 예상치 못한 결과가 나올 수 있어요.

김대리    중복 데이터를 제거할 때도 키 값이 중요했죠?

박차장　맞아요. 데이터를 합칠 때도 키 값은 중요한 역할을 해요. 예를 들어, 고객 데이터와 주문 데이터를 '고객 ID' 기준으로 합칠 때 두 데이터세트의 '고객 ID'가 정확히 일치하지 않으면 일부 주문이 누락되거나 잘못된 고객 정보와 연결되죠. 따라서 데이터를 합치기 전에 반드시 키를 일치시키고 값의 정확성을 확인해야 해요. 그래야 정확한 데이터를 얻을 수 있어요.

김대리　AI를 쓰면 몰라도 할 수 있지만, 이런 내용은 알아 두면 좋겠네요.

4부

# 챗GPT와
# 고급 데이터 분석 도전하기

# 17장

## 고액 연봉 개발자 예측하기

"차장님, 새로운 수강생이 왔을 때 연봉을 얼마나 받는 사람인지 예측해 보고 싶은데 가능할까요?"

"네, 가능하죠. 우리가 가지고 있는 데이터를 이용해서 연봉을 예측하는 알고리즘을 만들 수 있어요. 모델을 만들고 예측 결과를 평가하고 적용하는 과정이 필요하죠. 그럼 이제 더 복잡하지만 강력한 고급 데이터 분석 단계로 들어가겠네요."

"고급 데이터 분석이라… 제가 그런 복잡한 기술을 다룰 수 있을지 갑자기 막막해지네요."

"AI를 이용하면 훨씬 쉽게 접근할 수 있어요. 챗GPT가 데이터의 패턴을 학습하고 예측을 하는 머신러닝 알고리즘 코드를 작성해 줘요. 모르는 부분은 그때그때 챗GPT에게 물어보면 되고요. 챗GPT는 고급 분석을 수행하고 최적화하는 데 큰 도움을 줄 수 있죠. 막상 시작해 보면 생각보다 어렵지 않다고 느끼게 될 거예요."

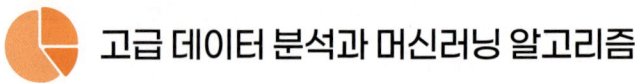
# 고급 데이터 분석과 머신러닝 알고리즘

김대리　고급 데이터 분석이라고 하셨는데 지금까지 해온 데이터 분석과 어떤 차이가 있나요?

박차장　여기에는 고급 통계 모델링, 예측 분석, 머신러닝 등이 포함돼요. 고급 데이터 분석 기법은 데이터에서 다양한 인사이트를 얻을 수 있고 더 정교한 예측을 제공해요. 예를 들어, 마케팅 캠페인의 효과를 예측하거나, 고객 행동을 분석하여 맞춤형 마케팅 전략을 개발하는 데 도움을 주죠. 이는 단순 통계나 기초 분석으로 하기 어려운 영역이에요. 우리는 머신러닝 알고리즘을 주로 다뤄볼 예정인데, 완전히 낯설진 않을 거예요. 이전에 지도 학습과 비지도 학습에 대해 언급한 거 기억나세요?

김대리　네. 정답이 있는 데이터를 학습하는 게 지도 학습, 없는 걸 학습하는 게 비지도 학습이었죠?

박차장　맞아요. 머신러닝 알고리즘도 지도 학습과 비지도 학습으로 나눌 수 있어요. 여기에 앙상블 기법, 딥러닝, 강화 학습까지 기억해 두면 좋아요. 이 방법들도 지도 학습과 비지도 학습으로 구분할 수 있지만, 중요한 머신러닝 방법이고 다른 부분이 많죠. 앙상블 기법은 여러 모델을 결합하여 더 좋은 성능을 내는 방법이고, 딥러닝은 인공 신경망을 활용한 방법, 강화 학습은 보상을 기반으로 학습하는 방법이에요.

김대리　그러면 각 알고리즘의 장점을 최대한 활용하려면 어떻게 해야 하나요?

박차장　각 특성을 잘 이해하고, 문제에 맞는 적절한 알고리즘을 선택해야 해요. 예를 들어, 정확도가 매우 중요한 문제에서는 앙상블 기법을 사용하면 좋죠. 주요 머신러닝 알고리즘은 다음과 같이 정리해 봤어요.

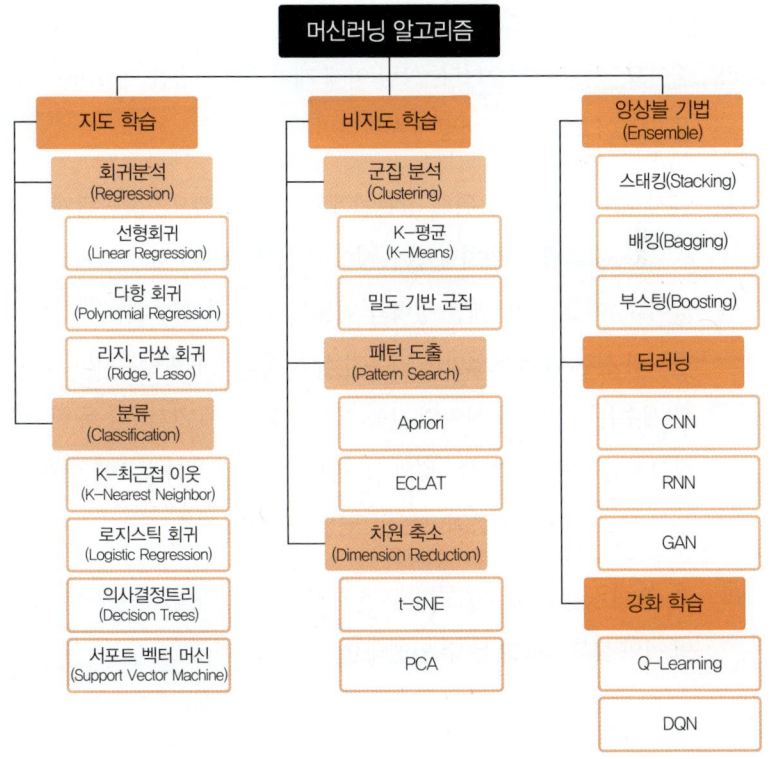

주요 머신러닝 알고리즘

김대리　이 방법들을 다 알려면 학습할 내용이 많겠어요.

박차장　그래서 주어진 데이터로 중요한 알고리즘을 빠르게 훑어볼 예정이에요. 그리고 AI를 이용하면 어떤 알고리즘을 선택할지 도움도 받고, 코드도 작성해 줘서 쉽게 할 수 있어요.

김대리　슬슬 흥미로워지네요. 시작해 볼까요?

# 상관관계 분석이란?

김대리    좋아요. 전 준비됐습니다. 그럼 이제 개발자의 연봉을 예측하는 모델을 만들어 보겠군요. 어떻게 시작하면 좋을까요?

박차장    먼저 데이터 탐색을 위해 상관관계를 구해 볼까요? 상관관계 분석 Correlation Analysis으로 수치형 변수 사이에 선형 관계가 있는지 파악할 수 있어요. 예를 들어, 개발 경력과 연봉은 어떤 관계가 있는지 같이 두 변수의 선형 관계가 얼마나 되는지 상관 계수로 표현할 수 있어요. 상관 계수는 −1에서 1 사이의 값을 가지는데, −1에 가까울수록 한 쪽이 작아지면 한 쪽은 커지는 음의 상관관계가 되고, 반대로 1에 가까워질수록 같은 방향으로 움직이는 양의 상관관계가 되죠.

김대리    흠, 음의 상관관계는 중고차 주행 거리와 가격, 양의 상관관계는 사람의 키와 몸무게라고 볼 수 있겠네요.

박차장    정확한 예시네요. 그럼 분석을 진행해 볼까요?

[파일 첨부: 17_데이터변환날짜추가데이터.xlsx]
전반적인 데이터의 상관관계 분석을 해주세요.

이 데이터에는 개발 경력, 재직 회사 인원수, 연봉 등 다양한 변수들이 포함되어 있습니다. 이제 이 데이터를 바탕으로 전반적인 상관관계 분석을 진행하겠습니다. 주요 변수를 대상으로 상관관계 행렬을 생성하고, 이를 시각화하여 분석해 보겠습니다.

먼저 주요 수치형 변수들 간의 상관관계를 계산하겠습니다.

상관관계 분석 결과는 다소 복잡하고 많은 정보를 포함하고 있습니다. 주요 변수들 간의 상관관계에서 몇 가지 주목할 만한 점을 요약해 보겠습니다.

1. **개발 경력과 연봉**: 상관 계수는 0.557로, 상당히 강한 양의 상관관계를 보입니다. 이는 개발 경력이 많을수록 연봉이 높아지는 경향이 있음을 나타냅니다.
2. **재직 회사 인원수와 연봉**: 상관 계수는 0.318로, 중간 정도의 양의 상관관계를 보입니다. 이는 큰 회사에 다닐수록 연봉이 높을 가능성이 있음을 시사합니다.
3. **사용 중인 언어 만족도와 데이터베이스 만족도**: 상관 계수는 0.543로, 강한 양의 상관관계를 보입니다. 이는 사용 중인 언어에 만족할수록 데이터베이스에도 만족할 가능성이 높다는 것을 의미합니다.

이외에도 다양한 변수 간의 상관관계를 확인할 수 있습니다. 특정 변수들 간의 상관관계를 더 자세히 알고 싶거나 시각화를 원하시면 말씀해 주세요.

박차장　'연봉'과 상관관계가 높은 칼럼들을 꼽아 주었네요. '개발 경력', '재직 회사 인원수', '사용 중인 언어 만족도와 데이터베이스 만족도'와 양의 상관관계가 있다고 하네요. 꽤 합리적인데요?

김대리　특히 숫자로 상관관계를 나타내는 점이 좋네요. '재직 회사 인원수'보다는 '개발 경력'이 더 상관관계가 높아요.

박차장　맞아요. 상관관계가 높게 나온 칼럼이 알고리즘에서 중요한 변수라고 판단되지 않는다면 제대로 학습됐는지 의심해 봐야 합니다. 그럼 시각화해서 변수 간 상관관계를 더 살펴볼게요.

 주요 변수들의 상관관계를 분석하고 히트맵으로 그려 주세요.

주요 변수들의 상관관계를 분석하고 히트맵을 그리기 위해서는 주요 변수들을 선정해야 합니다. 주요 변수는 다음과 같은 변수들이 포함될 수 있습니다.

- 연봉
- 개발 경력
- 재직 회사 인원수
- 재직 회사 산업군
- 사용 중인 언어 만족도
- 사용 중인 데이터베이스 만족도
- 사용 중인 클라우드 플랫폼의 만족도
- 사용 중인 웹 프레임워크의 만족도
- 사용 중인 프레임워크 만족도

위와 같은 주요 변수들을 포함하여 상관관계를 분석하고 히트맵을 그리겠습니다.

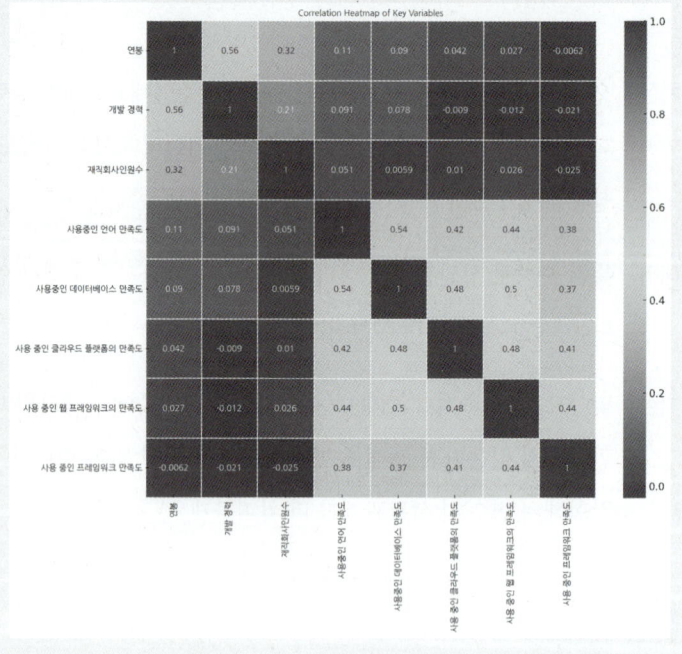

> 주요 변수 간의 상관관계 히트맵이 완성되었습니다. 각 변수 간의 상관관계를 시각적으로 확인할 수 있으며, 이를 통해 변수들 간의 관계를 쉽게 이해할 수 있습니다.

김대리   색의 진하기가 달라서 상관관계가 한눈에 들어오네요. 음의 상관관계가 있는 칼럼은 거의 없고, 있어도 값이 낮네요. 또, 만족도 칼럼들도 높은 상관관계를 보이네요. 만족도가 높은 사람은 대부분 항목에 높게 체크하고, 낮은 사람은 낮게 체크하는 경향이 있다는 것도 알 수 있어요.

박차장   좋습니다. 상관관계 분석을 통해 얻은 인사이트를 가지고 연봉 예측을 진행해 볼게요.

# 예측을 위한 통계 기법, 회귀 분석

**박차장** 회귀 분석Regression Analysis이라고 들어 보셨나요?

**김대리** 아, 들어는 봤습니다! 잘 모르지만… 왠지 어렵게 느껴져요.

**박차장** 회귀 분석은 간단히 말하면 예측을 위한 통계 기법이에요. 앞서 상관관계 분석에서 봤지만 연봉은 다른 변수와 관계가 높을 확률이 큽니다. 이때 회귀 분석을 사용해서 모델링을 하면 연봉을 예측할 수 있어요. 회귀 분석은 종속 변수(목표 변수)와 하나 이상의 독립 변수(설명 변수) 간의 관계를 모델링하고 분석하는 통계 기법이에요. 특히 우리가 활용하려는 선형 회귀Linear Regression 모델은 데이터를 이용해 어떻게 예측을 하는지 설명하기 좋은 모델이에요. 그래서 선형 회귀 모델을 알아볼게요.

선형 회귀 모델은 데이터 포인트 사이의 관계를 직선으로 표현하는 방법입니다. 이 직선을 회귀선이라고 부르죠. 예를 들어, 다음 선형 회귀 그래프에서 각 점은 실제 데이터를 나타내고, 이 점들을 가장 잘 대표하는 직선이 회귀선입니다.

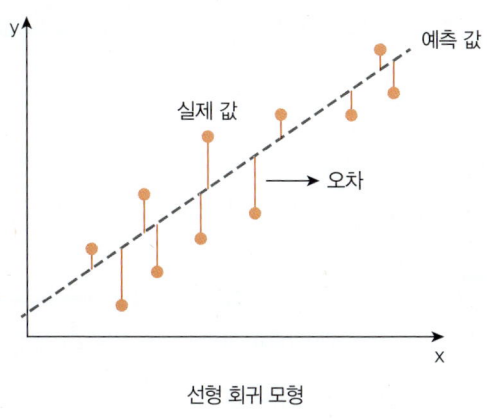

선형 회귀 모형

김대리    그 직선은 어떻게 그려지는 건가요?

박차장    좋은 질문이에요. 이 직선은 최소제곱법Method of least squares이라는 방법으로 찾아냅니다. 간단히 말해, 모든 데이터 포인트와 직선 사이 거리(오차)의 제곱 합을 최소화하는 직선을 찾는 거죠. 이 거리는 실제 데이터 값과 직선(예측 값) 사이의 차이예요. 이를 통해 직선의 기울기와 절편을 결정합니다.

김대리    그럼 그 직선을 이용해서 예측도 할 수 있는 건가요?

박차장    네, 정확합니다. 일단 회귀선이 결정되면 새로운 x값에 대한 y값, 즉 예측을 할 수 있어요. 예를 들어, '직원의 교육 수준'이라는 데이터가 주어지면 그에 따른 예상 연봉을 계산할 수 있죠. 이는 회귀선의 기울기와 절편을 사용하여 계산합니다.

회귀 분석에서 중요한 4가지 개념이 있어요. 첫 번째는 독립 변수Independent Variable예요. 독립 변수는 예측하려는 목표에 영향을 미치는 변수예요. 연봉 예측 문제에서는 개발 경력, 나이 등이 독립 변수라고 할 수 있죠. 독립 변수는 설명 변수Explanatory Variable 또는 피처Feature라고도 불립니다.

두 번째 개념은 종속 변수Dependent Variable예요. 예측하고자 하는 목표 변수죠. 이 주제에서는 '연봉'이겠죠? 이를 타깃 변수Target Variable라고도 불러요.

세 번째 개념은 선형 관계예요. 이는 종속 변수와 독립 변수를 선형 관계로 표현할 수 있다고 가정하는 거죠. 한 변수의 값이 증가할 때 다른 변수의 값도 일정 비율로 증가하거나 감소하는 패턴을 가진다는 뜻이에요. 예를 들어, 경력이 1년 늘어날 때마다 연봉이 500만 원 증가한다면 이는 선형 관계가 있는 거죠.

마지막으로 알아 둘 개념은 회귀계수입니다. 선형 관계에서 각 X(독립 변수)값이 Y(종속 변수)값에 가지는 영향도예요. 해당 영향도를 통해 각 독립 변수의 중요도를 파악할 수 있어요.

김대리    정리하면 개발 경력, 코딩 나이, 만족도 등이 연봉에 얼마나 영향을 끼치는지 알 수 있는 모델이네요?

박차장    네, 맞아요. 얼마나 영향을 끼치는지 이해하기 쉽고 설명하기도 쉽죠.

김대리    그럼 연봉뿐만 아니라 전처리 때 말씀해 주신 수치형 데이터를 예측하는 경우에는 회귀 분석을 사용할 수 있을 거 같은데요? 예를 들면, 재직 회사 인원수가 많은 기업에 근무하는 사람을 예측하고, 어떤 특성이 있는지 파악하는 거죠.

박차장    맞아요! 회귀 분석에도 여러 가지 종류가 있는데, 우선 AI에게 회귀 분석을 시켜보면서 차차 알아볼게요. 그 전에 또 하나 알아 둘 개념이 있어요. 알고리즘에 데이터를 학습시키면, 학습이 잘 됐는지 평가해야 해요. 이를 위해 모델을 평가하는 기준이 있어야 하겠죠?

김대리 아, 맞네요. 학습이 제대로 됐는지, 데이터를 수정했다면 이전보다 결과가 더 나아졌는지 평가할 방법이 필요하겠어요.

박차장 회귀 분석은 보통 결정 계수 R squared와 평균제곱오차 Mean Squared Error라는 2가지 지표로 모델을 평가해요. 결정 계수는 모델이 종속 변수를 어느 정도 설명하고 있는지를 나타내는 지표예요. 연봉 예측 모델의 결정 계수가 0.5면 해당 모델이 연봉을 50% 설명한다고 이해하면 됩니다.

평균제곱오차는 실제 값과 모델이 예측한 값이 얼마나 차이가 나는지를 나타내는 지표예요. 각각의 차이를 구한 다음에 제곱하고, 합한 뒤에 데이터 개수로 나누죠. 평균제곱오차가 작을수록 예측한 연봉이 실제 연봉과 차이가 적게 난다는 뜻이에요.

김대리 모델이 얼마나 정확한지 점수를 매기는 것 같네요. 선형 회귀 모델을 활용하면 복잡한 데이터 사이의 관계도 명확하게 파악할 수 있겠네요!

# 회귀 분석으로 모델링하기

박차장　전처리한 데이터를 첨부하고 모델링을 요청할게요.

---

[파일 첨부: 17_데이터변환날짜추가데이터.xlsx]
해당 데이터로 연봉을 예측하는 모델을 만들어 주세요.

데이터세트를 확인했습니다. 이 데이터세트를 사용하여 연봉을 예측하는 모델을 만들기 위해서는 다음 단계들이 필요합니다.

**1. 데이터 전처리**: 결측값 처리, 필요 없는 열 제거 등
**2. 특성 선택**: 예측에 유의미한 특성(칼럼) 선택
**3. 데이터 분할**: 훈련 데이터와 테스트 데이터로 분할
**4. 모델 선택 및 훈련**: 여러 모델을 사용하여 성능 비교 후 최종 모델 선택
**5. 모델 평가**: 테스트 데이터로 모델 성능 평가

우선 데이터의 기본적인 통계와 결측값 여부를 확인하고, 필요 시 전처리 작업을 진행하겠습니다. 이를 위해 데이터의 통계 정보와 결측값 현황을 확인해 보겠습니다.

데이터세트의 기본 통계와 결측값 현황을 확인한 결과, 결측값이 없는 것으로 나타났습니다. 이제 모델 학습을 위해 데이터를 전처리하고, 특성을 선택한 후 모델을 학습시키는 과정을 진행하겠습니다.

**단계 1: 데이터 전처리**
데이터 전처리가 이미 완료된 것으로 보입니다(원-핫 인코딩된 데이터).

**단계 2: 특성 선택**
모델 학습에 사용할 주요 특성을 선택합니다. 연봉 예측이 목적이므로 연봉을 종속 변수로 설정하고 나머지 특성을 독립 변수로 설정하겠습니다.

### 단계 3: 데이터 분할
데이터를 훈련 데이터와 테스트 데이터로 나누겠습니다.

### 단계 4: 모델 학습
여러 모델을 사용하여 성능을 비교한 후 최적의 모델을 선택하겠습니다.

우선 독립 변수(x)와 종속 변수(y)를 정의하고 데이터를 분할하겠습니다.

데이터가 성공적으로 훈련 세트와 테스트 세트로 분할되었습니다. 이제 모델을 학습시키고, 성능2을 평가하겠습니다. 여러 모델을 사용해 비교한 후 최적의 모델을 선택하겠습니다. 다음 모델들을 사용해 보겠습니다.

1. 선형 회귀(Linear Regression)
2. 랜덤 포레스트 회귀(Random Forest Regressor)
3. XGBoost 회귀(XGBoost Regressor)

우선 각 모델을 학습시키고 평가한 후 최적의 모델을 선택해 보겠습니다.

### 선형 회귀
먼저 선형 회귀 모델을 학습시키겠습니다.

선형 회귀 모델의 성능 평가 결과는 다음과 같습니다.
- 평균제곱오차(MSE): 14,253,479.75
- 결정 계수($R^2$): 0.293

### 랜덤 포레스트 회귀
다음으로 랜덤 포레스트 회귀 모델을 학습시키고 평가해 보겠습니다.

랜덤 포레스트 회귀 모델의 성능 평가 결과는 다음과 같습니다.
- 평균제곱오차(MSE): 13,523,350.33
- 결정 계수($R^2$): 0.329

### XGBoost 회귀 모델
마지막으로 XGBoost 회귀 모델을 학습시키고 평가해 보겠습니다.

> XGBoost 모델 학습이 예상보다 오래 걸려 자동으로 중단되었습니다. 학습 시간을 줄이기 위해 기본 매개변수를 사용하지 않고, 부스팅 라운드를 줄여서 다시 시도해 보겠습니다.
>
> 부스팅 라운드를 100으로 설정해 보겠습니다.
>
> XGBoost 모델의 학습 시간이 여전히 오래 걸리고 있습니다. 대신 하이퍼 파라미터를 더 조정하거나 다른 방식으로 학습 시간을 줄이는 방법을 고려할 수 있습니다. 하지만 현재로서는 랜덤 포레스트 모델의 성능이 선형 회귀 모델보다 좋기 때문에 이 모델을 선택하는 것도 좋은 방법입니다.
>
> 결론적으로, 랜덤 포레스트 모델을 연봉 예측에 사용하는 것이 적합해 보입니다.

박차장    많은 작업을 알아서 해주었네요. 기본적인 모델링 단계에 따라 분석을 진행해 줘서 단계별로 설명을 드리면 되겠어요. 중간에 생소한 용어들이 많죠?

김대리    네… 하이퍼 파라미터가 뭐예요?

박차장    하이퍼 파라미터HyperParameter는 머신러닝 모델이 데이터를 학습하는 방법을 결정하는 매개변수예요. 이 변수들은 모델의 구조를 설정하고 학습 과정을 제어하는 데 쓰여요. 예를 들어, 랜덤 포레스트 모델에서 하이퍼 파라미터는 트리의 수나 각 트리가 학습할 데이터의 양 등을 결정합니다.

김대리    모델의 세부 설정을 조정하는 변수군요. 그럼 효과적인 하이퍼 파라미터를 어떻게 찾을 수 있나요?

박차장    좋은 질문입니다. 하이퍼 파라미터를 찾는 정확한 방법은 없어요. 일반적으로 다양한 설정을 시도해 보고 최적의 조합을 찾는 시행착오를 거쳐요. 하지만 이 과정을 도와주는 도구들이 있죠. 예를 들어, Grid SearchCV 같은 모듈을 이용하면 다양한 하이퍼 파라미터 조합을 자동으로 테스트하고 최적의 조합을 찾아 주거든요. 그리고 하이퍼 파라미터 튜닝은 모델링 과정의 마지막 단계예요. 데이터와 모델이 적절할 때만 의미가 있으니 데이터 처리와 모델 선택에 더 많은 시간을 할애해야 합니다. 자, 그럼 다시 응답을 분석해 볼까요? 어떤 것들이 보이세요?

**김대리** 우선 1, 2단계는 무엇인지 알겠어요. 1단계는 학습하려고 한 데이터의 전처리가 잘됐다는 뜻이고, 2단계에서는 모델링의 목적에 따라 '연봉'을 종속 변수로 인식했네요.

**박차장** 맞습니다. 3단계 데이터 분할은 제공한 데이터를 2가지로 나눴다는 뜻이에요. 모델링을 하기 위해서는 학습 데이터<sub>Training Data</sub>와 테스트 데이터<sub>Test Data</sub>가 필요해요.

**김대리** 학습이랑 테스트… 학습 데이터는 모델을 만드는 데 사용하고, 테스트 데이터는 해당 모델을 테스트하는 데 사용하나요?

**박차장** 정확해요! 이렇게 분리하지 않으면 하나의 데이터로만 훈련하고 평가하기 때문에 그 데이터에만 잘 맞는 모델이 만들어져요. 그럼 그 데이터에서 조금만 벗어나는 데이터를 넣어도 예측할 때 큰 오차가 발생하죠. 이를 과적합됐다고 합니다. 데이터에 있는 신호만 학습해야 하는데 잡음까지도 모두 학습했다고 볼 수 있죠. 그래서 테스트 데이터를 분리해서 모델을 평가하고, 학습 데이터의 평가 지표와 과도하게 차이가 나지 않는지 확인해야 해요.

**김대리** 아, 이해했어요. 시험으로 치면 연습 문제와 기출 문제 같은 거네요.

**박차장**  재미있는 비유네요. 4단계 모델 학습에서는 선형 회귀 외에 수치형 변수를 예측할 수 있는 다른 알고리즘도 제시했어요. 물론 이외에도 다양한 알고리즘이 있지만 그중에서 많이 활용하고 정확도가 높다고 알려진 알고리즘 위주로 추천했네요. 각 알고리즘을 간단하게 정리하면 다음과 같아요.

- **선형 회귀**: 독립 변수와 종속 변수 간의 선형 관계를 모델링하여 데이터를 설명하고 예측하는 기본적인 회귀 기법
- **랜덤 포레스트 회귀**: 여러 개의 결정 트리Decision Trees를 앙상블 방식으로 결합하여 예측의 정확성을 높이는 방법
- **XGBoost 회귀**: 경사 하강법을 이용한 부스팅Boosting 기법으로, 오차를 반복적으로 줄여나가는 고성능 회귀 알고리즘

**김대리**  선형 회귀는 시작하기 전에 설명해 주셔서 얼추 이해가 되는데 나머지 2개는 낯설어요.

**박차장**  하나씩 천천히 설명해드릴게요. 우선 우리가 집중해야 할 선형 회귀를 들여다볼까요? 선형 회귀 분석을 하면 연봉을 예측하기 위해 각각의 독립 변수가 어떤 영향을 미치는지 알 수 있죠. 이를 통해 연봉을 많이 받는 사람은 어떤 특성을 가지는지 유추할 수 있어요.

**김대리**  그럼 연봉을 예측하는 모델을 만들고, 회귀 계수를 통해 어떤 변수가 연봉에 영향을 끼치는지 파악할 수 있다는 거죠?

**박차장**  맞습니다. 데이터를 잘 학습시키면 모델에 영향을 주는 변수들의 신뢰도도 올라가요. 모델 하나를 자세히 테스트하면서 분석을 진행해 볼게요. 분석을 위해 데이터세트를 학습 데이터와 테스트 데이터로 분할했으니 이제 선형 회귀 분석 진행을 요청해 보세요.

이 데이터로 선형 회귀 분석을 진행해 주세요.

 선형 회귀 분석을 위해 모델의 계수를 확인하고, 주요 특성들을 분석해 보겠습니다.

먼저, 선형 회귀 모델의 계수를 확인하고 이를 해석해 보겠습니다.

선형 회귀 모델의 주요 특징들을 분석한 결과, 아래의 특성들이 높은 절댓값의 계수를 가지는 것으로 나타났습니다.

1. MBTI_EI_I: -4.064293e+13
2. MBTI_EI_E: -4.064293e+13
3. MBTI_Unknown_Known: 3.596860e+13
4. MBTI_TF_F: -9.285245e+12
5. MBTI_TF_T: -9.285245e+12
6. MBTI_SN_N: 8.355241e+12
7. MBTI_SN_S: 8.355241e+12
8. MBTI_JP_J: 5.604333e+12
9. MBTI_JP_P: 5.604333e+12
10. 업무 형태_학생: -3.409795e+03

이 결과는 특정 MBTI 유형이 연봉에 큰 영향을 미치는 것으로 보일 수 있지만, 계숫값이 비정상적으로 큰 점을 감안할 때 데이터 스케일링 또는 다중공선성 문제가 있을 수 있습니다.

이를 해결하기 위해 다음과 같은 추가 분석을 진행할 수 있습니다.
1. 데이터 스케일링: 특성 값을 표준화하거나 정규화하여 모델의 안정성을 향상
2. 다중공선성 검사: VIF(Variance Inflation Factor)를 통해 다중공선성을 확인

박차장 앞에서 잠깐 언급했던 계수까지 자세하게 분석했어요. 어떤가요?

김대리 뭔가 잘못된 거 같아요. 저 계수가 기울기라면, 하나의 단위가 증가할 때마다 연봉에 저렇게 많은 수치가 증가한다는 뜻이에요. MBTI가 연

박차장   봉에 이렇게 많은 영향을 준다는 점도 이상하고요.

박차장   맞아요. 이건 응답의 마지막에 언급한 다중공선성 문제 때문인 것 같아요. 다중공선성은 변수들끼리 상관관계가 너무 높을 때 발생하는 문제예요. 앞서 원-핫 인코딩으로 데이터를 변환했을 때 기본값을 설정했었죠?

김대리   맞아요. 그럼 지금 MBTI 데이터에 기본값이 없어서 이런 문제가 발생한 건가요?

박차장   그럴 수 있어요. 이렇게 큰 데이터가 계수로 나오고 상위 변수와 연관성이 높으면 그런 가능성도 의심해야 해요. 기본값을 가진 데이터로 바꾸고 다시 해볼게요.

---

 모든 MBTI 변수를 범주별로 하나씩 제외하고 다시 분석을 진행해 주세요.

 MBTI 변수를 범주별로 하나씩만 제외하고 나머지는 포함한 상태에서 분석을 진행하겠습니다. MBTI 변수는 'MBTI_EI', 'MBTI_SN', 'MBTI_TF', 'MBTI_JP'와 같은 범주로 나눌 수 있습니다. 각 범주에서 하나씩 제외하고 나머지를 포함하여 선형 회귀 분석을 다시 수행하겠습니다.

1. 'MBTI_EI': 'MBTI_EI_I'만 제외
2. 'MBTI_SN': 'MBTI_SN_S'만 제외
3. 'MBTI_TF': 'MBTI_TF_T'만 제외
4. 'MBTI_JP': 'MBTI_JP_J'만 제외

이 설정으로 분석을 진행하겠습니다.

선형 회귀 모델의 성능은 다음과 같습니다.

평균 절대 오차(MAE): 2211.70
평균 제곱 오차(MSE): 14,309,853.60
$R^2$(결정 계수): 0.29

 계수의 절댓값이 큰 변수 10개를 추출하고 해당 변수의 계숫값을 알려 주세요.

 계수의 절댓값이 큰 상위 10개의 변수와 그 계숫값은 다음과 같습니다.

1. 업무 형태_학생: -3450.41
2. 업무 형태_구직 중: -2965.25
3. 업무 형태_은퇴: -2415.03
4. 업무 형태_프리랜서(파트타임): -1655.04
5. 업무_관리: 1581.19
6. 도서 구매와 관련한 성향_기타: -1553.64
7. 선호 회사_Other: 1532.33
8. 업무 형태_파트타임: -1338.20
9. 가장 선호하는 학습 방법_오프라인 교육 코스(학원 등): 1277.63
10. 사용 중인 언어 카테고리_데이터 분석: 1257.89

이 변수들은 연봉에 가장 큰 영향을 미치는 요인들로, 양수인 경우 연봉에 긍정적인 영향을, 음수인 경우 부정적인 영향을 미칩니다.

김대리   이제 계수들이 합리적으로 보여요. 업무 형태별로 연봉에 차이가 있다고 볼 수 있겠네요. 어떻게 보면 당연한 얘기네요.

박차장   상식에 부합한다는 말은 분석이 잘 진행됐다고도 볼 수 있어요.

## 스케일링하기

김대리   결과를 보고 당연하다고 생각할 수도 있지만, 변수별로 중요도와 순서를 알 수 있다는 점이 상당히 매력적이네요. 그런데 경력이나 기업의 크기보다 업무 형태가 독보적인 영향을 미친다는 게 조금 의아하네요.

박차장   날카로운 지적입니다. 선형 회귀 분석에서 의미 있는 계수를 찾기 위해서는 또 한 가지 방법을 적용해야 해요.

김대리   어떤 건가요?

박차장   스케일링Scaling입니다. 쉽게 생각해서 변수들의 범위를 맞춘다고 생각하면 돼요. 일부 알고리즘은 데이터 범위에 민감해요. 예를 들어, 저희가 사용한 회귀 모델이나 변수 간의 거리를 계산하는 모델, 딥러닝 모델 등은 스케일이 다른 데이터가 있으면 결과가 왜곡되거나 느리게 학습될 수 있어요. 그래서 모델을 선택할 때 해당 모델이 스케일링이 필요한지, 데이터도 스케일링을 했는지 확인하고 진행하면 좋겠죠.

김대리   그럼 빨리 해봐야겠네요. 그런데 스케일링은 어떻게 하죠?

박차장   여러 가지가 있지만 대표적으로 2가지 방법이 있어요. 첫 번째는 정규화Normalization입니다. 데이터의 범위를 0~1 사이에 배치하는 스케일링 기법으로, 대표적으로 min-max 스케일링이 있어요. 정규화는 동일한 분포를 유지하기 때문에 스케일링으로 발생할 수 있는 왜곡이 적은 방법입니다. 하지만, 이상치를 보정하는 방법이 아니기 때문에 이상치에 민감한 모델을 사용할 때는 이상치를 먼저 처리해야 해요.

두 번째는 표준화Standardization입니다. 데이터를 평균 0, 표준편차가 1인 분포로 바꾸는 스케일링 기법입니다. 정규화보다 이상치에 덜 민감하고 정규분포를 전제로 하기 때문에 정규분포인 데이터를 다룰 때 가장 효과적이에요. 그리고 데이터 범위가 0~1 사이에 있지 않죠. 참고로 상관관계 분석이나 회귀 분석을 할 때 AI는 보통 표준화를 이용해 스케일링을 해요.

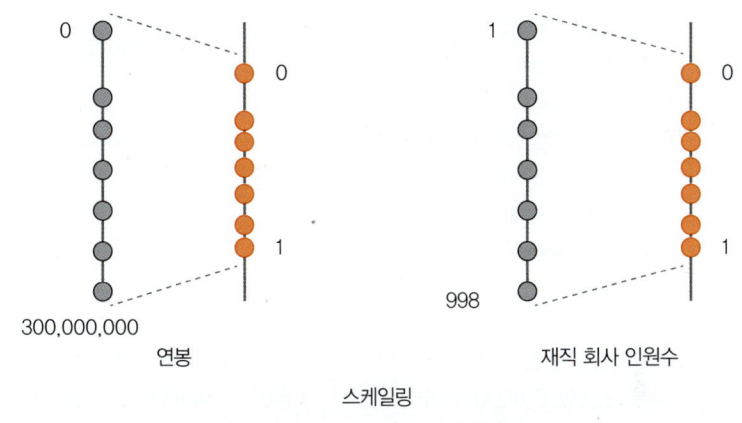

스케일링

 김대리  모델의 성능을 높이려면 꼭 필요한 과정이군요.

 박차장  맞아요. 그럼 바로 간단한 스케일링을 진행하고 결과를 볼까요?

---

데이터를 스케일링하고 학습을 진행해 주세요.

스케일링을 적용했지만, 모델 성능에 큰 변화는 없었습니다. 이는 현재 데이터와 모델에서 스케일링이 큰 영향을 미치지 않았음을 나타냅니다.

다른 모델을 시도해 보거나 추가적인 특성 엔지니어링을 진행해 볼 수 있습니다.

박차장　모델의 성능에는 큰 차이가 없다네요. 하지만 중요 계수에는 영향을 줄 수 있으니 확인해 볼까요?

---

 스케일링 후 중요 계수를 알려 주세요.

 스케일링 후 선형 회귀 모델에서 가장 중요한 계수는 다음과 같습니다.

1. 개발 경력: 1587.41
2. 업무 형태_학생: -1357.46
3. 업무 형태_구직 중: -865.94
4. 재직 회사 인원수: 686.84
5. 업무 시 오픈소스 활용 여부_광범위 활용: 563.15
6. 도서 구매 성향_필요 시 구매: -542.18
7. 업무 시 오픈소스 활용 여부_제한적 활용: 468.66
8. 업무 형태_프리랜서(파트타임): -449.10
9. 도서 구매 성향_필요 시 대여: -446.00
10. 도서 구매 성향_신간 구매: -440.23

이 결과는 개발 경력, 업무 형태, 재직 회사 인원수 및 오픈소스 활용 여부가 연봉 예측에 큰 영향을 미친다는 것을 나타냅니다. 이러한 정보를 바탕으로 모델을 개선하거나 추가적인 특성 엔지니어링을 진행할 수 있습니다.

김대리　영향을 줄 만한 더 많은 계수들이 나왔어요. '개발 경력'이나 '재직 회사 인원수' 등 연봉에 영향을 끼칠 것 같은 결과들이 포함됐어요.

박차장　스케일링을 통해 변수들의 범위가 통일됐고, 그 영향으로 계수의 절댓값의 축소나 확대가 방지됐기 때문이에요. 예를 들면 '개발 경력'은 10~20년의 값을 가지는데 학생 여부는 0과 1에서 결정됩니다. 이렇게 다른 스케일을 가진 변수들을 모델에 포함시키면 각 변수의 영향력을 비교하기 어려워지죠. 그러나 스케일링 후에는 모든 변수가 비슷한 범위를 갖게 되어 선형 회귀에서 각 변수의 계수를 통해 그 변수가 결과에 미치는 영향력을 보다 정확하게 파악할 수 있습니다. 이제 성능 평가를 수행해 볼까요?

결정 계수와 평균제곱오차로 성능을 평가해 주세요.

모델의 성능을 결정 계수($R^2$)와 평균제곱오차(MSE)로 평가해 보겠습니다.

**결정 계수($R^2$)**
결정 계수는 모델이 목표 변수의 변동성을 얼마나 잘 설명하는지를 나타내는 지표입니다. $R^2$ 값은 0과 1 사이의 값으로, 1에 가까울수록 모델이 데이터를 잘 설명한다는 의미입니다.

- 현재 모델의 결정 계수($R^2$): 0.2924
이 값은 모델이 목표 변수인 연봉의 변동성 중 약 29.3%를 설명한다는 것을 의미합니다. 이는 비교적 낮은 설명력입니다.

**평균제곱오차(MSE)**
평균제곱오차는 예측 값과 실제 값 간 차이의 제곱의 평균을 나타내는 지표입니다. MSE 값이 작을수록 모델의 예측이 실제 값에 가깝다는 의미입니다.

- 현재 모델의 평균제곱오차(MSE): 14,260,549.13
  이 값은 모델의 예측이 실제 값과 비교했을 때 평균적으로 약 14,260,549.13 만큼의 오차를 가지고 있음을 의미합니다.

이 두 지표를 종합해 볼 때 현재 모델은 연봉 예측에 대한 설명력과 정확도가 낮은 편입니다. 이를 개선하기 위해 특성 선택, 특성 엔지니어링 또는 더 복잡한 모델(예: 랜덤 포레스트, 그래디언트 부스팅 등)을 사용하는 것이 좋습니다.

김대리   결정 계수랑 평균제곱오차가 뭔지 설명했어요. 가물가물했는데 큰 도움이 되네요. 결론적으로는 정량적으로 평가했을 때 해당 모델보다 다른 모델이 나을 것 같다는 거죠?

박차장   맞아요. 선형 회귀 모델은 단순한 모델이라서 높은 성능을 기대하기 어려워요. 그럼에도 선형 회귀 모델을 쓰는 이유는 설명력 때문이에요. 계수를 정확히 알 수 있다는 점이 선형 회귀 모델의 큰 장점이에요. 선형 회귀를 통해서 독립 변수가 종속 변수에 미치는 영향도와 그 방향성까지 알 수 있죠.

김대리   그럼 다른 모델들은 변수의 영향도나 방향성을 파악하기 힘든가요?

박차장   모델마다 정도는 다르지만 선형 회귀 모델처럼 각 변수의 영향도를 쉽게 해석할 수 있는 모델은 드물어요. 모델이 복잡할수록 정확도는 올라가지만 그에 따라 설명력은 떨어지죠. 예를 들어, 딥러닝은 변수의 영향도를 도출하기가 매우 어려운 알고리즘이죠.

김대리   변수 영향도 분석이 불가능하면, 모델을 해석해서 연봉이 높은 사람은 어떤 특성이 있는지 보고서로 만들기는 어렵겠네요.

박차장   네. 모델 성능도 중요하지만, 어떤 경우에는 왜 그런 결과를 도출했는지에 대한 설명이 더 중요할 때도 있죠.

# 트리 모형으로 모델링하기

**박차장** 그럼 선형 회귀로 계수를 파악했으니 AI가 추천한 대로 다른 모형들도 살펴볼까요? 이번엔 트리 모형을 통해 변수별 영향도를 분석하고 연봉을 예측해 볼게요.

**김대리** 이름이 독특해서 시선이 가네요. 트리 모형은 어떤 장점이 있나요?

**박차장** 트리 모형은 종속 변수를 판단하는 중요한 독립 변수 값을 결정하는 방법이에요. 비선형 관계를 모델링하거나 변수 간 복잡한 상호 작용을 쉽게 파악할 수 있는 등 여러 가지 장점이 있어요. 이렇게 정리할 수 있겠네요.

> **트리 모형의 장점**
>
> - **비선형 관계 모델링**: 데이터의 비선형 패턴을 잘 포착할 수 있어요. 선형 회귀는 변수 간의 선형 관계만을 모델링하지만, 트리 모형은 데이터의 복잡한 계층적 구조를 학습하여 다양한 데이터 패턴을 효과적으로 처리할 수 있어요.
> - **변수 상호 작용 처리**: 변수 간의 상호 작용을 자연스럽게 포착합니다. 각 분할에서 가장 유의미한 변수를 선택하고, 이를 기반으로 다음 분할을 결정해요. 이로써 변수 간 복잡한 상호 작용을 모델에 반영할 수 있죠.
> - **이해하기 쉬움**: 트리 기반 모델은 결정 규칙을 통해 예측을 수행하기 때문에 모델의 예측 방식을 이해하고 해석하기 쉽습니다.
> - **변수 중요도 파악**: 트리 모형은 변수 중요도를 평가하는 데 유리합니다. 어떤 변수가 분할에 자주 사용되었는지 그리고 그 분할이 결과 예측에 얼마나 영향을 미쳤는지를 기반으로 변수의 중요도를 산출할 수 있어요.
> - **데이터 전처리 요구 사항 감소**: 변수의 스케일링이나 정규화가 필요하지 않습니다. 또, 결측값이 있어도 처리할 수 있는 능력이 있어요.

김대리　초보 입장에선 이해하기 쉽고 데이터 전처리 과정이 줄어든다는 장점이 눈에 띄네요.

박차장　여러 가지 목적으로 많이 사용하는 모델이니 기회가 있다면 한 번은 시도해 보세요. 트리 모델에는 몇 가지 변형이 있어요. 랜덤 포레스트는 그중 하나로, 여러 개의 트리 모델을 만들어 결과를 예측하고 그 평균값을 선택하는 트리 모델입니다. 진행해 볼까요?

 랜덤 포레스트 모델을 사용해서 모델링해 주세요.

**랜덤 포레스트 회귀 모델 평가**

모델의 성능을 평가한 결과는 다음과 같습니다.

- 평균제곱오차(MSE): 13,327,343.26
- 결정 계수($R^2$ Score): 0.3391

랜덤 포레스트 모델이 선형 회귀 모델보다 더 나은 성능을 보였습니다. 이 모델은 실제 연봉 데이터를 설명하는 데 있어서 33.91%의 설명력을 가집니다.

랜덤 포레스트 모델을 통해 연봉 예측의 성능을 향상시킬 수 있었음을 알 수 있습니다.

김대리　선형 회귀를 적용했을 때보다 성능이 확실히 올라갔네요.

박차장　많이 사용하는 모델답죠? 예측 오차는 줄고 설명력은 높아졌네요. 변수 중요도도 한 번 살펴볼게요.

랜덤 포레스트 모델의 변수 중요도를 알려 주세요.

 **랜덤 포레스트 모델 변수의 중요도**

랜덤 포레스트 모델의 변수 중요도는 다음과 같습니다.

1. **개발 경력**: 중요도는 0.3279입니다. 개발 경력이 연봉 예측에 가장 큰 영향을 미치는 변수로 나타났습니다.
2. **재직 회사 인원수**: 중요도는 0.1656입니다. 재직 회사의 인원수도 중요한 변수입니다.
3. **코딩 시작 나이**: 중요도는 0.0356입니다. 코딩을 시작한 나이도 연봉 예측에 영향을 미칩니다.
4. **사용 중인 프레임워크 만족도**: 중요도는 0.0124입니다.
5. **IT 도서 호감도**: 중요도는 0.0103입니다.
6. **사용 중인 데이터베이스 만족도**: 중요도는 0.0101입니다.
7. **사용 중인 클라우드 플랫폼의 만족도**: 중요도는 0.0088입니다.
8. **사용 중인 웹 프레임워크의 만족도**: 중요도는 0.0081입니다.
9. **이직 요소_회사 평판(인지도)/팀 분위기/동료**: 중요도는 0.0073입니다.
10. **학원 호감도**: 중요도는 0.0071입니다.

랜덤 포레스트 모델을 통해 연봉 예측에 영향을 미치는 주요 변수들을 확인할 수 있습니다.

김대리 회귀 분석 결과와는 알려 주는 항목이 다르네요.

박차장 네, 종속 변수에 얼마나 영향을 주는지 정확한 값을 알려 주지는 않아요. 전체를 1로 봤을때 특정 변수의 중요도는 얼마인지 표현하죠.

김대리 선형 회귀는 연봉에 양의 상관관계가 있는지, 음의 상관관계가 있는지도 알 수 있었는데 이 부분도 다르고. 또, '업무 형태'가 아니라 '개발 경력'이 가장 중요한 변수가 되었어요. 주요 변수들이 다양해진 건 좋은데 '업무 형태'는 왜 빠진 걸까요?

박차장 　'개발 경력'의 중요도가 올라가면서 상대적으로 덜 중요해졌다고 추측할 수 있어요. 학생, 구직자 등은 모두 개발 경력 0년으로 포함돼 있으니까요.

김대리 　그렇게도 해석이 가능하겠네요. 더 복잡한 모델을 사용하면서, 중요도도 더 합리적인 방향으로 바뀐 것 같아요. 덕분에 연봉을 많이 받는 개발자에 대한 이해도가 좀 더 높아진 것 같고요.

박차장 　모델마다 다른 장점과 단점, 강점과 약점이 있어요. 랜덤 포레스트 말고도 그래디언트 부스팅, XGBoost 등 다양한 변형 모형이 있으니 다른 모델도 시도해 보세요.

18장

멤버십 회원 확대 방안 분석

"차장님. 최근에 저희 회사에서 멤버십 프로그램이 성장하면서 회원 수를 늘리기 위한 새로운 전략을 세우고 있어요. 타깃 고객에 대한 심층 분석이 필요할 것 같은데 분석해야 할 특성이 너무 많아서 어디서부터 손을 대야 할지 막막해요. 특히 시간도 부족하고요."

"회원 수 증대를 위해 기존 회원 특성을 분석해야 한다는 접근은 아주 잘하셨네요. 이 경우엔 의사결정나무를 활용하는 것도 방법이에요."

"의사결정나무요? 들어봤지만 실제 적용해 본 적은 없어요."

"해석이 쉽고 빠르다는 장점이 있죠. 바로 시작해 볼까요?"

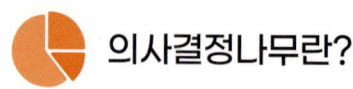

# 의사결정나무란?

**박차장** 의사결정나무Decision Tree는 분류 문제를 해결하기 위한 알고리즘으로, 데이터 분류, 회귀 분석 등에 널리 사용해요. 분석 타깃 집단을 잘 분류하려면 어떤 특징으로 어떻게 분류해야 좋은지 알 수 있죠. 해석이 쉬워서 데이터를 빠르게 분석할 때도 유용해요.

**김대리** 오, 빠르게 분석할 수 있다니. 지금 저한테 가장 필요한 해결책이네요. 그런데 어떤 특징 때문에 의사결정나무는 해석이 쉽고 빠른 걸까요?

**박차장** 예를 들어, 파이썬 개발자 특성을 알고 싶다고 해볼게요. 의사결정나무는 파이썬 개발자를 잘 분류하기 위해 다른 특성들을 어떻게 이용해야 하는지 학습해요. 그런 다음 단계마다 가장 잘 분류되는 특성을 선택하고, 어떻게 나눠야 하는지 정하죠. 그래서 분류 기준을 명확히 알 수 있어요. 이렇게 단계별로 한 번만 계산하기 때문에 상대적으로 속도도 빠르고요. 데이터를 해석하는 알고리즘은 아니지만, 의사결정나무가 학습한 분류 기준을 통해 복잡한 데이터도 쉽게 파악할 수 있어요.

의사결정나무는 나무처럼 가지를 뻗어가는 트리 구조예요. 각 칸을 노드Node라고 부르는데, 여러 개의 최상위 노드인 루트 노드Root Node, 말단 노드인 리프 노드Leaf Node 그리고 결정 노드Decision Node와 가지Branch로 구성돼 있어요.

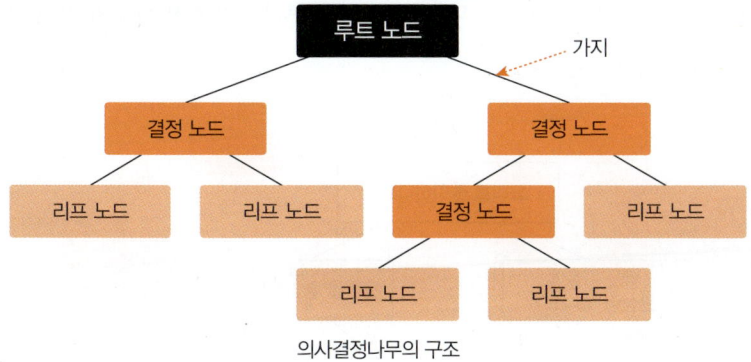

의사결정나무의 구조

루트 노드는 가장 위에 있는 노드입니다. 뿌리 노드라고도 불러요. 가장 중요한 분류 규칙입니다. 가지는 트리에서 결정 노드가 분할되는 부분을 말합니다. 각 가지는 결정 규칙을 나타내며, 이 규칙에 따라 데이터를 2개 이상의 하위 그룹으로 나눕니다. 예를 들어, 어떤 의사결정나무가 "연봉이 5000만 원 이상인가?"라는 질문을 한다면 이때 "예"와 "아니오"가 각각의 가지가 됩니다.

각 노드는 데이터의 특성에 따른 질문이나 조건을 나타내고, 리프 노드는 최종 분류 결과나 값을 나타내요. 리프 노드는 트리의 끝 부분에 위치하기 때문에 더 이상 분할이 일어나지 않습니다.

분류 트리의 경우 클래스 레이블을, 회귀 트리의 경우 예측된 값을 나타내요. 예를 들어, 연봉 질문에 따라 "예"로 분류된 리프 노드에 도달하면, 이들은 "고소득"이라는 레이블로 분류됩니다.

김대리 뿌리에서 가지가 뻗어나가 잎으로 가는 모양이 나무 같아서 그런 이름이 붙은 거군요.

박차장   맞아요. 의사결정나무가 데이터를 분류하는 과정은 다음과 같이 정리할 수 있어요.

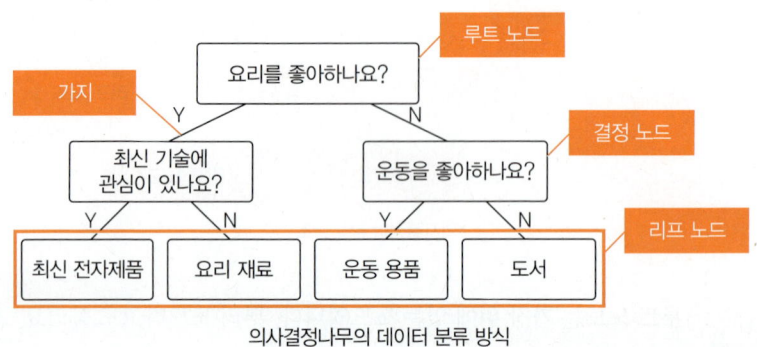

의사결정나무의 데이터 분류 방식

김대리   여러 가지 질문을 통해 마지막에는 해당 그룹이 멤버십 회원인지 아닌지를 분류하게 되겠네요. 각 질문은 제가 제공하는 데이터세트로 만들고요. 예를 들면 사용하는 언어나 재직 회사 인원수 등에 따라 어떻게 하면 회원이 잘 분류되는지 알 수 있겠네요.

박차장   네, 맞아요. 의사결정나무는 특정 집단을 잘 분류하기 위해 데이터세트의 불확실성을 측정해 어떤 기준으로 데이터를 나눌지 결정해요. 이때 엔트로피Entropy나 지니불순도Gini Impurity와 같은 개념을 사용해 계속 가지를 쳐서 모든 데이터가 같은 분류거나 더 나눌 특징이 없을 때까지 학습하죠. 우리는 의사결정나무가 분류한 회원의 특징을 유추해 볼 거예요.

# 데이터 처리하기

**박차장** 우선 데이터를 간단하게 살펴볼까요? 전체 데이터에서 회원의 규모가 너무 작으면 데이터를 분석하기 어려우니 먼저 회원이 몇 명인지 확인해 볼게요.

[파일 첨부: 18_멤버십회원확대.csv]
'회원 여부' 칼럼의 데이터 개수를 알려 주세요.

'회원 여부' 칼럼의 데이터 개수는 다음과 같습니다.
회원(1): 2080명
비회원(0): 1174명
이 데이터를 그래프로 시각화해 보겠습니다.

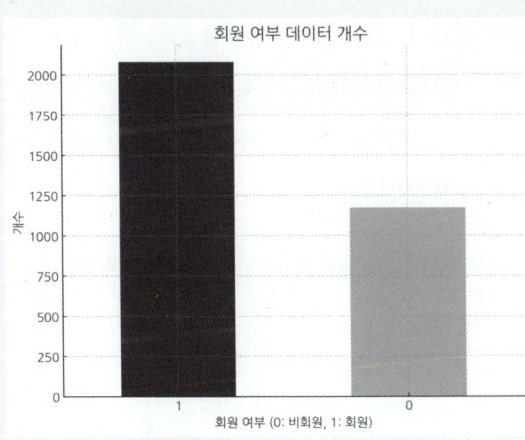

이 그래프는 회원 여부에 따른 데이터 개수를 보여줍니다. 회원이 비회원보다 더 많음을 확인할 수 있습니다.

18장 멤버십 회원 확대 방안 분석  **381**

박차장   숫자도 중요하지만 비율이 얼마나 되는지도 중요해요. 전체에서 회원 비중이 얼마나 되는지 확인해 볼게요.

---

 회원과 비회원의 비중을 알려 주세요.

 회원과 비회원의 비중은 다음과 같습니다.
회원(1): 63.92%
비회원(0): 36.08%

김대리   멤버십 회원의 구성비가 높네요. 비율로 하면 약 64% 정도 되겠어요.

박차장   회원 수는 충분히 많으니 데이터를 정리하는 작업을 해볼게요. 사실 처음 우리가 가지고 있던 데이터는 의사결정나무에 학습시키기 어려운 구조예요. 학습을 위해 칼럼의 값을 숫자로 바꿔야 해요. 앞서 범주형 데이터를 수치형 데이터로 변환했던 데이터를 활용해 볼까요?

먼저 분류할 정답이 있는 칼럼을 살펴볼게요. 먼저 유료 스터디 회원을 나타내는 집단을 정의해야 하는데요. 이 집단의 사람들은 1, 아닌 사람들은 0으로 구분돼 있어요. 의사결정나무는 1과 0으로 표시된 집단을 어떻게 하면 잘 분류할 수 있을지 학습할 거예요.

| 회원여부 | 집필관심여부 | 이벤트관심여부 | 프로그래머가 | 프로그래머가 | 프로그래머가 | 프로그래머가 |
|---|---|---|---|---|---|---|
| 0 | 0 | 1 | 1 | 0 | 0 | 0 |
| 0 | 1 | 0 | 1 | 0 | 0 | 0 |
| 0 | 1 | 0 | 1 | 0 | 0 | 0 |
| 1 | 0 | 1 | 1 | 0 | 0 | 0 |
| 1 | 0 | 1 | 1 | 1 | 0 | 1 |
| 0 | 0 | 1 | 1 | 1 | 0 | 0 |
| 1 | 0 | 1 | 1 | 0 | 0 | 0 |
| 1 | 1 | 0 | 0 | 0 | 0 | 0 |
| 0 | 0 | 1 | 0 | 1 | 0 | 0 |

'회원 여부' 내용

김대리     다른 집단의 특성도 이렇게 파악할 수 있겠네요. 예를 들어, 풀타임 근무자들의 특징을 알고 싶다면, 그들은 1로, 나머지는 0으로 설정하면 되겠어요. 데이터 전처리는 앞에서 끝냈으니 바로 알고리즘에 학습하면 되겠네요.

박차장     맞아요. 바로 시작해 보죠.

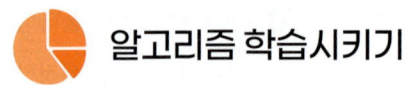
# 알고리즘 학습시키기

**박차장** 이제 의사결정나무 모델을 학습시킬 시간이에요. 여기서는 사이킷런 Scikit-learn이라는 패키지를 사용할 겁니다. 사이킷런은 파이썬의 머신러닝 패키지로, 데이터 마이닝과 데이터 분석을 위한 간편하고 효율적인 도구와 분류, 회귀, 클러스터링, 차원 축소, 모델 선택, 전처리 등 다양한 머신러닝 알고리즘을 지원해요. 넘파이NumPy나 사이파이SciPy 그리고 그래프를 위한 시각화 패키지 맷플롯립과 함께 작동하도록 설계되었죠.

가장 큰 장점은 사용 방법이 일관되고 간단해서 사용자가 쉽게 다양한 알고리즘을 실험하고 적용할 수 있다는 거예요. 사이킷런의 주요 기능은 다음과 같은 것들이 있어요.

**사이킷런의 주요 기능**

- **분류**Classification: SVM, 최근접 이웃 알고리즘, 랜덤 포레스트 등
- **회귀**Regression: 선형 회귀, 릿지 회귀 등
- **클러스터링**Clustering: K-평균, 스펙트럼 클러스터링 등
- **차원 축소**Dimensionality Reduction: PCA, NMF, feature selection 등의 기법 제공
- **모델 선택**Model Selection: 교차 검증, 하이퍼 파라미터 튜닝을 위한 도구 제공
- **전처리**Preprocessing: 피처 스케일링, 정규화, 인코딩 등의 데이터 전처리 기능

**김대리** 유능한 패키지네요. 설치부터 할까요?

**박차장** 데이터 애널리스트에는 이미 설치돼 있어 바로 사용할 수 있어요. 이

패키지를 몰라도 데이터 애널리스트에 의사결정나무 알고리즘에 학습해 달라고 요청해도 돼요. 알아서 코드도 작성하고 실행합니다.

---

회원의 특성을 파악하고 싶어요. '회원 여부'를 타깃으로 의사결정나무 알고리즘에 데이터를 학습시켜 주세요.

회원의 특성을 파악하기 위해 '회원 여부'를 타깃으로 하는 의사결정나무(Decision Tree) 알고리즘을 사용해 보겠습니다. 이를 위해 다음 단계를 수행하겠습니다.

1. 필요한 라이브러리 설치 및 불러오기
2. 데이터 전처리
3. 의사결정나무 모델 학습 및 평가

먼저, 필요한 라이브러리를 불러오고 데이터를 준비하겠습니다.

데이터에 NaN 값이 포함되어 있어 의사결정나무 모델 학습에 오류가 발생했습니다. NaN 값을 처리한 후 다시 모델을 학습해 보겠습니다. 가장 간단한 방법으로, NaN 값을 평균으로 대체하거나 데이터를 제거하는 방법을 사용해 보겠습니다.

먼저, NaN 값을 평균으로 대체하겠습니다.
모델의 정확도는 약 64.82%입니다.

다음은 클래스별 정밀도, 재현율, F1-점수를 포함한 평가 보고서입니다.

**비회원(0):**
정밀도: 0.53
재현율: 0.51
F1-점수: 0.52

**회원(1):**
정밀도: 0.71
재현율: 0.73
F1-점수: 0.72

전체적으로 모델의 성능은 회원을 잘 예측하는 편이지만, 비회원에 대해서는 상대적으로 낮은 성능을 보입니다. 이 모델을 사용하여 회원의 특성을 파악할 수 있습니다.

의사결정나무의 중요한 특성(feature importance)을 통해 어떤 특성이 회원 여부에 가장 큰 영향을 미치는지 확인해 보겠습니다.

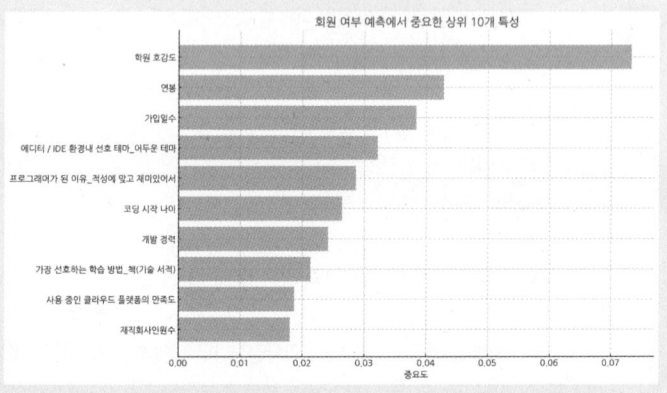

이 그래프는 회원 여부를 예측하는 데 중요한 상위 10개 특성을 보여줍니다. 중요한 특성을 바탕으로 회원의 특성을 이해할 수 있습니다.

김대리  인공지능이 알아서 작업 순서를 정하고 데이터를 분석했어요.

박차장  참고로 응답에서 말하는 알고리즘 학습 순서 중 '3. 의사결정나무 모델 학습 및 평가 순서'에 대해 설명을 더 보태자면 이렇게 정리할 수 있겠네요.

### 알고리즘 학습 및 평가 절차

① **알고리즘 불러오기**: 의사결정나무 알고리즘을 선택하고 불러옵니다. 분류를 목적으로 하는 의사결정나무 분류기Decision Tree Classifier 또는 회귀 분석을 목적으로 하는 의사결정나무 회귀Decision Tree Regressor를 불러올 수 있습니다.

② **알고리즘 파라미터 설정**: max_depth와 같은 알고리즘의 파라미터를 설정합니다. max_depth는 나무의 최대 깊이를 의미하며 모델이 학습 데이터에 얼마나 깊이 적합(fit)될 것인지를 결정합니다.

③ **알고리즘 훈련 및 평가**: 앞서 설정한 파라미터를 가진 모델을 사용하여 데이터를 학습시킵니다. 이때는 fit 메소드를 사용하여 수행합니다. 그후 모델의 성능을 평가하기 위해 테스트 데이터세트를 사용하거나 교차 검증$_{Cross-Validation}$과 같은 방법을 사용할 수 있습니다.

김대리   데이터 애널리스트가 응답한 평가 보고서에 나오는 정밀도, 재현율, F1-점수가 알고리즘을 평가하는 지표인 거죠?

박차장   네, 맞아요. 알고리즘이 데이터를 얼마나 잘 학습했는지 평가하는 지표들이에요. 정답을 얼마나 잘 분류하는지를 나타내죠.

김대리   회원 여부를 분류하는 중요한 특성들도 나왔어요. 학원 호감도, 연봉, 가입 일수순이네요.

박차장   중요한 특성도 의사결정나무 알고리즘에 학습하고 많이 확인하는 데이터예요. 회원과 아닌 사람을 분류할 때 어떤 데이터가 이를 가장 잘 나누는지 알 수 있죠. 하지만 이 자료로 의사결정나무 알고리즘이 데이터를 어떻게 분류했는지는 알 수 없어요. 이를 위해 의사결정나무를 시각화하고 해석해 볼게요.

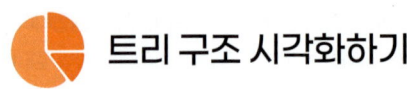
# 트리 구조 시각화하기

**박차장** 알고리즘이 트리를 어떻게 만들었는지 보는 방법은 크게 2가지가 있어요. 하나는 트리 구조를 이미지로 확인하는 방법입니다. 보기 좋고 직관적으로 이해하기 쉽다는 장점이 있어요. 하지만 트리 구조가 복잡해지면 글자가 작아지고 가지를 따라가기가 어려워져요.

**김대리** 이미지로 그리면 보기에는 예쁠 수 있겠지만 빠르게 결과를 확인하고 싶을 때는 불편하겠어요.

**박차장** 그렇죠. 하지만 우리가 일반적으로 생각하는 트리 구조이기 때문에 누군가에게 보여 주기 좋죠. 바로 그려볼까요? 프롬프트는 다음과 같이 간단하게 어떻게 학습했는지 알려 달라고 요청하면 됩니다.

이때 어느 깊이까지 보여줄지 depth를 설정할게요. depth는 루트 노드가 0, 다음 결정 노드부터 1, 2, 3, … 이에요. 두 번째 가지까지 보려면 depth 2를 설정하면 되겠죠?

의사결정나무가 어떻게 학습했는지 depth 2까지 그려 주세요.

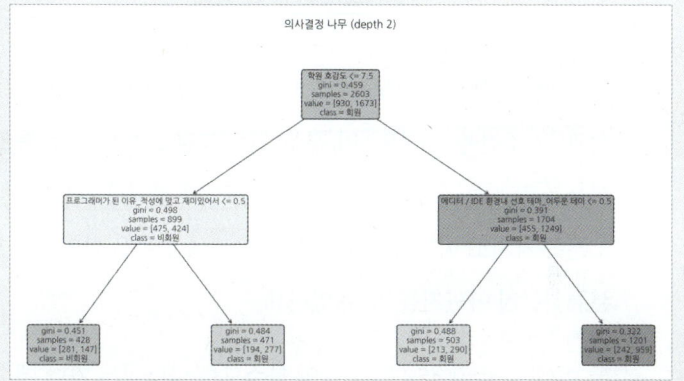

이 그래프는 depth 2까지의 의사결정나무 구조를 보여줍니다. 이 그래프를 통해 어떤 특성이 초기에 분할을 결정하고, 어떻게 '회원 여부'를 예측하는지 시각적으로 이해할 수 있습니다.

김대리    앞에서 설명한 의사결정나무 알고리즘과 똑같은 모양이네요. 그런데 글씨가 작아서 알아보기가 어려워요.

박차장    이미지가 작으면 파일로 저장해서 확대할 수 있어요. 이미지를 저장하려면 마우스 오른쪽을 클릭하고 [다른 이름으로 이미지 저장]을 선택하세요. 또는 인공지능에게 이미지를 더 크게 그려 달라고 요청해 보세요.

김대리    간단하네요! 그런데 노드마다 뭔가가 적혀 있는데 해석이 어려워요.

박차장    하나씩 찬찬히 보면 금세 이해할 수 있어요. 먼저 루트 노드를 확대해서 살펴볼까요?

```
학원 호감도 <= 7.5
gini = 0.459
samples = 2603
value = [930, 1673]
class = 회원
```

첫 번째 줄 '학원 호감도 <= 7.5'는 데이터를 가장 잘 나눌 수 있는 특성과 그 조건을 뜻해요. 이 경우에는 '학원 호감도'라는 특성이 회원 여부를 잘 나눌 수 있음을 말해요. 7.5보다 작거나 같으면 왼쪽, 크면 오른쪽 가지로 이동합니다. 이동한 노드의 항목을 확인하면 회원으로 분류하는지 아닌지를 알 수 있어요.

두 번째 'gini=0.459'는 노드의 불순도를 나타내는 지니 계수입니다. 지니 계수가 낮을수록 특정 클래스의 데이터가 많이 집중되어 있다는 의미입니다. 세 번째 'samples=2603'은 현재 노드의 데이터 개수를 나타내요. 2603개의 데이터가 있다는 뜻이죠. 'value=[930, 1673]'은 현재 노드에 있는 각 항목의 데이터 개수를 나타냅니다. [930, 1673]은 해당 노드에 회원 여부 특성이 0(비회원): 930건, 1(회원): 1673건이 있음을 말합니다.

마지막에 있는 'class=회원'은 회원과 비회원 중에 비중이 높은 것을 표현하고 있어요. 이는 노드의 색깔로 표시하기도 해요. 전체 의사결정나무 그림을 다시 보면 회원의 비중이 높은 노드는 파란색, 아닌 노드는 주황색을 띄고 있어요. 색깔이 진할수록 회원의 비중이 높고요.

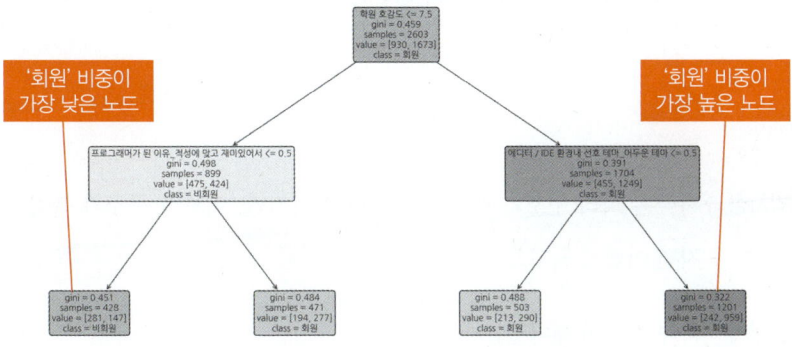

김대리 이미지 한 장에 굉장히 많은 정보가 담겨 있었네요. 단순히 보기 좋게 만드는 게 아니라 어떻게 분류됐는지 과정도 있고 비중이 가장 높은 노드라는 결과까지 모두 담고 있군요.

# 트리 구조 텍스트화하기

**박차장** 지금은 트리 구조가 비교적 간단한 편이지만, 이보다 구조가 복잡해지면 어떻게 될까요?

**김대리** 확대를 많이 해야겠는데요.

**박차장** 그게 트리 구조 이미지의 단점이에요. 트리가 복잡하면 일일이 살펴보기가 어려워요. 그럴 때는 트리 구조를 텍스트로 그려서 확인하는 게 좋아요. 쉽고 빠르게 결과를 확인할 수 있고, 구조를 파악하기도 좋죠.

**김대리** 트리 구조를 텍스트로요? 어떻게 나올지 궁금한데요.

 앞서 그린 의사결정나무의 구조를 텍스트로 표현해 주세요.

 의사결정나무의 구조를 텍스트로 표현하면 다음과 같습니다.

```
|--- 학원 호감도 <= 7.50
|   |--- 프로그래머가 된 이유_적성에 맞고 재미있어서 <= 0.50
|   |   |--- weights: [281.00, 147.00] class: 0
|   |--- 프로그래머가 된 이유_적성에 맞고 재미있어서 > 0.50
|   |   |--- weights: [194.00, 277.00] class: 1
|--- 학원 호감도 > 7.50
|   |--- 에디터/IDE 환경 내 선호 테마_어두운 테마 <= 0.50
|   |   |--- weights: [213.00, 290.00] class: 1
|   |--- 에디터/IDE 환경 내 선호 테마_어두운 테마 > 0.50
|   |   |--- weights: [242.00, 959.00] class: 1
```

이 텍스트 표현은 각 노드에서의 분할 기준과 해당 노드에 속하는 데이터의 가중치(데이터 개수) 및 예측 클래스를 보여줍니다. 이 정보로 의사결정나무가 어떻게 학습되었는지 확인할 수 있습니다.

김대리 음…

박차장 표정을 보니 난관에 부딪히셨군요. 하나씩 살펴보면 직관적이어서 금세 이해할 수 있어요. 문서 구조처럼 가장 왼쪽에 있는 게 루트 노드, 들여쓰기 된 그 다음 뎁스가 노드, 맨 마지막 뎁스가 리프 노드인 거죠. 이 텍스트를 그대로 시각화하면 앞에서 본 트리 구조가 나와요.

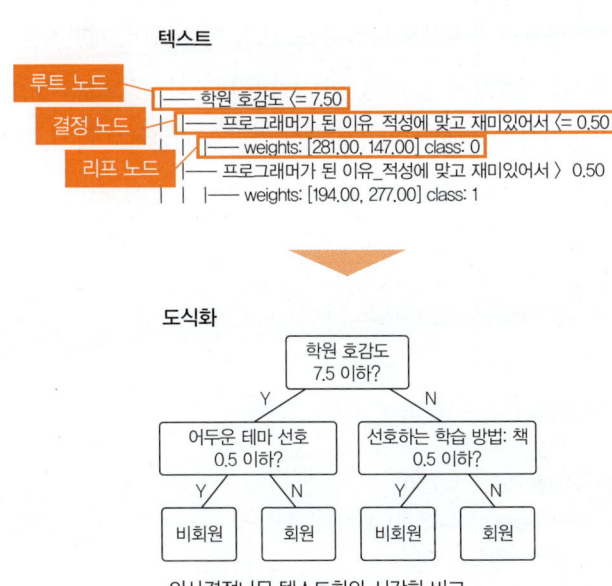

의사결정나무 텍스트화와 시각화 비교

김대리 아! 마치 책의 목차같네요. 이해가 되니까 마음이 편해졌어요. 그러면 노드에 적힌 '프로그래머가 된 이유_적성에 맞고 재미있어서 <= 0.50'라는 것은 무슨 의미죠?

박차장　이 칼럼은 값으로 0과 1만 가지고 있어요. 1은 적성에 맞고 재미있어서 프로그래머가 되었다는 뜻이죠. 하지만 의사결정나무 알고리즘은 값을 숫자로 인식하다 보니 0.5를 기준으로 작거나 큰 것으로 분류를 했어요. 0.5 이하는 0이니까 책을 선호하지 않는 사람, 0.5 초과는 1이니까 책을 선호하는 사람으로 이해하면 됩니다.

김대리　'에디터/IDE 환경 내 선호 테마: 어두운 테마'는요? 이건 저희 목적과 상관없는 칼럼 같아요.

박차장　분석 결과를 해석하고 필요하면 수정해서 다시 실행하는 건 데이터 분석의 일반적인 과정이에요. 때로는 비즈니스적으로 의미가 없는 칼럼이 중요한 조건으로 나올 수도 있죠. 예를 들어, 개발자들은 어두운 테마를 선호할 수 있지만, 이 정보가 비즈니스적으로 의미가 있는지는 별개의 문제예요. 지금은 해당 칼럼은 제거하고 다시 실행해 봐도 좋겠어요. 이번에는 트리 깊이를 1까지 표현해 볼게요.

---

 의사결정나무의 구조를 depth=1, 텍스트로 표현해 주세요.

 의사결정나무의 구조를 depth=1로 설정하여 텍스트로 표현하면 다음과 같습니다.

|── 학원 호감도 <= 7.50
|　|── weights: [475.00, 424.00] class: 0
|── 학원 호감도 > 7.50
|　|── weights: [455.00, 1249.00] class: 1

이 구조에서는 '학원 호감도'가 가장 중요한 특성으로 선택되었으며, 이를 기준으로 '회원 여부'를 예측하는 것을 볼 수 있습니다. 이 정보로 의사결정나무가 간단한 깊이에서 어떻게 학습되었는지 확인할 수 있습니다.

| | |
|---|---|
| 김대리 | '학원 호감도'가 중요한 변수로 나왔어요. 학원 호감도가 7.5보다 높은 수강생들은 1,249명(73.3%)이나 멤버십에 가입했어요. 학원 호감도가 높은 사람들이 멤버십에 더 많이 가입하는 걸까요? |
| 박차장 | 몇 번 언급했지만 데이터를 해석할 땐 꼭 이 결과가 상관관계인지 인과 관계인지 잘 파악해야 해요. |
| 김대리 | 아! 그렇죠. 둘이 함께 일어날 가능성이 높은 것이지, 원인과 결과의 관계는 아니라는 말이죠? |
| 박차장 | 네, 맞아요. 혹시 바닷가에서 상어 물림 사고가 증가하면 아이스크림 판매가 증가한다는 이야기 들어보신 적 있으세요? |
| 김대리 | 네? 되게 뜬금없는 관계네요. 정말인가요? |
| 박차장 | 당연히 잘못된 관계예요. 실제로는 더운 날씨 때문에 해변을 찾는 사람이 많다 보니 상어 물림 사고가 증가한 거고, 더운 날씨에 사람이 몰리니 아이스크림 판매도 증가하는 거죠. |
| 김대리 | 데이터를 잘못 해석하면 벌어질 수 있는 일이군요. 그럼 이 관계도 잘 생각해 봐야겠네요. 어쩌면 멤버십 회원들의 높은 호감도는 학원의 과정이 마음에 들어서일 수도 있겠네요. 하지만 상식적으로 학원에 호감도가 높은 사람들이 멤버십에 가입할 가능성이 높다고 볼 수 있을 것 같아요. |
| 박차장 | 좋아요. 이제 depth를 2로 늘려서 더 세부적으로 확인해 볼게요. |

 의사결정나무의 구조를 depth=2, 텍스트로 표현해 주세요.

의사결정나무의 구조를 depth=2로 설정하여 텍스트로 표현하면 다음과 같습니다.

```
|── 학원 호감도 <= 7.50
|   |── 프로그래머가 된 이유_적성에 맞고 재미있어서 <= 0.50
|   |   |── weights: [281.00, 147.00] class: 0
|   |── 프로그래머가 된 이유_적성에 맞고 재미있어서 > 0.50
|   |   |── weights: [194.00, 277.00] class: 1
|── 학원 호감도 > 7.50
|   |── 에디터/IDE 환경 내 선호 테마_어두운 테마 <= 0.50
|   |   |── weights: [213.00, 290.00] class: 1
|   |── 에디터/IDE 환경 내 선호 테마_어두운 테마 > 0.50
|   |   |── weights: [242.00, 959.00] class: 1
```

이 텍스트 표현은 각 노드에서의 분할 기준과 해당 노드에 속하는 데이터의 가중치(데이터 개수) 및 예측 클래스를 보여줍니다. 이를 통해 depth=2에서 의사결정나무가 어떻게 학습되었는지 확인할 수 있습니다.

**박차장** 어두운 테마를 선호하는 사람을 어떻게 해석해야 할까요?

**김대리** 흠… 많은 IT 개발자가 어두운 테마를 선호하기 때문에 개발자들이 멤버십 가입을 한다고 볼 수 있겠어요. 학원 호감도가 낮은 사람들은 프로그래밍을 좋아하는 사람들이 멤버십에 더 많이 가입했어요. 멤버십에 가입하는 목적은 여러 가지가 있겠지만, 순수하게 배우는 것이 목적인 사람들의 비율이 높을 수도 있겠어요.

**박차장** 재미있는 해석이네요. 이번엔 max_depth를 3으로 늘려 볼게요.

의사결정나무의 구조를 depth=3, 텍스트로 표현해 주세요.

의사결정나무의 구조를 depth=3으로 설정하여 텍스트로 표현하면 다음과 같습니다.

```
|--- 학원 호감도 <= 7.50
|   |--- 프로그래머가 된 이유_적성에 맞고 재미있어서 <= 0.50
|   |   |--- 선호 온라인 코딩 교육 서비스_U사 <= 0.50
|   |   |   |--- weights: [269.00, 123.00] class: 0
|   |   |--- 선호 온라인 코딩 교육 서비스_U사 > 0.50
|   |   |   |--- weights: [12.00, 24.00] class: 1
|   |--- 프로그래머가 된 이유_적성에 맞고 재미있어서 > 0.50
|   |   |--- 프로그래밍 관련 도서 구매 이유_새로운 기술이 등장해서, 자기 계발을 위해서, 뒤처지고 싶지 않아서 <= 0.50
|   |   |   |--- weights: [107.00, 90.00] class: 0
|   |   |--- 프로그래밍 관련 도서 구매 이유_새로운 기술이 등장해서, 자기 계발을 위해서, 뒤처지고 싶지 않아서 > 0.50
|   |   |   |--- weights: [87.00, 187.00] class: 1
|--- 학원 호감도 > 7.50
|   |--- 에디터/IDE 환경 내 선호 테마_어두운 테마 <= 0.50
|   |   |--- 가장 선호하는 학습 방법_책(기술 서적) <= 0.50
|   |   |   |--- weights: [195.00, 184.00] class: 0
|   |   |--- 가장 선호하는 학습 방법_책(기술 서적) > 0.50
|   |   |   |--- weights: [18.00, 106.00] class: 1
|   |--- 에디터/IDE 환경 내 선호 테마_어두운 테마 > 0.50
|   |   |--- 개발 경력 <= 6.50
|   |   |   |--- weights: [210.00, 603.00] class: 1
|   |   |--- 개발 경력 > 6.50
|   |   |   |--- weights: [32.00, 356.00] class: 1
```

이 구조는 각 노드에서의 분할 기준, 해당 노드에 속하는 데이터의 가중치(데이터 개수), 및 예측 클래스를 보여줍니다. 이를 통해 depth=3에서 의사결정나무가 어떻게 학습되었는지 확인할 수 있습니다.

박차장    이번엔 학원 호감도가 낮은 사람들을 살펴볼게요.

김대리    '프로그래머가 된 이유_적성에 맞고 재미있어서' 선택한 사람 중에는 자기 계발을 위해 도서를 구매하는 사람들이 멤버십 회원 비율이 높네요. 그렇지 않은 사람은 샘플 수가 너무 적어요. 이 특성은 빼고 학습해 봐도 좋겠어요. 정리하면 학원에 대한 호감도는 낮지만, 학습 의욕이 높은 사람들이 멤버십 회원에 가입해서 꾸준히 학습을 하는 것으로 보이네요.

어떻게 보면 뻔한 내용일 수 있지만 여기를 출발점으로 삼아서 더 분석을 해보면 좋겠어요.

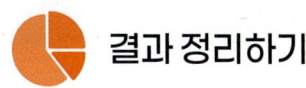 **결과 정리하기**

김대리  덕분에 정말 빠르게 분석을 마칠 수 있었어요. 이제 보고서 제출을 위해 정리만 하면 되는데 어떻게 정리하는 게 좋을까요?

박차장  트리 구조로만 보여 주는 것은 한계가 있으니 분석으로 발견한 중요한 사실들을 요약해 보죠. 결과를 명확하게 표현하고, 관련된 비즈니스 의미를 찾아서 정리하는 게 좋겠어요. 우선 학원 호감도에 따라 멤버십 회원 비율이 어떻게 달라지는지 표로 확인해 볼게요. 표를 그릴 땐 구체적으로 원하는 표 형태가 있다면 행과 열에 어떤 데이터가 들어가면 좋은지 값은 어떻게 구분할지 등 세세하게 작성해 주는 게 좋아요.

 '행: 학원 호감도, 열: 회원 여부'로 표를 만들어 주세요. 표는 텍스트로 구성하고, Tab으로 구분해 주세요.

 아래는 '행: 학원 호감도, 열: 회원 여부'인 표입니다. 각 값은 데이터의 개수를 나타냅니다.

| 학원 호감도 | 0 | 1 |
| --- | --- | --- |
| 1 | 14 | 5 |
| 2 | 4 | 8 |
| 3 | 26 | 13 |
| 4 | 30 | 12 |
| 5 | 136 | 105 |
| 6 | 148 | 110 |

|   |     |     |
|---|-----|-----|
| 7 | 244 | 270 |
| 8 | 274 | 537 |
| 9 | 115 | 399 |
| 10| 183 | 621 |

김대리 호감도가 올라갈수록 멤버십 회원 비율도 높은 것이 보이네요. 8점 이상부터 회원 비율이 올라가는 것 같아요.

박차장 다음으로 중요한 칼럼이 '프로그래머가 된 이유'였죠? 이 칼럼은 비슷한 의미의 다른 내용도 있는지 한 번 살펴보는 게 좋겠어요.

 '프로그래머가 된 이유'가 포함된 칼럼의 열을 보여 주세요.

 '프로그래머가 된 이유'와 관련된 열은 다음과 같습니다.

프로그래머가 된 이유_적성에 맞고 재미있어서
프로그래머가 된 이유_기대 소득이 높기 때문에
프로그래머가 된 이유_오랫동안 일할 수 있어서
프로그래머가 된 이유_취업이 잘 되서
프로그래머가 된 이유_Other

이 열들은 프로그래머가 된 다양한 이유를 나타냅니다.

박차장 비슷한 의미로 묶을 수 있는 내용은 없는 것 같아요. 동일하게 프로그래밍 도서 구매 이유도 살펴볼게요.

 '프로그래밍 관련 도서 구매 이유'가 포함된 칼럼이 무엇이 있는지 알려 주세요.

'프로그래밍 관련 도서 구매 이유'와 관련된 열은 다음과 같습니다.

프로그래밍 관련 도서 구매 이유_학교 혹은 강의 교재라서 의무적으로
프로그래밍 관련 도서 구매 이유_업무상 필요해서
프로그래밍 관련 도서 구매 이유_새로운 기술이 등장해서, 자기 계발을 위해서, 뒤처지고 싶지 않아서
프로그래밍 관련 도서 구매 이유_지금 필요하지 않으나 나중에 필요할 것 같아서
프로그래밍 관련 도서 구매 이유_지인, 인플루언서(유명 개발자 등)가 추천해서
프로그래밍 관련 도서 구매 이유_Other

이 열들은 프로그래밍 관련 도서를 구매하는 다양한 이유를 나타냅니다.

김대리  칼럼명이 너무 길어 보이네요. 이대로 정리하면 보고서의 가독성도 떨어질 것 같아요.

박차장  칼럼명이 너무 긴 것들은 키워드로 바꾸고, 호감도는 8점을 기준으로 값을 나눠 보았어요. 그런 다음 다시 표를 그려 볼게요.

칼럼명을 다음과 같이 바꿔 주세요.
- "프로그래머가 된 이유_적성에 맞고 재미있어서":"적성&재미",
- "프로그래밍 관련 도서 구매 이유_새로운 기술이 등장해서, 자기 계발을 위해서, 뒤처지고 싶지 않아서":"도서 구매 이유_자기계발"

지정하신 대로 칼럼명이 변경되었습니다.

학원 호감도를 기준으로 '호감도 구분' 칼럼을 만들어 주세요.
8점 이상, 8점 미만 2가지로 구분해 주세요.

'호감도 구분' 칼럼이 성공적으로 추가되었습니다. 이제 '학원 호감도'를 기준으로 8점 이상과 8점 미만으로 구분할 수 있습니다. (중략)

'행: [호감도 구분, 적성&재미, 도서 구매 이유_자기계발], 열: 회원 여부'인 표를 그려 주세요. 값은 데이터 개수. 표는 텍스트, tab은 구분입니다.

 아래는 '행: [호감도 구분, 적성&재미, 도서 구매 이유_자기계발], 열: 회원 여부'인 표입니다. 각 값은 데이터의 개수를 나타냅니다.

| 호감도 구분 | 적성&재미 | 도서 구매 이유_자기계발 | 0 | 1 |
|---|---|---|---|---|
| 8점 미만 | 0 | 0 | 206 | 90 |
| 8점 미만 | 0 | 1 | 145 | 100 |
| 8점 미만 | 1 | 0 | 135 | 101 |
| 8점 미만 | 1 | 1 | 116 | 232 |
| 8점 이상 | 0 | 0 | 142 | 173 |
| 8점 이상 | 0 | 1 | 117 | 248 |
| 8점 이상 | 1 | 0 | 129 | 301 |
| 8점 이상 | 1 | 1 | 184 | 835 |

김대리  깔끔하게 나왔네요! 8점 이상은 하나로 묶고, 내용을 정리해야 되겠어요. 표로 좀 더 보기 쉽게 엑셀로 이렇게 정리해 봤어요.

| 구분 | | | 합계 | 멤버십 회원 | 비율 | 비회원 |
|---|---|---|---|---|---|---|
| 전체 | | | 3254 | 2080 | 63.9% | 1174 |
| 학원 호감도: 8점 이상 | | | 2129 | 1557 | 73.1% | 572 |
| 8점 미만 | 적성&재미 | 도서 구매 이유_자기계발 | 348 | 232 | 66.7% | 116 |
| | | 그 외 | 236 | 101 | 42.8% | 135 |
| | 그 외 | – | 541 | 190 | 35.1% | 351 |

멤버십 회원 현황

박차장　깔끔하고 한눈에 보기 좋네요.

김대리　정리를 하다 보니 추가로 더 분석하면 좋을 내용들이 많이 보여요. 학원 호감도가 8점 이상이지만 멤버십에 가입하지 않은 회원들의 특징도 분석하면 좋겠어요. 프로그래머를 선택한 이유가 적성과 재미가 아닌 사람 중에 멤버십 회원에 가입한 사람들도 분석해 볼 필요가 있겠어요.

박차장　맞아요. 세부적으로는 더 분석해 볼 필요가 있는 주제가 보이네요. 우선 분석 내용을 관련 부서와 공유하고, 어떤 방향으로 분석하면 더 좋을지 얘기를 더 해보는 게 좋겠어요.

김대리　네! 좋습니다.

# 19장

## 이탈 회원 분석

"차장님, 요즘 기존 수강생들의 이탈이 늘어나고 있는데, 이유를 잘 모르겠어요."

"그렇다면 고객 세분화를 시도해 보는 건 어떨까요? 학원을 이용하는 다양한 고객군의 특성을 분석해 보면 더 많은 정보를 얻을 수 있어요. 나이대, 지역, 수강 과목 등으로 고객들을 분류하면 특정 세그먼트에서의 이탈 추세를 더 명확히 파악할 수 있을 겁니다."

"오, 그렇게 되면 우리가 제공하는 과정을 시장 수요와 더 잘 맞출 수 있겠네요."

"네, 이런 데이터 기반 접근 방식을 통해 기존 과정이나 프로그램을 고객 특성에 맞게 조정할 수 있어요. 그리고 특정 고객군에게 필요한 언어에 초점을 맞춘 코스를 개발하는 것도 고려해 보죠."

"그렇다면 이번엔 군집 분석이 필요할까요?"

"정확해요. 군집 분석과 새로운 알고리즘을 살펴볼 때가 되었네요."

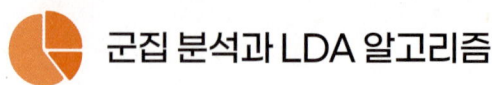
# 군집 분석과 LDA 알고리즘

**박차장** 군집을 나누는 방법은 크게 2가지예요. 첫 번째는 비즈니스 인사이트가 있다면 해당 지식으로 나누는 거예요. 이미 알려진 지식으로 고객들을 나누고 고객들의 구매 패턴이나 선호도를 분석할 수 있어요. 이렇게 하면 시장을 이해하는 데 큰 도움이 되죠.

**김대리** 만약 인사이트가 확실하지 않다면 어떻게 해야 하나요?

**박차장** 그게 두 번째 방법이에요. 데이터 기반 접근 방식이죠. 다양한 군집 알고리즘을 활용해 데이터에서 패턴을 찾아내는 거예요. 여기서 중요한 건 순수하게 데이터만 보고 결정하는 것이 아니라 그 결과를 비즈니스 맥락에 맞게 해석하는 거예요.

**김대리** 그럼 알고리즘을 활용하면 좀 더 객관적인 기준으로 군집을 나눌 수 있겠네요. 이번에는 어떤 알고리즘을 사용하면 좋을까요?

**박차장** 가장 기본이 되는 알고리즘은 K-평균$_{K-means}$ 군집화예요. 특히 수치형 변수를 그룹화할 때 효과적이죠. 이것으로 군집이 어떻게 만들어지는지 알아볼게요. 다음 그림은 데이터를 2개의 군집으로 그룹화한 결과예요. 데이터 포인트들을 2개의 군집으로 나누는데, 각 군집의 중심점과 데이터 포인트 간의 거리를 최소화하는 방식으로 군집을 만들어요.

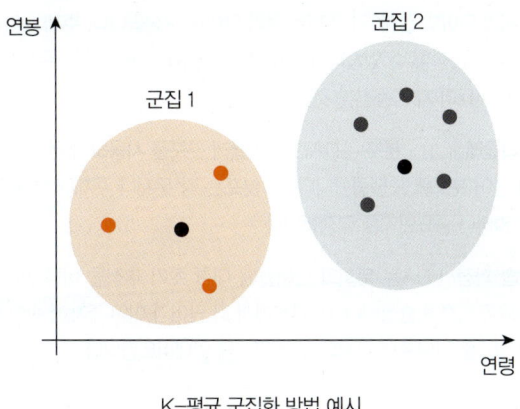

K-평균 군집화 방법 예시

김대리   그런데 지금 가진 데이터는 범주형 데이터가 많아요.

박차장   범주형 데이터의 경우 K-평균 알고리즘보다는 다른 군집화 방법을 고려하면 좋겠어요. LDA(Latent Dirichlet Allocation) 알고리즘을 이용해 볼까요?

김대리   LDA 알고리즘이 뭐예요?

박차장   LDA는 텍스트 알고리즘 중 하나로, 자연어 처리 분야에서 널리 사용되는 토픽 모델링 기법이에요. 특정 글이 주어졌을 때 단어의 분포로 유사한 토픽(주제)에 따라 글을 분류할 수 있어요. 비지도 학습 방법의 일종이죠. LDA의 특징은 이렇게 정리할 수 있겠네요.

**LDA 알고리즘의 주요 특징**

- **주제의 개수 결정**: 사용자는 모델이 추출할 주제의 개수를 미리 정해야 합니다. 이는 LDA 모델의 중요한 하이퍼 파라미터 중 하나입니다.

- **문서와 주제의 관계**: LDA는 각 문서가 주제들의 혼합으로 구성되어 있다고 가정합니다. 예를 들어, 어떤 뉴스 기사는 '정치'와 '경제' 주제의 혼합으로 이루어져 있을 수 있습니다.

- **주제와 단어의 관계**: 각 주제는 여러 단어로 구성됩니다. 주제에 따라 특정 단어들이 더 자주 등장할 수 있습니다. 예를 들어, '경제' 주제에서는 '주식', '시장', '투자'와 같은 단어들이 자주 등장할 것입니다.
- **디리클레 Dirichlet 분포**: LDA는 디리클레 분포를 사용하여 문서의 주제 분포와 주제의 단어 분포를 모델링합니다. 이 분포는 각 문서나 주제에 대해 어떤 단어나 주제가 얼마나 중요한지를 결정합니다.
- **학습 과정**: LDA는 문서와 단어들에 대한 초기 추정을 바탕으로 반복적인 계산을 통해 주제를 학습합니다. 이 과정에서 각 단어가 어떤 주제에 속할 확률을 계산하고, 그 결과를 바탕으로 문서의 주제 구성을 업데이트합니다.

LDA는 다양한 형태의 텍스트 데이터에 적용할 수 있어 유용하지만, 단어의 순서나 구조적인 의미를 고려하지 않기 때문에 때때로 문맥상 미묘한 차이를 포착하지 못한다는 한계도 있습니다.

**김대리** 그렇다면 LDA를 우리 데이터에 어떻게 적용할 수 있을까요?

**박차장** 우리 데이터도 하나의 행을 텍스트로 볼 수 있어요. 예를 들어, 다음과 같은 데이터가 있다고 가정해 볼게요.

| 업무 형태 | 업무 | 개발 경력 | 사용 중인 언어 |
| --- | --- | --- | --- |
| 프리랜서입니다.(파트타임) | 프론트엔드 | 2 | Delphi/Object Pascal |

이 데이터를 문장으로 표현할 때 "프리랜서며, 프론트엔드 업무를 합니다. 개발 경력은 2년이고 Delphi/Object Pasca 언어를 사용합니다."라고 표현할 수 있어요. 이때 LDA 알고리즘은 단어의 출현 빈도와 유무만으로 학습이 진행되기 때문에 이렇게 텍스트를 만들 필요는 없어요.

LDA를 사용한 군집 분석은 데이터를 직관적이고 이해하기 쉬운 주제 기반으로 그룹화할 수 있다는 장점이 있어요. 이를 통해 대규모 데이터를 효과적으로 요약하고 구조화할 수 있죠.

김대리  이 알고리즘이 이탈 회원을 어떻게 분석할지 벌써 기대되네요.

박차장  그럼 어떤 수강생들이 무슨 주제로 유사하게 묶이는지 살펴볼게요.

# 데이터 처리하기

박차장  우선 데이터를 정리해야 해요. 칼럼이 많으면 원하는 결과가 제대로 나오지 않기 때문에 전체 데이터를 다 넣는 것보다 필요한 몇 개의 칼럼으로 시작해 보고 이후에 더 넣거나 빼면서 진행할게요.

김대리  그럼 아무래도 학습하는 상태나 방향을 위주로 군집을 만드는 것이 좋겠어요. '사용 중인 언어'나 '학습을 희망하는 데이터베이스' 등의 칼럼 위주로요. 그게 해석하기도 좋고 이후 방향성을 잡기도 편리하겠어요.

박차장  네, 좋아요. 얘기하신 성격의 칼럼만 선택해서 데이터 프레임을 하나 만들어 볼게요.

'사용 중인 언어', '학습 희망하는 언어', '사용 중인 데이터베이스', '학습 희망하는 데이터베이스', '사용 중인 클라우드 플랫폼', '사용 중인 웹 프레임워크', '사용 중인 IDE', '사용 중인 OS'라는 말이 포함된 칼럼만 선택해서 데이터를 추출해 주세요.

지정된 키워드를 포함하는 칼럼을 선택하여 데이터를 추출했습니다.

박차장  [분석 보기] 아이콘( )을 클릭해서 지정한 칼럼을 잘 가져왔는지, 불필요한 칼럼을 가져왔는지 확인해 보세요.

김대리  '사용 중인 언어 만족도', '사용 중인 데이터베이스 만족도' 칼럼도 가져왔네요. 이 칼럼은 불필요한 내용이니 제거할게요.

'사용 중인 언어 만족도', '사용 중인 데이터베이스 만족도' 칼럼은 제외해 주세요.

 '사용 중인 언어 만족도'와 '사용 중인 데이터베이스 만족도' 칼럼을 제외한 데이터를 준비했습니다.

김대리   이제 LDA 알고리즘에 데이터를 넣어 학습을 진행하면 되나요?

박차장   한 가지 해야 할 게 있어요. LDA 알고리즘은 하나의 텍스트에 있는 단어를 리스트로 만들어서 제공해야 해요. 따라서 최종적으로는 데이터를 리스트List 자료형으로 만들어야 해요. 리스트는 파이썬에서 활용도가 높은 자료형으로, 데이터 타입이 다른 여러 항목을 단일 변수에 저장할 수 있어요. 그래서 우리도 그런 형태로 데이터를 가공할 거예요. 예를 들어, 첫 번째 고객은 다음과 같은 리스트로 만드는 것이 목표예요.

**LDA 알고리즘에 학습시킬 데이터 형태**

```
['사용 중인 언어: Delphi/Object Pascal',
 '학습 희망하는 언어: Python',
 '사용 중인 데이터베이스: MariaDB',
 '학습 희망하는 데이터베이스: MariaDB',
 '사용 중인 클라우드 플랫폼: Microsoft Azure',
 '사용 중인 웹 프레임워크: ASP.NET Core',
 '사용 중인 IDE: Notepad++',
 '사용 중인 OS: Windows']
```

김대리   아하, 리스트로 어떤 특성이 있는지를 표현하는 거네요.

박차장   이렇게 리스트로 만들려면 값이 1인 경우에는 해당하는 칼럼명을 가져온 다음 이를 리스트 자료형으로 만들면 돼요.

각 행에서 값이 1인 칼럼명을 리스트로 만들어 주세요.

 각 행에서 값이 1인 칼럼명을 포함하는 리스트를 생성했습니다. 첫 5개의 행에 대한 예시는 다음과 같습니다.

1. ['사용 중인 클라우드 플랫폼_Microsoft Azure', '사용 중인 웹 프레임워크_ASP.NET Core', '사용 중인 IDE_Notepad++', '사용 중인 OS_Windows', '학습 희망하는 언어 카테고리_Python', '사용 중인 데이터베이스 카테고리_MariaDB', '학습 희망하는 데이터베이스 카테고리_MariaDB']
2. ['사용 중인 클라우드 플랫폼_Google Cloud Platform', '사용 중인 웹 프레임워크_Spring', '사용 중인 IDE_안드로이드 스튜디오', '사용 중인 OS_Windows', '사용 중인 언어 카테고리_C++', '사용 중인 데이터베이스 카테고리_Oracle', '학습 희망하는 데이터베이스 카테고리_DynamoDB']
3. ['사용 중인 클라우드 플랫폼_Google Cloud Platform', '사용 중인 웹 프레임워크_ASP.NET Core', '사용 중인 IDE_IPython/Jupyter', '사용 중인 OS_Windows', '사용 중인 언어 카테고리_C++', '학습 희망하는 언어 카테고리_Python', '사용 중인 데이터베이스 카테고리_MySQL', '학습 희망하는 데이터베이스 카테고리_Oracle']
4. ['사용 중인 클라우드 플랫폼_AWS', '사용 중인 웹 프레임워크_사용 안 함', '사용 중인 IDE_Visual Studio', '사용 중인 OS_Windows', '사용 중인 언어 카테고리_C#', '학습 희망하는 언어 카테고리_Java', '사용 중인 데이터베이스 카테고리_MS-SQL', '학습 희망하는 데이터베이스 카테고리_Oracle']
5. ['사용 중인 클라우드 플랫폼_AWS', '사용 중인 웹 프레임워크_React.js', '사용 중인 IDE_Visual Studio Code', '사용 중인 OS_Windows', '사용 중인 언어 카테고리_백엔드 개발', '학습 희망하는 언어 카테고리_Go', '사용 중인 데이터베이스 카테고리_MariaDB', '학습 희망하는 데이터베이스 카테고리_Redis']

김대리　예시로 보여준 5개 결과를 보니 잘 처리되었네요. 이제 데이터 처리는 끝난 거죠?

박차장　네, 잘 끝났어요. 이제 알고리즘에 데이터를 학습시켜 볼까요?

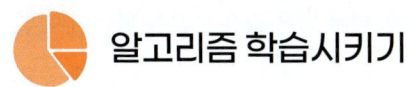 **알고리즘 학습시키기**

박차장   인공지능에 데이터를 학습시키기 전에 알고리즘에 필요한 파라미터를 정해 보죠. LDA 알고리즘에는 여러 가지 파라미터를 설정할 수 있어요. 그중에서 가장 중요한 것은 num_topics와 passes입니다. num_topics는 문서에서 나올 수 있는 주제의 개수를 의미해요. 우리 데이터에 적용하자면 생성할 군집 개수에 해당합니다. 혹시 예상하는 군집 개수가 있으세요?

김대리   군집 개수요? 데이터를 분석해 보지 않고 그걸 결정할 수 있나요?

박차장   물론 데이터 분석으로 군집 개수를 파악할 수도 있지만 시간이 오래 걸려요. 군집 개수는 언제든 변경해서 돌려볼 수도 있으니 여러 번 하면서 감을 잡아 나가면 돼요. 쉽게 말해 초깃값을 넣는다고 생각하면 되겠네요.

김대리   그럼 5개로 해볼까요? 군집이 너무 많이 나와도 관리가 안 될 것 같아요.

박차장   그럼 num_topics는 5개로 시작해 볼게요. 두 번째로 passes는 전체 데이터세트를 몇 번 학습할지 설정하는 파라미터예요. LDA 알고리즘은 반복적인 학습 과정을 거치면서 문서에 포함된 단어들을 바탕으로 주제를 추정하고, 각 문서에 대한 주제 분포와 관련된 단어 분포를 업데이트합니다. passes 값을 높게 설정하면 알고리즘이 데이터를 더 잘 학습할 수 있지만, 너무 높은 값은 과적합을 초래하거나 학습 시간을 증가시킬 수 있어요. 반대로 너무 낮은 값은 충분한 학습이 이루어지지 않아 모델의 성능이 저하될 수 있어 적절한 값을 찾는 게 중요해요.

김대리   적절한 값이라는 기준이 뭔가요?

박차장   적절한 passes 값은 데이터의 크기, 복잡성 그리고 특정 문제에 따라 달라질 수 있어요. 따라서 최적의 모델 성능을 위해서는 passes 값을 실험하면서 조정하는 게 좋아요. 우선은 20으로 설정해서 학습을 진행하고 결과를 확인해 보도록 해요. random_state는 2024로 할게요.

김대리   random_state는 뭔가요?

박차장   알고리즘은 정해진 절차에 따라 학습을 진행하지만, 초깃값 지정 등과 같이 무작위적인 요소가 있어요. 그래서 이전에 실행한 것과 완전히 동일한 결과를 얻기 위해서는 이 무작위 요소를 같은 값으로 넣어야 하죠. 이렇게 하기 위해서는 random_state에 같은 값을 입력하면 됩니다. 그렇지 않으면 이전에 실행한 것과 군집의 순서 등이 다를 수 있어요.

LDA model fit, 군집 개수 5, passes=20, random_state=2024, 리스트 안의 값을 하나의 단어로 생각하고 학습해 주세요.

LDA 모델을 사용하여 5개의 주제를 학습한 결과는 다음과 같습니다.

1. 주제 1:
- 사용 중인 OS_Linux
- 사용 중인 웹 프레임워크_사용 안 함
- 사용 중인 OS_MacOS

- 사용 중인 데이터베이스 카테고리_SQLite
- 사용 중인 IDE_안드로이드 스튜디오
- 사용 중인 클라우드 플랫폼_Google Cloud Platform
- 사용 중인 클라우드 플랫폼_Ucloud
- 사용 중인 클라우드 플랫폼_없음
- 학습 희망하는 언어 카테고리_프론트엔드 개발
- 사용 중인 클라우드 플랫폼_Microsoft Azure

2. 주제 2:
- 사용 중인 IDE_Visual Studio Code
- 사용 중인 클라우드 플랫폼_AWS
- 사용 중인 웹 프레임워크_React.js
- 사용 중인 OS_MacOS
- 사용 중인 데이터베이스 카테고리_MySQL
- 사용 중인 언어 카테고리_JavaScript
- 사용 중인 OS_Windows
- 학습 희망하는 데이터베이스 카테고리_Elasticsearch
- 학습 희망하는 데이터베이스 카테고리_MongoDB
- 사용 중인 데이터베이스 카테고리_MariaDB

3. 주제 3:
- 사용 중인 언어 카테고리_Python
- 사용 중인 클라우드 플랫폼_AWS
- 사용 중인 데이터베이스 카테고리_MySQL
- 사용 중인 웹 프레임워크_Django
- 사용 중인 OS_MacOS
- 사용 중인 IDE_PyCharm
- 학습 희망하는 언어 카테고리_백엔드 개발
- 사용 중인 OS_Windows
- 학습 희망하는 데이터베이스 카테고리_MongoDB
- 사용 중인 OS_Linux

4. 주제 4:
- 사용 중인 OS_Windows

- 사용 중인 클라우드 플랫폼_Google Cloud Platform
- 사용 중인 웹 프레임워크_사용 안 함
- 사용 중인 IDE_Visual Studio
- 학습 희망하는 데이터베이스 카테고리_Oracle
- 사용 중인 데이터베이스 카테고리_Oracle
- 사용 중인 데이터베이스 카테고리_MS-SQL
- 학습 희망하는 언어 카테고리_Python
- 사용 중인 IDE_사용 안 함
- 사용 중인 데이터베이스 카테고리_MySQL

**5. 주제 5:**
- 사용 중인 언어 카테고리_Java
- 사용 중인 웹 프레임워크_Spring
- 사용 중인 클라우드 플랫폼_AWS
- 사용 중인 IDE_IntelliJ
- 사용 중인 OS_Windows
- 사용 중인 IDE_Eclipse
- 사용 중인 데이터베이스 카테고리_Oracle
- 학습 희망하는 언어 카테고리_Kotlin
- 사용 중인 데이터베이스 카테고리_MySQL
- 사용 중인 OS_MacOS

이 주제들을 통해 각 주제에 포함된 주요 단어들을 확인할 수 있습니다.

박차장    어떤 주제가 도출되었는지 확인해 볼게요. 이 데이터에서는 어떤 군집들이 만들어졌는지를 의미하죠. 각 주제에는 어떤 단어가 중요하게 반영되는지 확인할 수 있어요. 이를 해석하면 어떤 특징을 가진 군집인지 알 수 있죠. 응답을 보면 주제별로 중요한 단어까지 출력했어요. 혹시 주제별로 중요한 단어가 나오지 않았다면 보여 달라고 요청하세요.

김대리   Topic 0부터 4까지 요청한 대로 5개의 군집이 나왔어요. 주제 아래 단어는 해당 주제를 구별하는 중요한 단어겠네요.

박차장   네, 맞아요. 여기서 출력 결과는 LDA 알고리즘이 학습한 각 주제를 대표하는 단어들이에요. 순서는 그 단어들의 주제에 대한 기여도(확률)가 높은순이네요. 단어별 기여도를 요청하면, 해당 단어가 얼마나 기여하는지 숫자로 알 수 있어요.

---

 단어에 기여도를 표시한 다음 주제별로 상위 5개만 출력해 주세요.

 주제별로 상위 5개의 단어와 그 기여도를 다음과 같이 출력했습니다.

1. **주제 1:**
   - 사용 중인 OS_Linux: 6.7%
   - 사용 중인 웹 프레임워크_사용 안 함: 5.1%
   - 사용 중인 OS_MacOS: 4.7%
   - 사용 중인 데이터베이스 카테고리_SQLite: 4.1%
   - 사용 중인 IDE_안드로이드 스튜디오: 3.7%

2. **주제 2:**
   - 사용 중인 IDE_Visual Studio Code: 14.1%
   - 사용 중인 클라우드 플랫폼_AWS: 9.9%
   - 사용 중인 웹 프레임워크_React.js: 7.5%
   - 사용 중인 OS_MacOS: 7.1%
   - 사용 중인 데이터베이스 카테고리_MySQL: 5.1%

3. **주제 3:**
   - 사용 중인 언어 카테고리_Python: 13.4%
   - 사용 중인 클라우드 플랫폼_AWS: 7.9%
   - 사용 중인 데이터베이스 카테고리_MySQL: 6.6%
   - 사용 중인 웹 프레임워크_Django: 5.9%
   - 사용 중인 OS_MacOS: 5.0%

4. 주제 4:
   - 사용 중인 OS_Windows: 13.5%
   - 사용 중인 클라우드 플랫폼_Google Cloud Platform: 7.7%
   - 사용 중인 웹 프레임워크_사용 안 함: 7.1%
   - 사용 중인 IDE_Visual Studio: 4.6%
   - 학습 희망하는 데이터베이스 카테고리_Oracle: 4.6%

5. 주제 5:
   - 사용 중인 언어 카테고리_Java: 12.1%
   - 사용 중인 웹 프레임워크_Spring: 12.0%
   - 사용 중인 클라우드 플랫폼_AWS: 8.4%
   - 사용 중인 IDE_IntelliJ: 7.8%
   - 사용 중인 OS_Windows: 6.8%

이 주제들은 각 주제에 포함된 주요 단어들과 그 기여도를 보여줍니다.

**박차장** 주제 1을 보면 '사용 중인 OS_Linux'가 6.7%로 가장 기여도가 높아요. 이 주제에 대해 가장 큰 기여를 한다는 것을 의미해요. 즉, 이 단어가 주제 1에서 차지하는 비중(확률)이 가장 높다는 뜻이에요. 이러한 비중은 각 주제에서 단어의 중요도를 나타내며, 모든 주제에서 이 비중의 합은 1이에요. 이를 통해 각 주제가 무엇에 관한 것인지 그리고 각 주제에서 어떤 단어들이 중요한지 파악할 수 있어요.

**김대리** 주제 5는 'Java'를 주 언어로 사용하는 군집인 것 같아요. 'Java' 비중이 높고 두 번째로 기여도가 높은 'Spring'도 자바 플랫폼을 위한 웹 프레임워크거든요.

**박차장** 해당 그룹은 어떤 콘텐츠를 좋아하는지 살펴보는 것도 좋겠어요. 계속해서 다른 군집도 확인해 볼까요?

김대리   주제 4는 'Windows'와 MS 개발 환경이 두드러지고, 주제 3은 'Python'을 주 언어로 사용하며 클라우드 플랫폼은 'AWS'를 선호하네요. 그리고 주제 1은 'Linux'와 'MacOS'를, 주제 2는 'Visual Studio code'와 'AWS', 웹 개발을 선호하는 경향이 있네요.

박차장   말씀하신 내용을 정리하면 다음과 같이 그룹을 분류할 수 있겠네요.

1. 리눅스와 MacOS를 선호하는 그룹
2. Visual Studio Code와 AWS, 웹 개발을 선호하는 그룹
3. 파이썬 주 언어로 사용하고, 클라우드 플랫폼은 AWS를 선호하는 그룹
4. Windows와 MS 개발 환경을 선호하는 그룹
5. 자바를 주 언어로 사용하는 그룹

각 수강생은 이 5가지 특성을 모두 가지고 있어요. 다만 어떤 성향이 더 높냐에 차이가 있죠.

김대리   그러면 각각 어떤 주제의 특성을 얼마나 포함하는지도 알 수 있을까요?

박차장   그럼요. 첫 번째 행의 주제별 비중을 알아볼까요?

---

 첫 번째 행의 주제별 비중을 출력해 주세요.

 첫 번째 행의 주제별 비중은 다음과 같습니다.

1. **주제 1**: 2.58%
2. **주제 2**: 17.68%
3. **주제 3**: 2.51%
4. **주제 4**: 74.66%
5. **주제 5**: 2.57%

첫 번째 행은 주제 4에 가장 큰 비중을 두고 있습니다.

박차장 해당 수강생은 네 번째 그룹의 특징을 가장 많이 가지고 있어요. 모든 수강생의 가장 높은 비중의 군집은 무엇인지도 알아볼게요.

 가장 높은 비중을 해당 주제로 정의해서 주제별 개수를 알려 주세요.

 각 행을 가장 높은 비중을 가진 주제로 정의했을 때 주제별 행의 개수는 다음과 같습니다.

- **주제 1**: 530개
- **주제 2**: 642개
- **주제 3**: 450개
- **주제 4**: 978개
- **주제 5**: 654개

김대리 하나씩 정리되면서 군집 분석에선 데이터를 어떻게 분류하고 해석해야 할지 감이 잡히는 것 같아요.

# 의사결정나무로 시각화하기

**김대리** 이렇게 수강생을 군집으로 분류하는 건 좋은데 LDA 알고리즘을 사용한 군집화 결과를 설명하고 해석하기가 쉽지 않네요. 특히 각 군집이 어떤 특성을 가지고 있는지 명확하게 전달하는 게 중요할 것 같아요.

**박차장** 그렇다면 군집 결과를 기반으로 의사결정나무 알고리즘을 활용해 보는 건 어떨까요? 의사결정나무는 결과를 시각적으로 나타내고 학습한 결과를 명확하게 보여 주니까요.

**김대리** 오, 그렇게 결합해 볼 수도 있군요.

**박차장** 의사결정나무에 max_depth는 3으로 학습하고, 모든 데이터를 학습 데이터로 사용해 텍스트로 표현해 볼게요.

---

데이터를 의사결정나무로 학습하고 텍스트화해 주세요.
주제는 타깃, max_depth=3, 모든 데이터를 학습 데이터에 사용하겠습니다.

트리 구조 text 표현, show_weights=True
의사결정 트리의 텍스트 표현(특성 가중치 포함)은 다음과 같습니다.

```
|--- 사용 중인 언어 카테고리_Java <= 0.50
| |--- 사용 중인 IDE_Visual Studio Code <= 0.50
| | |--- 사용 중인 OS_Windows <= 0.50
| | | |--- weights: [334.00, 141.00, 219.00, 155.00, 87.00] class: Topic 1
| | |--- 사용 중인 OS_Windows > 0.50
```

```
|   |   |   |—— weights: [100.00, 53.00, 114.00, 612.00, 72.00] class: Topic 4
|   |—— 사용 중인 IDE_Visual Studio Code 〉 0.50
|   |   |—— 사용 중인 웹 프레임워크_React.js <= 0.50
|   |   |   |—— weights: [63.00, 248.00, 96.00, 121.00, 6.00] class: Topic 2
|   |   |—— 사용 중인 웹 프레임워크_React.js 〉 0.50
|   |   |   |—— weights: [1.00, 185.00, 4.00, 4.00, 0.00] class: Topic 2
|—— 사용 중인 언어 카테고리_Java 〉 0.50
|   |—— 사용 중인 웹 프레임워크_Spring <= 0.50
|   |   |—— 사용 중인 IDE_IntelliJ <= 0.50
|   |   |   |—— weights: [30.00, 15.00, 16.00, 82.00, 74.00] class: Topic 4
|   |   |—— 사용 중인 IDE_IntelliJ 〉 0.50
|   |   |   |—— weights: [0.00, 0.00, 0.00, 1.00, 35.00] class: Topic 5
|   |—— 사용 중인 웹 프레임워크_Spring 〉 0.50
|   |   |—— 사용 중인 데이터베이스 카테고리_SQLite <= 0.50
|   |   |   |—— weights: [1.00, 0.00, 1.00, 3.00, 380.00] class: Topic 5
|   |   |—— 사용 중인 데이터베이스 카테고리_SQLite 〉 0.50
|   |   |   |—— weights: [1.00, 0.00, 0.00, 0.00, 0.00] class: Topic 1
```

각 분기마다 해당 조건에 속하는 샘플의 가중치를 표시하고 있습니다.

**김대리** 한 번 봤다고 눈에 익네요. 결과를 살펴보면 자바 사용자인 5 그룹은 확실히 구분할 수 있어요. 'Java'를 사용하고 '사용 중인 IDE'가 'IntelliJ'거나 '사용 중인 웹 프레임워크'가 'Spring'인 사람은 5 그룹의 비율이 확실히 많아요. 둘 다 자바를 위한 개발 환경이에요.

2번 그룹도 잘 구분이 되네요. 자바를 사용하지 않는 사람 중에 IDE가 'Visual Studio Code'인 사람이 2번 그룹의 비중이 높아요. 음… 나머지 그룹은 잘 모르겠어요.

**박차장** 자바를 사용하지 않는 사람들은 더 살펴보는 게 좋겠어요. max_depth를 더 늘려서 학습하고 트리 구조를 표현해 볼게요.

데이터를 의사결정나무로 학습하고 텍스트화해 주세요.

주제는 타깃, max_depth=4, 모든 데이터를 학습 데이터에 사용하겠습니다.
트리 구조 text 표현, show_weights=True

|--- 사용 중인 언어 카테고리_Java <= 0.50
|   |--- 사용 중인 IDE_Visual Studio Code <= 0.50
|   |   |--- 사용 중인 OS_Windows <= 0.50
|   |   |   |--- 사용 중인 언어 카테고리_Python <= 0.50
|   |   |   |   |--- weights: [309.00, 129.00, 83.00, 148.00, 73.00] class: Topic 1
|   |   |   |--- 사용 중인 언어 카테고리_Python > 0.50
|   |   |   |   |--- weights: [25.00, 12.00, 136.00, 7.00, 14.00] class: Topic 3
|   |   |--- 사용 중인 OS_Windows > 0.50
|   |   |   |--- 사용 중인 언어 카테고리_Python <= 0.50
|   |   |   |   |--- weights: [97.00, 44.00, 36.00, 537.00, 62.00] class: Topic 4
|   |   |   |--- 사용 중인 언어 카테고리_Python > 0.50
|   |   |   |   |--- weights: [3.00, 9.00, 78.00, 75.00, 10.00] class: Topic 3
|   |--- 사용 중인 IDE_Visual Studio Code > 0.50
|   |   |--- 사용 중인 웹 프레임워크_React.js <= 0.50
|   |   |   |--- 사용 중인 클라우드 플랫폼_AWS <= 0.50
|   |   |   |   |--- weights: [52.00, 80.00, 38.00, 105.00, 5.00] class: Topic 4
|   |   |   |--- 사용 중인 클라우드 플랫폼_AWS > 0.50
|   |   |   |   |--- weights: [11.00, 168.00, 58.00, 16.00, 1.00] class: Topic 2
|   |   |--- 사용 중인 웹 프레임워크_React.js > 0.50
|   |   |   |--- 사용 중인 언어 카테고리_C <= 0.50
|   |   |   |   |--- weights: [0.00, 181.00, 4.00, 2.00, 0.00] class: Topic 2
|   |   |   |--- 사용 중인 언어 카테고리_C > 0.50
|   |   |   |   |--- weights: [1.00, 4.00, 0.00, 2.00, 0.00] class: Topic 2
|--- 사용 중인 언어 카테고리_Java > 0.50

(중략)

김대리   자바를 사용하지 않는 사람 중에는 '사용 중인 언어'가 'Python'인 3 그룹 비중이 크네요. 자바와 파이썬을 사용하지 않는 사람은 윈도우 사용 여부를 기준으로 1 그룹과 4 그룹이 구분돼요. 이들은 더 분석해 보거나 '기타'로 명명하는 게 좋겠어요.

박차장   군집을 4개로 나눈 후에 각 군집의 특징을 더 깊게 분석해 보는 것도 방법이겠네요. 또, '기타' 그룹은 추가 분석을 통해 그들의 선호도를 더 잘 이해할 필요가 있겠어요.

김대리   좋아요. 이제 각 군집별 이탈율의 차이와 트렌드를 살펴보고, 각각 어떻게 대응하면 좋을지 방안을 세워 볼게요.

# 20장

# 타기팅 분석

"차장님! 이번에는 고객을 선별해 보려고 해요."

"새로운 업무가 생겼나 보네요. 어떤 내용이죠?"

"이번에 회사에서 파이썬 강의를 신규로 오픈하는데, 강의 프로모션 문자를 보낼 고객을 선별해야 해요. 음... 그런데 어떻게 시작하면 좋을까요?"

"앞에서 회귀 분석으로 연봉을 예측하는 모델링을 했었죠? 이번에는 타기팅을 위한 분류 분석을 해볼게요."

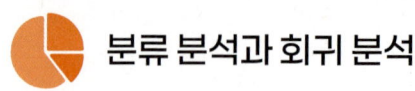
## 분류 분석과 회귀 분석

**박차장** 앞에서 한 연봉 예측과 지금 하려는 타기팅 분석의 가장 큰 차이점은 종속 변수의 성격이에요. 회귀 분석은 연봉과 같은 수치형 변수를 예측하는 데 주로 사용하고 분류 분석은 범주형 데이터를 예측하는 데 주로 사용해요. 이번에 분석 주제인 '타기팅 고객이다, 아니다'를 분류하는 데 유용하죠.

| 목적 | 연속형 변수 예측 | 범주형 변수 예측 |
|---|---|---|
| 종속 변수 | 연속형 데이터 | 범주형 데이터 |
| 알고리즘 | 선형 회귀, 다중 회귀, 의사결정나무 등 | 로지스틱 회귀, 의사결정나무 등 |
| 평가 지표 | MSE, MAE, R-squared 등 | 정확도, 정밀도, 재현율 등 |

**김대리** 그럼 사용하는 알고리즘도 달라지나요?

**박차장** 예측하는 값의 종류가 다르니 적용 방식이나 목적 그리고 알고리즘도 달라질 수 있죠. 같은 알고리즘이라도 어떻게 파라미터를 조정하고 데이터를 전처리하며 모델에 학습시키는지에 따라 또 달라질 수 있어요.

**김대리** 같은 분석이어도 목적에 따라 또 완전히 달라지는군요. 요령은 못 부리겠네요.

**박차장** 그래서 기본을 탄탄하게 다지는 게 중요해요. 결과를 평가하는 방법도 달라요. 회귀 분석 평가 방법은 '고액 연봉 개발자 예측'을 하면서 알아봤으니 이번에는 분류 모델의 대표적인 평가 방법을 알아볼게요.

분류 모델의 예측 결과를 개별로 평가하면 다음 4가지 케이스 중에 하나가 됩니다.

- **TP**<sub>True Positive</sub>: 실제 Positive인 데이터를 Positive로 올바르게 예측한 경우
- **TN**<sub>True Negative</sub>: 실제 Negative인 데이터를 Negative로 올바르게 예측한 경우
- **FP**<sub>False Positive</sub>: 실제 Negative인 데이터를 Positive로 잘못 예측한 경우(Type I Error)
- **FN**<sub>False Negative</sub>: 실제 Positive인 데이터를 Negative로 잘못 예측한 경우(Type II Error)

이 4가지 케이스를 표로 나타낸 내용을 오차행렬<sub>Confusion Matrix</sub>이라고 해요.

|  | 실제 Positive | 실제 Negative |
|---|---|---|
| 예측 Positive | TP | FP |
| 예측 Negative | FN | TN |

**김대리** 분류 모델의 성능을 평가하는 지표인 거군요.

**박차장** 맞아요. 오차행렬에는 각각에 해당하는 데이터 개수가 표현돼요. 그리고 이를 기반으로 한 다음과 같은 4가지 성능 지표를 많이 참조합니다.

- **정확도**<sub>Accuracy</sub>: 전체 예측에서 맞게 예측한 비율
  Accuracy = (TP + TN) / (TP + TN + FP + FN)
- **정밀도**<sub>Precision</sub>: Positive로 예측한 것 중 실제 Positive인 비율
  Precision = TP / (TP + FP)

- **재현율**Recall: 실제 Positive 중에서 Positive로 예측한 비율
  Recall = TP/(TP + FN)

- **F1 점수**F1 Score: 정밀도와 재현율의 조화 평균
  (2 X Precision X Recall) / (Precision + Recall)

마지막으로 정밀도와 재현율의 조화 평균인 F1 점수도 지표로 자주 사용하죠.

김대리 봐야 할 지표가 많네요. 이 중에서 가장 중요한 지표는 무엇이 있을까요?

박차장 목적에 따라 중요한 지표가 다르기 때문에 다양한 지표가 있어요. 예를 들면, 범죄자를 찾는 모델이 있다고 해볼게요. 일반인을 범죄자로 예측하면 안 되기 때문에 정밀도가 중요한 지표가 됩니다. 반면에 사이버 침입을 예측하는 모델은 최대한 많은 침입을 고려하는 것이 유리하기 때문에 재현율이 높아야 해요.

김대리 목적에 따라 적합한 성능 지표도 잘 생각해야겠네요.

박차장 맞습니다. 그럼 실제 분석을 진행하면서 어떤 성능 지표를 사용할지 생각해 보죠.

# 타기팅 모델링하기

박차장   타기팅 모델을 만들려면 정답 데이터가 있어야 해요. 파이썬 강의를 들을 만한 사람을 선별한다면, 이미 파이썬 강의를 듣고 있는 사람이 정답이 될 수 있어요. 이와 비슷한 성향의 수강생이지만, 파이썬 강의를 듣고 있지 않다면 들을 가능성이 높다고 볼 수 있죠. 하지만 우리가 분석할 데이터세트에는 파이썬 강의 수강자에 대한 데이터가 없죠?

김대리   네. 파이썬 강의를 누가 들었는지 알 수가 없어요. 어떻게 하면 좋을까요?

박차장   이를 대체할 만한 다른 변수가 있는지 살펴볼까요? 제가 봤을 때 괜찮은 다른 변수가 하나 있어요.

김대리   혹시 '학습 희망하는 언어'에서 파이썬을 선택한 사람들 말씀하시는 거죠? 저도 고민하다가 그 변수로 모델을 만들면 어떨까 생각했어요.

박차장   좋습니다. 파이썬 학습을 희망하는 사람을 예측하는 모델을 만들면 강의를 수강할 사람을 예측하는 것과 동일한 목적으로 사용할 수 있겠어요. 그럼 트리 모형 기반의 랜덤 포레스트 모델로 시작해 볼게요.

[파일 첨부: 17_데이터변환날짜추가데이터.xlsx]
'학습 희망하는 언어 카테고리_Python'을 랜덤 포레스트 모델로 분류 모델링을 해 주세요.

좋습니다. '학습 희망하는 언어 카테고리_python'을 예측하기 위해 랜덤 포레스트 분류 모델링을 진행하겠습니다. 다음 단계를 따르겠습니다.

1. 타깃 변수 설정: '학습 희망하는 언어 카테고리_python'
2. 특징 변수 설정: 타깃 변수를 제외한 모든 변수
3. 데이터 분할: 훈련 데이터와 테스트 데이터로 분할
4. 모델 학습: 랜덤 포레스트 분류기를 사용해 모델 학습
5. 모델 평가: 테스트 데이터를 사용해 모델 평가

이를 위해 데이터를 준비하고 랜덤 포레스트 모델을 학습시킨 후 평가해 보겠습니다.

먼저 데이터를 준비해 보겠습니다.

지정한 타깃 변수 '학습 희망하는 언어 카테고리_python'이 데이터프레임에 존재하지 않는 것 같습니다. 칼럼명을 정확히 확인하기 위해 데이터프레임의 칼럼명을 출력해 보겠습니다.

타깃 변수의 정확한 이름은 '학습 희망하는 언어 카테고리_Python'입니다. 이 변수를 사용하여 랜덤 포레스트 모델을 학습시키겠습니다.

이제 다시 데이터 준비 및 모델 학습 과정을 진행하겠습니다.

모델의 정확도는 84.6%로 나타났으며, 세부 평가 결과는 다음과 같습니다.

- Precision(정밀도): 양성 예측의 정확성
- Recall(재현율): 실제 양성 중에서 정확하게 예측된 비율
- F1-점수: 정밀도와 재현율의 조화 평균

| Class | Precision | Recall | F1-점수 |
|-------|-----------|--------|---------|
| 0 | 0.85 | 1.00 | 0.92 |
| 1 | 1.00 | 0.01 | 0.02 |

정밀도, 재현율, F1-점수

> – Class 0에 대한 정밀도와 재현율이 매우 높고 F1-점수도 높은 반면, Class 1
> 에 대한 재현율과 F1-점수는 낮습니다.
>
> 이는 Class 1의 데이터가 매우 불균형하게 분포되어 있음을 나타냅니다. 이러한 불균형 문제를 해결하기 위해 데이터 샘플링 기법을 사용할 수 있습니다. 이를 통해 모델의 성능을 더욱 향상시킬 수 있습니다.

박차장   한 가지 문제가 있네요. 저희가 예측하려는 데이터가 어떤 변수였죠?

김대리   '학습 희망하는 언어'였죠.

박차장   그런데 해당 칼럼 항목 중에 '파이썬'인 데이터를 정답으로 했어요. 그럼 나머지 칼럼으로 정답을 유추하는 게 너무 쉬워져요. '학습 희망하는 언어' 변수에 값이 없으면 학습 희망하는 언어가 파이썬이니까요.

김대리   그렇군요. 학습 희망하는 언어가 없는 고객이 정답일 확률이 높아지네요!

박차장   맞아요. 해당 범주의 모든 값을 제외하고 학습하는 게 좋겠어요. 다시 해볼까요?

학습 데이터에서 '학습 희망하는 언어' 카테고리에 해당하는 변수들을 제외하고 진행해 주세요.

모델의 성능은 다음과 같습니다.

- 정확도(Accuracy): 84.5%
- 정밀도(Precision), 재현율(Recall), F1-점수:

- 클래스 0(Python을 학습 희망하지 않는 경우):
  - 정밀도: 0.84
  - 재현율: 1.00
  - F1-점수: 0.92

- 클래스 1(Python을 학습 희망하는 경우):
  - 정밀도: 0.00
  - 재현율: 0.00
  - F1-점수: 0.00

모델이 클래스 1에 대해 아무런 예측을 하지 못하고 있으며 이로 인해 정밀도와 재현율이 0으로 나타나고 있습니다. 이는 클래스 불균형 문제로 발생할 수 있습니다.

이 문제를 해결하기 위해 데이터의 균형을 맞추는 방법을 고려할 수 있습니다. 몇 가지 방법으로는 오버샘플링, 언더샘플링, 또는 다른 균형 조정 기법이 있습니다.

박차장   관련 변수를 제외해도 결과가 비슷하네요.

김대리   클래스 1은 재현율이 너무 낮게 나와 불균형한 데이터라는데 이게 무슨 뜻이에요?

박차장   '데이터가 불균형하다'는 말은 데이터 값이 고르지 않고, 특정 값에 몰려 있다는 뜻이에요. 여기서는 파이썬 학습을 희망한 사람이 전체 데이터에서 차지하는 비중이 매우 적음을 의미해요. 실제로 그런지 비율을 확인해 볼까요?

 클래스별 분포 데이터와 비율을 알려 주세요.

 이전에 제공된 클래스별 분포 데이터와 비율은 다음과 같습니다.

**클래스별 분포 데이터:**

| Class | Count |
|-------|-------|
| 0     | 2769  |
| 1     | 485   |

**클래스별 비율:**

| Class | Percentage |
|-------|------------|
| 0     | 85.10%     |
| 1     | 14.90%     |

이를 기반으로 데이터 불균형을 해결하기 위한 방안을 선택할 수 있습니다.

김대리    클래스 0의 비율이 85%, 모델의 정확도와 너무 유사한데요?

박차장    맞습니다. 해당 데이터가 불균형 데이터이기 때문에 정확도가 85%고 클래스 1의 재현율이 0에 가깝다는 결과는 모델이 모든 예측을 0으로 했다는 뜻이에요.

김대리    데이터가 학습이 잘 안 됐네요. 이렇게 되면 타기팅할 고객이 0명이에요. 어떻게 해결해야 하나요?

박차장    이 문제를 해결하려면 2가지 방법을 생각해 볼 수 있어요. 하나는 샘플링을 통해 데이터에서 파이썬 학습을 희망하는 사람과 희망하지 않는 사람의 비율을 비슷하게 맞추는 거죠. 그러면 파이썬 학습을 희망하는 사람의 특징을 더 잘 학습할 수 있어요. 나머지 하나는 소수 클래스 예측 오류에 더 큰 페널티를 부과하는 부스팅 모델을 사용할 수도 있어요.

# 리프트 게인 차트로 모델 평가하기

박차장    그 전에 알고리즘을 평가하는 다른 방법을 하나 더 알아볼게요. 분류 알고리즘의 성능을 평가할 때 많이 사용하는 방법인 리프트 게인Lift Gain 차트예요.

 리프트 게인 차트에 대해 알려 주세요.

 리프트 차트와 게인 차트는 모델의 성능을 평가하기 위해 사용하는 시각화 도구입니다. 이 두 차트는 주로 분류 모델의 성능을 이해하고, 마케팅 캠페인 등의 비즈니스 결정에 도움을 주기 위해 사용됩니다.

**리프트 차트(Lift Chart)**
리프트 차트는 모델의 예측 성능을 무작위 추출한 경우와 비교하여 얼마나 더 나은지 보여줍니다. 이를 통해 모델이 타깃 클래스를 얼마나 잘 식별하는지 알 수 있습니다.

- 리프트(Lift): 특정 비율의 데이터를 모델의 예측으로 선택했을 때의 타깃 클래스의 비율을, 무작위로 선택했을 때의 타깃 클래스 비율로 나눈 값입니다.
- 해석: 리프트 값이 1보다 크면 모델이 무작위 선택보다 더 잘 예측하고 있다는 의미입니다. 리프트 값이 높을수록 모델의 예측 성능이 더 우수합니다.

**게인 차트(Gain Chart)**
게인 차트는 누적 게인 곡선이라고도 하며, 모델이 얼마나 많은 타깃 클래스를 정확하게 식별하는지 보여줍니다.

- 게인(Gain): 전체 데이터 중에서 상위 x%의 데이터를 선택했을 때, 선택된 데이터에서 타깃 클래스가 차지하는 비율입니다.
- 해석: 게인 차트의 기울기가 가파를수록 모델이 타깃 클래스를 잘 예측하고 있음을 나타냅니다.

**리프트 차트와 게인 차트 작성 절차**
1. 예측값 정렬: 모델의 예측 확률 또는 점수를 기준으로 데이터를 정렬합니다.
2. 누적 계산: 정렬된 데이터에서 누적 타깃 클래스를 계산합니다.
3. 비율 계산: 각 구간에서의 리프트 및 게인 값을 계산합니다.
4. 시각화: 리프트 및 게인 차트를 시각화합니다.

랜덤 포레스트 모델의 성능을 평가하기 위해 리프트 차트와 게인 차트를 생성해 보겠습니다. 이를 위해 먼저 모델의 예측 확률을 계산하겠습니다.

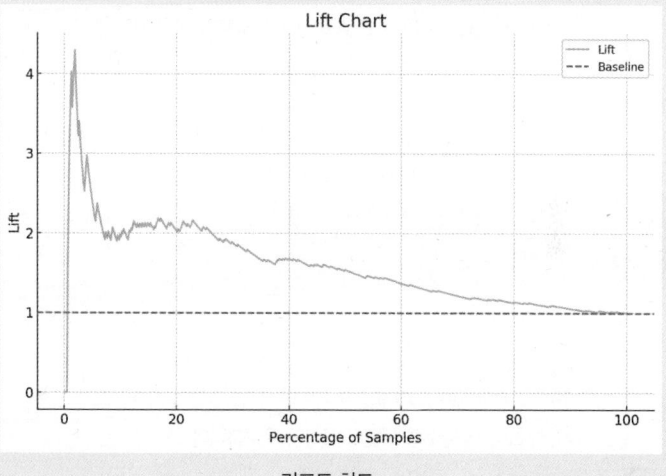

리프트 차트

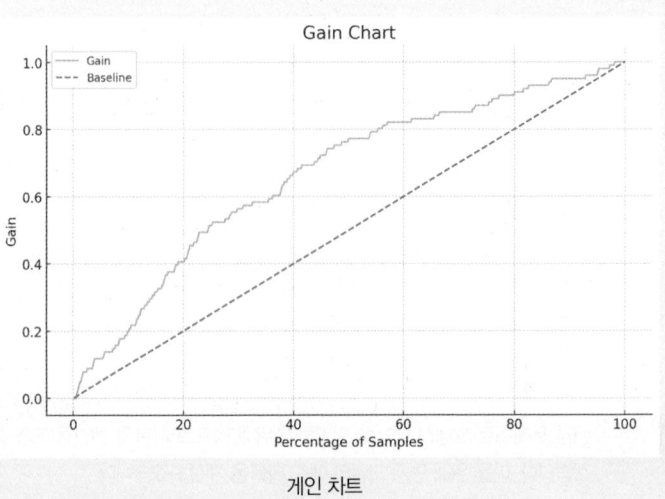

게인 차트

이 차트들은 랜덤 포레스트 모델의 리프트 차트와 게인 차트입니다.

**리프트 차트 해석**

- 리프트 차트: x축은 데이터의 비율을 나타내고, y축은 리프트 값을 나타냅니다. 리프트 값이 1보다 클수록 모델이 무작위 선택보다 더 잘 예측하고 있음을 의미합니다. 그래프가 y=1 선(빨간 점선)보다 높을수록 모델의 예측 성능이 더 우수합니다.

**게인 차트 해석**

- 게인 차트: x축은 데이터의 비율을 나타내고, y축은 타깃 클래스의 누적 비율(게인)을 나타냅니다. 빨간 점선은 완전 무작위 예측의 기준선입니다. 게인 곡선이 이 기준선보다 높을수록 모델의 예측이 우수합니다.

이 두 차트를 통해 모델의 성능을 직관적으로 파악할 수 있으며, 모델이 타깃 클래스를 얼마나 잘 식별하는지 확인할 수 있습니다.

박차장    응답에서 이미 자세히 설명했지만 한 번 더 정리해 볼게요. 이 차트는 모델이 예측한 0과 1의 결괏값을 평가하는 차트는 아니에요. 모델이 예측한 점수에 따라서 성능을 평가하는 지표죠.

김대리 점수요?

박차장 네! 모델은 0과 1을 바로 예측하지 않아요. 0과 1 사이의 점수로 예측을 하고, 이를 미리 정한 임곗값에 따라 0 또는 1로 최종 분류해요. 이 임곗값을 컷오프Cutoff라고도 부릅니다. 예를 들어, 컷오프를 0.5로 설정하면 모델이 예측한 점수가 0.5 이상일 경우 1(긍정 클래스)로 예측하고, 0.5 미만일 경우 0(부정 클래스)으로 예측하는 거죠.

김대리 그렇다면 이 컷오프 점수를 어떻게 결정하나요?

박차장 특별히 정하지 않으면, 보통 0.5를 기준으로 판단해요. 하지만 컷오프는 비즈니스 요구나 모델의 목표에 따라 달라질 수 있어요. 예를 들어, 신용카드 사기 탐지 모델의 경우 실제 사기 거래를 놓치는 것보다 잘못된 사기 경고를 몇 번 받는 것이 낫다고 판단해 재현율을 높이려 컷오프를 낮출 수 있죠. 반대로 정밀도를 높여야 해서 컷오프 점수를 높이는 경우도 있죠. 리프트 게인 차트는 최종 분류한 결괏값이 아니라 스코어가 높은 순서대로 데이터를 정렬하고 이 특성을 이용해 모델의 성능을 평가하는 방법이에요.

김대리 그럼 차트의 맨 왼쪽 20은 클래스 1이 나올 확률이 가장 높은 20%의 데이터를 순서대로 놓은 거라는 뜻이죠?

박차장 네, 맞습니다. 리프트 차트부터 알아볼게요. 리프트 차트는 x축 20 부근에서 y축 값이 3을 가리켜요.

김대리 네. x축이 20일 때 2, 40일 때 1.8이에요.

박차장 상위 20%의 데이터에 1이 속한 클래스가 랜덤 대비 2배 많다는 뜻이에요. 상위 40%일 때는 랜덤으로 추출할 때보다 1 클래스가 1.8배 많

| | |
|---|---|
| | 이 속했다는 의미예요. |
| 김대리 | 아, 그럼 모델 스코어가 높은 데이터를 추출하면 랜덤보다 1에 속한 클래스를 더 잘 추출할 수 있겠네요. |
| 박차장 | 맞아요. 랜덤으로 고객을 선별할 때보다 2배 나은 결과를 도출할 수 있어요. |
| 김대리 | 게인 차트는 어떤 의미인가요? |
| 박차장 | 게인 차트는 x축 값이 다르죠? |
| 김대리 | 네, 10일 때 0.2, 20일 때 0.4를 가리켜요. |
| 박차장 | 스코어 상위 10% 데이터에 전체 정답 데이터의 20%가 속해 있고, 20%의 데이터에는 40%가 속해 있다는 것을 의미해요. 빨간색 선은 스코어 상위 데이터가 아니라 랜덤으로 추출했을 때를 의미해요. 랜덤보다 정답을 더 잘 추출할수록 학습이 잘 된 거죠. |
| 김대리 | 컷오프보다 높은 데이터는 없지만, 모델이 데이터를 아예 학습하지 못한 건 아니네요. |
| 박차장 | 네, 맞아요. 게인 차트는 분류 분석을 할 때 많이 보는 차트예요. |
| 김대리 | 그럼 이렇게 진행하면 어떨까요? 파이썬 학습을 희망한다는 고객과 스코어 상위 고객을 포함해 신규 과정 안내 문자를 보내는 거예요. 그러면 파이썬 학습을 희망할 만한 사람에게 문자를 보낼 수 있겠어요. |
| 박차장 | 좋습니다. 타기팅 범위는 그래프를 보면서 결정하면 돼요. 더 많은 고객에게 보내고 싶다면 50%의 고객을 타기팅할 수도 있고, 효율적으로 한다면 20% 고객만 타기팅해서 컨택해도 좋겠어요. |

# 앙상블과 부스팅 모델

박차장   이번에는 소수 클래스 예측 오류에 페널티를 부과하는 부스팅 모델을 사용해 볼게요. 부스팅을 이해하려면 먼저 앙상블Ensemble이라는 개념을 알아야 해요. 앙상블은 여러 가지 예측 모델을 조합하여 하나의 예측 결과를 도출하는 기법이에요. 개별 모델이 가진 한계를 극복하고, 전체 예측 성능을 향상시키기 위해 사용해요. 우리도 좋은 의사결정을 위해 투표로 다수의 뜻을 모으잖아요. 모델도 마찬가지예요. 여러 모델을 조합하면 더 좋은 성능을 내요. 단, 어떻게 조합하느냐에 따라 배깅Bagging, 부스팅Boosting, 스태킹Stacking으로 나뉘어요.

김대리   부스팅 모델이 앙상블에 속하는 거였군요.

박차장   맞아요. 각 방법을 하나씩 살펴보자면, 먼저 배깅은 원본 데이터에서 여러 개의 복원 추출된 샘플을 생성해요. 그리고 각 샘플에 대해 모델을 독립적으로 학습시키죠. 이후 이 결과를 평균하거나 다수결로 결합합니다. 대표적인 예가 랜덤 포레스트 모델이에요.

부스팅은 모델을 순차적으로 학습시키면서 이전 모델이 잘못 예측한 데이터에 더 많은 가중치를 부여해요. 이렇게 강화된 모델들을 결합해서 최종 모델을 만드는 방법이에요. 이 과정에서 각 모델은 이전 모델의 오류를 보완하려고 노력합니다. 대표적인 예로 그래디언트 부스팅Gradient Boosting 등이 있어요.

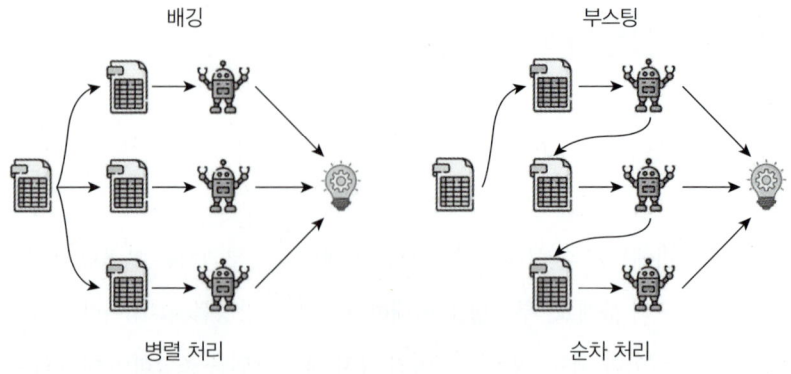

배깅과 부스팅의 차이

| 특징 | 배깅 | 부스팅 |
|---|---|---|
| 목적 | 예측의 안정성 증가 | 예측의 정확도 증가 |
| 학습 방법 | 여러 모델을 동시에 학습 | 여러 모델을 순차적으로 학습 |
| 데이터 샘플링 | 무작위로 데이터 샘플링 | 잘못 예측한 데이터에 가중치 부여 |
| 모델 결합 | 다수결 투표(분류)/평균(회귀) | 가중치를 부여한 투표/가중 평균 |
| 예시 알고리즘 | 랜덤 포레스트 | AdaBoost, 그래디언트 부스팅 |
| 속도 | 빠름 | 느림 |

마지막으로 스태킹은 여러 가지 다른 모델을 학습시킨 후 그 예측 결과를 새로운 데이터세트로 사용하여 최종 예측 모델을 학습시키는 방법이에요.

김대리 앙상블이 새로운 개념인 줄 알았는데 모델을 조합하는 방식이네요. 익숙한 모델이 나와서 반가워요. 랜덤 포레스트가 배깅 모델이었군요.

박차장 맞아요. 랜덤 포레스트 모델을 다루면서 보셨겠지만 의사결정나무는 이해하기 쉽다는 장점이 있지만, 복잡한 데이터를 사용할 경우 예측력이 떨어진다는 단점이 있었죠. 그래서 트리 구조를 기반으로 하되 예측력이 높은 랜덤 포레스트와 그래디언트 부스팅을 많이 사용해요.

랜덤 포레스트는 여러 개의 의사결정나무를 조합해 사용하는 앙상블 학습 방법이에요. 이 방법은 각각의 의사결정나무가 데이터의 서로 다른 부분 집합을 학습하도록 하여, 단일 의사결정나무의 한계를 극복하죠. 랜덤 포레스트의 특징은 이렇게 정리할 수 있겠네요.

### 랜덤 포레스트 학습 단계

- **부트스트랩 샘플링**Bootstrap Sampling: 전체 데이터세트에서 여러 개의 샘플 집합을 무작위로 선택합니다. 각 샘플 집합은 중복을 허용하는 복원 추출 방식으로 만들어집니다.
- **트리 구성**: 각 샘플 집합에 대해 독립적인 의사결정나무를 구성합니다. 트리를 만들 때 모든 특성을 고려하는 대신 무작위로 선택된 일부 특성만을 사용합니다. 이는 트리 간의 상관관계를 줄이고 다양성을 높여 전체 모델의 일반화 성능을 향상시킵니다.
- **결과의 통합**: 분류 문제라면 각 트리의 예측을 투표 방식으로 결합하여 최종 예측을 결정합니다. 회귀 문제라면 개별 트리의 예측값 평균을 취합니다.

이처럼 랜덤 포레스트는 각 트리의 과적합을 방지하고 전체적으로 더 강건한 모델을 만드는 효과가 있습니다. 한편 그래디언트 부스팅은 순차적으로 트리를 생성하며, 이전 트리의 오류를 보정해 나가는 방식으로 작동하는 앙상블 기법입니다.

### 그래디언트 부스팅 학습 단계

- **순차적 학습**: 각 트리는 이전 트리의 오류를 줄이는 방향으로 학습합니다.
- **오류 보정**: 오류에 대한 그래디언트(경사)를 계산하고, 이를 사용해 다음 트리가 예측을 보정합니다.
- **학습률**: 학습률 파라미터는 각 트리가 기여하는 정도를 조절합니다. 일반적으로 낮은 학습률은 더 많은 트리가 필요하지만, 모델의 성능을 향상시킬 수 있습니다.

랜덤 포레스트는 다양한 데이터에 대해 견고한 모델을 만들기 좋고, 그래디언트 부스팅은 정밀한 조정을 통해 높은 성능을 달성할 수 있습니다. 그러나 그래디언트 부스팅은 랜덤 포레스트보다 튜닝이 더 까다롭고, 계산 비용이 더 많이 들 수 있어요.

김대리　같은 트리 모델이어도 장단점이 명확하게 갈리는군요.

박차장　맞아요. 특히 그래디언트 부스팅은 예측 성능도 높고 다양한 문제에 적용할 수 있다는 장점이 있죠. 따라서 이번 분석에는 그래디언트 부스팅 모델을 구현한 LGBM<sub>Light Gradient Boosting Machine</sub> 패키지를 이용해 볼게요. 속도가 빠르고 데이터가 크거나 칼럼이 많아도 효율적으로 동작하는 모델이죠.

김대리　왠지 일 잘하는 동료 같은 느낌인데요. 어떻게 시작해야 할까요?

# LightGBM으로 모델링하기

박차장　LightGBM은 데이터 애널리스트에 없기 때문에 따로 설치를 해야 해요. 먼저 파이썬 패키지 사이트(pypi.org)에서 "lightgbm"을 검색한 다음 최근 버전을 클릭합니다. 또는 곧장 다음 링크로 곧장 lightgbm 다운로드 페이지로 이동해도 좋아요.

🔗 LightGBM 패키지 다운로드: pypi.org/project/lightgbm/#files

　　패키지 상세 페이지로 이동하면 왼쪽 내비게이션에서 [Download files]를 클릭해 패키지 파일을 설치해 주세요.

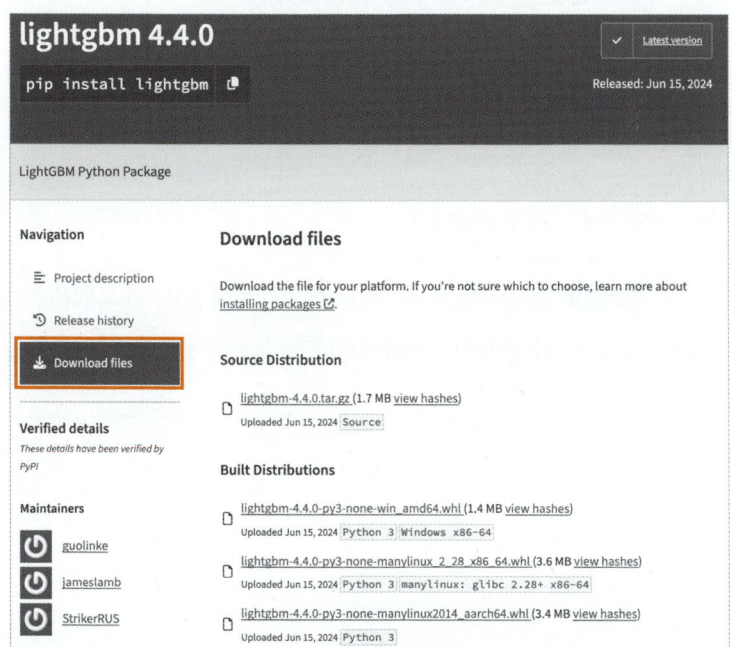

다운로드한 패키지 파일을 데이터 애널리스트 채팅 창에 업로드하고 이 패키지를 설치해 달라고 요청하면 간단하게 설치를 완료할 수 있어요. 버전은 가장 최신 버전으로 설치하시면 돼요.

참고로, 데이터 애널리스트에서 패키지 설치가 안 될 때가 있어요. 그럴 때는 GPT-4o 모델을 통해서 학습을 진행해도 됩니다.

[첨부 파일: lightgbm-4.4.0-py3-none-manylinux_2_28_x86_64.whl]
패키지를 설치해 주세요.

업로드하신 LightGBM 라이브러리를 설치하겠습니다.

!pip install /mnt/data/lightgbm-4.4.0-py3-none-manylinux_2_28_x86_64.whl
'''

이 명령어를 실행하여 라이브러리를 설치하겠습니다.

LightGBM 라이브러리가 성공적으로 설치되었습니다. 이 라이브러리를 사용하여 모델을 만들거나 데이터를 분석할 수 있습니다.

김대리    간단하게 설치가 끝났네요.

박차장    이제 LightGBM 모델에 데이터를 학습시켜 볼게요. 이 모델은 칼럼명에 특수문자나 공백을 허용하기 않기 때문에 설정을 추가해야 해요.

[파일 첨부: 17_데이터변환날짜추가데이터.xlsx]
LightGBM을 사용해 '학습 희망하는 언어 카테고리_Python'을 예측하는 모델을 만들어 주세요. 'feature_name' 인수를 'None'으로 설정해 주세요.

데이터가 성공적으로 로드되었습니다. 이 데이터에는 다양한 칼럼이 있으며, '학습 희망하는 언어 카테고리_Python'이라는 예측 목표에 맞춰 LightGBM 모델을 학습하도록 하겠습니다. 'feature_name' 인수를 'None'으로 설정한 상태로 진행하겠습니다.

먼저, 타깃 변수인 '학습 희망하는 언어 카테고리_Python'과 나머지 피처들을 분리한 후 LightGBM 모델을 학습해 보겠습니다.

LightGBM 모델이 성공적으로 학습되었으며, 예측 정확도는 다음과 같습니다.

정확도: 87.77%

이 모델은 'feature_name' 인수를 'None'으로 설정하여 피처 이름 없이 학습되었습니다. 추가적으로 다른 분석이나 모델 최적화가 필요하신가요?

정확도 외에 다른 성능 평가 결과도 보여주세요.

모델의 성능 평가는 다음과 같습니다.

**분류 보고서(Classification Report):**
- 정밀도(Precision):
    - 클래스 0: 0.93
    - 클래스 1: 0.78

- 재현율(Recall):
    - 클래스 0: 0.97
    - 클래스 1: 0.62

- F1 점수(F1-Score):
    - 클래스 0: 0.95
    - 클래스 1: 0.69

- 전체 정확도(Accuracy): 91%
- 가중 평균(Weighted Avg) F1 점수: 0.91

**혼동 행렬(Confusion Matrix):**
[[532, 18],
 [ 38, 63]]

- 클래스 0에서 532개가 올바르게 예측되었고, 18개가 잘못 예측되었습니다.
- 클래스 1에서 63개가 올바르게 예측되었고, 38개가 잘못 예측되었습니다.

이 결과를 바탕으로 추가적으로 분석이 필요하시면 알려 주세요.

김대리   모델 평가지표가 랜덤 포레스트보다 잘 나왔네요. 학습이 더 잘 됐나 봐요.

박차장   그러면 좋겠지만, 실수로 데이터를 잘못 넣어서 성능이 좋아질 수도 있어요. 빠뜨린 부분은 없을까요?

김대리   아! 랜덤포레스트 학습할 때는 언어 카테고리 범주를 제외하고 했었어요.

박차장   그러네요. 그래서 갑자기 높아진 수치가 나왔나 보네요.

 '학습 희망하는 언어 카테고리'를 학습 변수에서 제외해 주세요.

 모델이 학습되고 성능이 다시 평가되었습니다. 결과는 다음과 같습니다.

**정확도(Accuracy):**
- 84.18%

**분류 보고서(Classification Report):**

- 정밀도(Precision):
  - 클래스 0: 0.85
  - 클래스 1: 0.44

- 재현율(Recall):
  - 클래스 0: 0.98
  - 클래스 1: 0.07

- F1 점수(F1-Score):
  - 클래스 0: 0.91
  - 클래스 1: 0.12

**혼동 행렬(Confusion Matrix):**

[[541, 9],
 [ 94, 7]]

클래스 0의 예측은 높은 성능을 보였으나, 클래스 1의 예측 성능은 다소 낮은 편입니다. 추가적인 모델 개선이 필요할 경우, 다른 방법들을 적용할 수 있습니다. 추가적으로 요청하실 부분이 있으신가요?

---

김대리: 성능이 떨어졌네요. '랜덤 포레스트' 모델은 성능이 같았는데, 무슨 차이가 있는 거죠?

박차장: '학습 희망하는 언어' 유무가 랜덤 포레스트 모델에서는 큰 차이를 주지 않았지만 LightGBM에서는 차이를 주었어요. '학습 희망하는 언어' 카테고리의 다른 값들이 존재하면 'Python'을 희망하는 사람을 맞출 확률이 높아진다고 했죠?

김대리: 아아, 그럼 오히려 해당 연관 칼럼이 제외되었을 때 성능이 낮아졌다

는 것은 모델이 데이터를 더 잘 학습해서 모델에 반영하고 있다는 거네요.

박차장   맞습니다. 이런 방식으로도 모델의 효율성을 평가해 볼 수 있는 거죠.

김대리   흥미롭네요. 변수 중요도도 확인해 볼까요?

---

변수 중요도를 보여 주세요.

변수 중요도 상위 10개의 변수는 다음과 같습니다.

1. 가입 일수
2. 연봉
3. 재직 회사 인원수
4. 코딩 시작 나이
5. 개발 경력
6. 사용 중인 웹 프레임워크의 만족도
7. IT 도서 호감도
8. 사용 중인 언어 만족도
9. 사용 중인 데이터베이스 만족도
10. 사용 중인 프레임워크 만족도

변수 중요도에 대한 결과를 보여드렸습니다. 상위 변수로는 '가입 일수', '연봉', '재직 회사 인원수' 등이 높은 중요도를 보였습니다. 추가적으로 다른 분석이 필요하시거나 더 알고 싶은 부분이 있으시면 알려 주세요!

김대리   가입 일수가 포함됐네요.

박차장   그럼 리프트 게인 차트도 확인해 볼게요.

리프트 차트와 게인 차트를 그려 주세요.

 다음은 리프트 차트와 게인 차트입니다.

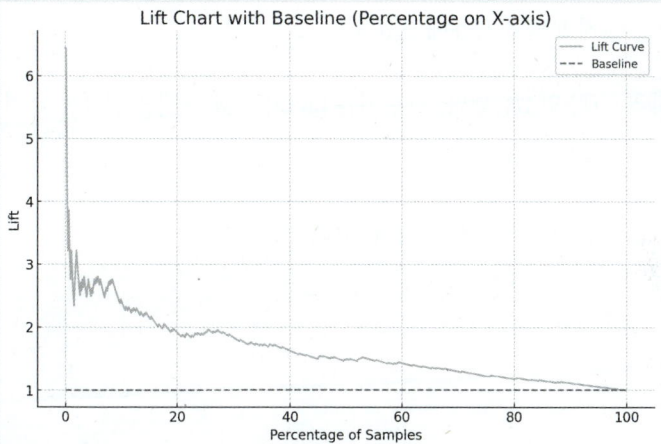

리프트 차트

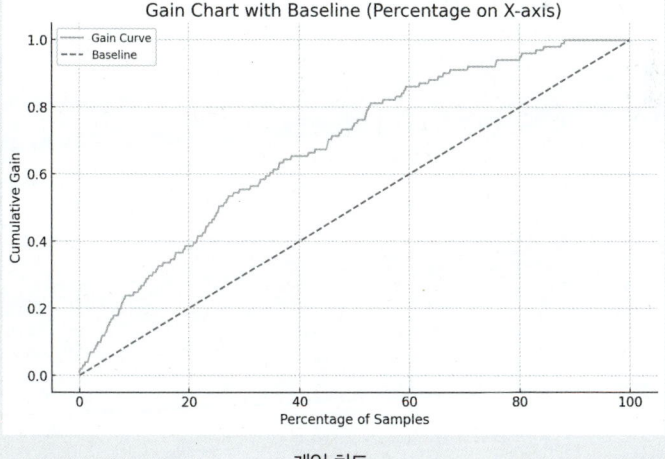

게인 차트

김대리　리프트 게인 차트도 비슷하네요. 미세하게 개선된 것 같기도 하고…여러 모델을 비교하니 결과도 여러 관점에서 보게 되네요.

박차장　맞아요. LightGBM과 랜덤 포레스트 모두 장단점이 있으니 여러 가지 모델을 사용해 보세요.

김대리　네! 알겠습니다. 이번에는 LightGBM 모델을 활용한 타기팅을 보고해야겠어요.

박차장　좋은 생각이에요. 결과 기대할게요.

# 21장

## 선호하는 채널 분석

"차장님, 이번에 수강생을 대상으로 선호하는 학습 채널은 무엇인지 조사했어요. 그런데 그 이유가 천차만별이에요. 학습 방법별로 왜 선호하는지, 어떤 차이가 있는지 분석이 필요한데 다 텍스트라 정리하기가 너무 어렵네요. 어떻게 해야 하죠?"

"비정형 데이터 처리가 필요하네요. 비정형 데이터는 앞에서도 설명했지만 이미지, 텍스트 등과 같이 형태가 정해져 있지 않은 데이터를 말해요. 비정형 데이터를 처리하는 방법은 여러 가지가 있어요."

"어떤 방법을 사용하면 좋을까요?"

"텍스트 알고리즘을 이용해도 되지만, 챗GPT를 이용하면 더 쉽고 편리하게 처리할 수 있어요."

# 챗GPT API란?

박차장  분석을 시작하기 전에 텍스트 알고리즘에 대해서 알아볼게요. 텍스트 알고리즘을 이용하면 어떤 작업을 할 수 있을까요?

김대리  음, 먼저 번역이 떠오르는데요.

박차장  맞아요. 딥러닝 알고리즘을 기반으로 좋은 품질의 번역을 해주는 서비스가 많이 있죠. 그 외에도 문서 분류, 정보 추출, 주제 모델링, 요약, 감정 분석, 키워드 추출 등을 할 수 있죠. 그런데 이 작업들은 챗GPT가 아주 잘하는 영역이에요. 텍스트 알고리즘을 굳이 배우거나 이용하지 않아도 텍스트로 할 수 있는 모든 일은 챗GPT에게 요청하면 해결되죠.

김대리  그럼 선호 학습 이유도 챗GPT에게 정리해 달라고 하면 금세 해결되겠네요.

박차장  맞아요. 이런 경우 챗GPT에게 요청하는 방법은 3가지가 있어요. 채팅 창에 직접 질의하는 방법, 데이터 애널리스트를 활용하는 방법 그리고 챗GPT API를 활용하는 방법이 있죠.

김대리  처음 2가지 방법은 지금까지 저희가 사용한 방법이네요. 챗GPT API는 써본 적이 없지만, 처음 2가지 방법으로 처리가 가능하다면 굳이 API를 써야 하는 이유가 있나요?

박차장   데이터 분석을 위해 여러 알고리즘을 쓰는 것처럼 문제 해결에 여러 방법이 있는 이유는 장단점이 있기 때문이죠.

| 요청 방법 | 내용 | 장점 | 단점 |
|---|---|---|---|
| 챗GPT 채팅 창에 직접 질의 | 챗GPT에 텍스트를 입력하여 질문하고 응답을 받는 방법 | - 간편성: 바로 사용 가능<br>- 실시간 피드백: 즉각적인 응답<br>- 사용자 친화적: 기술 지식 불필요 | - 자동화 부족: 대량 데이터 처리 어려움<br>- 효율성 제한: 수작업 필요 |
| 데이터 애널리스트 GPT | 데이터 애널리스트에 코드를 작성해서 요청하고 응답을 받는 방법 | - 구조화된 데이터 처리: 체계적 처리 가능<br>- 반복 작업 자동화: 스크립트로 자동화 가능<br>- 확장성: 대량 데이터 처리 가능 | - 처리 결과 품질 저하: 챗GPT가 직접 텍스트를 인지하지 않음 |
| 챗GPT API | API를 이용해 자동으로 작업 요청하고 응답을 받는 방법 | - 자동화: 대량 데이터 처리 자동화<br>- 유연성: 다양한 장법으로 실행 가능<br>- 확장성: 대규모 데이터 처리 가능 | - 사전 지식 필요: API에 대한 지식 필요<br>- 비용: 대량 호출 시 비용 발생 |

박차장   그래도 일단 챗GPT에 직접 질의해 보세요. 가장 쉽고 빠르기 때문이에요. 안 되면 다른 방법을 써보면 돼요. 데이터 애널리스트는 이번 작업에 크게 유용하지 않아요. 파이썬 코드로 조건을 작성해서 분류하기 때문에 '기타'로 분류되는 건이 많죠. 이번에는 챗GPT를 이용하는 게 더 효율적이에요.

김대리   엇, 그런데 직접 질의하기에 텍스트가 너무 많지 않을까요?

박차장   이 데이터의 텍스트 양이 약 3000행에, 한 행은 한글 10~20자 정도네요. 이 정도 데이터는 채팅 창에 입력해서 처리가 가능해요.

아래 각 문장 옆에 쉼표(,)로 분리하고 ['정보 품질', '효율', '편리', '무료', '동기 부여', '기타'] 중에 어느 항목에 가장 가까운지 작성해 주세요.

———아래———
많이
세련된 화제
좋은 자료 많아요!
좋아서
금방 찾을게요!
태블릿
정보
다양한 칩 제공
기타
자주학
양질의 데이터
혼자서도 체계적으로 지식을 습득할 수 있음
기술 내용과 실습 둘 다 제공돼 매우 편리해요.
(중략)

많이, 기타
세련된 화제, 기타
좋은 자료 많아요!, 정보 품질
좋아서, 동기 부여
금방 찾을게요!, 효율
태블릿, 편리
정보, 정보 품질
다양한 칩 제공, 정보 품질
기타, 기타
자주학, 기타
양질의 데이터, 정보 품질
혼자서도 체계적으로 지식을 습득할 수 있음, 정보 품질
기술 내용과 실습 둘 다 제공돼 매우 편리해요., 편리
(중략)

김대리   오! 결과가 잘 나왔어요. 그런데 분류 기준 항목은 어떻게 정하신 거죠?

박차장   분류 기준은 한 번에 정해지지 않아요. 한번 분류를 해보고 분류되지 않은 항목이 너무 많거나 중요한 의미가 있는데 분류되지 않은 항목이 있다면 다시 기준을 정해요.

처음 분류 기준을 정하는 좋은 방법은 이전에 분류한 사례가 있는지 찾아보는 거예요. 그 다음은 데이터를 보고 적절한 분류 방법을 찾는 거죠. 반복되는 단어나 의미가 있다면 이를 하나의 분류로 나누는 게 좋겠죠.

김대리   어떤 기준으로 분류하는 게 의미가 있는지 고려하는 게 좋겠군요.

박차장   그렇죠. 해당 학습 방법을 선호하는 이유를 훑어보면 정보, 가격, 시간, 편의성, 학습 의지 등을 근거로 얘기하는 경우가 많아요. 또는 챗GPT에 일부 데이터를 넣고 분류를 요청해서 감을 잡을 수도 있어요.

| 1 | 가장 선호하는 학습 방법 | 해당 학습 방법 선호 이유 |
|---|---|---|
| 12 | 온라인 교육코스 | 양질의 데이터 |
| 13 | 책(기술 서적) | 혼자서도 체계적으로 지식을 습득할 수 있음 |
| 14 | 유튜브_무료 | 기술 내용과 실습 둘 다 제공돼 매우 편리해요. |
| 15 | 온라인 교육코스 | 접근성이 좋다 |
| 16 | 온라인 교육코스 | 스케줄에 맞춰 공부 가능함 |
| 17 | 인터넷(구글링)_무료 | 정보 쉽게 찾음 |
| 18 | 온라인 교육코스 | 1:1로 배우는 것이 빠르게 이해되는 느낌이에요. |
| 19 | 온라인 교육코스 | 반복 학습 가능 |
| 20 | 책(기술 서적) | 빠른 학습능력 |
| 21 | 책(기술 서적) | 평소 세밀하고 빠지기 쉽고 눈에 띄는 부분. |
| 22 | 인터넷(구글링)_무료 | 최고의 접근성 |
| 23 | 사이드 프로젝트 | 실무 능력 향상에 최적화 |
| 24 | 온라인 교육코스 | 단기 집중에 적합합니다. |
| 25 | 온라인 교육코스 | 지루하지 않다. |

선호하는 학습 방법과 이유 예시

김대리 그럼 이 결과를 바로 적용해 보면 되겠네요.

박차장 챗GPT로 분류한 결과도 좋아요. 하지만 우리는 학습을 목적으로 챗GPT API를 이용해 볼게요. 챗GPT를 처음 시작할 때 GPT를 직접 만들면서 다뤘던 API 기억나세요?

김대리 그럼요. 박스 오피스 API를 사용했죠. 덕분에 복잡한 기능을 직접 구현하지 않고 쉽게 기능을 가져와서 썼어요.

박차장 맞아요. 직접 개발하지 않고도 날씨 정보, 지도 데이터, 온라인 결제 시스템 등 여러 기능을 손쉽게 사용할 수 있죠.

김대리 챗GPT API에는 어떤 장점이 있나요?

박차장 우선 자동화가 가능해요. 데이터 크기와 상관없이 자동으로 처리가 가능해요. 예를 들어, 챗GPT 채팅 창에 수만 건의 질문을 직접 입력할 필요 없이 응답을 받아요. 예를 들어, 고객 서비스 센터를 운영하는 회사가 있다고 가정해 볼게요. 이 회사에서는 매일 수천 개의 고객 문의가 들어와요. 챗GPT API를 이용하면, 이러한 문의를 자동으로 분석하고 인사이트를 도출할 수 있어요. 이를 통해 상담 프로세스를 개선하면 고객 만족도가 높아지겠죠.

김대리 오, 그러면 회사에서는 문의를 처리하기 위한 부가적인 기능을 굳이 구현하지 않아도 되겠군요. 또 어떻게 활용할 수 있을까요?

박차장 마케팅 팀에서 소셜 미디어의 고객 피드백을 분석할 수 있겠죠. 고객의 감정과 주요 키워드를 식별해서 전략을 조정할 수 있어요. 데이터 분석 전문가가 아니어도 말이죠.

김대리 모든 텍스트 분석은 챗GPT에게 맡길 수 있겠어요. 얼른 시작해요!

# 오픈AI 플랫폼 둘러보기

박차장  챗GPT API를 사용하기 위해 오픈AI 플랫폼 페이지로 이동할게요. 오른쪽 상단의 [Login]을 눌러 챗GPT에 가입했던 계정으로 로그인을 해주세요.

🔗 오픈AI 플랫폼: platform.openai.com

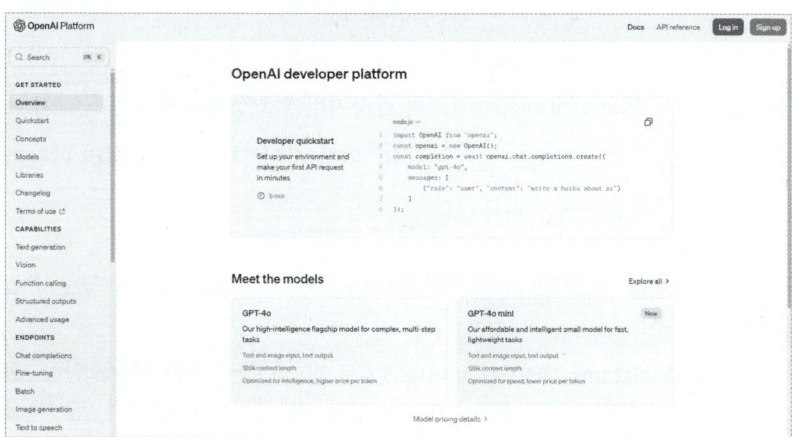

오픈AI 플랫폼

김대리  메뉴가 엄청 많네요.

박차장  메인 메뉴는 오른쪽 상단에 [Playground], [Dashboard], [Docs], [API reference]라는 4개의 메뉴들을 클릭하면 화면의 기능이 바뀌는 것을 볼 수 있어요. 먼저 [Playground]를 클릭해서 하나씩 살펴볼게요.

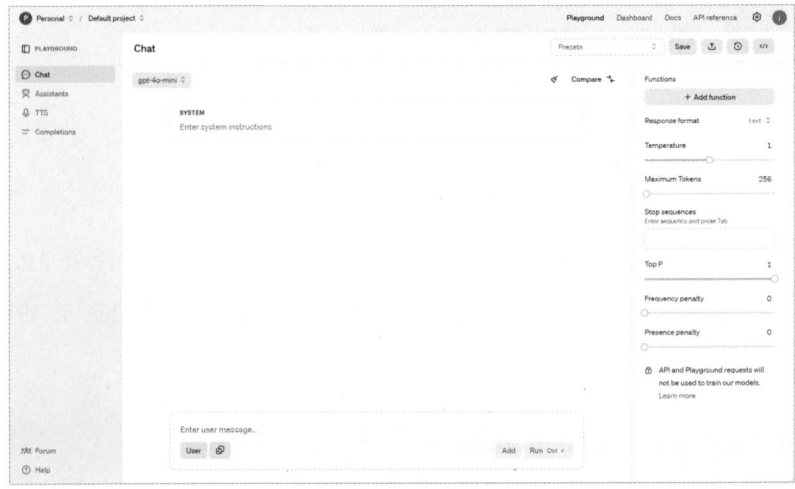

[Playground] 페이지

박차장  먼저 [Playground]는 질의와 파라미터를 조정해서 원하는 응답이 나오는지 테스트하는 환경이에요. 왼쪽 사이드바를 보면 여러 메뉴가 있는데 하나씩 살펴볼게요.

① **Chat**: 챗GPT를 사용할 때와 동일하게 대화형으로 질의, 응답할 수 있는 API입니다.

② **Assistants**: 고도화된 AI 어시스턴트를 만들 수 있는 API입니다. 다양한 도구와 저장된 지식 등을 활용할 수 있습니다. 코드 실행, 외부 API 사용 등과 같은 기능을 이용할 수 있습니다.

③ **TTS**: 입력된 텍스트를 음성으로 변환하는 기능입니다. 다양한 음성 선택, 속도 및 피치 조절, 언어 및 억양 지원 등 음성과 관련된 다양한 기능을 이용할 수 있습니다.

④ **Completions**: 주어진 프롬프트에 따라 텍스트를 완성하기 위한 API입니다. 텍스트 생성, 번역, 요약 등의 작업에 적합합니다. text-davinci-003 및 text-curie-001과 같은 모델을 사용합니다.

이제 오른쪽 상단에서 [Dashboard]를 눌러 페이지를 옮겨 볼게요.

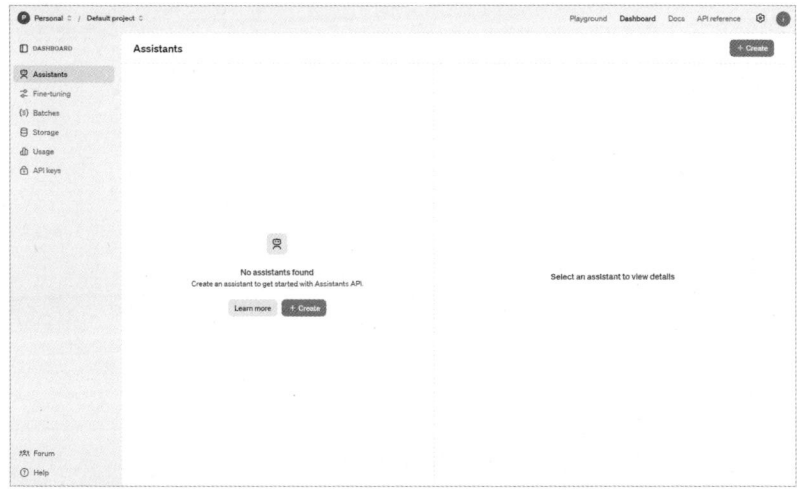

[Dashboad] 페이지

① **Assistants**: 생성한 어시스턴트 목록을 관리하는 페이지입니다. 설정을 조정하거나 삭제, 복제 등을 할 수 있습니다.

② **Fine-tuning**: 사용자 요청에 맞게 챗GPT를 세부 조정하는 페이지입니다. 프롬프트에 넣는 것보다 많은 예제를 학습시켜 특정 작업에 특화된 챗GPT를 만듭니다.

③ **Batches**: 챗GPT에게 요청할 내용을 모아서 처리합니다. 24시간 내 응답을 지원하고, 대량의 데이터를 더 저렴한 비용으로 처리할 수 있습니다.

④ **Storage**: 어시스턴트, 파인튜닝, 배치에 사용할 파일을 올리거나 조회할 수 있습니다.

⑤ **Usage**: 사용량과 비용을 조회합니다. 비용은 월별 상한선을 정할 수 있습니다.

⑥ **API keys**: API 키 발급, 삭제, 조회 등의 관리 기능

박차장    이외에도 페이지 오른쪽 상단의 [Docs]와 [API reference]를 이용하면 더 다양한 사용 방법을 확인할 수 있어요.

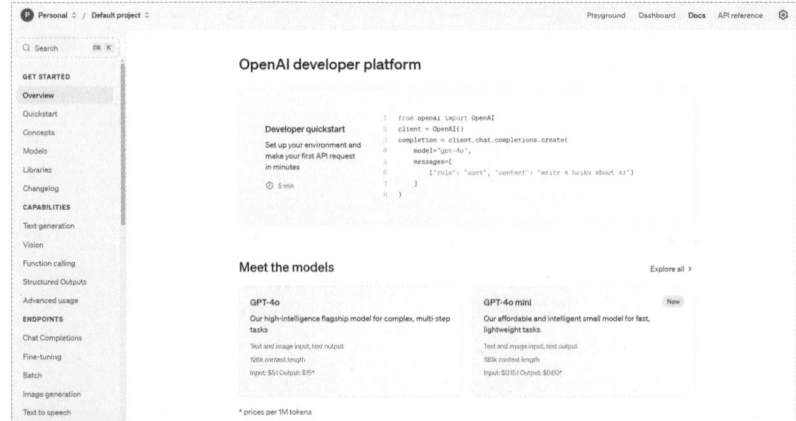

[Docs] 페이지

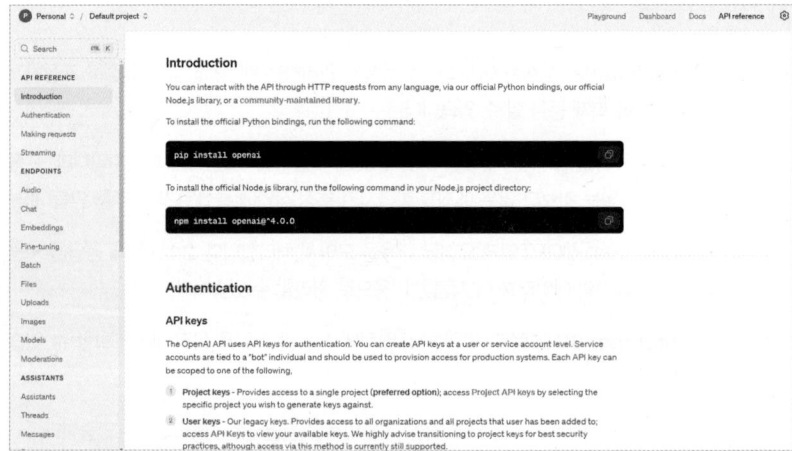

[API reference] 페이지

김대리   정말 유용한 메뉴들이 많네요! 그런데 API를 사용하려면 돈을 내야 하나요?

박차장   네, 챗GPT API는 사용량에 따라 요금이 부과돼요. 요금은 어떤 모델을 사용하느냐에 따라 달라지죠.

김대리     비용은 어떤 기준으로 부과되는 건가요?

박차장     좋은 질문이에요. 기준은 바로 토큰Token이에요.

김대리     토큰이요?

박차장     토큰은 챗GPT가 텍스트를 이해하기 위해 분리하는 단위예요. 영어는 4 단어가 1 토큰, 한글은 1 음절이 2~3 토큰 정도 된다고 해요.

김대리     영어에 비해 한글이 훨씬 많은 토큰이 필요하네요.

박차장     네, 그래서 가능하면 영어를 많이 사용하는 게 좋아요. 오픈AI의 토크나이저 페이지를 이용하면 내가 입력한 텍스트가 몇 토큰인지 알 수 있어요.

🔗 토크나이저: platform.openai.com/tokenizer

토크나이저

[GPT-3.5&GPT-4]를 기준으로 50만 토큰을 입력하고, 응답이 50만 토큰이 나오면 2달러가 되죠. 50만 토큰이면 15~25만 자를 처리할 수 있어요.

김대리 그렇군요. 엄청난 양의 텍스트가 아니라면 비용이 크지는 않겠어요.

박차장 네, 맞아요. 각 모델은 처리 속도, 응답 품질 등에서 차이가 있어요. 우리가 요청하려는 작업에 가장 적합한 모델을 선택해야 효율적이죠. 어떤 모델을 선택하면 좋은지는 [Playground]에서 테스트해 볼 수 있어요.

김대리 비용도 고려해야겠어요. 고급 모델일수록 더 비싸기 때문에 목적과 예산에 맞는 적당한 모델을 선택해야겠네요.

박차장 그렇죠. 우리는 텍스트 데이터 처리를 알아보고 있지만, 챗GPT API를 이용하면 이미지 생성, TTS Text-to-Speech, 나 STT Speech-to-Text 기능을 사용할 수 있어요.

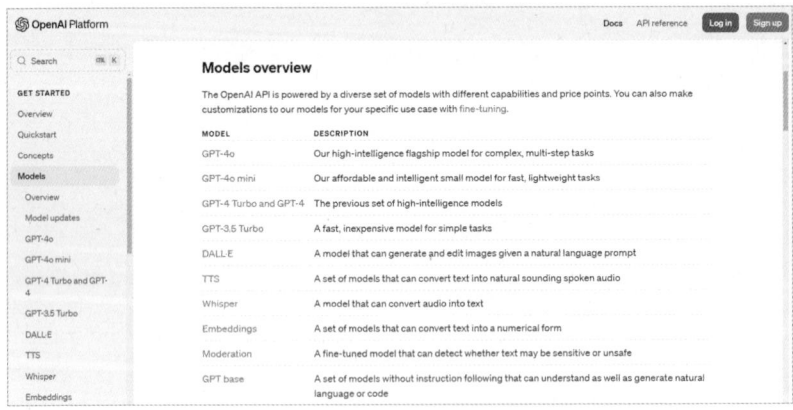

API 사용 가능 모델(출처: platform.openai.com/docs/models)

간단하게 각 모델의 설명을 살펴보면 다음과 같습니다.

- GPT: 챗GPT 모델
- 달리DALL·E: 텍스트 입력 시 해당하는 이미지를 생성하는 모델
- TTS: 텍스트를 음성으로 바꿔 주는 모델
- Whisper: 음성을 텍스트로 바꿔 주는 모델
- 임베딩Embeddings: 텍스트를 숫자로 변환하는 모델
- 모더레이션Moderation: 텍스트의 민감성, 안정성을 검사하는 모델
- GPT Base: 텍스트나 코드를 이해하는 기본 모델

김대리   무척 다양하네요. 기회가 되면 다른 기능도 사용해 보고 싶어요.

# 챗GPT API 사용하기

**박차장** 플랫폼에 어떤 기능들이 있는지 자세히 둘러봤으니 이제 API를 사용해 볼까요? 오픈AI 플랫폼을 처음 접속하면 기본으로 [Chat]이 선택돼 있어요.

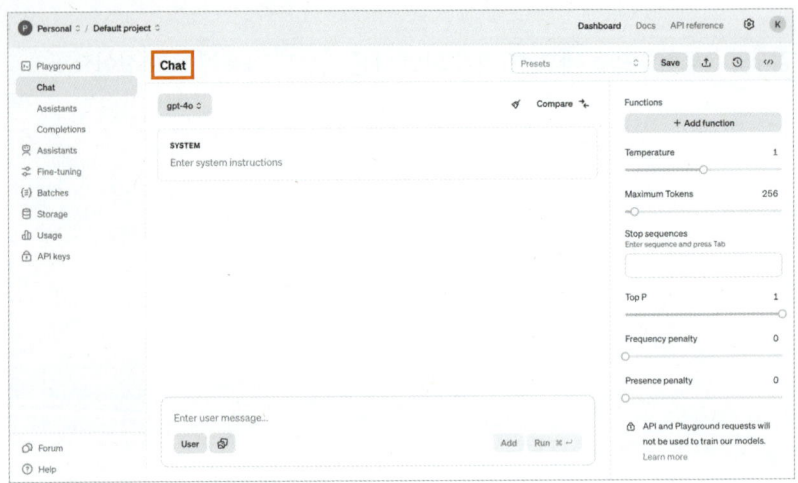

우리 목적에는 [Completion]도 적당하지만 실시간 응답이 필요하지 않아서 배치Batches를 이용할 테니 그대로 진행할게요. [Completion]으로 처리할 수 있는 기능은 [Chat]으로도 가능해요. [Chat]이 지시 사항에 더 잘 대응하도록 조정돼 있어서 고민되면 그냥 [Chat]을 이용하세요. 모델은 간단하게 gpt-3.5-turbo로 할게요. 우리가 요청하려는 작업이 어렵지 않아서 고급 모델까지는 필요하지 않아요. gpt-4o-mini는 비용이 저렴하고 속도도 빠르니 이 모델을 사용해

봐도 좋아요. API를 이용할 때 3가지 역할을 부여해서 이용할 수 있어요.

- **시스템System**: 대화 전반에 걸쳐 지켜야 하는 지시사항이나 맥락을 제공합니다. 에를 들어, 어떤 역할을 설정하고 특정 톤을 유지하게 하거나 어떤 주제는 피하도록 지시합니다. 초기 조건을 설정한다고 이해해도 됩니다.
- **사용자User**: 이 역할은 모델과 상호 작용하는 사람을 나타냅니다. 대화를 진행하는 사용자의 입력을 나타냅니다.
- **어시스턴트Assitant**: 이 역할은 모델에서 생성된 응답을 나타냅니다. 사용자 입력에 응답한 경우 어시스턴트 역할로 나타납니다.

박차장 　작업의 지시 사항은 시스템, 작업 내용은 사용자에 입력해 볼게요. 시스템 메시지는 사용자 입력을 정보, 품질, 효율, 가격, 동기 부여, 기타 중에 하나로 분류하라는 내용이에요.

- **시스템 메시지**: Decide which category the users's word fall into [정보 품질, 효율, 편리, 가격, 동기 부여, 기타]
- **사용자 메시지**: 평소 세밀하고 빠지기 쉽고 눈에 띄는 부분

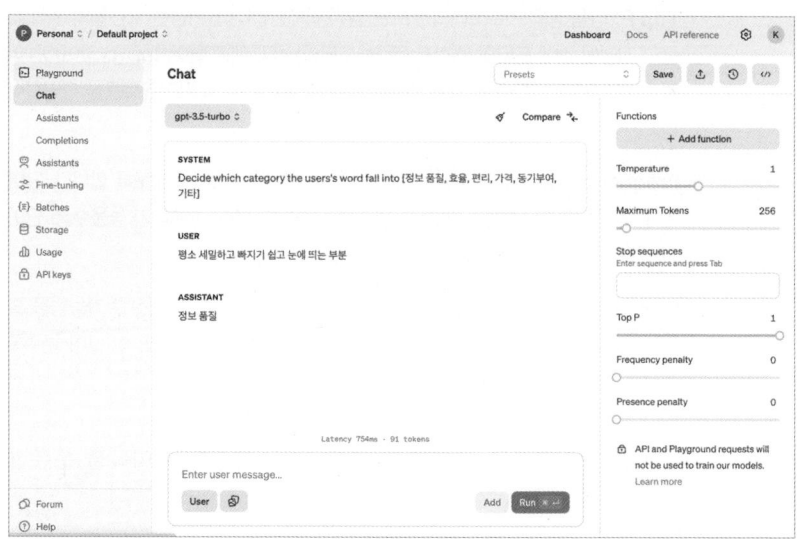

응답 결과

김대리   '정보 품질'로 분류가 잘 됐어요. 그런데 오른쪽에 슬라이드로 조정할 수 있는 기능이 보이는데 이건 뭐예요?

박차장   챗GPT API를 사용할 때는 텍스트 알고리즘 모델 외에도 다양한 파라미터를 설정할 수 있어요. API 요청을 보낼 때 우리가 설정하는 옵션을 말해요. 이를 통해 API가 처리하는 방식을 세부적으로 조정할 수 있습니다. 예를 들어, 챗GPT API에서는 몇 가지 주요 파라미터를 설정할 수 있죠. [Chat] 환경에서 조정 가능한 파라미터는 다음과 같아요.

- **Functions**: 외부 API를 호출해 여러 기능을 수행하게 연결합니다.
- **Temperature**: API가 생성하는 응답의 창의성을 조절합니다. 값이 높을수록 창의적인 응답을 생성하며, 낮을수록 더 일관되고 가능성이 높은 응답을 생성합니다.
- **Max_tokens**: 응답을 생성할 때 사용되는 최대 토큰의 최대 개수를 지정합니다. 응답의 길이를 조절할 때 사용합니다.
- **Stop_sequences**: 특정 문자나 단어가 나오면 응답을 중단하도록 설정합니다. 문장 끝이나 특정 구문 뒤 등 원하는 지점에서 응답을 종료하게 합니다.
- **Top P**: 다음 응답으로 고려되는 토큰 범위를 제한합니다. 가능한 토큰들의 누적 확률이 지정된 값에 도달할 때까지 토큰을 고려합니다. 예를 들어, top_p 값이 0.1이면 상위 10%에 해당하는 토큰만 응답으로 고려하고, 1이면 모든 토큰을 고려합니다.
- **Frequency penalty**: 모델이 같은 단어를 자주 반복하지 못하도록 합니다. 단어가 얼마나 많이 등장했는지에 대해 영향을 받습니다. 빈도 페널티가 높을수록, 단어가 반복되지 않아 더 다양한 텍스트를 생성할 수 있습니다.
- **Presence penalty**: 생성된 텍스트에 이미 있는 단어를 또 생성할 가능성을 줄입니다. 반도 페널티와 달리 등장 횟수에는 영향을 받지 않습니다. 이 값이 클수록 새로운 주제나 개념, 아이디어를 응답할 가능성이 커집니다.

김대리   아, 이렇게 세부 조정을 할 수 있군요. 음… 그렇다면 이유를 분류하는 작업은 창의성을 요구하는 작업은 아니니 관련 파라미터를 조정하면 좋겠네요.

박차장   그러면 Temperature 값을 2로 높여서 어떻게 응답이 나오는지 볼까요?

SYSTEM: Decide which category the user's word fall into [정보 품질, 효율, 편리, 가격, 동기 부여, 기타]

USER: 동영상은 익숙하지 않아서 텍스트로 남겨 두면 편해요.
ASSISTANT: – 편리

김대리   불필요하게 하이픈을 붙여서 응답했네요.

박차장   창의성은 줄이고, 일관된 응답을 하도록 조정하는 게 좋겠어요. 기본값으로도 충분하지만, Temperature와 TopP를 0.1로 낮추고 다시 동일한 프롬프트를 입력할게요.

SYSTEM: Decide which category the user's word fall into [정보 품질, 효율, 편리, 가격, 동기 부여, 기타]

USER: 동영상은 익숙하지 않아서 텍스트로 남겨 두면 편해요.
ASSISTANT: 편리

김대리   이번에는 정확히 해당하는 카테고리만 응답했어요. 꽤 괜찮은데요?

박차장   그렇다면 다음 단계로 넘어갈게요.

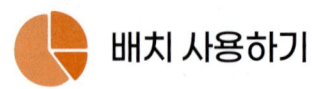
## 배치 사용하기

박차장    챗GPT API는 파이썬, 자바 스크립트, 구글 시트 등 다양한 환경에서 사용할 수 있어요. 우리는 그중에서도 데이터를 한 번에 큰 묶음으로 처리하는 방법인 배치 프로세스Batches Process를 이용해 볼게요.

김대리    배치 프로세스요?

박차장    배치 프로세스는 일반적으로 실시간 처리가 필요하지 않은 작업에 사용해요. 예를 들어, 하루 동안 쌓인 데이터를 밤에 일괄적으로 처리하는 경우가 해당되죠.

김대리    그럼 배치 프로세스를 사용하면 어떤 이점이 있나요?

박차장    배치 프로세스의 가장 큰 이점은 효율성입니다. 대량의 데이터를 한꺼번에 처리하므로 비용과 시간을 절약할 수 있어요. 챗GPT 배치 프로세스를 이용하면 비용이 50%로 줄고, 24시간 안에 처리가 되죠.

김대리    어떻게 사용할 수 있나요?

박차장    배치로 작업을 요청하려면, 작업 내용을 jsonl 파일로 만들어야 해요.

김대리    jsonl 파일이요?

박차장    jsonl은 JSON Lines의 약자로, 각 줄이 하나의 json 타입으로 이루어진 데이터 형태를 말해요. json은 키와 값으로 이루어진 데이터 타입이에요. 예를 들어, "message":"안녕하세요."라고 작성했다면 'message'는 키, '안녕하세요.'는 값이 됩니다. message에 해당하는 값이 '안녕하세요.'가 되죠. 챗GPT API로 요청할 내용을 하나씩 json 타입으로 작성해요. 이를 여러 개 쌓아서 jsonl 파일을 만들면 돼요.

jsonl 파일

```
{"custom_id":"1", ... }
{"custom_id":"2", ... }
{"custom_id":"3", ... }
{"custom_id":"4", ... }
{"custom_id":"5", ... }
{"custom_id":"6", ... }
{"custom_id":"7", ... }
{"custom_id":"8", ... }
{"custom_id":"9", ... }
```

jsonl 파일 구조

**김대리** 그럼 하나의 json 타입을 잘 만들어 두면 나중에 필요한 값만 바꿔서 붙여 넣으면 되겠어요.

**박차장** 맞아요. 하나만 잘 만들고 챗GPT에게 파일을 만들어 달라고 할 수 있죠. 하나의 json 데이터는 API를 요청하는 데 필요한 데이터가 모두 들어 있어요. 구조는 다음과 같아요.

```
{ "custom_id": "1"
, "method":"POST"
, "url":"/v1/chat/completions"
, "body": {
        "model": "gpt-3.5-turbo",
        "messages": [
            {"role": "system"
            ,"content": [{"type": "text","text": "Decide which category the users's word fall into [정보 품질, 효율, 편리, 가격, 동기부여, 기타]"}]
            },
            {"role": "user"
            ,"content": [{"type": "text","text": "평소 세밀하고 빠지기 쉽고 눈에 띄는 부분."}]
            }]
        , "temperature": 0.1, "max_tokens": 256, "top_p": 0.1, "frequency_penalty": 0, "presence_penalty": 0
    }
}
```

json구조

**박차장**    키와 값으로 이루어진 게 보이시나요? 잘 보면 공통 부분은 모든 요청이 동일해요. 어떤 url로 어떻게 데이터를 요청하겠다는 내용이죠. 이 중에 custom_id는 각 요청을 구분하는 값으로, 다른 값들로 채워야 해요.

body는 실제 요청하는 내용을 넣는 부분이에요. 어떤 모델로 무슨 작업을 요청할지 적으면 돼요. 앞서 [Playground]에서 연습한 내용을 적으면 됩니다. jsonl 파일을 만들 때는 하나의 요청이 한 줄이어야 돼요. 지금은 설명을 위해서 줄을 바꿔 표시했어요.

**김대리**    생각보다 복잡하네요. 이럴 땐 역시 챗GPT의 도움이 필요하겠어요.

**박차장**    물론이죠. 예시를 하나 보여 주고 작성을 요청하면 굉장히 잘 작성합니다. 우선 예시를 하나 작성해 볼까요? 다시 [Playground]에서 오른쪽 상단의 [View Code]를 클릭해 보세요.

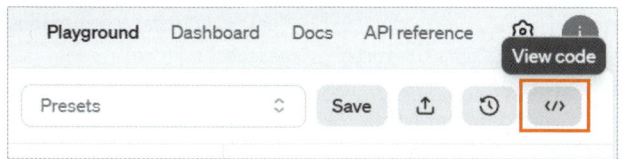

'View Code' 창이 뜨면서 우리가 연습한 내용이 코드로 변환된 것을 확인할 수 있어요. 여기서 오른쪽 상단의 텍스트를 클릭하면 언어를 변경할 수 있어요. [json]을 선택하면 json으로 변환됩니다. 그런 다음 오른쪽의 [복사] 아이콘(📋)을 클릭해서 코드를 복사하세요. 복사한 내용이 body에 해당하는 부분에 들어가면 돼요.

코드 보기

김대리    테스트한 내용을 바로 사용할 수 있어 좋네요.

박차장    줄바꿈을 삭제하면 하나의 요청사항이 다음과 같은 json 데이터가 됩니다.

```
{ "custom_id": "1", "method":"POST", "url":"/v1/chat/completions",
"body": {"model": "gpt-3.5-turbo", "messages": [{"role":
"system","content": [{"type": "text","text": "Decide which category
the user's word fall into [정보 품질, 효율, 편리, 가격, 동기 부여, 기
타"}]},{"role": "user","content": [{"type": "text","text": "평소 세밀하
고 빠지기 쉽고 눈에 띄는 부분."}]    }], "temperature": 0.1, "max_tokens":
256, "top_p": 0.1, "frequency_penalty": 0, "presence_penalty": 0} }
```

김대리    그럼 이제 챗GPT에게 나머지 작업을 요청해 볼까요?

박차장    그 전에 프롬프트로 요청할 내용에 이상이 없는지 확인해야 해요. 파이썬으로 작업하다 보면 text 키에 null이나 NaN과 같이 문자가 아닌 값, 즉 비문자가 들어갈 수 있어요. 챗GPT에게 확인을 요청하세요. 발견되면 바로 삭제까지 할 수 있어요.

 question 칼럼에 비문자 값이 있는지 확인해 주세요.

 당신의 데이터에서 'question' 칼럼에 다음과 같은 이상한 값이 있습니다.
**Null 값**: 'question' 칼럼에는 null 값이 없습니다.
**비문자 값**: 3개의 항목에 비문자 값이 있습니다.
인덱스 1609, 1732, 2776에서 'question' 칼럼에 각각 0, 0, 5라는 값이 들어 있습니다.
추가 분석이나 이러한 값을 정리하는 데 도움이 필요하면 알려 주세요!

 해당 값이 포함된 행을 삭제해 주세요.

이상한 값을 포함한 행을 삭제하였습니다. 이제 'question' 칼럼에는 비문자 값이 없습니다. 정리된 데이터를 확인해 주세요. 추가로 필요한 작업이 있으면 말씀해 주세요.

박차장   이제 앞에서 만든 예시를 주고 jsonl 파일을 만들어 달라고 할게요.

jsonl 파일로 만들어 주세요.
파일을 만들 때 아래 파라미터를 반영해 주세요.

– index: index 칼럼 값
– user의 text: question 칼럼 값
– 나머지 값은 예시와 동일합니다.

예시
{ "custom_id": "1", "method":"POST", "url":"/v1/chat/completions", "body": {"model": "gpt-3.5-turbo", "messages": [{"role": "system","content": [{"type": "text","text": "Decide which category the user's word fall into [정보 품질, 효율, 편리, 가격, 동기 부여, 기타]"}]},{"role": "user","content": [{"type": "text","text": "평소 세밀하고 빠지기 쉽고 눈에 띄는 부분."}] }], "temperature": 0.1, "max_tokens": 256, "top_p": 0.1, "frequency_penalty": 0, "presence_penalty": 0} }

정리된 데이터를 JSONL 파일로 변환했습니다. 파일을 여기서 다운로드할 수 있습니다.

김대리   싱거울 정도로 빨리 끝났네요. 파일을 확인해 보니 필요한 값만 바꿔서 잘 만들어 줬어요.

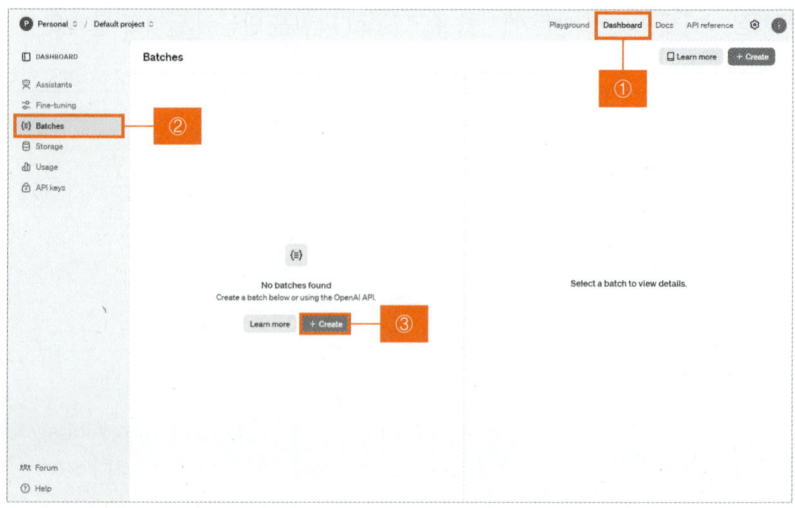

박차장 좋아요. 만약 데이터가 너무 많다면 일부 행만 확인해도 돼요. 이제 다운로드받은 jsonl 파일을 배치 서비스에 올려 보죠. [Dashboard] 페이지에서 [Batches]를 클릭한 다음 [+Create] 버튼을 클릭하세요.

'Create a batch' 창이 뜨면 [Upload new]에 기본으로 체크가 되어 있고 아래 파일 첨부 박스가 활성화되어 있어요. 박스를 클릭해 jsonl 파일을 업로드하세요. 업로드할 파일명은 영어, 숫자, 대시(-), 밑줄 (_), 슬래시(/)로 이루어져 있어야 해요. 길이는 2~255자 사이만 가능합니다.

아래 'Completion windows'는 [24 hours], 'Endpoint'는 [/v1/chat/completions]가 기본으로 선택되어 있습니다. 이대로 [Create] 버튼을 클릭해 배치를 생성해 주세요.

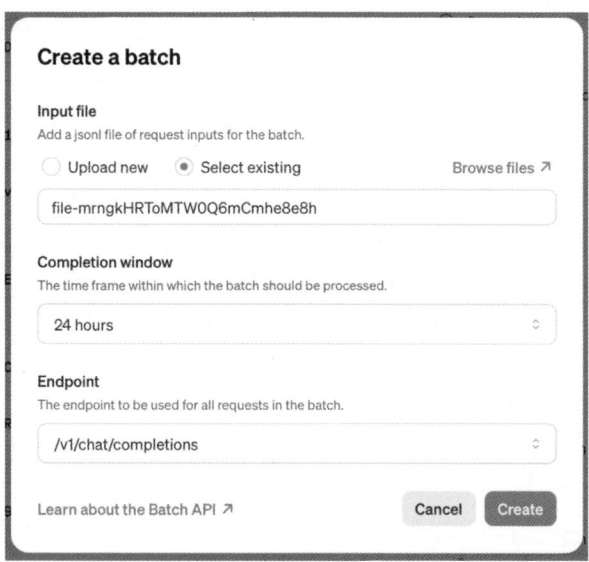

김대리    파일을 업로드하고, 배치를 생성했어요.

박차장    좋습니다. 파일을 업로드하면 사이트에서 내용에 문제가 없는지 검사Validating를 하고 응답을 생성해요. 건수에 따라 다르지만, 검사하는 데 오랜 시간이 걸리지는 않아요.

만약 검사 진행 시간이 꽤 걸린다면 파일에 문제가 없는지 살펴보세요. 예를 들어, 파이썬으로 파일을 작업하는 경우 텍스트 값에 na나 NaN 값이 있지 않은지 또는 쌍따옴표나 따옴표로 감싸지 않은 데이터가 있는지 확인해 보세요. 오류가 발생하면 다음과 같이 [Failed]라고 표시되고 배치가 생성되지 않아요. 이럴 때는 해당 배치를 클릭해 오른쪽 화면에서 상세한 처리 결과를 살펴본 다음 'Errors' 항목에 무슨 문제가 있는지 확인하고 조치하면 돼요.

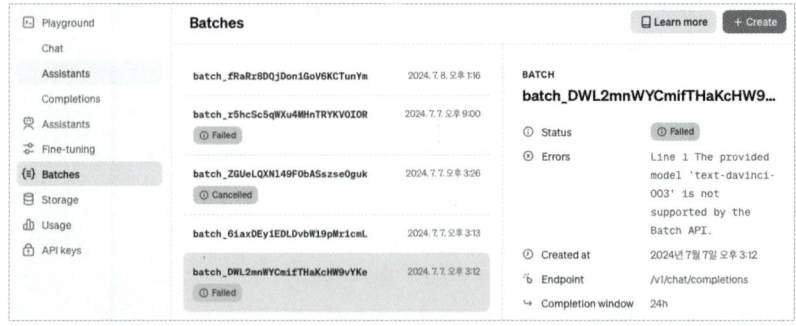

**김대리** 다행히 에러 없이 무사히 검사가 끝났어요. 배치 작업을 진행하고 있나 봐요.

**박차장** 네, 2947건 중 몇 건이 처리되고 있는지 진행 상태를 확인할 수 있어요. 7분만에 모든 데이터가 처리됐네요. 배치 생성이 완료되면 오른쪽 화면을 확인해 보세요. 'Status'가 "Completed"로 표기된 것을 볼 수 있습니다. 파일을 다운받으려면 'Output'의 링크 오른쪽에 있는 아이콘을 클릭하세요.

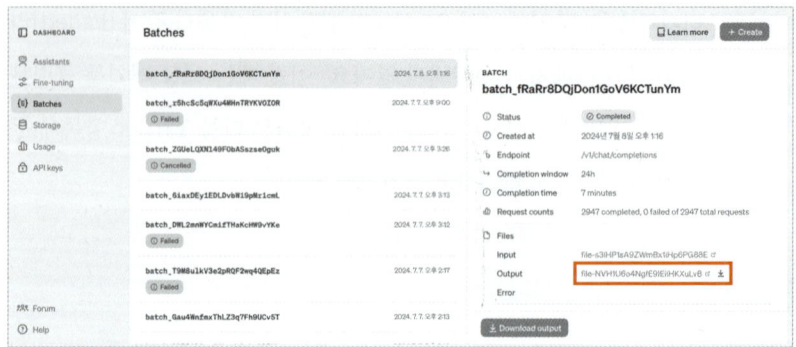

박차장   이제 결과 파일을 확인해 볼까요? 요청한 내용의 처리 결과가 한 줄씩 들어가 있어요. 예를 들어, 첫 번째 줄의 내용은 다음과 같아요.

```
{"id": "batch_req_2mBLSNALXDwtLV2To42Ftit8", "custom_id": "1",
"response": {"status_code": 200, "request_id": "d0b5921d5f98c5412577a1
48be3ba671", "body": {"id": "chatcmpl-9ia5mD7SIwIA53HD4GeUMD1VAZ5go",
"object": "chat.completion", "created": 1720412198, "model": "gpt-3.5-
turbo-0125", "choices": [{"index": 0, "message": {"role": "assistant",
"content": "\uae30\ud0c0"}, "logprobs": null, "finish_reason": "stop"}],
"usage": {"prompt_tokens": 58, "completion_tokens": 3, "total_tokens":
61}, "system_fingerprint": null}}, "error": null}
```

김대리   무슨 내용이죠?

박차장   결과도 우리가 입력한 데이터와 동일한 json 데이터 타입이에요. "status_code":200은 데이터가 잘 처리됐다는 뜻이에요. 이렇게 코드 값을 확인해서 어떤 오류가 발생했는지 알 수 있어요. 예를 들어, 200이 아니라 429가 들어 있다면 API 사용 할당량을 초과했음을 의미해요.

다음 message 키에 챗GPT 응답이 들어 있어요. role은 assistant로 맞게 되어 있고 메시지는 content 키에 있어요. "\uae30\ud0c0"이라고 왔네요.

김대리   그게 뜻이죠?

박차장   이건 '기타'예요. 한글 표현 방식이 달라서 지금은 한글로 보이지 않네요.

김대리   이해하기 너무 어려워요.

박차장   이 파일을 챗GPT에게 변환해 달라고 요청하면 쉽게 해결할 수 있어요.

김대리   좋은 소식이네요!

박차장   이 데이터에서 우리가 필요한 건 custom_id와 content에요. custom_id는 학습 방법이 있는 파일과 결합하기 위해 필요해요. 이 값이 같은 행끼리 결합해야 하죠. 이 2개의 칼럼으로 파일을 정리해 달라고 할게요. 변환할 파일은 익숙한 csv 형태로 설정할게요.

[파일 첨부: chatgpt_batch_output.jsonl]
csv 형태로 다음 칼럼을 정리해 주세요.

– custom_id: custom_id 값
– choices: content 값

Custom ID And Content

| | custom_id | Content |
|---|---|---|
| 1 | 1 | 기타 |
| 2 | 2 | 기타 |
| 3 | 3 | 정보 품질 |
| (중략) | | |

데이터가 처리되어 구글 스프레드시트와 호환되는 csv 파일로 저장되었습니다. 다음 링크를 사용하여 다운로드할 수 있습니다.

박차장   자, 이렇게 챗GPT API와 배치를 사용해 데이터 준비를 마쳤어요. 이제 데이터 분석을 시작해 볼까요?

# 분석하기

**박차장** 우리는 학습 방법별로 선호 이유에 어떤 차이가 있는지 분석하고자 해요. 챗GPT를 이용해서 분류한 데이터에는 선호 이유가 있었죠? 이제 이 데이터를 처음에 가지고 있던 데이터와 결합해서 선호 방법을 붙여야 해요. 두 파일을 업로드하고 다음과 같이 결합을 요청할게요.

[파일 첨부: 22_선호방법_선호이유.xlsx]
[파일 첨부: 22_custom_id_content.csv]
두 파일을 다음과 같이 합쳐 주세요.
- 첫 번째 파일은 index, 두 번째 파일은 custom_id가 같은 값을 결합해 주세요.
- 두 번째 파일에 있는 행만 남겨 주세요.

업로드하신 두 파일을 결합하여 결과를 보여드렸습니다. 아래는 그 결합된 데이터 프레임입니다.

| 0 | custom_id | content | 가장 선호하는 학습 방법 |
|---|---|---|---|
| 1 | 1 | 기타 | 인터넷(구글링)_무료 |
| 2 | 2 | 기타 | 책(기술 서적) |
| 3 | 3 | 정보 품질 | 인터넷(구글링)_무료 |
| 4 | 4 | 동기 부여 | 오프라인 교육 코스(학원 등) |
| 5 | 5 | 편기 | 인터넷(구글링)_무료 |

앞의 행은 잘 결합됐네요. 잘 처리됐는지 확인하기 위해 전체 행 개수를 파악해 보죠.

결합된 파일의 전체 행 개수를 알려 주세요.

 결합된 데이터프레임의 전체 행 개수는 2947개입니다. 추가로 필요한 작업이 있으시면 말씀해 주세요!

김대리   행의 개수가 정확해요. 데이터는 잘 결합되었어요.

박차장   이제 선호 이유를 우리가 요청한 대로 잘 처리했는지 확인해 볼까요?
content 칼럼명을 '선호 이유'로 바꾸고 빈도수를 확인해 보죠.

 content 칼럼명을 '선호 이유'로 변경하고 '선호 이유'의 빈도수를 알려 주세요.

 '선호 이유'의 빈도수는 다음과 같습니다.

편리: 1029
정보 품질: 566
효율: 450
동기 부여: 392
기타: 302
가격: 105
해당 단어는 "기타" 카테고리에 속합니다.: 31
정보 품질, 효율: 19
고객님의 단어는 "기타" 카테고리에 속합니다: 14
카테고리: 동기 부여: 11
정보 품질, 효율, 편리: 8
편리, 가격: 4
정보 품질, 편리: 4
효율, 편리: 3
카테고리: 정보 품질: 2
카테고리: 편리\n\n사용자가 "간단한 설명"이라고 요청한 것으로 보아, 사용자는

빠르고 간편한 방법으로 정보나 설명을 얻고자 하는 것으로 해석됩니다. 이는 '편리' 카테고리에 속하는 요구 사항으로 분류될 수 있습니다.: 1
정보 품질, 동기 부여: 1
'정보 품질'에 해당합니다.: 1
고객님의 단어는 "기타" 카테고리에 속합니다. 다른 도움이 필요하시면 언제든지 말씀해주세요.: 1
'자세한 설명'은 [정보 품질]에 해당합니다.: 1
편리, 동기 부여: 1
입력하신 단어 "자세한 내용"은 "정보 품질"에 해당합니다.: 1

김대리　일부 응답은 항목명이 아니라 자세히 풀어서 썼네요. 예를 들어, "'자세한 설명'은 [정보 품질]에 해당합니다."라고 응답한 내용이 있어요.

박차장　데이터 건수가 얼마 안 되고 분류는 잘 됐으니 데이터 애널리스트에서 처리해 볼게요.

'선호 이유' 칼럼 값은 ['정보 품질', '효율', '편리', '가격', '동기 부여', '기타'] 중에 하나여야 합니다. 잘 분류된 칼럼은 수정하지 않고, 분류되지 않은 칼럼에 포함되는 단어가 있으면 그 값으로 바꿔 주세요.

'선호 이유' 열의 값을 ['정보 품질', '효율', '편리', '가격', '동기 부여', '기타'] 중 하나로 분류하여 업데이트하였습니다.

분류된 값의 빈도는 다음과 같습니다.

편리: 1035
정보 품질: 603
효율: 453
동기 부여: 403
기타: 348
가격: 105

김대리   우리가 요청한 범주 안의 항목으로 잘 분류됐어요.

박차장   '기타'가 아직 348개가 있어요. 다른 항목으로 분류할 수 있는지 살펴볼 수도 있지만, 여기서는 더 분류하기 어려운 데이터로 판단하고 삭제할게요. 그리고 분석을 요청해 보죠.

---

 '기타'를 제외한 분석 결과 보여 주세요.

 '선호 방법별 선호 이유'에 어떤 차이가 있는지 분석
업데이트된 데이터프레임에서 '가장 선호하는 학습 방법'별로 '선호 이유'의 빈도수를 분석한 결과를 확인할 수 있습니다. 이 데이터를 통해 각 학습 방법에 대한 선호 이유의 차이를 분석할 수 있습니다.
예를 들어, '인터넷(구글링)_무료'는 '편리'와 '정보 품질' 이유로 많이 선호되고 있으며, '책(기술 서적)'은 '정보 품질'과 '편리' 이유로 선호되고 있습니다. 반면 '유튜브_무료'는 '편리'와 '가격' 이유로 선호되는 경향이 강합니다.

---

김대리   선호 방법별로 이유가 어떤 차이가 있는지 알려 줬지만, 파악이 쉽지 않네요.

박차장   여러 범주형 데이터 값을 비교할 때는 히트맵을 이용하면 파악하기가 쉬워요.

---

 '선호 방법별 선호 이유'를 히트맵으로 그려 주세요.

 다음은 '선호 방법별 선호 이유 빈도수'를 히트맵으로 시각화한 결과입니다.

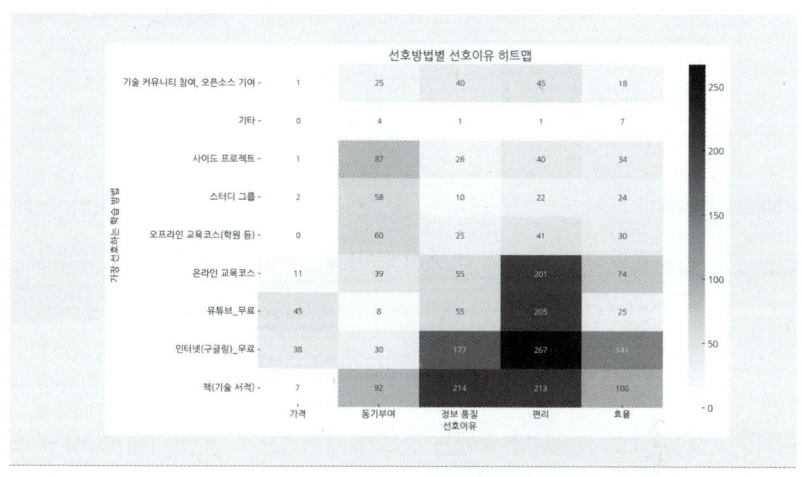

**박차장** 색깔이 진할수록 속한 사람이 많다는 의미예요. '인터넷(구글링)'을 '편리'해서 이용하는 사람이 가장 많네요. '온라인 교육 코스', '유튜브', '인터넷(구글링)', '책(기술 서적)'을 선호하는 사람이 가장 많아요. '학습 방법'별 '선호 이유'를 보려면 빈도수보다는 백분율이 좋겠어요.

'학습 방법'별 '선호 이유'를 백분율로 표시해 주세요.

각 학습 방법별 선호 이유를 백분율로 표시한 히트맵입니다.

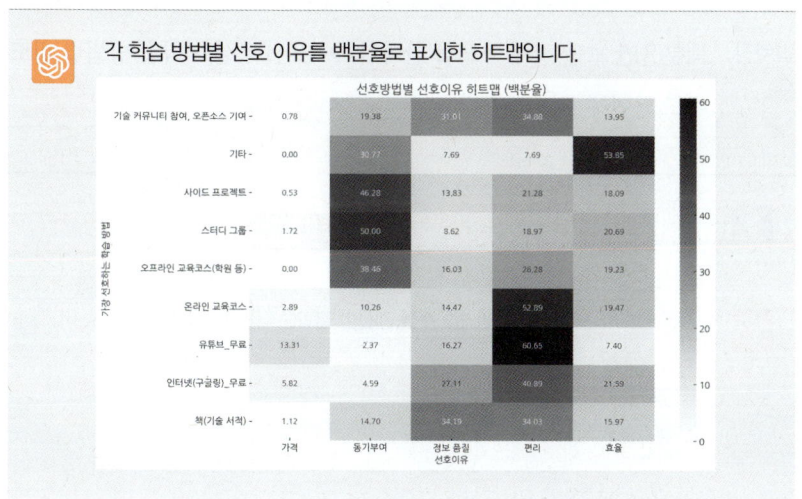

이 히트맵을 통해 각 학습 방법에 대한 선호 이유가 상대적으로 어떻게 분포되어 있는지 확인할 수 있습니다.

김대리    '사이드 프로젝트', '스터디 그룹', '오프라인 교육'은 동기 부여가 잘 돼서 선호한다는 사람의 비중이 높아요. '온라인 교육 코스', '유튜브', '인터넷(구글링)'은 편리해서 좋아하는 사람이 많네요. 책은 특이하게 정보 품질이 뛰어나서 좋다는 응답이 가장 많네요.

박차장    책을 선호하는 사람 중에는 정보가 체계적으로 잘 정리돼 있고, 구조를 한 번에 파악해서 좋을 수 있다는 사람이 많았어요. 정리해서 이해할 수 있다는 점에서 책의 장점이 분명히 있는 것 같네요. 유튜브를 가격 때문에 좋아하는 사람들도 흥미롭네요. 아무래도 온라인 교육과 비교해서 그렇게 판단하지 않았을까 싶어요.

김대리    오프라인 교육은 편리 측면에서 유튜브나 온라인 교육 코스 등을 따라잡기는 한계가 있어요. 그보다는 비슷한 성격의 스터디 그룹, 사이드 프로젝트를 벤치마크할 필요가 있겠네요.

박차장    백분율만 보면 전체 규모를 간과할 수 있어요. 선호 학습 방법별 빈도 수도 확인해 보죠.

'가장 선호하는 학습 방법'의 빈도수를 알려 주세요.

'가장 선호하는 학습 방법'의 빈도수를 계산한 결과는 다음과 같습니다.

1. 인터넷(구글링)_무료: 653
2. 책(기술 서적): 626

> 3. 온라인 교육 코스: 380
> 4. 유튜브_무료: 338
> 5. 사이드 프로젝트: 188
> 6. 오프라인 교육 코스(학원 등): 156
> 7. 기술 커뮤니티 참여, 오픈소스 기여: 129
> 8. 스터디 그룹: 116
> 9. 기타: 13

김대리    인터넷과 책의 비중이 가장 높네요. 인터넷은 편리하지만, 동기 부여는 잘 안 되는 것 같아요. 이 사람들의 불편함을 공략해 봐도 좋겠어요.

박차장    사용하는 언어나 경력, 학습을 희망하는 언어 등을 자세히 살펴보면 더 재미있는 결과가 나오겠네요. 오프라인 교육을 정보 품질 측면에서 선호하는 사람처럼 특이한 포인트를 살펴봐도 좋고요.

김대리    네, 데이터를 더 살펴볼게요! 챗GPT를 이용하면 어려운 텍스트 데이터 작업도 쉽게 처리할 수 있겠어요.

# 부록

# 데이터 분석에 필요한 최소한의 파이썬

"데이터 애널리스트 GPT가 작성한 파이썬 코드를 더 잘 알고 싶어요. 그러려면 파이썬을 공부해야겠죠?"

"그렇죠. 하지만 깊게 공부할 필요는 없어요. AI의 도움을 받으면 되니까요. 하지만 AI가 작성한 파이썬 코드가 어떤 내용인지 알면, 이해하는 데 도움이 돼요. 값이나 일부 코드를 수정해야 하는 경우도 있고요."

"그럼 파이썬 관련해서 꼭 필요한 최소 지식만 알려 주실래요?"

"좋습니다! 데이터 분석을 위해서 파이썬에 대해 알아야 할 내용은 딱 3가지로 압축했어요. 변수, 연산, 함수예요. 하나씩 차례대로 알아볼게요."

 # 변수

**박차장** 데이터 분석을 하려면 여러 가지 값을 계산하고 변형하는 작업을 해야 해요. 그때마다 계산한 숫자를 매번 입력해야 한다면 너무 번거롭고 비효율적이겠죠? 그래서 변수라는 것을 정의하고 값을 저장합니다. 이는 어떤 값을 변수라는 이름을 가진 공간에 저장하는 과정이에요. 이를 '변수를 할당한다'라고도 표현해요. 변수에 값을 저장해 두면 이 값에 접근하거나 변경할 때마다 변수 이름을 사용하면 됩니다. 간단한 예로 x = 10이라고 작성하면, 10이라는 값이 x라는 변수에 할당되죠.

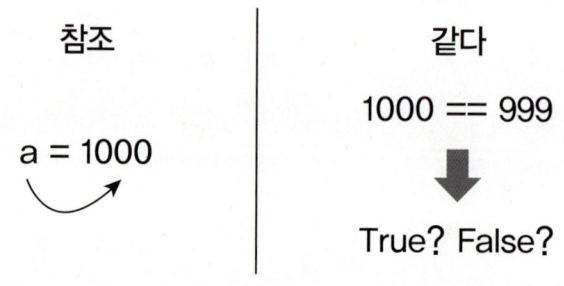

'='가 '=='의 의미

**김대리** 수학에서는 =이 '같다'는 뜻이지만, 파이썬에서는 '값을 부여한다'는 뜻이 되네요.

**박차장** 맞습니다. 참고로 파이썬에서는 '같다'라는 뜻의 기호는 ==이에요. 처음에는 헷갈릴 수 있지만 금방 익숙해질 거예요. 제가 '값'이라고 표현했지만, 실제로는 값뿐만 아니라 '파이썬에서 생성하는 모든 객체'

|      |                                                                                                                                                                                                                                                                                                                                                                             |
| ---- | --- |
|      | 를 변수에 할당할 수 있어요. 즉, 파이썬에서 생성하는 모든 것을 변수에 넣을 수 있다고 이해하면 돼요. |
| 김대리 | 변수도 일종의 상자 같은 역할을 하는 거네요. |
| 박차장 | 맞아요. 그렇다면 그 안에 어떤 게 들어 있는지 상자에 이름을 써두면 찾기 편하겠죠? 이를 변수명이라고 해요. 단, 변수명을 지을 때는 몇 가지 지켜야 할 규칙이 있어요. 변수명은 x, y, x1, x2, x_1, x_2와 같이 문자와 숫자, 언더바( _ ) 같은 일부 기호를 이용해서 정의할 수 있어요. 또, 의미가 있는 단어를 구성해서 변수명을 사용하면 좋아요. 나중에 변수 안에 무엇이 담겨 있는지 헷갈리기 때문이죠. 다음에 재사용하는 것을 감안해서 변수명은 의미 있는 단어를 사용해야 해요. |
| 김대리 | 장난감이 든 상자는 toy, 책이 든 상자는 book이라고 지어야 상자에 뭐가 들어 있는지 바로 알 수 있는 것처럼 말이죠. |
| 박차장 | 그렇죠. 그리고 여러 단어를 사용할 때는 단어 사이를 언더바( _ )로 구분하면 읽기 편해요. 예를 들어, 하루에 일하는 시간이 얼마인지를 저장하는 변수의 이름을 짓는다면 뭐라고 지으시겠어요? |
| 김대리 | 음… work_time이라고 할까요? |
| 박차장 | 좋아요. 사실 답이 정해져 있는 건 아니에요. 저는 working_hours라 짓고 변수에 8이라는 값을 할당했습니다. 8시간을 생각해서 8을 입력했죠. 변수의 값을 출력할 때는 print 함수를 이용해 print(working_hour)를 입력하거나 간단하게 변수명을 입력하면 할당한 값을 출력할 수 있어요. |

```
working_hours = 8
working_hours
```
```
8
```

자, 이렇게 변수는 끝났습니다.

김대리     벌써요?

박차장     간단하죠?

김대리     아쉬울 정도로 생각보다 빨리 끝나버렸네요. 그래도 필요한 건 모두 알게 된 것 같아요. 변수에는 파이썬에서 생성하는 모든 것을 담을 수 있고, 변수명은 직관적으로!

박차장     좋아요. 바로 다음으로 넘어가 볼게요.

 **연산**

박차장   파이썬에서는 값이나 값이 할당된 변수를 이용해 사칙 연산을 포함해 여러 가지 연산을 할 수 있어요.

김대리   변수로 연산을 한다고요? 값이 아니라? 어떻게 그게 가능하죠?

박차장   데이터 타입에 따라 연산 기호를 적용하는 방법을 정의했기 때문이에요.

김대리   데이터 타입이 무엇을 말하는 거예요?

박차장   우리가 보기에는 값은 모두 같은 데이터지만, 컴퓨터는 이를 효과적으로 계산하고 저장하기 위해서 데이터 타입을 구분해요. 예를 들면 숫자와 문자는 데이터 타입이 달라요.

파이썬 데이터 타입도 수치형과 범주형 데이터로 나눌 수 있어요. 그리고 복잡하고 어려운 연산 처리를 위해 이런 값들이 모여 있는 데이터 타입도 있습니다. 데이터 타입에 대해 조금 더 자세히 살펴볼까요?

**수치형 변수**

- Int: 정수
  예. -3, -2, -1, 0, 1, 2, 3
- float: 소수점을 표현할 수 있는 수
  예. -4.5, 1.1, 3.3, 4.987

- datetime: 시간과 날짜를 나타내는 데이터 타입. 날짜와 시간 연산을 위해 별도로 정의된 함수를 사용
  예. 2024-07-21 11:59:42.974925

### 범주형 변수

- str: 문자열을 다루는 데이터 타입(판다스 데이터 프레임에서 문자열 변수는 object로 표현)
  예. A, 가나다, 자동차 등
- bool: 참, 거짓을 나타내는 데이터 타입. True와 False 값 중에 하나를 가짐

### 다수의 값을 다루는 변수

- 세트$_{Set}$: 순서와 중복이 없는 변수 집합
  예. {1, 2, 3}
- 튜플$_{Tuple}$: 순서가 있고, 변경이 불가능한 변수 집합
  예. (1,1,2,3)
- 리스트$_{List}$: 순서가 있고, 변경이 가능한 변수 집합
  예. [1, 1, 2, 3, 4]
- 딕셔너리$_{Dict}$: 키와 값으로 구성된 변수 집합
  예. {1: '김하늘', 2: '정우성', 3: '홍길동'}
- 사용자가 정의한 클래스

데이터 타입은 연산을 할 때 그 차이가 확연해져요. 숫자는 더하기 기호(+)를 이용하면 값을 더할 수 있죠. 하지만 문자는 더하기 기호(+)를 이용하면 여러 개의 문자열이 결합돼요. 이는 사전에 이렇게 계산하도록 정의했기 때문이에요. 하지만 우리 상식선에서 생각할 수 있는 부분이라 어색하거나 어렵지는 않을 거예요.

**김대리** 문자에도 더하기(+) 기호를 사용할 수 있다는 건 재미있네요.

**박차장** 그렇죠? 예를 들어, 볼게요. (숫자) + (숫자)에서 + 기호는 두 값을 더

하는 것으로 정의돼 있어요. 이 정의는 바꿀 수도 있고 새로 정의할 수도 있어요. 앞서 변수에서 배운 대로 a와 b라는 변수를 만들고 각각 1, 2라는 값을 넣을게요. 그리고 a와 b를 더하면 다음과 같이 각 변수에 든 값을 더한 값이 출력돼요.

```
a = 1
b = 2
a + b
```
```
3
```

김대리   의외로 간단하네요. 그러면 a에 다른 값을 할당하면 a + b라는 결괏값이 바뀌겠군요?

박차장:  맞아요. 그게 변수를 사용하는 장점이죠. 이번엔 문자를 더해 볼까요? 파이썬은 작은따옴표('')로 감싼 것을 문자라고 인식해요. 즉, 숫자여도 작은따옴표로 감싸면 문자가 되죠. 이번에도 a와 b라는 변수를 만들고 이번에는 '1'과 '2'라는 값을 넣을게요. 그리고 두 변수를 더하면 다음과 같이 두 문자 값을 결합한 '12'가 결과로 출력돼요.

```
a = '1'
b = '2'
a + b
```
```
'12'
```

김대리   1과 2가 더해져서 12가 되었네요?

박차장   이 결과는 1과 2의 값을 더한 게 아니에요. 1과 2라는 문자를 붙여서 '12'라는 문자를 출력했죠. 문자는 +라는 기호의 연산 방법을 이렇게 정의했기 때문에 나오는 결과예요.

김대리    그럼 문자에서 빼기(-)도 되나요?

박차장    좋은 질문이에요. 문자형 데이터는 빼기(-) 기호가 정의돼 있지 않아요. 그래서 실행해 보면 에러가 발생합니다.

사칙연산 기호는 파이썬에서 이미 정의된 규칙을 이용하면 돼요. 여기서는 데이터 유형에 따라 값을 계산할 수 있고, 계산 방법은 정의된 방법을 따른다고 이해하면 됩니다. 파이썬에서 숫자 타입에 정의한 대표적인 연산기호는 다음과 같아요.

| 연산 기호 | 의미 |
|---|---|
| + | 더하기 |
| - | 빼기 |
| * | 곱하기 |
| / | 나누기 |
| % | 나머지 연산 |
| ** | 거듭제곱 |

박차장    자, 이렇게 연산도 끝났습니다.

김대리    벌써요? 숫자는 더할 수 있고 문자는 결합한다 정도만 익힌 것 같은데…

박차장    그게 아주 중요한 포인트예요. 데이터 타입이 있고, 그에 따라 다른 연산을 할 수 있죠. 이제 마지막 함수로 넘어가 볼게요.

 # 함수

**박차장** 마지막은 함수입니다. 함수는 특정 기능을 수행하는 코드의 단위예요. 기능이란 특정 작업 또는 연산을 수행하고 결과를 반환하는 것 등을 의미해요. 함수는 누군가 작성한 것을 가져다 사용하기도 하고, 직접 작성할 수도 있어요.

**김대리** 기능이라는 말이 어렵네요. 어떤 기능을 말하는 거죠?

**박차장** 예를 들면 값을 출력할 때는 print라는 함수를 사용해요. 값을 입력받을 때는 input이라는 함수를 사용하고요. 나눗셈을 하고 몫과 나머지를 가져올 수 있는 divmod라는 함수도 있어요. 함수를 사용하면 같은 작업을 일일이 반복해서 코딩할 필요가 없고 입력 실수를 할 위험도 줄어들죠.

**김대리** 일을 쉽게 할 수 있겠어요.

**박차장** 맞아요. 파이썬에는 이렇게 쉽게 작업을 하는 장치가 여러 가지가 있는데 그중 하나가 패키지예요. 특정 기능을 하는 파이썬 코드 파일, 즉 파이썬 모듈Module을 모아 패키지라는 형태로 배포하는 기능이죠. 패키지를 이용하면 원하는 기능을 직접 구현하지 않아도 사용할 수 있어요. 패키지를 설치하고 여기서 정의된 함수를 이용하면 되죠.

**김대리** 직접 구현하지 않아도 된다니 정말 기쁜 소식이네요! 그런데 모듈은 뭔가요?

박차장   모듈이란 여러 개의 함수나 변수, 클래스 등을 모은 것을 뜻해요. 모듈을 포장해서 내보낸다고 해서 패키지라고 생각하면 이해하기 쉽겠네요. 그래서 혹자는 코딩을 조립에 비유하기도 해요. 이미 구현된 기능을 조립해서 원하는 작업을 하는 거죠. 우리가 사용하려는 많은 기능은 이미 만들어졌을 확률이 높아요. 그래서 이 기능을 잘 찾아 사용해야 해요. 그래서 코딩을 잘하려면 검색을 잘 활용해야 한다는 말도 있어요.

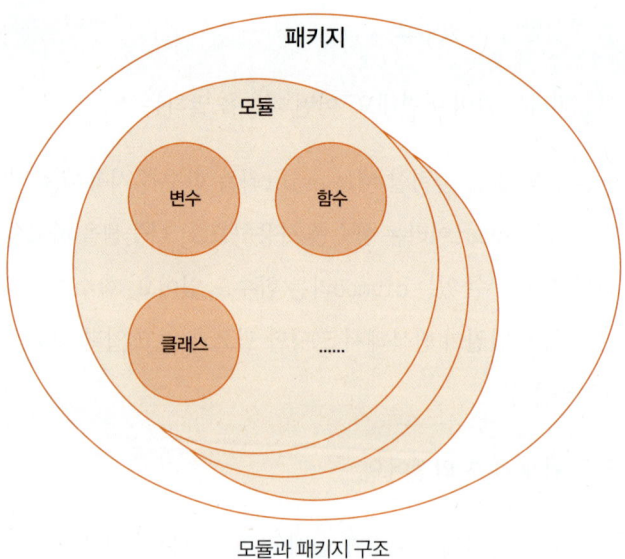

모듈과 패키지 구조

김대리   그럼 함수는 어떻게 사용할 수 있나요?

박차장   함수를 사용하는 방법은 함수의 종류에 따라 2가지로 나눌 수 있어요. 먼저 파이썬의 기본 함수로, 파이썬만 설치하면 바로 사용하는 내장 함수가 있어요. 예를 들어, abs라는 숫자의 절댓값을 반환하는 내장 함수가 있어요. 간단하게 함수명을 입력하고 바로 뒤에 괄호를 붙인 다음 그 안에 필요한 값을 넣어 사용해요.

```
abs(-3)
```
```
3
```

김대리 　-3의 절댓값인 3이 나왔네요.

박차장 　이렇게 괄호 안에 입력하는 값을 입력 인자, 입력 파라미터라고 불러요. 괄호 안에 값을 넣지 않아도 되는 함수도 있죠. 이건 함수를 어떻게 정의했느냐에 따라 달라져요. 이외에도 자주 사용하는 내장 함수로, 범위를 지정하는 range, 값을 입력하는 input, 출력을 명령하는 print 등이 있어요. 내장 함수 종류와 사용 방법은 파이썬 공식 문서에서 자세히 확인해 보세요.

🔗 파이썬 내장 함수: docs.python.org/ko/3/library/functions.html

김대리 　출력을 하기 위해 길게 코딩할 필요 없이 print 함수 하나만 사용하면 되네요. 내장 함수 말고 또 다른 함수는 어떤 건가요?

박차장 　특정 객체나 패키지에 속한 함수를 이용하는 방법이에요. 이 함수는 해당 객체나 패키지에 속해 있기 때문에 변수명 뒤에 마침표(.)를 입력하고 함수명을 입력해요. 예를 들어, 문자열의 값을 바꾸는 replace라는 함수가 있어요. 변수명 뒤에 마침표, 함수명, 입력 파라미터로 찾을 문자열, 바꿀 문자열을 차례대로 입력합니다. 그러면 앞의 문자열에 해당하는 문자열을 찾아 뒤의 문자열로 바꿔 주죠.

```
sen = '내일은 데이터 분석 공부를 할 것이다.'
sen.replace('내일은', '오늘은')
```
```
'오늘은 데이터 분석 공부를 할 것이다.'
```

김대리   마침표를 입력해야 한다는 게 내장 함수와 다르네요. 그런데 특정 객체나 패키지에 속한 함수가 어떤 게 있는지 어떻게 알 수 있죠?

박차장   쉽게 확인할 수 있는 방법이 있어요. 구글 코랩과 같은 파이썬 개발 환경을 사용하면 변수명을 입력하고 마침표(.)를 입력하면 자동으로 사용할 수 있는 함수 목록이 떠요. 다른 방법으로는 dir 함수를 이용합니다. dir 함수의 입력 파라미터로 알고 싶은 객체를 입력합니다. 이 경우에는 dir(sen)로 사용하시면 돼요. 그럼 해당 객체에 어떤 변수나 함수가 속해 있는지 출력해 주죠.

🔗 구글 코랩: colab.research.google.com

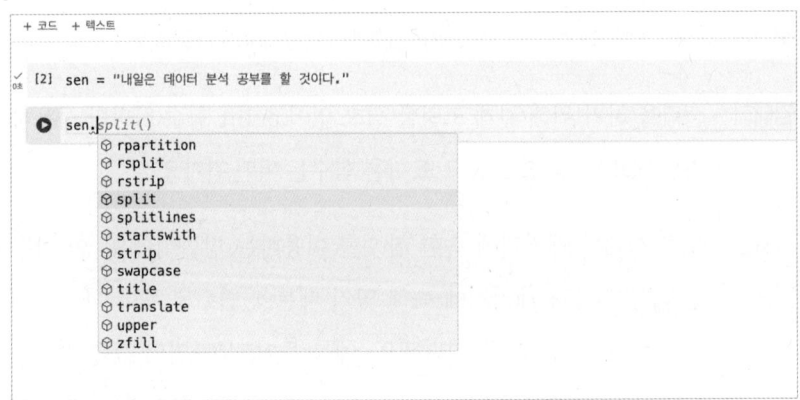

구글 코랩에서 함수 목록 확인

```
sen = "내일은 데이터 분석 공부를 할 것이다."
sen.replace("내일은", "오늘은")
```

'오늘은 데이터 분석 공부를 할 것이다.'

```
dir(sen)
```

```
['__add__',
 '__class__',
 '__contains__',
 '__delattr__',
 '__dir__',
 '__doc__',
 '__eq__',
 '__format__',
 '__ge__',
 '__getattribute__',
 '__getitem__',
 '__getnewargs__',
 '__gt__',
 '__hash__',
 '__init__',
 '__init_subclass__',
 '__iter__',
 '__le__',
 '__len__',
 '__lt__',
 '__mod__',
 '__mul__',
 '__ne__',
 '__new__',
 '__reduce__',
 '__reduce_ex__',
 '__repr__',
```

구글 코랩에서 dir 함수 실행 결과

**김대리** 뭔가 엄청 많은 것들이 출력되네요. 자동 완성 기능과 dir 함수를 꼭 기억해야겠어요. 저 많은 함수를 일일이 기억할 수는 없으니까요.

**박차장** 네 맞아요. 이 정도면 짧지만 데이터 분석을 위해 필요한 파이썬 지식은 간단히 살펴본 것 같아요. 부족한 내용은 다음에 파이썬이 필요할 때 더 깊게 공부해 보세요.

**김대리** 알겠습니다!

# 마치며

제가 파이썬을 처음 접한 건 30대 후반이었습니다. 재미있게 공부를 하기 위해 경마 데이터를 분석하며 시작했죠. 하지만 시간이 지나면서 경마에 대한 흥미도 시들해지고, 자연스럽게 파이썬과도 멀어지게 되었습니다. 그러나 그동안 쌓은 지식들이 아까워 블로그를 시작했습니다. 처음에는 글 하나 쓰는 것도 어렵고 막막했지만 점점 블로그를 잘 꾸리고, 완성도 높은 글을 쓰고 싶다는 욕심이 생기면서 공부를 다시 시작하게 되었고, 관련된 기회도 찾아 나서게 되었습니다. 그렇게 쌓은 지식들을 체계화하는 과정에서 커리어 전환의 기회가 찾아왔고, 덕분에 책을 쓰고 강의를 할 수 있는 좋은 기회도 얻게 되었습니다.

때로는 지금 우리가 하는 작은 행동이 미래를 크게 바꿀 수 있습니다. 비록 당장은 눈에 띄는 성과가 보이지 않을지 모르지만, 그 작은 발걸음이 결국에는 미래와 커리어의 변곡점이 될 수 있습니다.

인공지능은 이제 거스를 수 없는 커다란 변화이자 트렌드입니다. 이 시기를 어떻게 활용하느냐에 따라 누군가는 지금 이 순간에도 성장하고 있습니다. 그리고 그 성장은 아주 작은 행동에서 시작됩니다. 처음에는 그 가치를 섣불리 판단하지 마세요. 꾸준히 사용해 보고 경험을 쌓으세요. 그리고 그 과정을 다른 사람들과 공유하세요. 새로운 경로가 열리고 성장을 위한 작은 씨앗이 될 수 있으니까요.

여러분의 성장을 진심으로 응원하겠습니다!

# 찾아보기

## ㄱ

감성 분석　151
강화 학습　348
개체　174
객체 지향 데이터베이스　119
게인 차트　436
결정 계수　357
결정 노드　378
결정 트리　362
결측값　216
경사 하강법　362
계층형 데이터베이스　119
과적합　293
관계형 데이터베이스　117
교차 검증　387
교차 분석　155
구글 코랩　502
구글 클라우드　169
군집 분석　143, 155, 406
귀무가설　315
그래디언트 부스팅　441
극단값　242

기본값　335
기술 통계　154

## ㄴ

내장 함수　501
넘파이　384
네트워크 데이터베이스　119
노드　378

## ㄷ

다변량 분석　156
다중공선성　364
대푯값　157
대화 스타터　64
데이터　116
데이터 레이크　124
데이터 마이닝　144
데이터베이스　116
데이터 변환　237, 326
데이터 보안　28

데이터 분석 플랫폼　168
데이터 시각화　243
데이터 애널리스트　24
데이터 용량　202
데이터 전처리　216
데이터 제어　48
데이터 타입　203
데이터 포인트　406
독립 변수　354
디리클레　408
딥러닝　151

맞춤형 지침　45
맨-위트니 U 검정　316
맷플롯립　284
머신러닝 모델　156
머신러닝 알고리즘　349
메타 데이터　174
명목형 데이터　155
모더레이션　467
모델 변경　43
모듈　499
모집단　314
목표 변수　354
미스트랄　23

## ㄹ

랜덤 포레스트 회귀　362
레이블 인코딩　326
로그 데이터　124
루트 노드　378
리버스 씽킹　182
리스트　411
리프 노드　378
리프트 게인 차트　436
리프트 차트　436

## ㅂ

박스 플롯　158
배깅　441
배치　468
배치 프로세스　472
백분위수　154
밸류 체인　135
범주형 데이터　154, 274
변수　492
별로인 응답　43
보고서　196
부스팅　362, 441
분류 분석　155

## ㅁ

막대 그래프　160
막대그래프　157

분산　153
분석 과제　132
분석 보기　89
분석 주제　130
브레인 스토밍　182
비디오 생성 AI　21
비정형 데이터　150
비즈니스 모델 캔버스　136
비지도 학습　142
빈도 분석　155
빈도수 인코딩　326
빌더 프로필　48

솔라　23
수치형 데이터　154, 236
순서형 데이터　155
스캠퍼　183
스케일링　366
스태킹　441
시계열 분석　154
시스템 메시지　469
시스템적 사고　183
식스 씽킹 햇　183
신뢰구간　315
씨본　284

## ㅅ

사용자 메시지　469
사이킷런　384
사이파이　384
산점도　160
상관관계 분석　350
상관분석　154
상향식 접근　132
샘플링　166
생성 AI　20
서버　122
선그래프　159
선형 회귀　354
설명 변수　354

## ㅇ

아날로지　182
앙상블　441
앙상블 기법　348
애저　169
양의 상관관계　350
엔트로피　380
연산　495
연속형 데이터　155
예측 분석　348
오라클 클라우드　170
오차행렬　429
오픈AI　22
오픈AI 플랫폼　461

원그래프 157
원시 데이터 123
원-핫 인코딩 326
웹 브라우징 37
윌콕슨 부호 순위 검정 316
유니크 275
유의수준 315
음성 대화 80
음악 생성 AI 21
음의 상관관계 350
응답 다시 생성하기 42
의사결정나무 378
의사결정나무 분류기 386
의사결정나무 회귀 386
이미지 생성 AI 21
이산형 데이터 155
이상치 256
이상치 탐지 144
인터뷰 146
임곗값 439
임베딩 467

정규분포 274, 314
정규화 366
정밀도 429
정형 데이터 150
정확도 429
종속 변수 354
중복 데이터 212
중앙값 153
지니불순도 380
지도 학습 142

## ㅊ

차원 326
차원의 저주 327
차원 축소 384
챗GPT 20
챗GPT 맞춤 설정 44
최빈값 227
최소제곱법 355
추세선 283
추천 서비스 128
취합 342

## ㅋ

카이제곱 검정 316

## ㅈ

자연어 처리 151
재범주화 292
재현율 430

캐글  98
컨볼루션 신경망  151
컷오프  439
쿼리  121
클라우드  169
클러스터링  144
키 값  212

### ㅌ

타기팅 모델  431
타깃 변수  356
타깃 인코딩  326
테스트 데이터  361
테이블  116
텍스트 생성 AI  21
토크나이저  465
토큰  465
토픽 모델링  151
통계 검정  314
통계량  205
통계 모델링  348
트리 모형  371

### ㅍ

파레토그램  158
파레토 분석  183

파이썬  491
판다스  204
패키지  110
패턴 인식  144
평균  153
평균제곱오차  357
평행 범주  160
표준편차  154
표준화  367
프롬프트  20
프롬프트 엔지니어링  36, 50
플로틀리  284
피셔의 정확 검정  316
피시본 다이어그램  183
피처 엔지니어링  293

### ㅎ

하이퍼클로바X  23
하이퍼 파라미터  360
하향식 접근  132
학습 데이터  361
할루시네이션  29
함수  499
회귀 분석  154, 316, 354
회귀선  354
히스토그램  159

## A

ANOVA 316

API 56

API keys 463

API 키 66

Assistants 462

AWS 169

## B

Batches 463

BCG 매트릭스 183

## C

Chat 462

Claude 23

Completions 462

CPU 168

CSV 87

## D

DALL·E 22

DBMS 120

depth 388

## E

EDA 216

ERD 174

## F

F1 점수 430

Fine-tuning 463

Frequency penalty 470

## G

GAN 21

GDPR 28

Gemini 23

GPT 24

GPT Base 467

GPT 빌더 59

GPT 탐색 56

## I

IBM 클라우드 170

IQR 256

## J

JSON 68

jsonl 472

## K

kobis 77

koreanize-matplotlib 243

K-평균 406

## L

LDA 407

LGBM 444

LightGBM 445

LlaMA 23

LLM 22

## M

Max_tokens 470

MBTI 309

min-max 스케일링 366

MSE 369

## N

NoSQL 데이터베이스 119

Not specified 281

## O

OAS 66

OCR 97

## P

Playground 462

Plus 플랜 37

Presence penalty 470

PyPI 243

p값 102, 315

## R

R 369

RAM 168

Read Aloud 42

## S

shape 342

SQL 120

Stop_sequences 470

Storage 463

STT 466

StyleGAN 22

SWOT 분석 183

**T**

Team 플랜   37
Temperature   470
Top P   470
TTS   462
t-검정   316

 **숫자**

5 Whys 분석   183

 **V**

VAE   21

 **W**

Whisper   467

 **X**

XGBoost 회귀   362

 **Y**

YAML   68

 **Z**

Z-점수   257